2 출애굽기
치유의 말씀

하나님은 역사하십니다

| 김의식 지음 |

EXODUS

쿰란출판사

추천사

열정과 노력과 긍정의 목회자인 김의식 목사님은 저와 동역한 목사님으로, 다른 목회자들이 갖지 못한 몇 가지 특징이 있습니다.

첫째로 열정 있는 전도사였습니다.

그가 전도사였던 시절, 교회에서 각 부서(영아, 유치, 유년, 초등, 소년, 중등, 고등부)가 500명 이상 모이기 운동을 전개했는데 단연 김의식 전도사의 담당 부서가 가장 먼저 500명을 돌파하였습니다. 김 목사님은 목회 초기부터 "부지런하여 게으르지 말고 열심을 품고 주를 섬기라"(롬 12:11)는 말씀대로 열심을 품고 주를 섬기는 주님의 종이었습니다. 똑같이 출발하여 달려도 언제나 가장 먼저 목표 이상을 달성하는 열정 있는 종입니다. 어떤 이가 "역사에 기록이 될 만큼 큰 운동들은 열심이 가져다준 승리의 기록이다. 열심 없이 성취된 위대한 일은 없다"라고 말하였습니다. 김 목사님이 시무하는 교회는 그의 열정만큼 빨리 성장하였습니다.

둘째로 배우려는 노력이 강한 목사입니다.

김 목사님은 신학교 시절과 전도사 때부터 목회에 관한 각 분야에 남달리 깊이 배우려는 노력을 하였습니다. 목사 안수를 받고 목회 현장 경험도 익히는 한편 미국에 가서 신학을 더 공부하며 목회 경험을 쌓았습니다. 그리고 지금은 신학대학교에서 가르치기도 하고, 대형 교회 목회자이면서도 계속 배우려는 노력을 지속하는 목사입니다.

독일이 낳은 대철학자 칸트가 "인간은 교육을 통하지 않고는 인간이 될 수 없는 유일한 존재다"라고 말하였습니다. 같은 인간인데 문명과 비문명의 차이는 교육의 차이라고 할 수 있습니다. 목사도 예외가 아닙니다. 영적인 면에서부터 목회의 세미한 분야에 이르기까지 배우려는 노력과 정성만큼 깊어지고 성숙해집니다. 김 목사님의 배움의 지속이 계속적인 발전과 향상의 밑거름이라고 여겨집니다.

셋째로 적극적인 목회자입니다.

김 목사님은 목회를 '기쁘게' 생각하며 '즐거움'으로 감당해가는 목회자입니다. 세상 일, 즉 스포츠, 음악, 예술, 학문, 사업 등 어느 분야에서든 진정으로 성공한 사람들의 공통점은 자기가 하고 있는 일에 긍정적이고 적극적인 자신감을 가지고 있다는 점입니다.

하물며 하나님의 사업을 맡은 목회에 있어서는 "내게 능력 주시는 자 안에서 내가 모든 것을 할 수 있느니라"(빌 4:13)는 바울 사도의 고백 그대로 적극적인 신앙과 생각으로 최선을 다해야 합니다. 그런 의미에서 "목회는 긍정의 물을 먹고 자라는 나무다"라고 할 수 있습니다. 김 목사님은 언제나 미래 지향적으로 내다보며 달리는 적극적인 목회자입니다.

이렇듯 김의식 목사님만이 가진 특색이 있습니다. 그런 김 목사님의 치유목회를 엿볼 수 있는 증언들을 모은 설교집이기 때문에 많은 목회자들과 교회를 섬기는 성도들과 믿지 않는 사람들에게까지 큰 도움이 되겠기에, 김 목사님의 설교집을 기쁜 마음으로 널리 추천합니다.

2021년 10월
대한예수교장로회 증경총회장
노량진교회 림인식 원로목사

추천사

현대인들은 너 나 할 것 없이 아픈 사람들이다. 인간은 음식과 함께 다른 사람과의 깊은 만남에서 오는 사랑을 먹어야 산다. 그런데 가정에서는 소유하고 지배하려는 부모들의 병든 사랑 때문에 자녀와 부모관계는 깨어졌고, 직장에서는 심한 경쟁의식으로 질식해 가고 있다. 그래서 사랑에 배고파 방황하는 현대인들이 가장 많이 모여드는 곳이 교회이다.

21세기 한국교회는 치유자요 상담자이며 영적 인도자를 갈망하고 있다. 그리고 현대인들의 아픈 상처를 싸매 주고 이들의 외로움을 가슴으로 들어주며 치유해 줄 수 있는 목자를 찾고 있다. 바로 이때 방황하는 한국 민중, 외로움으로 신음하는 한국 교인들을 위해 하나님은 김의식 목사님을 보내주셨다. 김의식 목사님은 이 백성의 아픔을 함께 아파해 주고 함께 울어줄 수 있는 치유자요 목회자라고 믿는다. 그 자신이 깊은 상처에서 치유받은 '상처 입은 치유자'이기 때문이다.

본서는 상처 입은 현대인들에게 부어주는 생명수임에 틀림없다. 이 책이 우리 가슴에 이렇게 뜨겁게 와 닿는 것은 목회상담학자요 치유자이며 목회사인 김의식 목사님 본인의 눈물과 아픔과 사랑 속에 우리가 빨려 들기 때문이리라.

나는 이십 년이 훨씬 넘게 김의식 목사님을 학교 강단에서 보아왔다. 강의실에서 학생들에게 지식을 강의하는 것도 힘든 일인데, 김의식 목사님은 학생들의 머리와 가슴을 함께 뒤흔드는 명교수이다. 강의에서 느끼는 깊이와 넓이와 뜨거움이 본서에서도 처음부터 끝까지 이어지고 있다. 이 책이 한국교회와 백성들을 위해 좋은 소식임에 틀림없다.

2021년 10월

치유상담대학원대학교 총장

정태기 목사

머리말

"너희가 성경에서 영생을 얻는 줄 생각하고 성경을 연구하거니와 이 성경이 곧 내게 대하여 증언하는 것이니라"(요 5:39).

"이르시되 미련하고 선지자들이 말한 모든 것을 마음에 더디 믿는 자들이여 그리스도가 이런 고난을 받고 자기의 영광에 들어가야 할 것이 아니냐 하시고 이에 모세와 모든 선지자의 글로 시작하여 모든 성경에 쓴 바 자기에 관한 것을 자세히 설명하시니라"(눅 24:25-27).

우리는 구약성경을 읽으면서 율법적으로, 역사적으로, 시가적으로, 예언적으로 대할 수 있습니다만 가장 복음적인 접근은 우리가 구약성경에서 예수님을 만나야 하고 예수님의 음성을 들어야 합니다. 그래서 예수 그리스도의 복음의 관점에서 구약성경을 연구하는 것은 보다 더 깊은 영적인 은혜를 체험하게 할 것입니다.

그러나 우리는 여기서 그쳐선 안 됩니다. 사실 신구약성경은 엄밀한 의미에서 치유서(The Book of Healing)입니다. 예수님께서는 십자가에서 우리 인간에게 불행과 고통을 안겨주는 영혼의 죄악과 마음의 상처와 육신의 질병을 대신 지셨습니다. 이 영, 혼, 육의 치유의 복음을 구약성경에서 예언하셨고 신약성경에서 성취하셨습니다. 그러므로 우리가 구약성경을 대할 때 치유적인 관점에서 보다 더 깊은 영적인 은혜를 나누어야 할 것입니다.

'하나님은 역사하십니다' 시리즈는 창세기로부터 시작하여 말라기에 이르기까지 이러한 치유의 복음의 관점에서 조명하고 있습니다. 가장 먼저 구약성경을 히브리 원어로 파헤치며 그 뜻을 바로 해석하고, 그 기록의 문맥이나 배경을 살펴보며 더 나아가 이 말씀이 오늘의 시대 상황 속에서 어떠한 치유의 은혜의 메시지를 들려주는가를 찾아내고자 한 것입니다.

지금까지의 전통적인 설교들이 삶과 괴리가 있는 율법적이거나 이론적이거나 지식적인 말씀의 선포에 치우침으로 인해 더 이상 영혼과 육신의 아픔을 치유하지 못하고 자신의 삶의 통회 자복과 결단은커녕 영적인 교만과 판단만 더해줄 때가 얼마나 많았습니까? 그러므로 본서는 죄악과 상처와 질병으로 인해 지치고 병들어 죽어가고 있는 말세 마지막 때의 수많은 영혼들을 살려내기 위한 치유설교로서의 하나의 모델로서의 시도인 것입니다. 본서의 출판이 하나의 계기가 되어 치유설교가 더욱더 깊이 연구되고 발전되기를 간절히 바라는 마음입니다.

가장 먼저 본서가 나오기까지 사랑으로 역사해 주신 하나님 아버지께 진심으로 감사드리며 지난 21년 동안 묵묵히 중보적 기도에 힘쓰며 사랑으로 섬기며 함께 치유의 은혜를 나눠주신 치유하는교회의 신실한 장로님들과 권사님들과 집사님들과 성도님들과 충성스런 주의 종들에게 진심으로 감사드립니다. 특별히 본서의 추천의 글을 써주시고 오늘의 저를 있게 하신 림인식 목사님과 정태기 총장님께도 더욱 깊은 감사를 드립니다.

더 나아가 모든 말씀들을 정리해 준 이수영 행정목사님과 사랑하는 아내 문채성 사모와 아버지의 뒤를 이어 상담치유학을 전공하고 있는 딸 김안나 전도사 내외와 하늘나라에 가셔서도 사랑하는 아들을 위해 끊임없이 기도하고 계실 저의 신앙생활의 모범이 되어주신 사랑하고 존경하는 부모님 故 김성열 장로님과 마인순 권사님께도 깊은 감사의 마음을 전합니다. 마지막으로 치유의 은혜를 사모하는 이 땅 위의 모든 상처받은 심령들에게 이 책을 바치고자 합니다.

2021년 10월

치유하는교회 목양실에서

김의식 목사

차례

건지심

출애굽기 2:1-10

지난 월요일에는 강원도 동해에서 총회부 홍전도단 첫 임원수련회가 있었는데 월요일 저녁부터 장맛비가 휘몰아쳤습니다. 월, 화요일 이틀 동안만 비바람이 휘몰아쳐도 동해안 바닷가에서 두렵고 떨렸는데 하물며 홍수가 나고 쓰나미가 몰아치면 어떠하겠습니까? 그런데 애굽(이집트) 나일 강에서 정처 없이 떠내려가다가 건지심을 받은 한 신앙의 인물이 나오는데 그가 바로 모세입니다. 모세가 하나님의 건지심을 받은 것을 보면서 오늘 본문 말씀 가운데 우리가 인생의 위기 속에서 지난날 어떻게 건지심을 받았고, 또 앞으로 어떻게 건지심을 받을 것인가, 이 시간도 들려주시는 하나님의 음성을 다 함께 들을 수 있길 바랍니다.

과거에 우리를 위기에서 건져 주셨음

먼저 본문 10절 말씀을 다 함께 읽겠습니다.

"그 아기가 자라매 바로의 딸에게로 데려가니 그가 그의 아들이 되니라 그가 그의 이름을 모세라 하여 이르되 이는 내가 그를 물에서 건져내었음이라 하였더라"(출 2:10).

아버지 야곱과 함께 야곱의 가족 70명(출 1:5)과 요셉의 자손 5명을 합하여 75명(행 7:14)이 애굽의 기름진 고센 땅 중에서도 최고의 땅인 라암셋 성에 이르러 살게 되었는데 430년의 세월이 흐르는 가운데(출 12:40) 요셉과 그의 모든 형제와 그 시대의 사람들이 다 죽었습니다. 그리고 이스라엘 자손도 남자 성인만 60만 명(출 12:37), 여자와 아이들까지 다 포함하면 약 200만에 이를 정도로 생육하고 번성하였습니다.

그러는 가운데 요셉을 알지 못하는 새 왕이 세워졌는데 이스라엘 백성들이 애굽 사람들보다 더 많고 강해지니까 전쟁이 일어나면 적군과 합하여 애굽 사람들과 싸우고 애굽에서 해방되어 나갈까 하는 걱정이 생겼습니다. 그래서 애굽 왕은 감독들을 세우고 이스라엘 백성들에게 무거운 짐을 지워 괴롭게 하여서 비돔과 라암셋에 국고성(Store cities), 즉 군대를 위해 양식과 병거를 저장하는 요새를 건축하게 했습니다. 그러나 이스라엘 백성들은 학대를 받을수록 더욱 번성하여 퍼져 나가니까 애굽 사람들은 이스라엘 자손으로 인하여 근심하게 되었습니다.

흙 이기기와 벽돌 굽기와 농사일 등 더 어려운 노동을 시켰는데도 안 되니까 결국 히브리 산파들을 시켜서 여자 아기를 낳으면 살리고 남자 아기를 낳으면 다 죽이게 했습니다. 그런데 이 산파들이 하나님을 두려워하여 애굽 왕의 명령을 어기고 남자 아기들을 살리니까 애굽 왕이 명령을 바꾸어서 딸이 태어나거든 살려두고 아들이 태어나거든 나일 강에 던지라고 명령합니다.

그런데 레위의 손자요 고핫의 아들인(출 6:18-20; 민 26:59) 아므람과 요게벳의 가정에 한 아들이 태어났는데 석 달 동안 숨겨서 기르다가 더 이상 키울 수가 없었습니다. 결국 갈대 상자에 역청과 나무 진을 칠하고 아기를 거기에 담아서 나일 강가 갈대 사이에 띄워 보내고 열다섯 살쯤 된 누나 미리암에게 어떻게 되는지 멀리 서서 지켜보게 했습니다.

그런데 마침 애굽 왕의 딸인 공주가 목욕을 하러 나일 강으로 나왔는데 시녀들이 나일 강가의 갈대 사이에서 이 아기의 갈대 상자를 발견하고 가져와서 그 상자를 열어보니까 히브리 아기가 울고 있었습니다. 그때 갈대 상자를 따라갔던 그의 누나가 애굽 왕의 공주에게 이르기를, "내가 공주님을 위하여 히브리 여인 중에서 유모를 구해다가 이 아기에게 젖을 먹이면 어떻겠습니까?" 하고 여쭈자 애굽 왕의 공주가 "가서 그렇게 하라!"고 했습니다. 그래서 그 아기의 어머니 요게벳을 불러다가 젖을 먹이며 길러내게 되었고, 그 아기가 자라서 애굽 왕의 공주의 양아들이 되었습니다.

그의 이름을 '모세'(מֹשֶׁה, 모쉐)라고 지어 주었는데 원래 모세의 애굽식 이름은 '모우세스'(Mouses)였습니다. 모(Mo)는 '물'이란 뜻이고, 우세스(Uses)는 '건짐을 받다'는 뜻으로서 '모우세스'는 '물에서 건짐을 받은 자'란 뜻이 있는데 히브리식 이름으로는 '모세'의 어근이 'מָשָׁה'(마솨) 즉 '건져내다'라는 뜻에서 왔기 때문에 모세는 '건져냄'이란 뜻이었습니다.

하나님께서 지금으로부터 약 3,600년 전(주전 1572년) 실존 인물이었던 모세를 나일 강에서 건져 주심으로 이스라엘 백성들을 430년 동안의 종살이에서 건져 주셨듯이, 주님께서는 신구약 성경에 나오는 모든 신앙의 인물들을 삶의 위기에서 건져 주셨습니다. 그뿐만 아니라 지난날 우리의 일생 중에도 주님께서는 얼마나 많은 죄악과 상처와 질병의 죽음의 위기 가운데서 우리를 건져 주셨습니까? 그런데 우리 인생의 최대의 위기라면 그것은 뭐니 뭐니 해도 죽음입니다. 우리가 일생을 살아오면서 코로나19 등 갖가지 질병이나 사고나 불행과 고통 가운데서 죽음의 위기들을 얼마나 많이 겪었습니까? 누구나 한 번 이상은 다 죽음의 위기를 겪었을 것입니다. 여러분, 우리가 살아 있다는 것만 해도 감사한 일이기에 건강한 것은 더 감사하고, 암에 걸려서도 살아 있는 것이 감사하고, 아무런 병에도 안 걸린 건 더 말할 나위 없이 감사하고 감격하며 행복하게 살아야 합니다.

우리 모두 다 과거에 죽음의 고비를 다 넘겼으리라 생각합니다만 죽음을 눈앞에 두면 세상에 붙잡을 것이 아무것도 없습니다. 부족한 종도 초등학교 5학년 때 신장염에 걸렸는데 그때는 약이 없어서 죽음의 위기를 겪었고, 대학교 1학년말 20살 때는 원인 모를 병으로 죽음의 위기에 처했는데 하나님의 은혜로 기적적으로 살아나서 주의 종으로 부르심을 받았습니다. 또한 대학교 2학년 때는 형이 운전하던 승용차를 타고 가다가 급커브에서 죽음의 위기를 겪었습니다. 차가 급브레이크를 밟으니까 도로 위에서 빙그르르 몇 바퀴 돌다가 뒤로 과속으로 달리더니 도로 옆 가로수를 받고 뒤로 전복되었지만 하나님의 은혜로 기적적으로 하나도 다치지 않고 살아나게 해주셨습니다. 그뿐만 아니라 대학교 3학년 때는 경북 예천군 지보면 마전리 마전교회로 농촌전도봉사활동을 갔다가 연탄가스로 인해 천국문 앞에까지 갔다가 돌아왔고, 치유하는교회에 와서도 얼마나 상처와 스트레스를 받았는지 목회 초년에 심근경색이 와서 죽음의 고비도 넘겼습니다. 돌이켜 보니 한 다섯 번 정도 결정인 죽음의 위기가 있었습니다.

이처럼 우리가 지금까지 살아오면서 갖가지 죽음의 위기뿐만 아니라 정말 죽고 싶을 정도로 불행과 고통과 절망의 위기에서 몸부림칠 때도 주님께서 우리를 건져 주셨기에 오늘의 우리 가정과 직장과 하나님의 교회와 우리나라가 존재하는 것입니다. 돌이켜 보면 모든 것이 하나님의 기적적인 은혜였고, 사랑이었고, 축복의 역사였습니다.

이처럼 우리는 과거에 주님께서 우리를 건져 주심을 결단코 잊지 않음으로 오늘의 위기 속에서도 위로를 받고 새 힘을 얻어야 합니다. 그래서 이사야 38장 17절에 "보옵소서 내게 큰 고통을 더하신 것은 내게 평안을 주려 하심이라 주께서 내 영혼을 사랑하사 멸망의 구덩이에서 건지셨고 내 모든 죄를 주의 등 뒤에 던지셨나이다"라고 증거하고 있습니다.

그러므로 우리의 지나간 과거뿐만 아니라 우리 치유하는교회 51년 역사 속에서 우리를 갖가지 세상 죄악과 상처와 질병의 죽음의 위기에서 건져 주심에 감사하고 감격하면서 남은 때를 살아갈 때, 우리는 진정으로 주님 안에서 행복하고 축복되며 기적적인 믿음의 삶을 살아가게 될 줄 분명히 믿으시기 바랍니다.

현재에도 우리를 위기에서 건져 주심

지금 우리는 우리 생애에 처음 겪어 보는 코로나19의 고난으로 인해 정신적으로 얼마나 불안하고, 경제적으로 얼마나 어렵고, 육신적으로 얼마나 고통스러운 때를 살아가고 있습니까? 그것은 영적으로도 마찬가지입니다.

지난 화요일에 우리 치유하는교회 김학만 원로목사님이 29년 전에 설립하셨고 일생 힘을 쏟으신 온땅목장선교회에서 부족한 종이 회장으로 선출이 된다고 해서 정기총회에 참석했는데, 점심 식사를 하면서 한 존경하는 선배 목사님이 그런 말씀을 하셨습니다. 교회 권사님의 자녀들이 코로나19 때문에 위험하다고 교회에 못 나가게 하는데 매번 권사님이 교회에 나와 있을 때마다 전화를 걸어서 지금 어디 계시냐고 묻는다는 것입니다. 꼭 하필이면 교회에 나와 있을 때 전화를 해서 전화가 올 때마다 "집이야! 내가 어디 가겠냐?"라고 대답을 하신다는 것입니다. 그래서 목사님이 매번 거짓말하시기도 힘드시겠다고 위로했더니 권사님이 "아버지 집이 내 집 아닙니까?"라고 반문하시는데 생각해 보니까 그 말씀이 맞더랍니다. 그러면서 권사님이 "옛날에 우리가 어렸을 때는 부모님이 교회에 못 나가게 핍박했는데 요즘 늙어서는 자식들이 교회를 못 나가게 하네요!" 하면서 안타까운 심정을 토로하시더랍니다.

그렇습니다. 여러분, 인간의 생사화복(生死禍福)이 하나님의 손에 달려 있음을 믿으십니까? 그런데 요즘 전국 감염 확산주의보와 함께 꼭 주말만 되면 사탄이 우리의 믿음을 위축시키기 위해서 예외 없이 전 언론을 통해 마치 교회가 코로나19의 온상인 것처럼 마녀사냥하듯 집중공격을 해옵니다. 오죽하면 지난 화요일 〈감리교 바른신문〉에서 1,000만 성도들 중 지금까지 교회를 통한 확진자는 190여 명으로 전체 교인의 0.0005%도 안 된다면서, 어제저녁까지 전체 확진자 32,030명 중에도 1.5%밖에 안 되는데 왜 그렇게 교회를 공략하느냐고 반문했습니다. 그러다 보니까 이번 주일에는 교회 가야겠다고 마음먹었다가도 결국 사탄의 집요한 공격에 또다시 코로나19의 두려움에 발목이 잡혀서 주님 앞에 나오지 못하고 온라인으로 예배를 드리고 우리의 신앙마저 점점 식어갑니다.

더욱이 놀라운 주님의 기적의 은혜와 축복과 행복의 감격도 잃어버리고 살아간다면 그것은 진정으로 주님께서 기뻐하실 일도 아닐뿐만 아니라 주님 안에서 복된 삶을 사는 것이 결코 아닙니다. 학교나 직장이나 슈퍼마켓은 잘 가면서도 왜 복의 근원 되시는 하나님께 예배드리는 교회에는 못 나옵니까? 하나님께서 우리의 생명과 건강을 지켜주시지 않으면 코로나19에 걸리기 전에 우리는 다른 질병이나 사고로 먼저 세상을 떠날 수가 있습니다.

여러분, 늘 강조하지만 지난날 일제강점기 때나 6·25전쟁 때나 그 어려운 국난의 위기 속에서도 우리의 신앙의 선조들은 예배를 생명같이 중요하게 여기고 순교적 신앙으로 지켜 나갔습니다. 부족한 종도 장로님·권사님이셨던 저희 부모님에게서 예배는 하나님의 축복의 통로이니까 너희들에게 무슨 일이 있어도, 심지어 병들어 죽게 생겼어도 거동만 할 수 있다면 교회에 나가야 주님의 치료의 광선을 받고 기적적으로 살아날 수 있다는 철저한 신앙을 배웠습니다. 사실 그것은 저의 부모님만이 아니고 옛날 우리 한국 초대교회 장로님, 안수집사님, 권사님 등 항존직분자들의 가정은 다 그러했습니다.

지난 수요일 밤, 교회설립 51주년 감사예배에 오신 호남신학대학교 총장이신 최홍진 목사님도 예배 중 목사님의 말씀을 듣다가 질병이 치료받은 교인들이 많다고 그랬잖습니까? 저 자신도 토요일 밤까지 그로기 상태에 있다가도 매 주일 네 번 예배드리고 말씀 전하면 다 치료받곤 합니다. 그런데도 말세 마지막 때가 되니까 자식, 손주들은 그렇게 보고 싶어서 매주 영상통화도 하고 전화도 걸고 카톡도 주고받고 그것마저도 못하면 그렇게 사진을 꺼내 보면서도, 외아들을 죽여가면서까지 지금까지 우리를 사랑해 주시고 은혜를 베풀어 주시고 축복을 내려주신 하나님 아버지는 왜 그렇게 보고 싶어 하질 않습니까? 거기서부터 우리의 신앙이 식어가고, 은혜도 떨어지고 축복도 잃어버리고 행복도 다 사라져 버리는 것입니다.

저는 주의 종으로 부르심을 받기 전 청년 때까지도 주일 낮예배, 저녁예배, 수요 밤예배, 금요 철야기도회에 거의 빠지지 않고 교회에 다녔습니다. 그래서 죄악 세상에서 방황하다가도 주님의 사랑의 채찍을 맞고 죽음의 위기에서도 기적적으로 살아나서 주님의 그 놀라우신 사랑과 은혜에 감사하고 감격하면서 주의 종으로 부르심을 받고 헌신했습니다. 그런데 3, 4년에 한 번씩 찾아오는 신종 전염병의 감염이 두려워서 교회 문을 닫는다는 것은 저의 신앙 양심에 도저히 용납이 안 되었습니다. 그래서 방역수칙을 철저히 지키면서 "하나님께서 교회 문 닫으라고 하실 때까지 문 열고 살아 계신 하나님께 예배를 드리겠습니다!" 하고 믿음으로 결단하고 안팎의 온갖 비난과 멸시 가운데서도 끝까지 우리는 성전예배를 고수해 왔습니다. 또한 교인들도 주님의 성전에 나와야 믿음이 생기지 온라인 예배를 드리면 점점 신앙이 식어가고 죽어가기 때문에 성전예배를 강조하고 있습니다. 여러분이 영과 진리로 믿음의 정성을 다해 성전예배를 드려야 진정으로 주님께서 기뻐 받으시고, 여러분도 진정한 은혜와 축복과 행복의 감격을 누릴 수 있기 때문입니다.

여러분, 우리가 결단코 사탄의 그럴듯한 속삭임에 넘어가선 안 됩니다. 왜냐하면 온라인 예배가 여러분을 점점 주님으로부터 멀어지게 하고 영적으로 잠들고 병들고 죽어가게 하기 때문입니다. 세상이 언택트(untact, 비대면) 사회로 변하니까 교회마저도 변해야 한다고 하는데 그래서 인본주의, 자유주의, 세속주의 신학이 나오는 것입니다. 이처럼 신학은 시대상황에 따라 급변해도 우리가 믿는 복음 신앙만은 초대교회 때나 말세의 마지막 때나 동일합니다. TV 예배나 인터넷 예배를 통해 유럽 교회가 이미 죽었고 미국 교회가 죽어가고 있는데 우리 한국 교회까지 코로나19로 인해 찾아온 이 시험에 빠질 이유가 어디에 있습니까? 지난 금요 심야기도회 때 사이남선교회 회장 집사님이 "세상 사람들은 우리가 성전에 모이는 것에 대해 온갖 비판과 질타를 한다고 해도 이 성전이 세상의 그 어느 곳보다 안전한 곳임을 믿게 하여 주시옵소서!"라고 기도하는데 저의 가슴이 뜨거워졌습니다.

지난 6개월 동안 우리도 수차례 감염의 위기를 겪고 갖가지 코로나19의 유사증상까지 겪었지만 끝까지 주님께 매달려 기도하는 가운데 하나님의 기적적인 은혜로 지금까지 부족한 종이나 우리 교우들 가운데 코로나19 확진자가 단 한 사람도 안 나온 것만 해도 감사합니다. 지난 주간 제103회 총회 임원 모임에 갔다가 들은 이야기입니다만 자동항체가 생긴 분들이 있다고 하는데 그들은 하나님의 치유를 받은 분들입니다. 우리가 코로나19에 걸리면 고통은 고통대로 당하고 코로나19 렘데시비르 신약 1회 처방만 해도 300만 원이 들고 하나님의 영광까지 다 가리고 말지 않습니까? 그래서 우리는 사명을 가지고 코로나19를 이겨내야 하는 것입니다.

우리는 지금까지 은혜로운 예배를 지켜왔을 뿐만 아니라 이 환난의 때에도 모범적으로 방역수칙을 철저히 지켜가면서 성전예배의 복음신앙을 지켜왔습니다. 그런데 그것이 모범이 되고 감동이 되어서 우리 교회 예배 실황이 MBC, SBS, JTBC, MBN, OBS, CBS, CTS, C채널에 이르기까지 8개 TV 방송에 방영이 되고, 5-6군데 기독신문의 인터뷰까지 모범적으로 방역을 하면서 예배를 드린다고 해서 나왔습니다.

지난 월요일에는 〈국민일보〉에서 매년 시상하는 최우수 목회자

대상에 부족한 종이 선정되었다고 〈국민일보〉에 나왔는데 매스컴의 위력이 얼마나 큰지 전국의 여러 목사님들과 우리 교인들에게서까지 카톡 문자 메시지가 오고 축하 전화가 걸려왔습니다. 그 수상 소식을 전해 듣고 하나님 아버지께 감사기도를 드리면서 "주님, 저는 마지막 때 특별히 저희 교회에 주신 사명인 치유목회를 충성스럽게 감당한 것뿐인데 제가 무얼 잘했다고 한국교회를 대표하는 이 귀한 목회자 대상을 받습니까?" 하고 주님께 여쭈어보았습니다. 그랬더니 주님께서 감동해 주시는 말씀이, "네가 뭐 특별히 잘한 건 없다마는 그래도 코로나19 그 안팎의 핍박 속에서도 어떻게 해서든지 하나님 아버지께 믿음의 정성을 다해 성전예배를 지키려고 몸부림친 것 하나는 감탄스러웠느니라!" 하고 칭찬해 주시는데 감격의 눈물이 나왔습니다. '참으로 어려운 때 안팎의 온갖 핍박 속에서도 살아 계신 하나님 아버지께 예배 하나라도 믿음의 정성을 다해 드렸더니 이런 복도 받는구나!' 하고 얼마나 눈물로 감사했는지 모릅니다.

그때 떠오른 말씀이 시편 18편 1-2절이었습니다.

> "나의 힘이신 여호와여 내가 주를 사랑하나이다 여호와는 나의 반석이시요 나의 요새시요 나를 건지시는 이시요 나의 하나님이시요 내가 그 안에 피할 나의 바위시요 나의 방패시요 나의 구원의 뿔이시요 나의 산성이시로다."

우리가 이 약속의 말씀을 붙잡고 "죽으면 죽으리라"는 믿음으로 나아갈 때 어떠한 환난의 위기 가운데서도 우리를 건져 주시고 영화롭게 하시며 크게 영광 거둬 주실 줄 확실히 믿습니다.

장래에도 우리를 위기에서 건져 주실 것임

더 나아가 주님은 어제나 오늘이나 영원토록 동일하신 분입니다(히 13:8). 그래서 과거에 죽음과 질병의 위기에서 우리를 건져 주셨던 주님께서 현재도 우리를 건져 주실 뿐만 아니라 미래에도 우리를 건져 주실 것입니다.

우리가 장래를 생각할 때 갈수록 살기가 편해지고 있지만 영적으로 살기는 사실은 더 어려워진 세상입니다. 우리가 이 지구만 생각해도 말세 마지막 때 배기가스로 의한 오존층 파괴와 그에 따른 지구 온난화현상과 이상기후로 인해서 기근, 태풍, 쓰나미 등 자연재해가 일어납니다. 더욱이 갖가지 신종 악성 전염병까지 3, 4년 주기로 들이닥칩니다. 코로나19의 백신도 몇 년 내 개발하기가 쉽지 않다고 해서 금년 내에 개발되도록 새벽마다 우리가 합심해서 기도하고 있습니다만 코로나19도 언제 종식이 될지 아무도 모릅니다. 그런데 지난 수요일 새벽에 일찍 일어나 YTN 뉴스를 들어보니까 코로나19 바이러스의 변종인 돼지독감이 중국에서 발생해서 그 지역 농부의 10%가 감염되었는데 이것이 세계로 유출되면 코로나19보다 더 무서운 신종 악성 전염병이 되어서 코로나19보다 더 많은 사람들이 사망하는 큰 위험을 가져올 수 있다고 경고했습니다.

더구나 요즘 이 혼란의 와중에도 말세 마지막 때의 또 하나의 징조로 독버섯처럼 한국교회와 사회 깊숙이 침투한 신천지 등 이단들과 소돔과 고모라 성과 같이 대학 캠퍼스와 군대와 이태원 등 전국 방방곡곡에 급속도로 퍼져가는 동성애와 국회에서 발의한 차별금지법으로 인해 얼마나 복음의 역사가 방해받고 있습니까? 차별금지법이 국회에서 통과되면 동성애와 타 종교도 비판을 하지 못하고 복음을 담대히 증거할 수 없다고 하니, 얼마나 영적으로 암울한 세상이 되어 버리겠습니까?

더욱이 이를 바로 개혁해 나가야 할 교회마저도 지난날 조국과 민족을 위해 크게 공헌하였듯이 서로 인정하고 상생해야 하는데 보수와 진보의 이념논쟁으로 인해 원수처럼 갈라져서 상대방을 공격하며 싸우고 있습니다. 이 모든 배후에는 사탄이 가장 강력하게 사용하는 온갖 거짓말이 있습니다. 여러 가지 가짜 뉴스로 인해서 말세 마지막 때 증오와 저주가 난무합니다. 그러다 보니까 갈라디아서 5장 15절에 "만일 서로 물고 먹으면 피차 멸망할까 조심하라"고 분명히 경고함에도 불구하고 우리의 가정이나 직장, 심지어 하나님의 교회나 우리나라까지도 파멸시키려는 사탄의 계략에 속아서 영적 분별력도 없이 분쟁의 혼란에서 빠져나오지를 못하고 있습니다. 이러한 분쟁과 분열의 근본적인 이유는 사탄의 교묘한 속임수에 있는 것입니다.

어느 시골 수박농장에 여름철이 되니까 밤마다 마을의 못된 사람들이 와서 수박 서리를 해갔습니다. 옛날 같으면 그냥 몇 통 마을 사람들에게 선물하는 것으로 여길 수도 있는데 농장 주인이 이를 참지 못하고 팻말에 이렇게 써 놓았습니다. "경고: 이 수박밭 수박 중 하나에 농약을 주사해 놓았으니 주의 바람!" 다음 날 농장 주인이 밭에 와서 보니까 밤 사이에 수박이 하나도 없어지지 않아서 너무 좋아했는데 자신이 써 놓은 팻말 밑에 쓰여 있는 글을 보고 뒤로 넘어갔습니다. "당신도 조심하라. 이젠 농약 주사한 수박이 두 개니까." 그 수박이 어떤 것인지를 알 수가 없어서 결국 그해 수박 농사는 다 망하고 말았다고 합니다.

사탄의 계략이 교회 안에까지 교묘하게 침투하여 우리의 신앙을 무너뜨리려고 극렬히 공략해 들어와서 세상의 마지막 소망으로서 오직 복음으로 세상을 변화시키고 치유해 나가야 할 하나님의 교회까지도 그러한 분쟁과 분열에서 헤어 나오지 못하고 있습니다. 그렇다면 어떻게 세상을 살릴 수 있겠습니까? 우리가 마지막 때 사명을 감당하려고 하면 베드로전서 4장 8절에 "(만물의 마지막이 가까이 왔으니) 무엇보다도 뜨겁게 서로 사랑할지니 사랑은 허다한 죄를 덮느니라"고 증거하고 있습니다. 그런데도 사탄의 사람들은 우리의 허물만 들추려고 하고, 어떻게 해서든지 우리의 발목을 잡고서 우리의 선교와 치유와 양육의 주의 사역을 방해하려고 합니다.

이렇게 사탄의 교활한 역사 속에 점점 더 어두워가고 썩어가는 세상 가운데 희망이 보이지 않는데 이 땅의 소망이 무엇이 있겠습니까? 데살로니가전서 1장 10절에 "또 죽은 자들 가운데서 다시 살리신 그의 아들이 하늘로부터 강림하실 것을 너희가 어떻게 기다리는지를 말하니 이는 장래의 노하심에서 우리를 건지시는 예수시니라"라고 분명히 증거하지 않습니까? 여러분, 예수의 뜻이 무엇입니까? "여호와는 구원이시다", "여호와께서 구원하신다"는 뜻 아닙니까? 주님만이 우리를 죽음으로 몰고 가는 온갖 흉악한 죄악과 강퍅한 상처와 불치의 질병의 죽음으로부터 우리를 건져 주십니다. 그러므로 우리는 어떠한 말세 마지막 때의 최악의 조건 속에서도 낙심과 절망만 하고 있으면 안 되는 것입니다.

영국의 세인트 앤드류스 대학교의 신약학 교수였던 톰 라이드(Tom Wright) 박사는 《하나님과 팬데믹》(*God and the Pandemic*)이란 최근의 저서에서 이런 말을 했습니다. 지난날 2-3세기에 천연두, 홍역 등 전염병이 유행했을 때 수많은 초대교회 성도들은 온갖 박해의 죽음 속에서도 예수님의 가르치심대로 곳곳에 흩어져 복음 전파의 기회로 삼았기 때문에 결국 주후 313년 로마 콘스탄티누스 황제의 밀라노 칙령에 의해서 기독교에 대한 박해를 그치고 로마제국의 정식 종교로 공인되었다는 것입니다. 1520-30년에 마틴 루터의 종교개혁 당시에 갖가지 전염병이 터졌을 때도 목회자들은 교회를 지키고 양 떼를 위해서 목숨을 포기할 각오를 함으로써 그 전염병의 위기를 극복하였듯이, 이제는 코로나19 이상의 어떠한 환난이 닥쳐와도 우리가 날마다 말씀과 기도로 성령님으로 충만하여 우리의 사명의 자리를 지키며, 영적인 싸움을 끝까지 승리해 나가야 한다는 것입니다.

그래도 참으로 감사한 것은 80%의 성도님들이 이 땅의 영적 그루터기요, 신앙의 파수꾼으로서 코로나19의 그 위험 속에서도 열심히 성전에 나아와 주일 낮예배나 수요 밤예배나 새벽기도회나 심야기도회 때 뜨겁게 예배드리며 부르짖는다는 것입니다. 그러면서 뜨거운 신앙의 승리의 체험의 간증들을 들려주시는데 그런 성령 충만한 우리 성도님들로부터 얼마나 위로를 받고 힘을 얻는지 모릅니다.

그러므로 이처럼 우리는 아무리 앞이 캄캄한 절망적인 상황 속에서도 그 구원의 주님만 바라보며 믿고 의지하고, 그 주님께 간절히 간구하고, 그 주님의 십자가만 붙잡고 살아갈 수 있길 바랍니다. 그리할 때 살아 계신 주님께서 장래에도 세상 끝 날까지 아니 영원히 우리와 항상 함께하시며 갖가지 죽음의 위기에서도 건져 주실 줄 확실히 믿으시기 바랍니다.

부모님을 따라 여덟 살 때 미국으로 이민을 간 이승복은 감당하기 힘들었던 유년기를 보냈는데 열한 살 때부터 배운 기계체조로 모든 것을 이겨냈습니다. 기계체조를 시작한 그는 무섭게 기량이 성장해서 올림픽 금메달이 유력한 미국 체조 국가대표 선수로 자리를 잡아갔습니다. 그러던 1983년 7월 4일, 꿈에도 잊을 수 없는 일이 벌어지고 말았습니다. 고난도 회전 기술을 연습하던 중 턱이 마루에 꽂히듯 떨어져 척추 신경조직이 끊어지고 말았는데 그때 그의 나이 열여덟 살, 한창 꿈을 키워 나갈 때 그는 일생의 꿈이었던 올림픽 금메달의 꿈이 산산조각이 나고 물거품이 되는 순간이었습니다. 그리고 수술 후 9개월간의 고통스러운 재활보다 더 괴로웠던 것은 더 이상 인생의 꿈이 없다는 것으로, 감수성이 예민한 청소년 시기에 꿈의 좌절은 인생의 종말과 죽음과 같았습니다. 그러면서 매일 그의 마음속에 끊이지 않는 의문은 '왜 나에게 이런 일이 일어났을까?' 하는 것이었습니다.

이처럼 그의 꿈의 좌절은 견디기 어려운 상처로 남게 되었는데 그가 평생 휠체어를 타야 하는 고통 속에서도 부모님의 위로와 격려와 도움으로 다시 마음을 잡고 공부를 시작해서 뉴욕 대에 입학할 수 있었습니다. 그런데 그곳에서 우연찮게 캠퍼스 선교사님에게서 복음을 듣게 되었습니다. "십자가에서 우리를 위해 온갖 경멸과 고난과 고통을 받으신 주님이 누구보다 더 우리의 가슴 아픈 상처와 눈물을 잘 알고 계시고, 우리를 사랑하셔서 부르신 주님은 우리보다 더 큰 계획이 있으시다"는 선교사의 말씀에 그는 예수님의 십자가의 사랑에 한없이 눈물을 흘리면서 그날 예수님을 자기 인생의 구주와 주님으로 영접하게 됩니다.

우리의 인생이 영원에 비하면 티끌 같은 시간이라는 것과 주님께서 계획하신 삶의 비전이 있고, 또 능히 모든 시험을 감당할 힘이 있다는 것을 깨닫게 된 그는 예수님을 영접한 이후 더 이상 금메달에 집착할 필요가 없었습니다. 오히려 그는 주님 안에서 자신과 같은 사람들을 일으켜 세우고 싶은 제2의 꿈이 생겼고, 모두가 말도 안 된다며 반대했던 의사가 되기로 했습니다. 고통당하는 환자들의 아픔을 함께 나누고 상처 난 마음을 어루만져 주며 치유해 주고, 그들의 눈에서 흘러내리는 눈물을 닦아 주는 꿈을 이루기 위해서 밤낮을 자지 않고 열심히 공부를 시작했는데 그 과정은 재활 때보다 더 힘든 과정이었습니다. 그러나 그는 그 어렵다는 콜롬비아 의학전문대학원에 입학하여 꿈에도 그리던 의사가 되었습니다.

그런데 인턴 생활을 하던 중 자신의 손과 발이었던 어머니마저 중풍으로 왼쪽이 마비되면서 홀로 두 개의 휠체어 바퀴를 끌어야 해서 그의 손바닥은 닳아 터져서 피가 나고 굳은살이 생겼지만 그는 좌절하지 않았습니다. 주님께서 감당할 힘을 이미 주셨다는 것을 믿었기 때문입니다. 오히려 그는 자신의 고통스러운 불행이 치유의 자원이 되어서 고통스러워하는 환자들을 대할 때마다 이렇게 말한다고 합니다.

"내가 휠체어에 앉아 있는 것 보이지요? 나는 체조 선수였어요! 예전에 미국 대표로 세계에서 뛰었어요! 올림픽을 위해 연습하다가 넘어져서 목이 부러져서 꿈을 잃어버리고 한때 죽고 싶을 때가 있었어요! 그런데 주님을 만나고 주님 안에서 새로운 꿈과 희망을 갖게 되었어요. 나는 당신 같은 사람들을 돕고 싶어요! 그래서 난 당신 앞에 있어요! 당신도 똑같이 할 수 있어요! 하나님께서 당신 곁에 계시고, 가족과 사랑하는 사람들도 아주 많고, 세상에는 아주 좋은 의사들과 의료진이 당신을 돕고 있어요! 알겠지요? 계속 믿음을 갖고 열심히 해나가요!"

평생 재활해야 하는 환자인 동시에 의사인 이승복 박사의 말 한마디는 병원 환자들에게 큰 위로가 되고 가장 좋은 약이 되었습니다. 그는 지난날 인생 최대의 불행과 고통의 위기 속에서 자신을 건져 주셨고 지금도 건져 주고 계시며 영원히 함께하시는 주님의 휠체어를 타고 예수님의 사랑을 전하기 위해 오늘도 힘차게 달리고 있습니다. 그가 바로 다트머스 대학원(의학 박사)을 거쳐서 하버드 의대의 인턴을 수석으로 마치고 존스 홉킨스 병원의 수석 레지던트를 거쳐서 지금은 세계 최고의 존스 홉킨스 병원 곳곳을 누비는 슈퍼맨이요, 미국에서 2명밖에 없는 전신마비 장애인 의사요, 재활의학과 수석 전문의인 이승복 박사입니다.

사랑하는 여러분, 우리가 이 땅에 사는 동안 고난의 위기가 없는 인생은 단 한 사람도 없습니다. 그러나 우리는 인생의 죽음의 고난의 위기 속에서도 살아 계신 주님께서 모세와 같이 과거에 우리를 죽음의 위기에서 건져 주셨고, 현재도 우리를 죽음의 위기에서 건져 주시고, 미래에도 우리를 죽음의 위기에서 건져 주실 것을 확실히 믿어야 합니다. 그리할 때 우리는 코로나19뿐만 아니라 그 이상의 어떠한 인생의 환난 속에서도 주님만 바라보고 감사하면서 강하고 담대한 믿음으로 능히 승리하며 영광 돌리게 될 줄 확실히 믿습니다.

다 함께 결단의 찬송으로 모세의 어머니 "요게벳의 노래"를 함께 부르며 믿음으로 결단하도록 하겠습니다.

작은 갈대 상자 물이 새지 않도록
역청과 나무 진을 칠하네
어떤 맘이었을까 그녀의 두 눈엔
눈물이 흐르고 흘러
동그란 눈으로 엄마를 보고 있는
아이와 입을 맞추고
상자를 덮고 강가에 띄우며

간절히 기도했겠지
정처 없이 강물에 흔들흔들
흘려 내려가는 그 상자를 보며
눈을 감아도 보이는 아이와 눈을 맞추며
주저앉아 눈물을 흘렸겠지
너의 삶의 참 주인 너의 참 부모이신
하나님 그 손에 너의 삶을 맡긴다
너의 삶의 참 주인 너를 이끄시는 주
하나님 그 손에 너의 삶을 드린다
어떤 맘이었을까
그녀의 두 눈엔 눈물이 흐르고 흘러
그가 널 구원하시리 그가 널 이끄시리라
그가 널 사용하시리 그가 너를 인도하시리
너의 삶의 참 주인 너의 참 부모이신
하나님 그 손에 너의 삶을 맡긴다
너의 삶의 참 주인 너를 이끄시는 주
하나님 그 손에 너의 삶을 드린다
어떤 맘이었을까
그녀의 두 눈엔 눈물이 흐르고 흘러

감사하신 하나님 아버지, 한 해의 첫 열매에 감사하는 맥추감사주일과 교회설립 제51주년 기념주일을 맞이하면서 지난날을 돌이켜 볼 때 모든 것이 은혜였음을 진심으로 감사하옵나이다. 그러나 코로나19로 인해 희망이 보이지 않는 너무도 암울한 현실입니다. 그럼에도 불구하고 지난날 주님께서 모세와 같이 저희를 과거의 죽음의 위기에서 건져 주셨음을 잊지 않게 하여 주시옵소서! 현재에도 저희를 죽음의 위기에서 건져 주심을 믿고 감사하게 하여 주시옵소서! 장래에도 저희를 죽음의 위기에서 건져 주실 것을 간구하게 하여 주시옵소서! 그리함으로 코로나19 그 이상의 어떠한 환난 가운데에도 주님만 바라보고 감사하면서 강하고 담대한 믿음으로 능히 승리하며 영광 돌리게 해주실 줄 믿사옵고, 예수님의 이름으로 간절히 축복하며 기도하옵나이다. 아멘.

떨기나무 불꽃 가운데서

출애굽기 3:1-10

우리는 인생의 고난을 맞을 때 우리 자신을 돌이켜보는 계기로 삼아야 합니다. 특별히 우리의 일생에 상상도 못했고 또 처음 맞이하는 코로나19의 고난 속에서 들려오는 하나님의 음성을 들어야 합니다. 그런데 오늘 본문 말씀 가운데 떨기나무 불꽃 가운데 나타나신 하나님을 만난 모세를 통해 들려주시는 하나님의 음성을 다 함께 들을 수 있길 바랍니다.

하나님의 부르심에 응답해야 함

먼저 본문 4절 말씀을 다 함께 읽겠습니다.

> "여호와께서 그가 보려고 돌이켜 오는 것을 보신지라 하나님이 떨기나무 가운데서 그를 불러 이르시되 모세야 모세야 하시매 그가 이르되 내가 여기 있나이다"(출 3:4).

나일 강에서 건져냄을 받은 모세는 애굽 왕의 공주의 양아들로서 궁중의 문무를 잘 익히며 자라났습니다. 그런데 그가 40세가 되도록 성장한 후 한 번은 자신의 혈통인 히브리인 형제들을 보러 왕궁을 나갔다가 애굽 사람이 히브리 사람인 자기 형제를 치는 것을 보고 좌우에 사람이 없음을 보고 그 애굽 사람을 쳐서 죽여서 모래 속에 감추었습니다. 그리고 그다음 날 다시 왕궁을 나갔다가 히브리 사람들이 싸우는 것을 보고 그 잘못한 사람에게 "네가 어찌하여 동포를 치느냐?"고 물었습니다. 그랬더니 "누가 너를 우리를 다스리는 자와 재판관으로 삼았느냐? 네가 애굽 사람을 죽인 것처럼 나도 죽이려고 하느냐?" 하고 달려들었습니다. 이때 모세가 과거의 모든 일이 탄로 난 것에 두려워했는데 애굽 왕이 이 이야기를 듣고 모세를 죽이고자 찾으니까 애굽 왕의 낯을 피하여 미디안 땅으로 피신을 하지 않을 수 없었습니다.

그런데 모세가 미디안 땅에서 미디안 제사장 르우엘('하나님의 친구')의 일곱 딸들이 양 떼 먹이는 것을 도와준 것이 계기가 되어서 르우엘 제사장의 딸 십보라와 결혼까지 하게 되고, 아들 게르솜('나그네')도 낳고 행복하게 40년의 세월을 보내게 됩니다. 그러던 어느 날, 애굽 왕도 죽고 이스라엘 자손들이 고된 노동으로 말미암아 탄식하며 부르짖으니까 그 부르짖음이 하나님께 상달되었습니다. 하나님께서 그들의 고통 소리를 들으시고 아브라함과 이삭과 야곱과 세운 언약을 기억하시고 이스라엘 자손을 돌보시기 위해서 모세에게 나타나십니다.

모세가 그의 장인 미디안 제사장 이드로(대감, 폐하 등 관직의 존칭)의 양 무리를 치던 하나님의 산 호렙에 이르게 되었습니다. 많은 이론이 있지만 호렙은 지방 이름이고 시내 산은 그 호렙 지방의 해발

2,325m에 이르는 산 이름이라고 하는데, 시내 산은 산 전체의 이름이고 그 시내 산의 서편을 호렙이라고 한다는 설이 가장 유력합니다. 그때 시내 산에서 많이 볼 수 있고 그리스도의 고난을 상징하는 아카시아과에 속한 가시 떨기나무 불꽃 가운데 우리의 죄를 소멸하는 불(히 12:29)이 되시는 하나님께서 나타나셔서 "모세야! 모세야!"라고 부르셨습니다.

이때 모세는 "내가 여기 있나이다" 하고 하나님의 부르심에 응답하게 되는데 이 광경은 마치 하나님께서 성전에서 이사야 선지자를 부르실 때의 모습과 흡사합니다. 이사야 6장 8절에 "내가 또 주의 목소리를 들으니 주께서 이르시되 내가 누구를 보내며 누가 우리를 위하여 갈꼬 하시니 그때에 내가 이르되 내가 여기 있나이다 나를 보내소서 하였더니"라고 증거하지 않습니까?

그런데 말세의 마지막 때인 오늘의 우리의 현실은 어떠합니까? 불법이 성하고 사랑이 식어져서(마 24:12) 시기하고 질투하고 미워하고 증오하는 세대가 되어 버렸습니다. 얼마 전 철인 3종 경기 유망주였던 경주 시청의 최숙현 선수가 돌팔이 팀 닥터와 감독과 선배 선수들의 집요한 폭력과 금품 갈취와 왕따와 이간질 등의 신체적, 정신적 고통을 견디다 못해서 부모님에게 "그 사람들 죄를 밝혀줘"라는 카톡 메시지를 남기고 지난달(2020년 6월) 26일 스물두 살의 어린 나이에 생을 마감하지 않았습니까? 그런데 기가 막힌 것은 최 선수 엄마를 불러 딸 뺨을 때리라고 했다는 것입니다. 심지어 감독이 지난 2일에는 자신의 가족 이야기를 꺼내면서 "먹고 살 수 있도록 조금만 시간을 더 달라 무릎 꿇고 사죄드린다"며 고소를 늦춰 달라고 사정을 했고, 폭력에 대한 다른 선수들의 증언과 녹취에 그대로 남아 있는데도 지난 월요일 선배 선수들과 함께 국회 문화체육관광위원회에 나와서는 폭행한 적이 없다고 하면서 사과할 것은 없고 안타까운 심정이라고만 거짓말을 했습니다. 물론 이틀 뒤에 남자 선배 선수는 양심의 가책을 이기지 못하고 세 사람이 한 달에 서너 번씩 폭행했음을 시인했지만 고 최 선수의 동료들의 증언에는 최 선수가 한 달에 열흘 이상 맞았고 성추행까지도 당했다는 것입니다. 그것이 바로 사탄이 역사하는 세상 사람들의 거짓된 모습입니다. 주위 가족이나 교인들이나 이웃에게 말할 수 없는 상처를 남기면서도 자신은 신앙생활을 잘하는 것처럼 착각하는 거짓된 사람들의 모습입니다.

그래서 로마서 12장 1-2절에 "그러므로 형제들아 내가 하나님의 모든 자비하심으로 너희를 권하노니 너희 몸을 하나님이 기뻐하시는 거룩한 산 제물로 드리라 이는 너희가 드릴 영적 예배니라 너희는 이 세대를 본받지 말고 오직 마음을 새롭게 함으로 변화를 받아 하나님의 선하시고 기뻐하시고 온전하신 뜻이 무엇인지 분별하도록 하라"고 강조하였던 것입니다.

이처럼 말세 마지막 때 주님께서는 우리를 부르셔서 우리를 목사로, 장로로, 권사로, 집사로, 성도로 복음 사역에 사용하길 원하십니다. 주님께서는 우리가 하나님의 말씀을 듣거나 읽는 가운데, 기도를 하는 가운데, 성도의 교제 가운데, 삶의 현장 가운데 사건을 통해서나 코로나19 등 질병의 고통 등 어떠한 환경 속에서든지 우리를 부르고 계십니다. 문제는 주님과 나만의 고난의 가시 떨기나무의 불꽃 가운데서 우리를 사용하길 원하시는 하나님의 음성을 먼저 들어야 하고, 어떻게 일생토록 드려질 것인가 믿음으로 결단하고 십자가에서 죽기까지 사랑해 주신 주님의 부르심에 헌신으로 응답해야 하는 것입니다.

한 부부 집사님이 대판 부부싸움을 했는데 아내 집사님이 꼴 보기 싫으니까 당장 집에서 나가라!고 소리치더랍니다. 그러자 화가 난 남편 집사님이 문을 꽝 닫고 나가다가 다시 들어오더랍니다. 그러자 아내 집사님이 꼴도 보기 싫은데 뭐 하러 다시 들어오느냐고 소리쳤더니 남편 집사님이 "가장 소중한 것을 놓고 가서 다시 들어왔어!" 그러더랍니다. "소중한 거 뭘 놓고 갔는데?" 하고 물었더니 남편 집사님이 그러더랍니다. "바로 당신!" 그래서 서로 화를 풀고 지금까지 같이 살고 있다고 합니다.

여러분, 우리 인생 가운데 가장 소중한 것이 무엇입니까? 부모님께 전화 통화도 안 하고 용돈도 안 드리는 자식은 불효자식이고, 전화 통화도 자주 하고 용돈도 드리는 자식은 효자입니다. 그런데 직접 찾아뵙고 용돈도 드리는 것을 가장 기뻐하십니다. 마찬가지로 우리 주님께서도 우리가 매 주일 성전에 나아와 예배드리고 헌금도 바치는 것을 기뻐 받으십니다.

그래서 코로나19, 그리고 그 이후를 위한 목회적·교육적 성찰을 다루고 있는 《재난과 교회》라는 책에서도 우리가 우리와 같은 죄인을 위해 죽기까지 사랑해 주시고 지금까지 은혜 베풀어 주신 주님께 드리는 예배의 중요성을 깨닫고, 예배의 가치를 새롭게 느끼면서 다시 예배의 자리로 돌아갈 것을 강조하고 있습니다.

그래서 지난 수요일, 경주에서 있었던 전국장로회연합회 수련회의 주제 강의를 하러 가서 이런 말씀을 드렸습니다. 구약성경에서부터 보면 하나님 아버지께서는 항상 예배드릴 장소를 정하시고 성막과 성전과 회당과 교회에 이르기까지 예배드릴 장소를 지시하셨습니다. 그래서 우리나라가 의학이나 의료수준이 훨씬 높은 미국이나 일본이나 유럽보다도 코로나19를 훨씬 더 잘 극복하고 있는 것은 세계에서 유일하게 한국 교회만 문을 열어 놓고 주님 전에 나아와 예배드리고 간구하기 때문입니다. 그런데 오늘날 한국교회는 코로나19로 인해 임의로 온라인 예배를 허용하기 시작하면서부터 유럽 교회와 미국 교회에 이어 우리 한국 교회에까지도 큰 시험이 찾아오고 말았습니다.

이제는 하나님께 드리는 이 중대한 예배의 문제를 다룰 때입니다. 총회 임원회와 증경 총회장님들과 역대 장로회 회장님들과 각 대학 총장님들이 모여 이 예배에 대한 성경적, 신학적, 목회적, 신앙적인 깊은 토론과 기도를 통해 영적인 분별과 결단을 해야 합니다.

그런데 이것이 한국 교회에 닥친 사탄의 시험인 줄도 모르고 온라인 예배를 덥석 받아들임으로 다른 모든 신앙생활과는 달리 하나님께 드리는 모든 은혜와 축복과 행복의 통로인 예배를 소홀히 함으로써 한국 교회의 부흥은 여기서부터 다 꺾어 버리고 만 것입니다. 코로나19가 언제 끝이 날지도 모르는데 언제까지 주님의 전을 떠나 살아야 하겠습니까? 코로나19가 두려워서 온라인 예배를 드리고 있으니 어떻게 진정한 주님의 은혜와 축복과 행복의 감격을 충만하게 누릴 수 있겠습니까? 이를 바라보는 주의 종의 마음도 답답한데 주님의 심정은 어떠하시겠습니까?

그렇기 때문에 이제부터라도 교회의 큰 한 축인 평신도 대표로 부르심을 받은 우리 장로님들로부터 시작하여 먼저 통회 자복함으로 주님과의 처음 사랑부터 회복해야 합니다. 우리가 먼저 날마다 순간마다 주님의 십자가에서 철저히 죽어지고 자신의 영화와 자기 의나 내세우는 삶이 아닌 하나님의 나라와 하나님의 의만 구하는 삶을 회복하게 될 때 비로소 살아 계신 하나님께서 우리의 모든 필요를 풍성히 채워 주실 것입니다. 그뿐만 아니라 코로나19도 기적적으로 물리쳐 주시고, 이번 수련회 주제처럼 이 어려운 때 고통당하는 우리의 형제나 이웃들과 '낮은 곳에서 하나님의 회복'을 함께 나누는 복된 여생을 살아가야 함을 눈물로 호소했습니다. 그리고 함께 통성으로 울부짖으며 통회 자복하고 은혜 가운데 잘 마치고 돌아올 수 있었습니다.

이처럼 우리가 우리 인생에서 코로나19의 고난의 가시 떨기나무의 불꽃 가운데 나타나신 주님의 부르심에 믿음으로 응답을 하기만 하면 하나님 손에 붙잡힌 바 됩니다. 그래서 주님께서 주시는 기적적인 능력에 사로잡혀서 평생토록 주님의 축복을 누리면서 행복하게 쓰임 받으며 영광 돌리게 될 줄 확실히 믿으시기 바랍니다.

두렵고 떨림으로 엎드려야 함

계속해서 본문 5절 말씀을 다 함께 읽겠습니다.

> "하나님이 이르시되 이리로 가까이 오지 말라 네가 선 곳은 거룩한 땅이니 네 발에서 신을 벗으라"(출 3:5).

모세는 하나님의 부르심을 받았을 때 기쁨으로 주님 앞에 나아가려고 했습니다. 그러나 주님께서는 "이리로 가까이 오지 말라"고 하시면서 "네가 선 곳은 거룩한 땅이니 네 발에서 신부터 벗으라"고 명령하십니다. 모세는 거룩하신 하나님을 맞이할 준비가 되어 있지 않았기 때문에 하나님께서는 가까이 접근하지 못하게 하셨고, 그의 발에서 신(sandal)부터 벗으라고 하셨습니다. 하나님께 대한 경외심과 인간으로서의 겸손을 갖추라고 명령하신 것입니다.

주님을 고난의 가시 떨기나무 불꽃 가운데 만나지 못해서 자신의 가문이나 외모나 인간적인 지식이나 능력이나 재력이나 심지어는 신앙의 직분을 받았다고 금방 교만해진 사람들이 이 땅 위에 얼마나 많이 있습니까? 그러나 인생의 죽음의 고난의 가시 떨기나무 불꽃 가운데서 주님을 만났던 사람은 교만할 것이 아무것도 없습니다. 우리 인생이 마른 막대기만도 못하고 썩어가는 구더기만도 못한 죄 많은 인생임을 기억해야 합니다. 더구나 코로나19라는 전염병 하나에도 우리 자신이나 온 나라나 전 세계가 꼼짝도 못하는데, 그리고 언제 어떻게 떠나갈지 알 수 없는 안개와 같이 허무한 나그네 인생임을 기억한다면 더욱더 그러합니다. 그런데도 우리는 두렵고 떨림 없이 너무 세상에 취해서 주님을 의식하지도 못하고 기고만장하며 살아갑니다.

요즘 정부의 부동산 정책에 대한 국민들의 불신과 불만이 극에 달하고 있습니다. 문재인 대통령과 정부가 들어선 이후 지난 금요일까지 국토교통부에서 22번에 걸쳐서 부동산 대책을 내놓았는데 지금까지 다 실패하고 부동산 가격만 천정부지로 높여 놓았습니다. 강남 아파트 값 잡는다고 3년 동안 집중하여 규제하고 있을 때 강북 집값도 역시 55%가 치솟고 말았습니다. 더구나 맞벌이 젊은 부부들이나 신혼부부 등의 청약을 쉽게 해준다고 약속하고는 청약 가점이 치솟아 사실상 당첨이 불가능해서 30대의 내 집 마련은 요원한 꿈이 되고 평생 전·월세만 살라는 것인지, 내 집 마련의 꿈을 다 무너뜨리고 말았습니다.

그런데 우리나라 부동산 정책의 근본적인 문제는 청와대 비서실을 비롯한 정부 고위공직자나 국회의원들의 다주택 소유로 모범이 안 되었기 때문입니다. 지난 2020년 7월 2일 〈한국일보〉의 보도에 따르면, 우리나라 국회의 3선(12년) 이상 다선의원 98명이 첫 당선 후 재산을 평균 18억 원이나 불렸다고 합니다. 아마 우리 서민층 교인들 가운데에는 평생 벌어도 18억을 못 만지고 세상 떠날 분들이 많으실 것입니다. 더욱 기가 막힌 것은 재산 증가액 상위 20위 중의 13명이 다 야당의원이라고 합니다. 정부의 부동산 정책을 비판하는 야당의원들의 40%도 다주택 부동산으로 돈을 벌어놓고 누가 누구를 향해서 부동산 대책에 대해 비판하고 돌팔매질을 할 수 있겠습니까?

그래서 빌립보서 2장 12절에 "그러므로 나의 사랑하는 자들아 너희가 나 있을 때뿐 아니라 더욱 지금 나 없을 때에도 항상 복종하여 두렵고 떨림으로 너희 구원을 이루라"고 명령하고 있습니다. 우리가 진정으로 하나님의 사랑받는 자녀라면 언제 어디서나 두렵고 떨림으로 주님 앞에 엎드릴 뿐만 아니라 자신이 구원받았다고 자만하지 말고 두렵고 떨림으로 우리의 구원을 잘 이루어야 한다는 것입니다(Work out your salvation with fear and trembling).

우리는 세 가지 구원을 잘 이루어 가고 있는지 점검해 보아야 합니다. 첫째는 과거의 '죄의 형벌'(The Penalty of Sins)로부터의 구원인데 이것을 신학적 용어로 '칭의'(Justification)라고 합니다. 둘째는 현재의 '죄의 권세'(The Power of Sins)로부터의 구원인데 이것을 신학적 용어로 '성화'(Sanctification)라고 합니다. 셋째는 미래의 '죄의 존재'(The Presence of Sins)로부터의 구원인데 이것을 신학적 용어로 '영화'(Glorification)라고 합니다. 이 세 단계 구원을 거치지 않고는 어떠한 인간도 온전한 구원에 이르지 못합니다. 그러므로 우리가 입술로만 믿고 구원받았다고 떠들지 말고 이 땅 위에서 우리의 삶을 통해 두렵고 떨림으로 구원받은 하나님의 자녀 된 증거를 보여줄 수 있어야 하는 것입니다.

요즘 코로나19로 주일성수를 못하는 교인들이 많으니까 한 목사님이 너무도 안타까운 심정으로 주일을 앞두고 교인들에게 주일성수를 하여 교회 예배에 꼭 참석하라고 문자 메시지를 보냈습니다. "사랑하는 성도님들, 좋은 주말 보내고 주일에 꼭 다시 만나요!" 그랬더니 연세가 높으셔서 시력이 많이 떨어진 한 은퇴하신 권사님이 실수로 '님'자의 'ㅁ' 받침을 빼고 보냈더랍니다. "목사니도 좋은 날 되세요!" 그 문자 받은 목사님이 얼마나 놀랐겠습니까? 그래서 우리가 항상 두렵고 떨림으로 겸손하게 깨어 살아야 하는 것입니다.

늘 강조하지만 세상의 삶이나 신앙생활도 마찬가지입니다. 더 이상 말로 떠들지 말고 예배나 기도나 헌신이나 헌금이나 구제나 봉사나 전도나 선교의 모범을 삶으로 보여줄 수 있길 바랍니다. 이렇게 우리의 가정에서나 교회에서나 세상에서나 삶으로 본을 보이면 우리의 가까운 주위 사람들로부터 모두 다 인정을 받고 존경을 받고 감동을 받고 변화가 되어서 자연스럽게 그들도 우리를 본받아 삶의 열매를 맺게 됩니다. 그것이 말로 떠드는 것보다 비교할 수 없을 정도로 훨씬 더 어렵지만 훨씬 더 은혜롭고 축복되고 행복의 감격적인 신앙생활입니다.

그래도 참으로 감사한 것은 우리 교회의 80%의 성도님들이 이 땅의 영적 그루터기요, 교회의 신앙의 파수꾼으로서 코로나19의 위험 속에서도 주일 낮예배나 수요 밤예배나 새벽기도회나 심야기도회에 열심히 나아와 뜨겁게 예배드리며 부르짖으며 영석 싸움에서 승리해 나가고 있는 것입니다. 그러므로 우리가 코로나19와 같은 인생의 고난의 가시 떨기나무 불꽃 가운데서 주님 앞에 두렵고 떨림으로 엎드리는 경외의 겸손한 삶을 살아갈 때 그때부터 주님의 위로의 은혜가 임하고, 능력이 임하고, 기적이 일어나는 복된 삶으로 쓰임 받게 될 줄 확실히 믿습니다.

고통 중에 부르짖어야 함

마지막으로 본문 7-8절 말씀을 다 함께 읽겠습니다.

> "여호와께서 이르시되 내가 애굽에 있는 내 백성의 고통을 분명히 보고 그들이 그들의 감독자로 말미암아 부르짖음을 듣고 그 근심을 알고 내가 내려가서 그들을 애굽인의 손에서 건져내고 그들을 그 땅에서 인도하여 아름답고 광대한 땅, 젖과 꿀이 흐르는 땅 곧 가나안 족속, 헷 족속, 아모리 족속, 브리스 족속, 히위 족속, 여부스 족속의 지방에 데려가려 하노라"(출 3:7-8).

계속해서 하나님께서는 "나는 네 조상의 하나님이니 아브라함의 하나님, 이삭의 하나님, 야곱의 하나님이니라"고 자신을 밝히십니다. 그러자 모세가 두렵고 떨림으로 얼굴을 가립니다. 죄인이 거룩하신 하나님을 바로 뵈올 수 없었기 때문이었습니다(왕상 19:13). 그때 하나님께서는 "내가 애굽에 있는 내 백성의 고통을 분명히 보고 그들이 그들의 감독자로 말미암아 부르짖음을 듣고 그 근심을 알고 내가 내려가서 그들을 애굽인의 손에서 건져내고 그들을 그 땅에서 인도하여 아름답고 광대한 땅, 젖과 꿀이 흐르는 땅 곧 가나안 족속, 헷 족속, 아모리 족속, 브리스 족속, 히위 족속, 여부스 족속, (기르가스 족속, 신 7:1)의 지방에 데려가려 하노라"(출 3:7-8)고 분명히 약속하십니다.

그러면서 "이제 가라 이스라엘 자손의 부르짖음이 내게 달하고 애굽 사람이 그들을 괴롭히는 학대도 내가 보았으니 이제 내가 너를 바로(애굽 왕)에게 보내어 너에게 내 백성 이스라엘 자손을 애굽에서 인도하여 내게 하리라"(출 3:9-10)고 하십니다. 이스라엘 백성들의 430년 애굽 종살이의 종말을 고하는 희망의 서곡이 울려 퍼지고 있는 것입니다.

우리의 인생도 그러합니다. 우리가 전에는 겪어 보지도 상상도 못 했던 코로나19로 인해서 얼마나 우리가 두렵고 불안한 가운데 살고, 경제적으로 어렵고 힘들게 살고 있습니까? 최근 광주지역에서는 코로나19보다 전파력이 6배나 강한 유럽형 악성 변종이 나타나고, 중국에서 돼지 독감이 발생하고, 몽고에서는 흑사병균이 검출돼 비상이 걸렸습니다. 이렇게 안팎으로 코로나 감염이 확산되고 불안해지자 철저히 방역수칙을 지키고 있는 교회가 이러한 코로나19의 감염의 온상지나 된 것처럼 지난 수요일 급기야 중앙재난안전대책본부회의에서 정세균 국무총리는 교회의 정규예배 외의 모든 행사를 전면 금지하고 위반 시에는 책임자와 이용자에게 벌금 300만 원 이하를 부과하고 집합금지 행정조치를 내리겠다고 발표를 했습니다. 성당이나 사찰은 놔두고 교회만 꼭 집어서 집중단속을 하는 것을 이해할 수 없습니다. 철저히 방역수칙을 지키면서 모든 모임을 가졌는데도 7만 교회, 30만 목회자, 1,000만 성도들(전체 국민의 1/4) 가운데 몇몇 교회의 몇몇 교인이 감염이 되었다고 전체 교회의 신앙활동을 가로막은 것입니다. 요양병원, 콜센터, 나이트클럽, 노래방, 목욕당, 식당 몇십 군데에서 확진자가 나왔다고 우리나라의 모든 요양병원, 콜센터, 나이트클럽, 노래방, 목욕탕, 식당 전체에 규제를 가하지 않으면서도 교회만 요주의 감염 대상으로 삼는 것은 결코 이해하기 어려운 편파적인 처사입니다.

오죽하면 다음과 같은 글을 썼을까요? 지난 주간에 한 목사님이 보낸 재미있는 글이 있습니다.

- 소그룹 모임에 대해서

1. 교회 소그룹 모임을 가까운 카페에서 하면 벌금?
2. 벌금을 내야 한다면 그곳에 오신 다른 분들도 벌금?
3. 다른 분들이 벌금을 내지 않는다면 교인들은 왜 벌금?
4. 다른 카페 같은 공간에서 소그룹 모임이 가능하다면 왜 교회 건물 안에서는 안 되는 건가요?

- 식사 제공에 대해서도

1. 교인들이 교회 식당에서 식사하지 않고 근처 식당에서 식사하면 벌금?
2. 벌금을 내야 한다면 식당을 찾는 손님들도 벌금?
3. 다른 분들은 손님이기 때문에 벌금을 내지 않는다면 교인들은 왜 벌금?
4. 확진자이거나 확진자가 될 확률이 교회가 더 높다?
5. 식당에 의뢰해서 식사 제공을 받는다면 왜 교회에서만 식사 제공을 하면 벌금?

- 개인적 분석에 대해서도

1. 교회 괘씸죄 적용?(순수하지 않음)
2. 교회는 이렇게 아무리 두들겨도 무반응?
3. 교회는 각자 생존 눈치 파악?
4. 교회는 하나가 되지 않는다 파악?
5. 교회가 모이면 정부에 대한 대응 우려, 사전 예방?
6. 우한 폐렴 적극 활용 교회만 핍박 죽이기 진행?

7. 코로나, 이번 기회에 교회 탄압하여 고개 못 들게 해?
8. 교회 코로나는 이슈화, 안 교회 코로나는 안 이슈화?
9. 국민들과 믿음 없는 사람에게 부정적 이미지 확대?
10. 이렇게 해도 반응 없고 무반응 교회 아무것도 아니네?
11. 잘못된 정부에 대한 성토 등 다른 이슈로 교회 모임 못하게 심리적 압박?
    총리 지시, 긍정적 대다수 언론보도로 교회 잘못 집중 부각?
12. 우리 주님께 더욱 감사하며 더 기도하기 시작!
    주 안에서 서로 이해하고
    서로 용서하고
    서로 배려하며
    서로 작은 차이 이해 필요!

이번 기회에 진실로 하나 되어야 합니다!
'주님, 더 감사합니다!'
'주님, 더 사랑합니다!' 이 신앙고백을 해야 할 때입니다.

그러므로 다른 길이 없습니다. 이처럼 끝이 보이지 않는 코로나19외 각종 악성 전염병의 위기 속에서 우리가 할 수 있는 것은 만병의 의원 되시는 살아 계신 하나님께 영과 진리로 예배드려서 주님의 마음을 감동시키고 악성 전염병의 퇴치를 위해 간절히 부르짖어서 기적의 응답을 받는 길밖에 없습니다. 왜냐하면 하나님께서 응답해 주셔야 어떠한 극한 전염병도 물리칠 수 있고, 어떠한 환난도 이겨낼 수 있기 때문입니다.

그래서 시편 107편 13절에 "이에 그들이 그 환난 중에 여호와께 부르짖으매 그들의 고통에서 구원하시되", 19절에 "이에 그들이 그들의 고통 때문에 여호와께 부르짖으매 그가 그들의 고통에서 그들을 구원하시되", 28절에 "이에 그들이 그들의 고통 때문에 여호와께 부르짖으매 그가 그들의 고통에서 그들을 인도하여 내시고"라고 고통 가운데 부르짖어야 함을 세 번이나 강조한 것입니다.

전전주 금요일 새벽기도회에도 한 권사님이 기도를 받으러 오셔서 이런 말을 하셨습니다. "코로나19도 하나님의 축복이에요. 왜냐하면 사람들 입에 마스크를 씌워서요, 더 이상 세상적이고 육신적이고 인간적인 말 좀 그만하고, 하나님께 입을 열어 기도하라는 뜻이 아닌가 하고 깨달아져요." 그래서 우리가 코로나19의 이 고난 속에서도 하나님의 뜻을 따라 사는 삶이 얼마나 복된 일인지 너무도 감사하다는 것입니다.

그러므로 코로나19의 위험뿐만 아니라 인생의 어떠한 고난의 가시떨기나무의 불꽃 가운데서도 주님을 새롭게 만나며 부르짖을 때 하나님 아버지께서는 분명히 살아 계셔서 우리를 변함없이 뜨겁게 사랑하시고, 우리의 작은 신음에도 기필코 응답하시고, 우리를 영육간에 기적적으로 치료하시고, 가장 좋은 때에 가장 좋은 것으로 기필코 응답하실 줄 확실히 믿으시기 바랍니다.

1929년 벨기에의 이셀에 한 소녀가 태어났는데 어린 시절 그녀에게는 깊은 상처가 있었습니다. 무엇보다 부모의 이혼으로 인해 깊은 상처를 받고 어린 시절을 홀로 외롭게 눈물 흘리며 살아야 했습니다. 열 살 때 제2차 세계대전이 일어나 독일의 히틀러 군대가 고향 마을을 점령했을 때는 아무도 돌보지 않고 버려진 채 폐쇄된 공간 속에서 굶주림에 시달리다 보니까 영양실조와 우울증까지 와서 고통을 겪어야 했습니다.

그녀의 인생에 반전이 찾아온 건 1948년이었습니다. 열아홉 살에 발레리나가 되기 위해 영국에서 수업을 받던 중 런던의 마리오 덴비 감독의 눈에 띄어 "낙타의 웃음"이란 영화에 단역으로 데뷔한 뒤에 촬영장의 궂은일을 도맡아 했습니다. 성실함과 끊임없는 노력으로 결국 그녀는 세계 최정상 배우의 자리에까지 오르게 되었지만 그녀는 다른 배우들처럼 세상의 부귀와 명예와 쾌락에 빠지지 않았습니다.

그런데 그녀의 가정생활은 순탄하지 않았습니다. 첫 번째 남편인 미국의 영화배우이자 영화감독이었던 멜 페러와 결혼하여 행복의 꿈에 부풀었지만 1954년부터 1968년까지 14년간의 불행한 삶으로 끝이 나고 말았습니다. 그래서 다시는 불행을 겪지 않겠다고 다짐했는데 두 번째 남편인 이탈리아 정신과 의사였던 안드레아 도티가 그녀의 마음을 치유할 것처럼 다가왔습니다. 그러나 행복하게 해줄 줄 알았던 그 남편은 결혼 직후부터 돌변하여 술과 여자에 빠져 가정을 돌보지 않았고, 그 배신감의 고통은 첫 번째 결혼보다 더 견딜 수 없는 아픔이요 충격이었습니다. 그래도 둘째 아들 루카 도티를 낳아 거기에 정성을 쏟으면서 그나마 위로를 얻으며 1969년부터 1982년까지 13년간의 견딜 수 없는 고통의 세월을 눈물 속에 보냈습니다. 결국 두 번째 남편과의 결혼생활도 불행하게 끝이 나고 말았고, 그 화려한 은막생활까지도 은퇴하게 되었습니다.

그녀가 바로 수려한 외모와 매력적인 매너로 전 세계 영화 팬들의 마음을 완전히 사로잡으면서 "로마의 휴일"이라는 영화로 아카데미 상과 골든 글로브 상을 수상하고 영국 아카데미 영화 상을 세 번이나 휩쓸었던 세기의 미녀요, 세계적인 여배우였던 오드리 헵번(Audrey Hepburn)입니다.

그러나 그녀의 인생은 거기서 끝이 나지 않았습니다. 1982년 53세에 하나님의 부르심을 받아서 자신의 불행했던 어린 시절을 결코 잊지 않고 아프리카, 남미, 아시아 등 오지의 불쌍한 어린아이들을 위해 '오드리 헵번 어린이재단'을 만들어 빈민 어린이 구호에 헌신했습니다. 그리하여 10년 동안이나 이름도 없이 빛도 없이 헌신함으로 1992년 유니세프(UNICEF, 유엔아동기금) 친선대사로 지명되기도 했습니다. 그녀는 오지의 빈민 어린이 구호활동이 화려했던 영화배우 시절보다 비교할 수 없을 정도로 더욱더 행복하다고 말하곤 했습니다.

그런데 그해 아프리카 소말리아 방문 전 그동안의 상처와 스트레스와 과로가 쌓여서 갑자기 건강이 악화되어 건강검진을 해보았더니 대장암 말기 판정을 받게 되었습니다. 그럼에도 불구하고 이 모든 암의 고통도 그녀의 어린이 구호활동을 막을 수는 없었습니다. 결국 그다음 해인 1994년 64세를 일기로 하늘나라로 떠나가게 되었는데 1년 전 이 땅에 남아 있는 사랑하는 두 아들에게 "시간이 알려주는 아름다움의 비결"(Time Tested Beauty Tips)이라는 제목의 시를 남겼다고 합니다. 원래 이 시를 쓴 사람은 샘 레벤슨(Sam Levenson)인데 오드리 헵번이 너무 애송하였기에 그의 유언이라고 여겨질 정도입니다.

매혹적인 입술을 가지고 싶다면 친절한 말을 하라
(For attractive lips, speak words of kindness)
사랑스런 눈을 가지고 싶다면 사람들의 좋은 점을 보아라
(For lovely eyes, seek out the good in people)
날씬한 몸매를 가지고 싶다면 그대의 음식을 배고픈 자와 나누어라

(For a slim figure, share your food with the hungry)
예쁜 머릿결을 가지고 싶다면 하루에 한 번 어린아이가 그대의 머리카락을 쓰다듬게 하라
(For beautiful hair, let a child run his fingers through it once a day)
아름다운 자세를 가지고 싶다면 결코 그대 혼자 걸어가는 것이 아님을 알도록 하라
(For poise, walk with the knowledge you'll never walk alone)
재산보다는 사람들이야말로 회복되어야 하고 새로워져야 하며 활기를 얻고 깨우쳐지고 구원받고 또 구원받아야 한다
(People, ever more than things, have to be restored, renewed, revived, reclaimed and redeemed and redeemed)
어느 누구도 내버리지 말라. 도움의 손길이 필요할 때 그대는 그것을 자신의 손끝에서 찾을 수 있으리라는 사실을 기억하라
(Never throw out anybody. Remember, if you ever need a helping hand, you'll find one at the end of your arm)
나이가 들어감에 따라 그대는 손이 두 개인 이유가 하나는 자신을 돕기 위해서, 하나는 다른 이를 돕기 위해서임을 알게 되리라
(As you grow older you will discover that you have two hands. One for helping yourself, the other for helping others)

그녀의 일생에 있어서 부모님의 이혼과 전쟁의 폐허는 그녀에게 견디기 어려운 상처였지만 자신이 주님으로부터 치유받고 나니까 지난날의 아픔이 치유의 자원이 되어 어린이 구호활동을 위해 하나님의 부르심을 받은 그녀는 두렵고 떨림으로 많은 불쌍한 아이들을 섬기며 고통 중에도 부르짖음으로 다른 사람의 어두운 고통을 밝히는 별인 진정한 스타가 된 것입니다. 지난날의 상처(scar)가 오히려 그녀를 온 세계 사람들이 영원히 잊지 못할 별(star)이 되게 해준 것입니다.

사랑하는 성도 여러분, 늘 강조하지만 우리는 살았다 할 것이 없는 존재들입니다. 그런데 이 땅에서 천년만년 살 것처럼 착각을 하면서 살다가 어느 날 갑자기 떠나가 버리는 분들이 얼마나 많습니까? 그러나 우리는 인생의 고난의 가시 떨기나무 불꽃 가운데서 하나님의 부르심에 응답하고, 주님 안에서 두렵고 떨림으로 엎드리고, 고통 가운데서 살아 계신 주님께 부르짖어야 합니다. 그리할 때 우리의 남은 생애 동안 주님을 새롭게 만나고, 코로나19나 그 이상의 고난도 다 이겨내고 복되게 쓰임 받으면서 크게 영광 돌리게 될 줄 확실히 믿습니다.

다 함께 결단의 찬송으로 이 시간 "한라에서 백두까지 백두에서 땅 끝까지"를 함께 부르며 믿음으로 결단하겠습니다.

1. 이 땅의 동과 서, 남과 북 가득한 죄악 용서하소서
   모든 우상들은 무너지고 주님만 높이는 나라 되게 하소서
   이 땅의 지친 모든 영혼 주 예수 사랑 알게 하소서
   저들의 아픔과 눈물 씻는 주님의 보혈 이 땅 치유하소서
2. 한라에서 백두까지 백두에서 땅의 끝까지

주님 오실 길을 예비하며 주님만 섬기는 나라 되게 하소서
이 땅의 주님 교회 위에 하늘의 생기 부어 주소서
열방을 치유하는 주 백성 주님의 군대를 일으켜 주소서

후렴) 성령의 새 바람 이 땅에 불어오소서
주의 영 그 생기로 우리를 다시 살리사
이 땅에 하나님 영광 거하는 그런 나라가 되게 하소서
열방의 하나님 영광 비추는 그런 나라가 되게 하소서

사랑하는 하나님 아버지, 우리가 코로나19 등 어떠한 삶의 환난 가운데서도 우리의 인생의 고난의 가시 떨기나무 불꽃 가운데서 하나님의 부르심에 응답하게 하여 주시옵소서! 주님 앞에서 누렵고 떨림으로 엎드리게 하여 주시옵소서! 고통 가운데서도 주님께 부르짖게 하여 주시옵소서! 그리함으로 저희의 남은 여생 주님을 새롭게 만나고 주님의 권능으로 코로나19 등 어떠한 고난도 다 이겨내고 복되게 쓰임 받으면서 크게 영광 돌리게 될 줄 확실히 믿사옵고, 예수님의 이름으로 간절히 축복하며 기도하옵나이다. 아멘!

여호와
신앙

출애굽기 3:13-22

우리가 코로나19로 인해 미국, 브라질, 인도, 러시아, 페루, 멕시코, 칠레, 남아프리카공화국 등 하루에 수만 명에서 수천 명에 이르기까지 급속도로 감염되어 가는 한 치 앞을 알 수 없는 너무도 불안한 시대를 살아가면서, 우리가 믿고 의지할 수 있는 주님이 계신다는 것이 얼마나 큰 위로와 힘과 복이 되는지 모릅니다. 그런데 우리나라는 일제 35년의 식민지 압제 가운데 살았어도 그 상처의 감정을 조국이 광복된 지 벌써 75년이 지나도 못 버리는데 오늘 본문에 나오는 모세가 이스라엘 백성들을 우리보다 12배가 넘는 430년의 그 기나긴 종살이에서 해방시키는 데 큰 힘이 되었던 여호와 신앙에 대해서 우리가 어떻게 믿고 살아가야 하는지, 이 시간도 들려주시는 하나님의 음성을 다 함께 들을 수 있길 바랍니다.

여호와께서 스스로 계신 분임을 믿어야 함

먼저 본문 14절 상반절 말씀을 다 함께 읽겠습니다.

"하나님이 모세에게 이르시되 나는 스스로 있는 자이니라…"(출 3:14상).

하나님께서 모세에게 "이제 가라…이제 내가 너를 바로에게 보내어 너에게 내 백성 이스라엘 자손을 애굽에서 인도하여 내게 하리라"(출 3:9-10)고 말씀하시니까 모세는 하나님께 "내가 누구이기에 바로에게 가며 이스라엘 자손을 애굽에서 인도하여 내리이까"(출 3:11) 합니다. 그리고는 이스라엘 자손들이 묻기를 "너를 보내신 하나님의 이름이 무엇이냐"고 물으면 "내가 무엇이라고 그들에게 말하리이까?"라고 질문을 합니다(출 3:13). 모세는 자꾸 빠져나갈 길을 찾고자 했던 것입니다. 그때 하나님께서 모세에게 "나는 스스로 있는 자이니라"고 대답하십니다.

"나는 스스로 있는 자이니라"는 말씀이 히브리어로 "אֶהְיֶה אֲשֶׁר אֶהְיֶה"(에흐예 아쉐르 에흐예)인데, 영어로 "I am who I am"으로서 직역하면 "나는 곧 나다"이고, 의역하면 "나는 스스로 존재하는 자이다"라는 뜻입니다. 원래 하나님의 이름이 'יְהוָה'(야훼)라고 계시되었는데 '홀로 존재하시는 분', '영원한 존재'라는 뜻입니다. 이스라엘 사람들은 창세기에 나오는 '야훼'라는 이름을 알고 있었습니다(창 4:26, 12:8). 그 이름을 확인시켜 주면 그들이 하나님께서 보내신 것을 확신하리라는 거였습니다.

그런데 십계명 중 제3계명인 "너는 네 하나님 여호와의 이름을 망령되게 부르지 말라"(출 20:7)는 하나님의 명령에 의해서 하나님의 이름을 함부로 부르지 않고 바벨론 포로생활에서 돌아온 이스라엘 사람들은 이를 'אֲדֹנָי'(아도나이, 나의 주)라고 읽었는데 중세부터 야훼의 자음(YHWH)에 아도나이의 모음(a,o,a)을 붙여 '여호와'(יְהוָה)라고 부르기 시작한 것입니다. 그래서 우리말 성경 공동번역에서는 '여호와' 대신 원래의 발음인 '야훼'로 번역하기도 했습니다. 이 '여호와'를 영어성경에서는 'Lord'(주님)이라고 번역하기도 했는데 우리말 성경에서는 '여호와'로 우리말 번역이 굳어진 것입니다. 바로 이 여호와가 하나님의 영원한 이름이고 그의 표호(זִכְרִי, 지크리, 기억할 칭호)라는 것인데 이 여호와는 바로 하나님이 어떤 분이신가 하는 정체성을 잘 말씀하고 있습니다. 그것은 한마디로 여호와 하나님께서는 스스로 계신 분이시라는 것입니다.

우리가 믿는 하나님은 인간이 만든 세상의 종교들, 즉 주전 500년경에 생겨난 유교나 주전 450년경에 생겨난 불교나 주후 200-300년에 생겨난 도교나 주후 622년경에 생겨난 이슬람교나 현대에 생겨난 이단 종교들과는 완전히 다릅니다. 사실 기독교는 세상 종교의 범주에도 넣을 수 없는 스스로 계시는 여호와 하나님의 복음과 진리와 생명을 전하기 때문에 세상 종교와 차별이 되어야 합니다. 구태여 흔히 말하는 '종교'로 구분을 한다면, 이러한 세상 종교들의 공통점은 죄인 된 인간이 수양과 선행과 고행을 통해 신의 경지에 이르려는 땅으로부터 하늘에 이르라는 수도종교입니다. 그러나 인간의 어떠한 힘으로도 죄의 문제를 해결할 수 없고 죽음 앞에서 다 무너지기 때문에 하나님께서 사랑하는 외아들 예수님을 세상에 보내셔서 십자가에서 우리의 모든 죄악과 상처와 질병을 대신 지게 하심으로 그를 믿는 자마다 멸망하지 않고 영생에 이르는 구원의 길을 열어주신, 하늘로부터 땅에 임하신 계시종교라고 하는 것입니다.

그런데 최근에 국회에서 발의된 '포괄적 차별금지법'이라고 하는 것은 겉으로 볼 때는 인간 사이의 차별을 금지하니까 얼마나 좋은 법처럼 보입니까? 그러나 이 차별금지법이 통과되면 우리가 믿는 요한복음 14장 6절의 "예수께서 이르시되 내가 곧 길이요 진리요 생명이니 나로 말미암지 않고는 아버지께로 올 자가 없느니라"라는 말씀을 전할 수 없습니다. 또한 사도행전 4장 12절의 "다른 이로써는 구원을 받을 수 없나니 천하 사람 중에 구원을 받을 만한 다른 이름을 우리에게 주신 일이 없음이라 하였더라"는 말씀도 전할 수가 없으니, 이 얼마나 기가 막히는 일입니까? 왜냐하면 세상 종교를 차별하면 안 되기 때문입니다. 다른 종교는 비진리이고 비복음이고 기독교만이 진리이고 복음이라고 전할 수가 없는 것입니다.

더 나아가 금년에 또다시 9월 18일부터 29일까지 제21회 서울퀴어문화축제가 예정되어 있습니다. 미국에서 공부하면서 이민목회를 할 때 자녀들이 결혼할 상대를 데려온다고 하면 전에는 부모님들이 자녀들에게 "한국 사람이야, 미국 사람이야?"라고 물었습니다. 그런데 그 후로 자녀들이 국제결혼을 많이 해버리니까 "백인이야, 흑인이야?" 하고 물었습니다. 그런데 요즘에는 우리 자녀들도 동성애를 많이 하는지 뭐라고 묻는 줄 아시니까? "남자냐, 여자냐?" 하고 묻는다니 정말 귀가 막히고 코가 막히고 입이 막힐 일입니다.

우리가 동성애자들을 결코 정죄하지 아니하고 사랑하며 치유하려고 하지만 이 차별금지법이 통과되면 하나님께서 소돔과 고모라 성을 심판하실 때 횡행했던 동성애를 말세 마지막 때 죄악이라고 말도 못합니다. 동성애를 죄라고 말하면 차별금지법에 의해 처벌을 받기 때문입니다. 그리하여 우리는 스스로 계시는 여호와 하나님을 바로 믿을 수 없는 또 다른 역차별을 당하고 마는 것입니다.

하나님께서는 갈라디아서 3장 28절에 "너희는 유대인이나 헬라인이나 종이나 자유인이나 남자나 여자나 다 그리스도 예수 안에서 하나이니라"고 분명히 말씀하십니다. 그런데 하나님께서는 유대인이나 헬라인의 인종 간에나 종이나 자유인의 신분 간에나 남자와 여자의 성별 간에 차별이 없다고 말씀하셨지 진리와 비진리, 복음과 비복음, 선과 악에 차별이 없다고는 결코 말씀하지 않으셨습니다. 이처럼 말세 마지막 때 모든 주위의 환경들이 우리로 하여금 스스로 계시는 여호와 하나님을 바로 믿을 수 없도록 우리를 몰고 갑니다. 그리하여 우리 주위 사람들은 점점 우리의 여호와 신앙을 무너뜨리고 세속화 신앙에 물들게 하는 것입니다.

지난 주간에 한 목사님이 보내준 "본 교회에서 목회하실 목사님을 아래와 같이 청빙합니다"라는 글을 읽고 많은 것을 느꼈습니다.

> 우리 교회는 목사님이 갑자기 별세한 대형교회입니다.
> 그래서 청빙위원회를 구성하여 회의를 열고 모실 담임목사의 자격을 정했습니다.
> 해당이 되시는 분은 지원서를 내시기 바랍니다.
> 첫째, 우리가 모실 목사님은 설교는 간단명료하게 정확히 20분만 하는 목사.
> 둘째, 설교에서 죄는 지적하지 말고 사람의 마음을 상하게 하지 않는 목사.
> 셋째, 매 주일뿐 아니라 수요기도회, 새벽기도, 금요 철야까지 훌륭한 말씀 전할 목사.
> 넷째, 교회 일도 솔선수범하여 아침 8시부터 저녁 10시까지 열심히 일하는 목사.

다섯째, 십일조뿐만 아니라 돈만 생기면 헌금하는 욕심 없는 목사.

여섯째, 키는 크고 얼굴은 잘생겨야 하나 제비처럼 생기지 않은 목사.

일곱째, 십대와는 언제나 농구할 수 있고 노인들과도 언제나 시간을 낼 수 있는 목사.

여덟째, 유머 감각은 풍부하나 언제나 신중하고 실수가 없는 목사.

아홉째, 매일 교인들에게 15통 이상의 전화를 하고 사무실을 떠나지 않는 목사.

열째, 매일 구원의 열정에 불타 전도에 힘쓰되 교회 기도실은 24시간 지키는 목사

그럴듯한 모집자격이지만 얼마나 많은 문제를 안고 있습니까? 이쯤 되면 천사를 모시고 와야 하지 않겠습니까?

그런데 이 교회 청빙위원회는 몇 달간 새로운 목사님을 구하기 위해 13명의 후보사를 만나보고 교인들에게 이런 청빙보고서를 냈다고 합니다.

그동안 13명의 목사님 후보자를 만난 결과를 다음과 같이 보고 드립니다.

1. 아담 목사: 좋은 사람이지만 사모님이 숲속에 벌거벗은 몸으로 다닌 사실이 발견됨.
2. 노아 목사: 120년이나 되는 긴 목회 기간 중 비현실적이고 낭비적인 방주 건축에만 몰두했음.

3. 요셉 목사: 꿈이 컸으나 허풍쟁이였으며 지나치게 꿈 해몽에 집착할 뿐 아니라 전과 기록이 있음.
4. 모세 목사: 온유하고 겸손했으나 자주 말을 더듬는 등 의사소통에 문제가 있고 사람들은 살인 혐의 때문에 그에 대한 성격에 많은 의심을 가지고 있음.
5. 드보라 목사: 여성이기 때문에 받아들이기가 어려움.
6. 다윗 목사: 최근까지 가장 촉망받는 후보였으나 이웃의 아내와 간통한 사건이 드러나 문제가 생겼음.
7. 솔로몬 목사: 위대한 설교가지만 여자 문제가 너무 복잡하다는 소문이 있어 여성들이 싫어함.
8. 엘리야 목사: 기도는 많이 하지만 쉽게 낙심하고 좌절하는 성격이라 사람들이 불안해함.
9. 호세아 목사: 인자하고 다정다감한 후보이나 사모의 사생활이 복잡함.
10. 세례 요한 목사: 침례교 출신의 목사로 열정도 있고 고생도 많이 했으나 메시지가 너무 직설적이고 아파트에서 안 살고 전원생활만 고집하여 교회 환경으로 모시기에 곤란함.
11. 베드로 목사: 솔직하며 솔선수범하고 능력이 있는 설교를 하지만 성질을 죽이지 못하는 다혈질에 결정적인 순간에 배신을 하는 경향이 있음.
12. 바울 목사: 능력 있는 설교자고 치유의 은사도 있으나 외모가 대머리인데다 미혼이라 식사문제를 담당할 여교인들이 매우 부담스러워함.
13. 가룟 유다 목사: 인내심이 있고 보수적이며 자기 주관이

뚜렷하여 위기의 시대에 교회를 이끌 만하며, 특히 유력한 회계사 자격을 가진 철학박사(Ph.D) 출신이기에 앞으로 교회 재정 문제를 잘 다룰 것으로 믿어 다음 주일의 설교에 초청했음.

다음 주일 지성적인 가룟 유다 목사님의 설교를 기대하시기 바랍니다.

이처럼 하나님의 종을 선택하는 데도 하나님 말씀인 성경의 기준에 따라 교회를 영적으로 살릴 수 있는 영적인 주의 종을 모시는 것이 아니라 자신들의 구미에 맞는 인본주의, 세속주의, 자유주의의 기준으로 선택을 해야 하니 어떻게 영적인 주의 종을 모실 수 있겠습니까? 이 어두워가고 썩어가는 세상을 치유하고 개혁해야 할 교회가 먼저 이렇게 육신적이고 인간적이고 세상적으로 무너져가니 세상에서 무엇을 기대할 수 있겠습니까? 더구나 지금 온 국민들이 힘을 합해 퇴치해야 할 코로나19를 놓고도 결정적인 치유를 하시는 스스로 계신 여호와 하나님께 매일 간절히 기도하고 예배하는 교회만 오히려 핍박하고 있습니다. 지난 주간 경기도의 한 지방 단체장은 "기독교 소모임 고발 시 포상한다"는 발표까지 하고, 또한 교육부에서는 초·중·고 각급 학교의 학생들에게 교회에 가지 말라고 가정통신문까지 보냈다고 하니 무슨 할 말이 있겠습니까?

그러나 이처럼 말세 마지막 때 사탄이 너무나 사악하고 교활하게 우리의 삶 가운데 역사해도 우리가 여호와께서는 스스로 계시는 분이심을 확실히 믿는 여호와 신앙으로 철저히 살아갈 때 우리의 일생토록 새로운 주님의 은혜를 체험하고 축복을 누리며 행복하게 사명을 잘 감당할 수 있게 될 줄 분명히 믿으시기 바랍니다.

여호와께서 우리를 보내심을 믿어야 함

계속해서 본문 14절 하반절 말씀을 다 함께 읽겠습니다.

> "…또 이르시되 너는 이스라엘 자손에게 이같이 이르기를 스스로 있는 자가 나를 너희에게 보내셨다 하라"(출 3:14하).

하나님께서는 모세가 자신의 힘으로 이스라엘 백성들을 430년 동안의 애굽 종살이에서 건져내는 것이 아니라 스스로 계시는 여호와 하나님께서 이스라엘 백성들을 건져내시기 위해 모세를 보내셨다고 전하라고 하셨습니다.

그것은 우리의 삶 가운데서도 마찬가지입니다. 우리를 이 땅에 보내주신 분도 여호와 하나님이시고, 우리로 하여금 예수님을 믿게 하신 분도 여호와 하나님이시고, 우리를 목사, 장로, 권사, 집사, 성도로 세우신 분도 여호와 하나님이시고, 우리를 예수님 부활의 증인으로 세상에 복음을 전하도록 보내신 분도 여호와 하나님이시라는 것은 결단코 잊어서는 안 됩니다. 그러므로 우리는 일생토록 어느 곳에 가든지 십자가의 사랑과 공의의 복음을 전해야 하는 것입니다.

그런데 오늘의 우리의 현실을 보면 말세 마지막 때가 되어서 특별히 하나님의 사랑이 메마를 대로 메말라 있고, 하나님의 말씀에 근거한 하나님의 공의보다도 자기 의를 내세우며 모든 사람들을 재단하고 정죄하고 심판하는 세상이 되어 버렸습니다. 그러다 보니까 우리의 가정이나 이웃이나 세상이나 하나님의 교회까지도 영적인 사람과 육적인 사람들 사이의 영적 싸움인 갈등과 불화가 끊이지 않습니다. 더욱이 사분오열하는 우리 사회를 중재하고 화평하게 이끌어가야 할 사람들까지 자신들의 이념과 당리당략에 사로잡혀서 살아가니, 그들에게서 무엇을 기대할 수 있겠습니까?

오죽하면 "법대로 해봐!"라는 제목의 이런 재미있는 이야기까지 나왔겠습니까? 천국과 지옥 사이에 담장이 쳐져 있었는데 어느 날 아침 순찰을 돌던 천국의 경비인 천사가 담장에 구멍이 나 있는 것을 발견하고 지옥의 대장인 마귀에게 따졌습니다. "야! 니들이 지옥의 죄인들을 제대로 단속하지 않아서 이렇게 큰 구멍으로 탈옥하여 천국으로 불법 입국을 하잖아! 이 구멍 어떻게 할 거야?" 마귀가 어처구니없다는 표정으로 그러는 겁니다. "야! 우리 쪽에서 구멍 낸 증거 있어?" 그러자 천사가 열이 받쳐 말했습니다. "아니? 천국에서 지옥으로 가는 미친 사람이 어디 있냐? 당연히 너희 지옥에서 천국으로 가려고 구멍 뚫은 거 아니야? 이 구멍, 니네들이 책임지고 막아놔, 알았냐?" 그러자 마귀가 "우린 절대 못해!"라고 거절했습니다. 천사가 "좋아, 정 못하겠으면 반반씩 부담하자!"고 타협하려고 하자 마귀가 계속해서 "우리는 한 푼도 낼 수 없어!"라고 소리쳤습니다. 마귀가 막무가내로 우기며 배 째라는 식으로 달려드니까 화가 난 천사가 소리쳤습니다. "좋아, 그럼 법대로 하자!" 그러자 마귀가 씩 웃으면서 그러더랍니다. "그래? 법대로 해봐! 판사, 검사, 변호사 여기 다 있는데 겁날 거 있냐? 조금 있으면 국회의원들도 다 올낀데…" 하면서 큰소리치더랍니다.

이처럼 사회를 이끌어가는 사람들까지도 영적으로 바로 서 있지 못하고 이념분쟁에 휩쓸려 다닙니다. 최근에 우리 근대사의 아주 소중한 인물을 잃었습니다. 조국을 지키느라고 군에서 평생을 보내신 6·25 전쟁의 영웅인 백선엽 장군입니다. 이분의 죽음으로 우리나라는 사탄이나 기뻐하고 북한의 김정은 정권이나 좋아할 이념논쟁이라는 또 한 번의 큰 시험에 빠지고 말았습니다. 일제강점기 때 백선엽 장군이 20대의 젊은 날 철이 없었을 때 있었던 친일행적을 문제 삼고 강남역 앞 수천억 원대 빌딩의 부동산 투기꾼이라고 하여 서울 현충원에도 못 묻히고 대전 현충원에 안장되었습니다.

분명히 전제하지만 우리는 어떠한 이유로도 친일행적을 결코 미화할 수 없습니다. 그러나 흉허물이 없는 사람이 누가 있습니까? 그렇다면 우리는 아무도 비판하거나 정죄할 수 없고 지난날의 자신의 과오에 대해서 통회하고 자복하며 참회하는 심정으로 살아가야 합니다. 물론 우리가 아무리 살아 있을 때는 비판하고 공격하며 다툴 수 있을지 모르지만 돌아가신 분들에 대해서는 조용히 명예롭게 떠나보내드리는 것이 인간의 기본적인 예의이고 근본 양심에 의한 예우라고 생각합니다.

솔직히 말해서 과거 일제시대를 살았던 우리 선조들 가운데 일제의 총칼 앞에 항거해서 싸우신 분들은 독립운동을 하신 분들밖에 없고, 대부분의 힘없는 국민들은 일제의 침탈에 순응할 수밖에 없었습니다. 오죽하면 우리 한국교회의 성자이신 한경직 목사님께서도 1992년 종교계의 노벨상인 템플턴 상을 받으신 후 축하예배를 드릴 때 "이 상은 부족한 죄인이 받아야 할 상이 아니라 한국 교회가 받아야 할 상을 제가 받았습니다. 저는 일제시대 때 신사참배를 한 죄인입니다"라고 참회하셨겠습니까. 그 참회가 오히려 온 한국 교회와 세계 교회에 깊은 감동을 남기지 않았습니까.

그렇습니다. 우리가 신사참배를 한 후손들로서 무슨 남의 친일행적에 대해서 비난할 만한 자격이 있습니까? 그런데도 뭐가 그렇게 자신만은 의로운 양 큰소리를 치고, 누가 누구를 향하여 돌을 던질 수가 있겠습니까? 그러므로 우리는 항상 모든 일에 입장을 바꾸어서 역지사지(易地思之)의 심정으로 서로를 대해야 합니다. 그것이 바로 자기보다 남을 낫게 여기고 서로를 돌보는 '예수님의 마음'입니다.

그러므로 이 어둡고 썩어가는 세상의 영적 모범이 되고 감동이 되어야 할 목사, 장로, 권사, 집사들로부터 시작해서 우리가 먼저 "하나님이여, 불쌍히 여기소서! 나는 죄인이로소이다!"라고 엎드려 통회자복하면서 여호수아 1장 7절의 "오직 강하고 극히 담대하여 나의 종 모세가 네게 명령한 그 율법을 다 지켜 행하고 우로나 좌로나 치우치지 말라 그리하면 어디로 가든지 형통하리니"라는 말씀을 기억해야 합니다. 우파인 율법주의나 신비주의나 좌파인 자유주의나 세속주의뿐만 아니라 더 나아가 영적인 장로들이나 주의 종들은 세상의 우익인 수구보수나 좌익인 급진진보에 이르기까지 어느 한쪽에도 치우치지 말아야 합니다. 늘 강조하지만 우리는 주님께서 보실 때나 사람들이 볼 때나 모두의 가슴에 와 닿는 중도, 합리, 복음주의의 신앙과 삶을 살아가야 하는 것입니다.

그러므로 우리 주위에 어떠한 불의한 자가 있다고 할지라도 다 하나님의 심판에 맡기지 않고 증오심을 갖고 비방하고 불화하는 것은 분명히 사탄의 역사입니다. 성령님의 역사는 모든 것을 하나님의 심판에 맡기고 사랑하고 용서하고 인내하며 살아가야 합니다. 그래서 로마서 11장 22절에 "그러므로 하나님의 인자하심과 준엄하심을 보라 넘어지는 자들에게는 준엄하심이 있으니 너희가 만일 하나님의 인자하심에 머물러 있으면 그 인자가 너희에게 있으리라 그렇지 않으면 너도 찍히는 바 되리라"고 경고하는 것입니다.

우리가 하나님의 준엄하심의 공의만 외치면 다 넘어지고 나뉘고 찢어질 수밖에 없습니다. 그러나 하나님의 그 준엄하심의 공의에 하나님의 인자하심의 사랑을 더하여서 서로 용서하고 허물을 덮어 주고 붙들어 주고 세워 가면 우리가 사는 가정도, 직장도, 이웃도, 사회도, 교회도 금방 다 천국으로 변하게 될 것입니다. 그리하여 이처럼 우리가 십자가의 복음의 사람으로 먼저 변화되어서, 우리의 삶 가운데서 십자가의 사랑과 공의의 복음을 평생토록 전해야 합니다.

2011년부터 이스라엘 선교사로 사역하고 계시는 최요나 선교사님이 얼마 전에 《네가 나의 영광을 짓밟았다!》는 제목의 책을 펴냈습니다. 그가 해발 550m 갈멜 산 기슭에서 승용차도 없이 버스와 기차를 타고 다니면서 8년 동안 어렵게 선교하던 어느 날, 그는 버스를 타고 집으로 돌아오는 길에 뜻밖의 주님의 음성을 듣게 되었습니다. "너는 여기 왜 왔니?" 자기가 이곳에 온 이유를 가장 잘 아시는 분이 하나님이신데 이런 질문을 하시다니 정말 당황스러웠고 서운함마저 느껴지더랍니다. "아니, 몰라서 물으세요?" "내가 너를 왜 이곳 이스라엘로 불렀는지 아느냐?" "하나님, 저 유대인 선교사 아닙니까? 저는 이스라엘의 진정한 부흥과 회개, 유대인의 변화를 위해서 온 선교사입니다! 제가 당신을 위해 헌신한 그 많은 시간을 알고 계시면서 왜 이런 질문을 하세요?" 그 말을 마치자마자 주님은 상상하지도 못한 말씀으로 선교에 대한 그의 패러다임을 바꾸셨다고 합니다. "그건 네가 정의한 선교이고, 나와는 상관없다! 너는 유대인을 변화시키고 선교하려고 이곳 이스라엘로 왔지. 그런데 사랑하는 아들아! 나는 너부터 먼저 선교하고 싶구나!" 하시는데 그 주님의 음성에 할 말이 없었다고 합니다. "하나님이 '나'를 먼저 선교하시기 위해 나를 이곳 이스라엘로 부르셨다니…?" 이게 무슨 의미인지 그때 당시에는 잘 몰랐습니다.

그리고 하나님의 두 번째 질문이 이어졌습니다. "전 세계에서 복음이 전해지기 가장 어려운 민족이 어디인 줄 아느냐? 그곳은 타 민족이 아니라, '나' 민족이다!" "'나' 민족? 이건 또 무슨 말씀인가?" 수많은 타 민족, 미전도 종족은 있는데 '나' 민족은 처음 들어보는 말이었습니다. 지역적으로 가장 가깝고 익숙하지만 하나님을 주(Lord)로 인정하지 않는 곳! 변화받기 싫어하고 복음에 대해 불순종하며 내 마음대로 살아가고픈 '나' 민족이야말로 가장 복음이 필요한 '미전도 종족'이라고 말씀하신 것입니다.

그리고 이어진 하나님의 세 번째 질문에 그는 더 이상 아무 말도 할 수 없었다고 합니다. "선교를 함에 있어서 가장 큰 장애물이 무엇인지 아느냐?" 선교에는 장애물이 정말 많습니다. 건강, 언어, 재정, 교회, 현지인들과의 관계, 자녀 문제, 자녀 교육 등 외적인 요인도 많고, 내적인 요인과 갈등도 많은 것은 두말할 나위가 없습니다. 그런데 하나님께서 말씀하시는 장애물은 다름 아닌 '나' 민족, 즉 '나' 자신이라고 하시더랍니다. 주님을 위해서 모든 것을 내려놓고 모든 대가를 지불하고 간 선교지에서 정작 십자가의 원수로 살아가고 있는 사람들이 바로 '나'라는 것이었습니다.

그는 '유대인들'이 사역의 대상이라고 생각했고, 유대인의 회복과 구원을 위해 하나님께서 자신을 이스라엘 선교사로 부르셨다고 믿었기 때문에 최선을 다해 유대인들을 바꾸기 위해 노방전도하고 길거리에서 찬양하며 전단지를 배포하고 히브리어를 공부하며 나름 선교사적 삶을 살았다고 자부했습니다. 그러나 바뀌지 않는 유대인들을 보며 그의 안에 그들을 향한 사랑이 점점 식어갔고 오히려 찌증과 미움까지 자라나는 것을 느낄 수 있었는데, 복음이 가장 필요한 사람은 '나' 자신이며 가장 복음에 대해 대적하고 거부하고 순종하기를 싫어하는 사람은 유대인들이 아니라 '나' 자신이라는 사실에 아무 말도 할 수 없었습니다.

그래서 '도대체 하나님의 일은 무엇을 말하는가? 하나님의 영광을 위해서 산다는 것은 무슨 뜻인가?'를 놓고 열심히 기도를 했다고 합니다. 그러는 가운데 요한복음 6장 29절에 "예수께서 대답하여 이르시되 하나님께서 보내신 이를 믿는 것이 하나님의 일이니라 하시니"라는 말씀에 큰 은혜를 받고 그 뒤로부터 자신이 진정한 선교사로 거듭날 수 있었다는 것입니다.

그렇습니다. 여러분, 우리가 여호와 하나님께서 스스로 계시는 분이신 줄 확실히 믿고, 그의 아들 예수님께서 십자가에서 우리의 모든 죄악과 상처와 질병을 대신 지신 줄 확실히 믿는다면 이제는 우리가 천국의 소망 가운데 부르심을 받은 하나님의 자녀로서 땅 끝까지 이르러 복음을 전하도록 세상에 보내심을 받은 줄 확실히 믿어야 합니다. 그리하여 하나님의 복음이 이스라엘 예루살렘에서 시작하여 이탈리아 로마, 독일, 프랑스, 영국, 미국을 거쳐 우리 대한민국에까지 이르게 되었는데 중국, 중앙아시아, 중동을 거쳐 이스라엘에 이르러 땅 끝까지 복음이 전해지게 될 때 주님의 재림이 임하게 될 것입니다. 그러므로 이제라도 우리가 여호와 하나님께서 우리를 세상에 보내셨다는 여호와 신앙으로 살아갈 때 주님의 십자가의 사랑으로 온 세상을 섬기면서 삶으로 복음을 전함으로 우리의 삶의 현장을 천국으로 변화시키고, 모두 다 천국의 축복과 행복의 감격 속에 살아가게 될 줄 확실히 믿습니다.

여호와께서 대적을 물리치심을 믿어야 함

마지막으로 본문 20절 말씀을 다 함께 읽겠습니다.

"내가 내 손을 들어 애굽 중에 여러 가지 이적으로 그 나라를 친 후에야 그가 너희를 보내리라"(출 3:20).

이스라엘 백성들이 애굽에서 얼마간 살다가 젖과 꿀이 흐르는 약속의 땅 가나안으로 다시 돌아오게 될 것을 요셉이 죽기 직전에 창세기 50장 24절에서 "요셉이 그의 형제들에게 이르되 나는 죽을 것이나 하나님이 당신들을 돌보시고 당신들을 이 땅에서 인도하여 내사 아브라함과 이삭과 야곱에게 맹세하신 땅에 이르게 하시리라"고 분명히 예언하였듯이, 430년 후 모세에게는 이 하나님의 출애굽의 명령을 먼저 이스라엘의 장로들에게 전하고, 다음에는 애굽 왕에게 그들을 보내줄 것을 요구하는 두 가지 사명이 있었습니다. 그래서 모세에게 애굽의 여러 신들과 구별되는 스스로 계시는 유일신이신 여호와 하나님이심을 다섯 번이나 강조하면서(출 5:3, 7:16, 9:1, 10:3 등) "사흘 길을 광야로 가서 예배드리기를 허락하소서" 하고 애굽 왕에게 사정을 하라고 하신 것입니다.

그런데 애굽 왕이 완강하게 일곱 번이나 거절하니까(출 8:15, 19, 32, 9:12, 35, 10:20, 27 등) 그 애굽을 10가지 재앙의 기적으로 내리치실 것을 경고하십니다. 그런데 하나님께서 강한 손으로 내리치심으로 아이러니컬하게도 이것이 전화위복이 되어서 이스라엘 백성들이 출애굽 할 때 애굽 사람에게서 오히려 수많은 금은 패물과 의복까지도 다 받아 떠나게 될 것을 예언하신 것입니다.

여러분, 우리가 인생을 살아보면 우리가 수많은 계획을 세워도 우리의 뜻대로 되는 것은 아무것도 없습니다. 다 주님의 뜻대로 되는 것입니다. 다만 우리의 뜻이 주님의 뜻과 일치될 때 우리는 응답의 기적을 체험하게 됩니다. 그래서 우리는 지금까지 우리 선조들의 헌신적인 신앙에 의해 하나님의 은혜로 오늘의 기적적인 조국의 번영과 한국 교회의 부흥을 가져왔음을 결단코 잊어서는 안 됩니다.

지난 주간 우리 부모 세대의 삶을 잘 표현한 "그들은 자랑스러운 대한민국의 꼰대(아버지, 선생 등에 대한 은어) 세대이다"라는 감동적인 글을 읽었습니다.

> 그들은 '호롱불 세대'였다.
> 90%는 전깃불이 없고 호롱불을 켜놓고 공부했다.
> 그들은 '뒷간 세대'였다.
> 90%는 실내 화장실이 없고, 엄동설한 한겨울에도 마당 뒷구석 재래식 변소에서 볼일을 봤다.
> 그들은 '우물 세대'였다.
> 상수도가 없어 동네 공동우물에 양동이로 물 길어 항아리에 담아 놓고 마셔야 했다.
> 그들은 '가마솥 세대'였다.
> 98%는 목욕탕이 없어 가마솥에 물을 끓여 목욕을 했다.
> 그들은 '손빨래 세대'였다.
> 100%가 세탁기가 없어 개울에 나가 얼음장을 깨고 빨래를 했다.
> 그들은 '보행, 자전차' 세대였다.
> 95%는 자가용이 없어 대부분 걷거나 자전거를 타고 다녔다.
> 그들은 '고무신' 세대였다.
> 95%는 구두도, 운동화도 없어 검정고무신을 신고 다녔다.
> 그들은 '까까중 세대'였다.
> 100%가 이발비가 적게 드는 까까중머리로 다녔다.

그들은 '보자기 세대'였다.

98%는 책가방이 없어 보자기에 책을 싸서 허리에 차고 다녔다.

그들은 '고무줄 세대'였다.

100%가 장난감이나 놀이기구가 없어 여자아이들은 고무줄 넘기를 하고, 남자아이들은 새총을 만들었다.

그들은 '강냉이 세대'였다.

100%가 쌀이나 보리쌀이 없어 학교에서 주는 강냉이 가루로 강냉이빵이나 꿀꿀이 죽을 만들어 끼니를 때워야만 했다.

그들은 '주경야독 세대'였다.

98%가 낮에는 가사일, 농사일 돕기, 풀베기, 나무하기, 소먹이기, 동생돌보기 등을 하고서 밤이 되어야 학교숙제를 했다.

그들은 '주판 세대'였다.

100%가 컴퓨터는 없고 다섯 알짜리 주판을 굴리면서 셈을 했고, 급수를 따야 은행 등 좋은 직장에 취직을 했다.

그들은 '일제고사 세대'였다.

100%가 입학, 졸업은 물론이고 초등학교 1학년 때부터 전교생이 일제히 시험을 치르고 등수를 매겨 경쟁을 했다.

그들은 '입학시험 세대'였다.

100%가 중학교, 고등학교, 대학교를 본고사 입학시험을 치러 상급학교에 진학을 했다.

그들은 '공돌이, 공순이 세대'였다.

너무도 가난하여 진학하지 못하면 식모살이 아니면 구로공단 같은 공장에서 공돌이, 공순이 또는 버스차장을 하면서 야간에는 교복 입고 야간학교에 등교했다.

그들은 '사글세 세대'였다.
80%가 신혼 살림집을 구할 돈이 없어 거의 모두가 사글세 단칸방부터 시작하여 전세로 옮겨 다녀야만 했다.
그들은 '월남전 세대'였다.
나라가 빈곤하여 목숨 걸고 월남 전쟁터에 가서 돈을 벌어 와야만 했다.
그들은 '광부, 간호사 세대'였다.
지구상 최빈곤국으로 독일에 가서 돈을 벌어 와야 했다. 그나마 고졸 이상 경쟁이 극렬했다. 평균 5:1이었다.
그들은 '중동 노동자 세대'였다.
열사의 나라 중동지역에서 가족과 자식을 위해 돈을 벌었다.
그들이 피땀 흘려 열심히 일해서 지금의 대한민국이 건재하고 있지 않은가?
그런데도 젊은이들은 그들을 '꼰대'라 하는가?
그렇다면 그들은 자랑스러운 '대한민국의 꼰대'이다.
그들 중에는 지금도 재활용 폐품을 줍는 부모가 있다.
아버지의 눈에는 눈물이 보이지 않으나 아버지가 마시는 술잔에는 눈물이 절반일 것이다.

눈물이 핑 도는 너무도 가슴에 뜨겁게 와 닿는 의미 깊은 표현입니다.

이처럼 하나님의 은혜와 일생을 희생하신 우리 부모님들의 노고로 오늘의 우리가 존재한다고 기억한다면 우리가 코로나19를 통해서 낙심하고 좌절만 해서는 안 됩니다. 두려움과 부자유와 경제적 손실과 불행과 고통 등 잃는 것도 많지만 코로나19를 통해서 우리가 회복해야 할 신앙과 감사와 청결과 청정과 행복과 축복 등 얻은 것도 많다는 것을 결코 잊어서는 안 됩니다.

세계적인 대부호요, 자선사업가인 빌 게이츠(Bill Gates)의 "아름다운 성찰"이란 글이 있습니다.

코로나19는 과연 우리에게 무엇을 가르치는가?

저는 세상의 모든 일에는 선이든 악이든 어떤 영적인 뜻이 있다고 믿는 사람입니다.

저는 코로나19에 대해 묵상을 하는 중에 코로나19가 정녕 우리에게 뭔가 하고 있다는 느낌이 들어서 이것을 여러분과 나누고 싶어졌습니다.

첫째, 코로나19는 모든 사람이 평등하다는 것을 가르치고 있습니다.

둘째, 코로나19는 우리 모두가 서로 연결되어 있다는 것을 가르치고 있습니다.

셋째, 코로나19는 건강이 얼마나 소중한지를 가르치고 있습니다.

넷째, 코로나19는 인생이 짧다는 것과 우리가 해야 할 더 중요한 일이 무엇인지를 가르치고 있습니다.

다섯째, 코로나19는 우리 사회가 얼마나 물질 위주로 변했는지 가르치고 있습니다.

여섯째, 코로나19는 가족과 가정생활이 얼마나 중요한지, 그리고 우리가 이것을 얼마나 무시해 왔는지를 가르치고 있습니다.

일곱째, 코로나19는 지금 우리가 해야 할 일이 무엇인지를 가르치고 있습니다.

여덟째, 코로나19는 우리의 자아상을 계속 점검하라고 가르치고 있습니다.

아홉째, 코로나19는 자유의지가 우리 손에 달려 있다고 가르치고 있습니다.

열 번째, 코로나19는 우리가 인내할 수도 있고 공황장애에 빠질 수도 있다고 가르치고 있습니다.

열한 번째, 코로나19는 이 시간이 종말이 될 수도 있고, 새로운 시작이 될 수도 있다고 가르치고 있습니다.

열두 번째, 코로나19는 이 지구가 병들었다는 것을 일깨워 주고 있습니다.

열세 번째, 코로나19는 모든 난관이 지나간 뒤에는 평온이 있다고 가르칩니다.

열네 번째, 많은 사람들이 코로나19 바이러스를 거대한 재앙으로 보지만 저는 위대한 교정자로 보고 싶습니다.

코로나19는 우리 인간을 제외한 자연의 모든 것에는 유익했던 것입니다. 그러므로 우리는 코로나19로 인해서 코로나19 이전의 지난날의 주님의 은혜가 얼마나 크고 놀라웠는가 깊이 감사해야 합니다. 더 나아가 인간의 생사화복을 주관하시는 여호와 하나님께 더욱 의지하지 않을 수 없고, 간구하지 않을 수 없고, 인내하지 않을 수 없습니다. 그래서 시편 91편 2-3절에 "나는 여호와를 향하여 말하기를 그는 나의 피난처요 나의 요새요 내가 의뢰하는 하나님이라 하리니 이는 그가 너를 새 사냥꾼의 올무에서와 심한 전염병에서 건지실 것임이로다"라고 분명히 증거하지 않습니까?

여호와 하나님께서 우리를 더욱더 견고한 믿음에 바로 서게 하시려고 우리의 삶에 올무와 코로나19와 같은 심한 전염병으로 내리치실 수도 있지만 우리가 기적적으로 살아갈 수 있는 길도 열어 주시는 분이시라는 여호와 신앙을 확신하며 살아갈 때 우리의 남은 생애가 더욱더 신실하고 충만하고 복될 줄 확실히 믿으시기 바랍니다.

사랑하는 성도 여러분, 우리도 언젠가는 그토록 그립고 사모했던 여호와 하나님과 사랑하는 부모 형제를 만나 뵈올 날이 점점 다가오고 있습니다. 그러나 이 땅에 사는 동안 코로나19의 위험과 어떠한 고난 속에서도 여호와께서 스스로 계신 분임을 확실히 믿고, 여호와께서 우리를 보내신 줄도 확실히 믿고, 여호와께서 기적으로 대적을 물리치심도 확실히 믿는 여호와 신앙으로 살아가야 합니다. 그리할 때 코로나19의 어떠한 고난도 능히 이겨내고, 마지막 때 사명에 충성을 다하며 크게 영광 돌리는 복된 삶을 모두 다 살아가게 될 줄 확실히 믿습니다.

다 함께 복음성가 "아무것도 두려워 말라"를 함께 부르며 믿음으로 결단하도록 하겠습니다.

아무것도 두려워 말라 주 나의 하나님이 지켜 주시네
놀라지 마라 겁내지 마라 주님 나를 지켜 주시네
아무것도 두려워 말라 주 나의 하나님이 지켜 주시네
놀라지 마라 겁내지 마라 주님 나를 지켜 주시네
내 맘이 힘에 겨워 지칠지라도 주님 나를 지켜 주시네
세상의 험한 풍파 몰아칠 때도 주님 나를 지켜 주시네
주님은 나의 산성 주님은 나의 요새
주님은 나의 소망 나의 힘이 되신 여호와

살아 계신 하나님 아버지, 코로나19로 환난 가운데 있는 저희를 지금까지 살려 주시고 지켜 주심을 진심으로 감사하옵나이다. 이제는 여호와께서 스스로 계신 분이심을 확실히 믿게 하여 주시옵소서! 여호와께서 저희를 보내심도 확실히 믿게 하여 주시옵소서! 여호와께서 저희의 대적도 기적적으로 물리치심도 확실히 믿게 하여 주시옵소서! 그리함으로 저희의 남은 여생을 여호와 신앙으로 살아갈 때 코로나19의 어떠한 환난도 능히 이겨내고 주님께 영광 돌리는 복된 삶을 모두 다 살아가게 될 줄 확실히 믿사옵고, 예수님의 이름으로 간절히 축복하며 기도하옵나이다. 아멘!

지팡이를 잡으라

출애굽기 4:1-17

지난 화요일 중앙방역대책본부는 우리가 코로나19를 맞은 지 6개월이 지났지만 코로나19가 우리나라뿐만 아니라 전 세계적으로 지속적으로 발생하고 있어서 지금은 '포스트 코로나'(Post Corona) 시대보다도 코로나19와 함께하면서 일상과 방역의 균형을 유지하고 지속가능한 문화를 정착시켜 나가는 '위드 코로나'(With Corona)에 익숙해져야 한다고 했습니다. 이처럼 코로나19의 끝이 보이지 않으니 얼마나 낙심되는 일입니까? 그런데 오늘 본문 가운데 이렇게 무능력을 느꼈던 모세가 어떻게 지팡이를 잡고 하나님의 능력을 얻어 남자 성인 60만 명(출 12:37; 민 26:51-60만 1,730명), 여자와 아이들을 포함해서 200만 명에 이르는 거대한 이스라엘 민족을 이끌어서 출애굽 할 수 있었는가, 이 시간도 들려주시는 하나님의 음성을 다 함께 들을 수 있길 바랍니다.

성령님의 권능으로 함께하심

먼저 본문 2절 말씀을 다 함께 읽겠습니다.

> "여호와께서 그에게 이르시되 네 손에 있는 것이 무엇이냐 그가 이르되 지팡이니이다"(출 4:2).

모세는 하나님의 부르심 앞에 "…내가 누구이기에 바로에게 가며 이스라엘 자손을 애굽에서 인도하여 내리이까?"(출 3:11) 하고 이의를 제기합니다. 그리고 "…내가 이스라엘 자손에게 가서 이르기를 너희의 조상의 하나님이 나를 너희에게 보내셨다 하면 그들이 내게 묻기를 그의 이름이 무엇이냐 하리니 내가 무엇이라고 그들에게 말하리이까?"(출 3:13)라고 의문을 제기했습니다. 그러자 여호와 하나님께서는 모세에게 "나는 스스로 있는 자이니라…너는 이스라엘 자손에게 이같이 이르기를 스스로 있는 자가 나를 너희에게 보내셨다 하라"(출 3:14)고 확인시켜 주셨습니다.

그런데 또다시 "모세가 대답하여 이르되 그러나 그들이 나를 믿지 아니하며 내 말을 듣지 아니하고 이르기를 여호와께서 네게 나타나지 아니하셨다 하리이다"(출 4:1) 하고 거절을 하면 어떻게 하느냐고 불신을 합니다. 그때 여호와 하나님께서 모세에게 "네 손에 있는 것이 무엇이냐?" 하고 물으십니다. 그러자 모세가 "지팡이니이다"라고 대답하니까 모세에게 그것을 땅에 던지라고 하셔서 던지니까 그것이 뱀이 되고, 또다시 모세에게 네 손을 내밀어 그 꼬리를 잡으라고 하셔서 잡으니까 지팡이가 됩니다. 이 지팡이는 한마디로 하나님의 권능의 상징이었습니다. 다시 말하면 하나님께서는 모세의 손에 바로 그 하나님의 권능을 상징하는 지팡이를 쥐어 주셨던 것입니다.

우리는 코로나19로 인해 그 어느 때보다도 모두들 어렵고 힘든 때를 살아가고 있습니다. 우리의 의학이나 의술로는 코로나19를 퇴치하는 데 한계가 있어서 두려움과 불안의 한계에 빠질 때가 얼마나 많습니까? 우리가 살아갈수록 우리의 힘으로도, 능으로도 불가능할 때가 너무도 많이 있습니다. 더욱이 무더운 여름에 계속되는 장맛비 속에서 얼마나 무덥고 힘들게 지냈어요? 특별히 지난 수요일은 1년 중 가장 더운 날이라고 하는 대서(大暑)였는데 무더운 여름에 우리의 기력까지도 얼마나 떨어져 가고 있습니까? 그래서 얼마나 보신이 되는 음식들을 찾아 먹는지, 몸에 좋은 것이라면 뭐든지 다 찾아다니며 먹습니다. 특히 무더운 여름에 남녀노소 할 것 없이 삼계탕을 즐겨 먹는데 지난 주간 '닭' 유머 시리즈의 재미있는 글을 읽었습니다.

세상에서 제일 비싼 닭은 '코스닭'이고, 세상에서 제일 빠른 닭은 '후다닭'이고, 성질 급해 죽는 닭은 '꼴까닭'이고, 정신줄 놓고 사는 닭은 '헷가닭'이고, 집안 망쳐 먹은 닭은 '쫄닭'이고, 예전에 날리던 닭은 '한가닭'이고, 한 성질 하는 닭은 '미치고 팔닭'이고, 마음 짠한 닭은 '밑바닭'이고, 싱싱한 닭은 '파닭 파닭'이고, 가장 섹시한 닭은 '다 벗고 홀닭'이고, 만져보고 싶은 닭은 '처녀 손바닭'이고, 상사병 걸려 죽기 일보 직전의 닭은 '콩닭 콩닭'이고, 닭이 제일 싫어하는 말은 '닭쳐'라고 합니다.

그런데 사람들이 닭만 잡아먹습니까? 몸에 좋다는 것은 다 잡아먹습니다. 뭐가 몸에 그렇게 좋다고 탐욕에 가득 차서 더러운 박쥐나 천상갑을 잡아먹습니까? 더 나아가 급속도로 경제 성장한다고 하나님의 교회를 불사르고 십자가를 무너뜨리고 선교사님들을 모두 다 추방시키고 성경책을 불태우는 교만에 빠진 중국의 시진핑 정권이 결국 온 세계에 이 엄청난 코로나19의 재앙을 퍼뜨리고 만 거 아닙니까?

그러므로 앞으로 계속될 전염병에 맞설 수 있는 근본적인 대안은 치료제나 백신 개발도 중요하지만 인간과 동물과 자연이 하나 되어 함께 공존하는 성령님의 권능으로 '생태건강'(Eco-health)을 회복하는 길밖에 없습니다. 그래서 스가랴 4장 6절에 "…만군의 여호와께서 말씀하시되 이는 힘으로 되지 아니하며 능력으로 되지 아니하고 오직 나의 영으로 되느니라"고 증거하듯이 성령님의 권능이 없이는 어떠한 예방도, 치유도 일어날 수가 없습니다.

그렇다면 우리가 어떻게 하나님으로부터 성령님의 권능을 얻을 수 있습니까? 우리가 불신앙의 죄를 회개하고 예수님을 우리의 구주로 영접할 때에 예수님의 영인 성령님이 우리에게 임하시게 됩니다. 그런데 사도행전 1장 8절에 "오직 성령이 너희에게 임하시면 너희가 권능을 받고 예루살렘과 온 유대와 사마리아와 땅 끝까지 이르러 내 증인이 되리라"고 분명히 약속하였기 때문에 예수님을 구주로 영접한 우리 모두에게는 성령님의 권능이 이미 임하였고 영원히 함께 하십니다. 그런데 우리는 성령님의 권능을 가지고 있으면서도 왜 힘을 쓰지 못하고, 능력을 행하지 못하고, 권능을 사용하지 못하고, 기적을 일으키지 못합니까?

1905년에 미국 텍사스 주 휴스턴에서 성공한 사업가인 하워드 로바드 휴즈와 영국의 귀족 혈통인 앨린 가노 사이에 태어난 하워드 휴즈라는 인물이 있었습니다. 그는 불행하게도 열여섯 살에 어머니를 여의고 열여덟 살에 아버지까지 세상을 떠나셔서 어린 나이에 Hughes Tool Company(휴즈공구회사)라는 회사를 물려받았습니다.

외롭게 공학을 공부하다 자퇴한 후 엘라 라이스와 결혼을 하고 평생 하고 싶었던 영화제작을 위해 할리우드로 떠나서 영화제작자로도 큰 성공을 거두었습니다.

그런데 영화 촬영 과정에서 비행기 추락사고로 인한 후유증과 어린 시절의 상처로 인한 정신병으로 육체적으로나 정신적으로 큰 고통을 겪게 되었습니다. 무엇보다도 대인공포증이 심해서 라스베이거스의 한 호텔의 펜트하우스를 임대한 후 거기서 거대한 기업을 운영했습니다. 더욱이 이혼 후에는 더욱더 혼자 칩거하면서 강박증에까지 시달려서 결재서류에 세균이 붙어 있을 것을 꺼려 해서 소독한 티슈, 손수건, 타월만 쓰고 스스로 티슈 박스로 만든 신발을 신고 있을 정도였습니다.

그렇게 펜트하우스에서 혼자 살면서 몸 상태가 극도로 악화되자 1976년 급히 비행기로 텍사스 휴스턴 병원으로 옮기던 중 71세를 일기로 세상을 떠났는데 그 부유한 재산에도 외부와 단절된 채 얼마나 음식을 제대로 못 먹었던지 185cm의 큰 키에 몸무게는 겨우 42kg 정도였다고 합니다. 또한 타인의 접근을 꺼려 해서 머리카락, 수염, 손톱, 발톱은 10여cm씩 길어 있었고, 그 돈 많은 재벌이 거지처럼 살았던 것입니다.

그런데 그 수많은 재산을 가지고 있으면서도 하나도 못 쓰고 못 먹고 영양실조로 말라 죽은 그를 볼 때에, 성령님의 무한한 권능을 가지고 있으면서도 하나도 못 사용하여서 무기력하고 무능력하고 무책임한 우리들과 다를 게 뭐가 있습니까? 더욱이 성령님을 받지 못하고 신앙생활을 하면 어떻게 되겠습니까? 그러한 사람들은 말로는 큰소리를 쳐도 그들의 삶 가운데에는 어떠한 성령님의 권능도 나타나지 않습니다.

지난 주간 2020년 7월 17일(금) 오전 9시 30분 우리나라에 코로나19를 퍼뜨린 주범인 신천지 이단의 이만희 교주가 대구 경북지방의 방역당국이 역학조사를 방해한 혐의로 고발되어 검찰에 소환되었습니다. 그런데 첫 번째 검찰 조사는 시작한 지 4시간 만인 오후 1시 30분에 가슴의 통증을 호소하며 조사가 힘들다고 해서 중단되고 말았습니다.

수많은 젊은이들을 미혹하고 수많은 가정을 파괴하면서 불로장생, 영생불멸한다고 혼자 큰소리는 다 쳤던 이단 교주치고는 너무나 초라하고 무기력한 모습이었습니다. 우리는 54차례 고소당하고 경찰, 검찰, 법원 수없이 드나들면서 연단을 많이 받아서 그런지 아무리 괴롭힘을 당해도 다 이겨내고 이렇게 건강한데 사기나 치고 양떼들 등이나 쳐먹는 이단 교주가 무슨 힘이 있겠습니까?

그런 반면에 지난 주간 미국 와이오밍 주에 사는 여섯 살 난 브리저 워커(Bridger Walker)는 동생과 함께 집 밖에 나왔다가 저먼 셰퍼드라는 맹견을 만났습니다. 이 셰퍼드가 네 살 난 여동생에게 달려들자 “Oh, Lord!”(오, 주여!) 하고 외치면서 동생의 손을 잡고 달리기 시작했습니다. 그런데 이 셰퍼드가 덮치니까 ‘누군가 죽어야 한다면 내가 죽어서라도 동생은 살려야 한다’는 마음에 동생을 온몸으로 끌어안았습니다. 그랬더니 이 셰퍼드가 브리저의 얼굴을 물어뜯어서 90여 바늘을 꿰매는 부상을 당했지만 동생도 살리고 자신도 살아났습니다.

그러자 마블 영화 “어벤져스”의 캡틴 아메리카 역을 맡았던 할리우드 스타 크리스 에반스가 “이 브리저 워커야말로 진정한 영웅이다”라고 극찬을 하면서 “캡틴 아메리카가 사용했던 진짜 방패를 보내주겠다”고 했고, 세계복싱협의회 명예 챔피언까지 되었다고 하지 않습니까?

저는 이 사건을 전해 듣고 우리 교회 주위에 어디 투견이 있는가 하고 찾고 다녔는데 아직 못 찾았습니다. 여러분, 투견 사는 집 있으면 가르쳐 주십시오. 저도 캡틴 아메리카 방패 받고 싶습니다.

여러분, 그 비겁한 이단 교주와 얼마나 비교되는 이야기입니까? 우리는 코로나19 시대에 아무 능력이 없다 할지라도 출애굽기 15장에 나오는 마라의 쓴 물에 한 나무를 넣었더니 단물이 되었듯이, 십자가의 능력으로 말미암아 우리의 죄악과 상처와 질병을 치료하시는 성령님의 권능을 체험하며 살아가야 합니다. 그리할 때 우리는 십자가의 능력을 통해 성령님의 권능이 우리와 함께하심을 확실히 믿음으로써 우리의 삶 가운데 하나님의 기적적인 권능이 새롭게 살아 역사하기 시작하게 될 줄 확실히 믿으시기 바랍니다.

우리의 기도와 간구에 기적을 행하심

> "여호와께서 이르시되 만일 그들이 너를 믿지 아니하며 그 처음 표적의 표징을 받지 아니하여도 나중 표적의 표징은 믿으리라"(출 4:8).

여호와께서는 아직도 믿지 못하는 모세에게 손을 품에 넣으라고 하십니다. 그래서 그가 손을 품에 넣었다가 내어보니까 그의 손에 나병 즉 한센병이 생겨 눈같이 되어 있자 다시 모세의 손을 품에 넣으라고 하십니다. 그래서 다시 손을 품에 넣었다가 내어보니 그 손이 본래의 살로 되돌아왔습니다. 하나님께서 모세에게 두 번째 기적을 행하신 것입니다. 그리고 여호와께서는 모세에게, 이스라엘 백성들이 지팡이가 뱀이 된 처음 표적은 믿지 않고 주목하지 않아도 손에 나병이 생겼다가 고침 받은 나중 표적은 자신이 몸소 체험했기 때문에 믿으리라고 말씀하셨습니다.

주님께서 우리에게도 분명히 기적을 행할 능력을 주셨는데 그 기적이 나타나는 비결이 무엇입니까? 사도행전 2장 42-43절에 “그들(초대교회 성도들)이 사도의 가르침을 받아 서로 교제하고 떡을 떼며 오로지 기도하기를 힘쓰니라 사람마다 두려워하는데 사도들로 말미암아 기사와 표적이 많이 나타나니”라고 분명히 증거하듯이 우리도 오로지 기도에 힘써야 하는 것입니다. 기도를 해서 안 되면 금식하면서까지 오로지 기도에 힘쓸 때 인간의 능력이나 한계를 뛰어넘는 기사나 표적이 나타납니다.

먼저 나오는 ‘기사’(τέρατα, 테라타)는 자연계에 나타나는 기적을 말하는데 구약성경에서는 주로 ‘기적’(wonders)이라고 기록되어 있습니다. 또 그다음에 나오는 ‘표적’(σημεῖα, 세메이아)은 인간계에 나타나는 기적을 의미하는데 구약성경에서는 주로 ‘이적’(signs)이라고 기록되어 있습니다. 우리가 기도할 때 인간의 능력이나 한계를 뛰어넘는 이러한 기적들이 놀랍게 일어난다는 것입니다.

그동안 동북아 선교에 힘쓰시던 김철수·이경화 선교사님이 잠시 귀국해 오늘 2부 예배에 참석했습니다만 우리가 영적 전쟁의 최전방인 선교현장에 가보면 기도 없이는 결코 복음 전도의 사명을 감당할 수가 없고, 또 기도를 통해서만 기적의 역사가 불일 듯 일어나게 되는 것을 뜨겁게 체험하게 됩니다.

부족한 종이 미국 유학 시절 시카고한인연합장로교회를 담임하고 있을 때 1994년경, 지금 우리 교회가 후원하는 김상익·고에스더 선교사님이 사역하는 온두라스에 첫 단기선교를 갔습니다. 그곳의 우기는 한 보름 정도 매일 오전, 오후 온종일 물동이로 물을 쏟아붓

듯이 줄기차게 비가 쏟아집니다. 그곳에 가서 나흘 동안 영적 지도자들을 위한 부흥성회를 인도했는데 멀리 산간지방에 사는 각 교회 주의 종들과 교사들이 봉고를 타고 와야 합니다. 그런데 물이 불어 길에 차고 넘쳐서 집회에 못 온다는 것입니다. 그래서 사흘 동안은 시내에 사는 주의 종들과 교사들만 나아와서 뜨겁게 말씀의 은혜를 나누었습니다.

그런데 우리가 선교지에 가면 더욱 간절히 기도하게 되고 성령님으로 충만해져서 더욱 말씀이 뜨거워지고 은혜로워지는데 우리만 그 뜨거운 말씀의 은혜를 나누기가 너무 아쉬워서 마지막 전날 저녁 집회를 마칠 때 통성기도를 하면서 "절기의 끝 날은 큰 날이라고 하셨으니까 마지막 주시는 주님의 은혜를 함께 나눌 수 있도록 내일은 비가 기적적으로 멈춰서 다 함께 모여서 은혜 받게 해달라고 간절히 합심해서 통성기도를 하자"고 했습니다.

그런데 통성기도를 드리면서 제 가슴이 뜨끔했습니다. 주님께서 제 마음속에 감동하시는 말씀이 "김 목사, 매년 이 우기 때는 매일 비가 밤낮으로 오고, 지금 이 주간에도 주말까지 계속 비가 온다고 일기예보를 했는데 네가 갑자기 그렇게 기도요청을 해버리면 나보고 어떻게 하라는 말이냐?" 그러시는 겁니다. 그런데 그럴 때마다 저는 주님께는 좀 불손할지 모르지만 늘 그렇게 주님께 말씀드립니다. "주님, 이 교회가 제 교회입니까? 주님의 교회 아닙니까? 이 양 떼들이 제 양 떼들입니까? 주님의 양 떼들 아닙니까? 온두라스 이 땅이 제 땅입니까? 주님의 땅 아닙니까? 이 선교지가 제 선교지입니까? 주님의 선교지 아닙니까? 이 영적 일꾼들이 제 일꾼들입니까? 주님의 일꾼들 아닙니까? 모든 것이 다 주님의 것인데 다 은혜 받고 영적으로 일어서도록 해야 할 것 아닙니까? 주님, 주님의 영광을 위하여 응답해 주시옵소서!" 하고 간절히 통성기도를 다 마치고 기진맥진해서 숙소로 돌아왔습니다.

밤에 잠을 자려고 하는데 잠이 안 왔습니다. "내일 집회시간에 비가 멈춰야 하는데…계속 와 버리면 '아! 저 목사, 능력도 없는 목사!'라고 할 텐데…뭐 하려고 이 우기에 비가 멈추게 해달라고 기도했을까? 내일도 비 와버리면 지난 사흘간 목이 터져라 외쳤던 말씀도 다 무너져 버리는데…내가 괜히 비 그치게 해달라고 기도하자고 하지 않았는가? 그러나 계획에는 없었지만 통성기도할 때 성령님께서 강권하셔서 선포한 것 아닌가? 이미 기도해 버린 것을 이제 어떻게 할 것인가? 이제 응답만 기다리고 있어야지! 주님만 믿습니다!" 하고 누워서 기도하다가 피곤에 지쳐 잠이 들고 말았습니다.

그다음 날 일어나서 오후 4시 집회를 기다리고 있었는데 일기예보대로 오전부터 기다렸다는 듯이 계속해서 어제와 같이 비가 쏟아졌습니다. 그래서 "주여! 주여!" 하면서 기도하다가 안 되니까 오전, 오후까지 금식을 하고 기도하면서 기다리고 있었습니다. 그런데 그 결과가 어떻게 되었는지 아십니까? 기적은 오후 2시부터 일어났습니다. 오전 내내 오던 비가 곳곳의 주의 종들과 교사들이 오기 편하도록 집회 두 시간 전부터 그치기 시작한 것입니다. 그래서 오후 4시에는 원근 각지에서 예배당에 가득 차고 넘칠 정도로 목회자들과 교사들이 몰려들어서 하나님의 기적의 응답에 모두 다 감사하면서 찬양부터 뜨거워지기 시작했습니다.

치유하는교회에 온 후 지난 20여 년 동안 50여 개국에 이르는 선교지에서 복음을 전했지만 그날 저녁처럼 저도 성령님에 사로잡혀서 온몸이 눈물과 땀으로 범벅이 된 채 두어 시간 동안을 그렇게 부르짖으며 복음을 전한 적이 없었습니다. 그래서 그 어느 해보다도 성령의 불도가니와 같은 너무도 뜨거운 기적의 응답의 역사를 체험한 은혜의 밤을 보내고 돌아올 수 있었는데 26년이 지난 지금까지도 눈앞에 생생합니다.

여러분, 말세 마지막 때 우리는 삶 가운데에도 수많은 문제를 안고 살면서 걱정이나 근심은 많이 하고 두려워하고 불안해하고 낙심하고 절망은 하면서도 기적을 일으키는 기도는 안 합니다. 그것이 나태하고 침체되고 무기력한 말세 교인들의 한계입니다.

그래서 코로나19를 맞이하여 이 어려운 때에 용인에서 생명목회로 크게 부흥한 새에덴교회의 소강석 목사님이 《포스트코로나 한국교회의 미래》라는 책을 썼는데 우리 치유하는교회의 치유목회와 똑같은 내용입니다. 이 어려운 코로나19 시대를 이겨낼 수 있는 길은 우리가 가장 먼저 초대교회와 같은 주님과의 처음 사랑을 회복하고, 복음의 열정을 되찾고, 믿음의 헌신을 하고, 신앙훈련을 받으면서 모든 복의 근원 되시는 하나님께 드려지는 현장예배를 중시하고, 만민이 기도하는 주님의 전에 나아와 부르짖으면서 말세 마지막 때 코로나19의 고난을 이겨내야 한다는 거였습니다.

부족한 종은 하나님의 종으로 부르심을 받고 지난 43년 동안 목회해 오면서 세상에서 붙잡을 것은 아무것도 없었습니다. 그래서 앞이 캄캄하게 삶이 무너지고, 죽음의 질병의 막다른 길에도 이르고, 목회에 더 이상의 소망이 다 끊긴 상황 속에서도 저의 목회의 원동력이 되는 예레미야 33장 3절의 "너는 내게 부르짖으라 내가 네게 응답하겠고 네가 알지 못하는 크고 은밀한 일을 네게 보이리라"는 말씀을 붙잡고 매어 달렸습니다. 그랬더니 수많은 하나님의 기적이 일어나서 이렇게 은혜 받고 축복 누리고 행복한 목사가 되었기에 믿음의 확신을 가지고 여러분에게 이처럼 강조하지 않을 수가 없습니다.

그래도 감사한 것은 우리 치유하는교회 성도님들이 코로나19의 어려움 속에서도 새벽기도회나 금요 심야기도회에나 만민이 기도하는 집인 성전에 나와서 사회적 거리두기를 하면서 본당 글로리아채플을 거의 가득 채우는 모습입니다. 그리고 1시간에 이르는 찬양 음악이 다 끝날 때까지도 많은 교인들이 남아서 주의 종들과 함께 "주여! 주여!" 하고 뜨겁게 부르짖는 믿음의 성도들의 기도 소리를 들을 때마다 저의 가슴이 뜨거워집니다. 그런 모습이 주의 종의 마음에도 이렇게 큰 힘이 되는데 주님의 마음은 어떠하시겠습니까?

우리 교회의 모든 예배에 빠지지 않고 나오시는 은퇴 목사님 사모님이 75세이신데도 지난달 초 암수술을 받으셨습니다. 고령이신데다 암이 온몸에 많이 퍼져 있어서 수술이 힘들다고 따님 집사님이 찾아와서 눈물로 기도 부탁을 하는데, 우리가 무엇으로 도울 길이 없어 안수기도를 해드리고 합심해서 기도하는 길밖에 없었습니다. 그런데 지난 수요일 조직검사 결과가 나왔는데 깨끗해졌다고 하더랍니다. 그래서 지난 금요 심야기도회에 떡까지 해가지고 감사하다고 찾아오셨습니다. 할렐루야!

또 지난 주간 2층 계단에서 굴러 머리를 다쳐서 자꾸 어지럽고 속이 매스껍다는 권사님도 새벽기도에 나오셔서 안수기도를 받고 가셨는데 계속 안 좋아서 병원에 가서 CT 촬영을 해보았더니 뇌가 깨끗하더라고 어제 새벽에 나오셔서 그렇게 기뻐하셨습니다. 사실 이렇게 어려운 경우에 우리가 할 수 있는 일은 아무것도 없습니다. 기도밖에 한 것이 없습니다. 그런데 그 기도가 그렇게 기적을 일으킨 것입니다.

그런데 대부분의 우리의 기도생활은 깨어 기도하지 않다가 꼭 시험에 들거나 아쉬운 것이 있으면 그제야 나와서 기도합니다. 그러니 그 기도가 무슨 응답이 있고, 무슨 능력이 있겠습니까? 그러나 우리가 날마다 깨어 드리는 새벽의 기도는 우리의 생명과 건강을 붙들어 주고, 우리의 가정을 세워 주고, 우리의 교회를 일으켜 줍니다. 또한 코로나19의 이 엄청난 재난 속에서도 우리나라와 민족을 지켜 주어서 우리나라가 전 세계 가운데 코로나19를 얼마나 가장 잘 방역하고 있습니까?

지난 화요일 한국교회총연합 대표회장 되시는 우리 교단의 김태영 총회장님에게서 문자 메시지가 왔는데 중앙재난안전대책본부에서 정세균 국무총리가 지난 금요일부터 교회 소모임 금지까지 완전 해제한다는 기쁜 소식을 전해 주셨습니다. 우리가 끝까지 인내하면서 기도하니까 결국 우리의 기도가 승리한 것입니다. 그러므로 우리가 코로나19의 어떠한 어려움 속에서도 날마다 기도와 간구에 힘쓸 때 우리의 자연계와 인간계에 놀라운 기사와 표적이 계속해서 불일 듯 일어나게 될 줄 확실히 믿습니다.

도울 사람도 붙여 주심

"여호와께서 모세를 향하여 노하여 이르시되 레위 사람 네 형 아론이 있지 아니하냐 그가 말 잘하는 것을 내가 아노라 그가 너를 만나러 나오나니 그가 너를 볼 때에 그의 마음에 기쁨이 있을 것이라"(출 4:14).

여호와께서는 위의 두 가지 이적을 행하셨는데 이스라엘 백성들이 그것조차도 믿지 않으면 모세가 나일 강물을 조금 떠다가 땅에 부으면 피가 되리라는 세 번째 이적까지 약속하셨습니다. 그런데도 모세가 계속해서 여호와께 "오, 주여! 나는 본래 말을 잘하지 못하는 자니이다. 주께서 주의 종에게 명령하신 후에도 역시 그러하니 나는 입이 뻣뻣하고 혀가 둔한 자니이다" 하고 자꾸 하나님의 부르심을 회피하려고 변명을 합니다. 그러자 여호와께서 그에게 너무도 실망을 하시고 이르시되 "누가 사람의 입을 지었느냐? 누가 말 못하는 자나 못 듣는 자나 눈 밝은 자나 맹인이 되게 하였느냐? 나 여호와가 아니냐? 이제 가라! 내가 네 입과 함께 있어서 할 말을 가르치리라"고 말씀하십니다.

그런데도 모세는 "오, 주여! 보낼 만한 자를 보내소서!" 하고 또다시 거절을 하니까 마지막에 여호와께서 모세를 향하여 노하여 이르시되 "레위 사람 네 형 아론이 있지 아니하냐? 그가 말 잘하는 것을 내가 아노라 그가 너를 만나러 나오나니 그가 너를 볼 때에 그의 마음에 기쁨이 있을 것이라. 너는 그에게 말하고 그의 입에 할 말을 주라. 내가 네 입과 그의 입에 함께 있어서 너희들이 행할 일을 가르치리라. 그가 너를 대신하여 백성에게 말할 것이니 그는 네 입을 대신할 것이요 너는 그에게 하나님같이 되리라. 너는 이 지팡이를 손에 잡고 이것으로 이적을 행할지니라!" 하고 명령하십니다(출 4:14-17). 여호와께서 모세에게 그의 형 아론까지 붙여 주셔서 모세가 지팡이를 손에 잡고 나아가 출애굽의 기적적인 역사를 이루도록 하신 것입니다.

험난한 인생을 살아갈 때에도 인간은 누구나 장단점의 한계가 있기 때문에 우리 혼자 힘만으로는 살아갈 수가 없습니다. 더욱이 주의 일을 할 때는 더욱 그러합니다. 그래서 하나님께서는 우리에게 믿음의 사람을 붙여 주셔서 합심 합력해서 하나님의 복음의 역사를 이루어 나가게 하십니다. 그래서 고린도전서 3장 6, 9절에 "나는 심었고 아볼로는 물을 주었으되 오직 하나님께서 자라나게 하셨나니…우리는 하나님의 동역자들이요 너희는 하나님의 밭이요 하나님의 집이니라"고 증거하였습니다. 바울 사도는 고린도 교회에 복음을 심었고, 아볼로는 물을 주어 양육했지만 오직 하나님께서 자라게 하셨다는 것입니다. 그리하여 우리는 모두 다 하나님의 동역자들이라는 것입니다. 그래서 혼자 주의 일을 다 할 수 있는 것이 아니고 합심 합력하여 일하게 하시고, 결론적으로는 주님께서 다 도울 사람을 붙여 주십니다.

목회를 하면서도 보면 목사가 아무리 비전을 가지고 헌신을 하고 열정을 다 쏟아도 장로님들과 권사님들과 집사님들과 성도님들이 합심 합력해 주지 않으면 하나님의 교회는 결코 은혜롭게 부흥할 수가 없습니다. 그래도 참으로 감사한 것은, 부족한 종이 미국 유학 시절 서른세 살의 어린 나이에 시카고한인연합장로교회를 처음 담임했을 때나 또 치유하는교회에 와서 지난 20년 동안 마지막 목회를 할 때에 주님께서 참으로 신실하신 장로님들과 권사님들과 집사님들과 성도님들과 주의 종들에 이르기까지 충성스러운 동역자들을 많이 붙여 주셨습니다. 그 가운데에는 먼저 천국에 가신 목사님과 장로님과 권사님과 집사님도 많이 계시지만 제 평생에 잊을 수 없는 너무도 사랑하고 존경하는 충성스러운 동역자들이었습니다. 그래서 여러분이 너무도 잘 아시다시피 허물이 많음에도 불구하고 부족한 종이 시카고한인연합장로교회와 치유하는교회의 목회를 오늘에 이르도록 하나님의 은혜로 이렇게 은혜롭고 행복하게 해올 수 있었습니다. 그래서 저는 지금도 시카고 집회를 하러 갈 때면 비행기에서 내리자마자 가장 먼저 교회 묘지를 찾아가 그분들을 찾아뵙고 인사를 드리곤 합니다.

이처럼 하나님께서는 다윗에게 요나단을 붙여 주셨고, 엘리야에게 엘리사와 7,000명의 하나님의 사람을 붙여 주셨고, 바울에게 바나바와 디모데를 붙여 주셨고, 베드로에게 마가를 붙여 주셨듯이, 말세 마지막 때 교회의 핍박과 환난의 시대에도 하나님께서 의로운 사람들을 곳곳에 숨겨 놓으시고 영적 싸움에 승리하게 하시고, 하나님의 복음을 사수하게 하시고, 그러한 영적인 사람들과 합심 합력하여 복음을 전파하게 하십니다. 그러므로 우리가 함께 신앙생활을 해나갈 때에도 가정에서나 직장에서나 교회에서도 하나님께서 우리를 도울 사람을 붙여 주시므로 그들과 함께 합심 합력을 해야 합니다. 그리할 때 나 혼자로서는 결코 해낼 수 없는 일들조차도 더욱더 은혜롭고 능력 있고 축복되게 기적적으로 이루어 나가게 될 줄 확실히 믿으시기 바랍니다.

지난 화요일 오후 교회에서 말씀을 준비하고 있는데 우리 교회와 같은 영등포노회 강서시찰의 주함교회를 담임하고 있는 주현구 목사님이 찾아왔습니다. 이번에 협성대학교에서 사회복지학 전공으로 철학박사 학위를 받게 되었는데 이번 주에 논문이 나와서 가장 먼저 제게 전해 주고 싶어서 찾아왔다는 것입니다. 너무도 감사하면서 그동안 같은 시찰에 있으면서도 깊은 대화를 나누지 못하다가 커피를 한 잔 나누면서 어떻게 해서 주의 종이 되었는지 지금까지 살아온 그분의 라이프 스토리를 들을 수 있었는데 뜨거운 감동의 은혜를 받지 않을 수 없었습니다.

주 목사님은 원래 충청남도 금산이 고향인데 6·25 전쟁 참전용사이신 아버지가 전쟁 중 폭탄 파편으로 머리를 크게 다치셔서 평생을 고통 가운데 사셨다고 합니다. 그런데도 그저 주님 한 분만 바라보면서 눈물로 간구하면서 그 육체적, 정신적 고통을 다 이겨내시다가 장로님 피택까지 되셨는데, 48세의 젊은 나이에 어머니 권사님과 5남매 자녀들을 남겨둔 채 하늘나라로 떠나가시고 말았습니다. 그러자 어머니는 홀로 5남매 자녀들을 뒷바라지할 길이 없어서 결국 가슴 아프게도 5남매가 각자 뿔뿔이 흩어지고 말았다고 합니다. 그래서 목사님도 대전에 가서 식당일을 하면서 학교를 다녔는데 중학교를 가까스로 졸업하고, 기도 중에 "공부를 하려면 서울로 가라!"는 주님의 음성을 듣고 무작정 야간열차를 타고 서울로 상경했다고 합니다. 밤 12시에 서울역에 내려서 앞을 보니 대우빌딩 뒤에 빨간 십자가가 보여서 "저기다!" 하고 외치며 달려간 곳이 남대문교회였습니다.

무작정 교회 안에 들어가 강대상 앞에 엎드려서 중학교 2학년 때 부흥회에 참석하여 은혜를 받고 목사가 되겠다고 서원기도 했던 것을 떠올리면서, "하나님 아버지, 저는 아무런 돈도 없고 빽도 없고 힘도 없는데 공부할 수 있는 길만 열어 주시면 무슨 일이든지 다하겠습니다! 저의 앞길을 열어 주시옵소서…" 하고 밤새도록 눈물로 간구했다고 합니다. 그랬더니 하나님께서 놀랍게도 마침 그날 새벽기도회에 나오셨던 고등부 부장 장로님을 만나게 해주셔서 신문 보급소를 소개받게 되었습니다. 그래서 신문 보급소에서 먹고 자면서 신문 배달, 우유 배달, 식당 배달, 식당 일에 이르기까지 안 해본 일이 없을 정도로 닥치는 대로 일을 하면서 고학을 해서 검정고시에 합격을 하게 되었습니다. 그래서 중앙대 행정학과와 서울신학대 사회복지학과와 중앙대 사회복지대학원을 거쳐서 총신대 신학대학원에까지 진학해서 목사 안수까지 받은 것입니다. 그리고 우리 대한예수교장로회 통합 측의 청목 과정을 거쳐서 20년 전에 화곡동에 주함교회를 개척하고 지역아동센터를 함께 운영하게 되었습니다.

그런데 그 어려운 개척교회의 궁핍한 살림 속에서도 30년 동안 홀로 되신 어머니 권사님을 모시고 그 어려움 속에서도 꾸준히 공부해서 이번에 최고의 학위인 철학박사 학위까지 받게 되었는데, 그토록 아들 목사 잘되기만을 위해 날마다 눈물로 기도하시던 어머님이 아들의 박사학위 취득의 이 기쁜 소식을 듣지도 못하시고 작년에 90세를 일기로 하늘나라로 떠나가셔서 못내 아쉽다고 눈물을 글썽였습니다.

돌이켜보면 빈손 들고 무작정 서울로 상경해서 지나간 세월 너무도 살기가 어렵고 힘들어서 굶기를 밥 먹듯이 하고 눈물 젖은 빵을 먹으면서도 오직 십자가 붙잡고 눈물로 부르짖으면서 인내해 온 것입니다. 모든 것이 하나님의 기적적인 은혜로 살아왔다고 하면서, 부모님의 눈물의 기도와 희생적인 신앙이 결단코 헛되지 않아서 5남매 형제들 가운데 3형제가 목사님이 되고, 자신도 3남매를 두었는데 모두 사회복지사가 되었다고 했습니다. 그러면서 하는 말이 "저는 목사님처럼 큰 목회는 못해 봤지만 하나님께서 이렇게라도 써주시니 감사한 것뿐"이라고 했습니다. "과거에 제가 한 것이라고는 기도한 것뿐인데 하나님께서 모두 다하셨다"고 감사하면서, "하나님 아버지께만 모든 영광을 돌린다"고 고백을 했습니다.

저는 그날 목사님의 지나온 삶의 그 은혜로운 간증을 듣고 축복기도를 해드린 후 목사님이 돌아간 다음에 목사실에 앉아 그 목사님의 지나온 삶의 이야기를 정리하면서도 자꾸만 변함없이 우리를 뜨겁게 사랑하시고 그를 통해서 역사하신 주님의 사랑과 은혜와 능력에 감사하면서 자꾸 눈물이 흘러내렸습니다.

사랑하는 성도 여러분, 우리도 지난날 고향산천 떠나와서 낯선 타향 땅에서 산전수전을 다 겪으면서 얼마나 피눈물 나는 고생을 하며 살아왔습니까? 또한 홀로 남모르는 서러움의 눈물을 흘리며 얼마나 긴긴밤을 지새울 때가 많았습니까? 그러나 그 인생의 절망과 고통 속에서도 살아 계신 하나님 아버지께서 성령님의 권능으로 함께하셨고, 우리의 간절한 기도와 간구에 기적을 행하셨고, 우리를 도울 수많은 믿음의 동역자들을 붙여 주셔서 오늘의 이 은혜롭고 축복되고 행복한 신앙생활을 하게 해주셨습니다. 그러므로 남은 생애도 주님의 십자가의 권능의 지팡이를 붙잡고 나아갈 때 코로나19의 어떠한 환난 가운데도 능히 승리하며 영광 돌리는 복된 생애를 살아가게 될 줄 확실히 믿습니다.

다 함께 결단의 찬송으로 "나는 믿네"를 함께 부르며 믿음으로 결단하도록 하겠습니다.

내게 허락하신 시련을 통해
나의 믿음 더욱 강하게 자라나고
험한 산과 골짜기 지나는 동안
주께 더 가까이 나를 이끄시네
내가 겪는 시험이 어렵고 힘겨워도
내 주님보다 크지 않네
내 앞의 바다가 갈라지지 않으면
주가 나로 바다 위 걷게 하리
나는 믿네 주의 능력으로 내 삶 새롭게 되리
나는 믿네 주의 능력으로 담대히 나아가리라
주와 함께 싸워 승리하리라
날마다 믿음으로 나 살아가리

전능하신 하나님 아버지, 코로나19의 고난 속에서도 지금까지 지켜 주시고 저희를 사용하여 주심을 진심으로 감사드립니다. 어떠한 환난이 닥쳐와도 살아 계신 하나님 아버지께서 성령님의 권능으로 함께하심을 확실히 믿게 하여 주시옵소서! 저희의 기도와 간구에 기적을 행하실 줄도 믿게 하여 주시옵소서! 수많은 믿음의 동역자들을 붙여 주심도 믿게 하여 주시옵소서! 그리함으로 주님의 십자가의 권능의 지팡이를 붙잡고 코로나19의 환난 많은 세상도 능히 승리하며 영광 돌리며 복되게 살아가게 하여 주실 줄 믿사옵고, 예수님의 이름으로 간절히 축복하옵고 기도하옵나이다. 아멘!

주님의 뜻을 이루소서

출애굽기 10:21-29

코로나19로 인해 다 어렵고 힘든 때인데 이러한 때 우리에게 가장 어려운 것 중의 하나는 주님의 뜻을 깨닫는 것입니다. 우리가 주님의 뜻만 바로 깨닫고 행하면 얼마나 은혜롭고 축복되고 행복한 신앙생활을 할 수 있겠습니까? 그렇다면 우리가 어떻게 주님의 뜻을 이루어 나갈 수 있는가, 이 시간도 들려주시는 하나님의 음성을 다 함께 들을 수 있길 바랍니다.

하나님의 말씀에 귀를 기울여야 함

먼저 본문 21절 말씀을 다 함께 읽겠습니다.

> "여호와께서 모세에게 이르시되 하늘을 향하여 네 손을 내밀어 애굽 땅 위에 흑암이 있게 하라 곧 더듬을 만한 흑암이리라"(출 10:21).

여호와께서는 모세를 호렙 산에서 부르실 때 출애굽기 3장 9-10절에 "이제 가라 이스라엘 자손의 부르짖음이 내게 달하고 애굽 사람이 그들을 괴롭히는 학대도 내가 보았으니 이제 내가 너를 바로(애굽왕)에게 보내어 너에게 내 백성 이스라엘 자손을 애굽에서 인도하여 내게 하리라"고 분명히 약속하셨습니다. 그래서 모세와 아론이 애굽왕에게 가서 출애굽기 5장 3절에 "그들이 이르되 히브리인의 하나님이 우리에게 나타나셨은즉 우리가 광야로 사흘 길쯤 가서 우리 하나님 여호와께 제사를 드리려 하오니 가도록 허락하소서 여호와께서 전염병이나 칼로 우리를 치실까 두려워하나이다"라고 분명히 경고하였습니다.

그런데 애굽 왕이 이를 계속 거절하자 여호와 하나님께서 애굽 땅에 첫째, 물이 피가 되는 재앙(출 7:14-25), 둘째, 개구리 재앙(출 8:1-15, 셋째, 땅의 티끌(먼지)이 이가 되는 재앙(출 8:16-19), 넷째, 파리 재앙(출 8:20-32), 다섯째, 가축 전염병 재앙(출 9:1-7), 여섯째, 모든 사람과 짐승의 악성 종기 재앙(출 9:8-12), 일곱째, 우박 재앙(출 9:13-35), 여덟째, 메뚜기 재앙(출 10:1-20), 그리고 아홉째, 하루 이틀도 아니고 사흘 동안 온 애굽 땅에 흑암 재앙(출 10:21-29)이 임하게 하십니다.

여기서 우리가 결코 간과하지 말아야 할 것은 모든 재앙은 하나님께서 모세와 아론을 통해서 먼저 경고하셨다는 것을 우리가 가장 먼저 주목할 수 있길 바랍니다.

하나님 아버지께서는 우리에게도 예수님 탄생 이전의 구약(The Old Testament, 옛 언약) 39권과 예수님 탄생 이후의 신약(The New Testament, 새 언약) 27권의 말씀을 허락하셨습니다. 우리가 주님께 늘 참으로 감사해야 할 것은 불교처럼 우리에게 팔만대장경을 주셨다면 우리가 이렇게 되었겠습니까? 그것을 모두 다 짊어지고 다닐 수도 있겠지만 그것을 짊어지고 매 주일 교회에 오기도 전에 쓰러져 죽었을 텐데 이렇게 단 한 권의 성경책으로 요약 정리해 주신 것이 얼마나 감사한지 모릅니다. 이것을 우리는 자연을 통한 일반계시(시 19:1-4; 롬 1:20)와 구별하여 초자연적인 말씀을 통한 특별 계시(요 1:1, 14; 히 1:1-3)라고 합니다.

그런데 유대 랍비 마이모니데스(Maimonides)가 발견하기를 구약성경의 율법에 613가지 계명이 있다고 하는데, '하라'는 긍정적인 계명이 248가지로 유대인이 생각하는 우리 인간의 몸의 지체 수를 의미합니다. 다시 말하면 온몸으로 행하라는 뜻인 것 같습니다. 그리고 '하지 말라'는 부정적인 계명이 365가지인데 1년 365일 이것만은 하지 말라는 말씀인 것 같습니다. 그러나 예수님께서는 모든 믿는 자에게 의를 이루기 위하여 율법의 마침이 되셨습니다(롬 10:4). 그리고 이 땅에 오셔서 수많은 주옥같은 말씀을 하셨지만 그중에 가장 대표적인 것이 있다면 요한복음 13장 34-35절의 "새 계명을 너희에게 주노니 서로 사랑하라 내가 너희를 사랑한 것같이 너희도 서로 사랑하라 너희가 서로 사랑하면 이로써 모든 사람이 너희가 내 제자인 줄 알리라"는 새 계명입니다.

그런데 어떠한 인간도 이러한 계명들을 다 지킴으로써 구원을 이룰 수 없기 때문에 예수님께서 십자가에서 우리를 대신해서 하나님의 말씀대로 살지 못한 죄의 저주의 형벌을 다 대신 져 주셨습니다. 믿음으로 의롭다 함을 받고 하나님의 자녀가 되었으므로 우리는 그의 십자가의 은혜에 감사하고 감격하면서 열심히 주님의 전에 나와서 주님의 뜻이 가장 확실하게 드러나 있는 하나님의 말씀에 귀 기울여 듣고 지켜 행하며 살아야 하는 것입니다. 그런데 놀라운 것은 하나님의 말씀을 귀 기울여 듣고 지켜 행하면 행할수록 우리가 은혜를 받고 축복을 누리고 행복해집니다.

지난 수요일 밤, 교회 가까이서 상담소를 운영하시는 한 협동목사님에게서 감동적인 카카오톡 메시지가 도착했습니다.

"목사님, 안녕하세요? 제가 전도한 자매님은 교회라면 말도 꺼내지 못하게 했던 분이에요. 김포의 타 교회 안수집사님이신 시아버님으로부터 신앙에 대한 강압적인 권유로 인해 갈등이 심해진 상태에서 매우 힘들어했어요. 또한 공황장애와 자신이 만든 음식 외에 아무것도 먹지 못하는 증상도 있어서 매우 힘든 삶을 살고 있었어요. 교회 이야기를 싫어해서 성경 이야기보다는 치료에 집중했는데 저희 상담소에서 함께 모임을 하는 동아리 그룹을 치유하는교회로 전도해서 그 그룹이 상담소에 모이면 치유하는교회를 통해 받은 은혜를 나누는 시간이 있어요. 그 이야기를 듣고 자매님도 한번 가보고 싶다고 해서 교회에 오게 되었고요. 시부모님도 며느리가 선택한 교회를 시찰 겸 함께 오고 계셔요. 등록 후 지금까지 김포에서 매일 시아버님과 함께 새벽기도도 빠지지 않고 오고 있어요. 남편도 교회를 잘 가지 않았고 이 집에 여섯 살짜리 딸이 또래 관계에서 잘 어울리지 못하고 소극적인 아이였는데요, 12시 30분 유치부 예배에 딸을 보냈고 딱 한 주일 지낸 후부터는 아이가 너무 적응을 잘하더래요. 아이는 할아버지의 교회서 보여주지 않던 활기 찬 모습을 보이고요. 유치부에 가면 아빠를 가라고 하고 너무 잘 지내는 게 신기하다고 해요. 이 가족이 모두 하나님의 은혜 가운데 들어가는 것이 얼마나 감사한지 모르겠어요. 주일예배, 수요예배, 금요기도회, 새벽기도회까지. 밖에 나오기 힘들어하던 자매의 모습이 다 사라졌어요. 집이 김포인데도 새벽기도회까지 빠지지 않고요. 이번 주 토요일 모여라 기도회에 아이가 강대상에 올라가게 되어 자매님도 함께 올라가는 시간을 기다리며 흥분되어 있어요. 이렇게 좋은 치유하는교회에 오게 된 것을 얼마나 감사하게 생각하는지요. 시부모님도 목사님 말씀에 은혜를 받고 좋은 교회 만나게 되어 감사하다고 하세요. 치료시간에 자화상이라는 프로그램을 했는데요, 위 그림과 글을 읽고 저도 치유하는교회를 세우신 하나님과 목사님께 감사드리고 싶어 글을 올립니다. 감사합니다!"

이 얼마나 하나님의 말씀에 의한 삼동적인 삶의 변화입니까?

여러분, 주의 종이 바라는 간절한 소원이 무엇이겠습니까? 주님의 양 떼들이 은혜 받고 행복한 신앙생활을 하는 것 이상 바라는 것이 없습니다. 그래서 우리가 동영상으로 예배드리는 것과 성전에 직접 나아와 예배드리는 것은 벌써 은혜의 감동부터가 다릅니다. 심지어 성전에서도 앞자리에서 예배드리는 것과 저 멀리 구석에서 예배드리는 것의 은혜의 감동이 다릅니다. 그래서 금자리, 은자리, 동자리, 똥(?)자리라는 웃음의 말까지 있지 않습니까?

이사야 55장 3절에 "너희는 귀를 기울이고 내게로 나아와 들으라 그리하면 너희의 영혼이 살리라 내가 너희를 위하여 영원한 언약을 맺으리니 곧 다윗에게 허락한 확실한 은혜이니라"고 분명히 증거하고 있습니다. 그러므로 코로나19의 재앙 속에서도 우리가 살 수 있는 길은 인간의 생사화복을 주관하시는 하나님 아버지 앞에 나아와서 주님의 뜻이 가장 확실하게 드러나 있는 하나님의 말씀에 귀를 기울이며 살아갈 때 주님의 뜻을 이루는 복된 삶을 모두 다 살게 될 줄 확실히 믿으시기 바랍니다.

어떠한 핑계도 대서는 안 됨

이처럼 너무도 고통스럽고 불행한 9가지 재앙을 당하면서도 애굽 왕은 끝까지 하나님의 뜻을 거절합니다. 우리가 성경을 자세히 읽어 보면 첫째, 피 재앙, 둘째, 개구리 재앙, 셋째, 이 재앙, 넷째, 파리 재앙을 당하고도 애굽 왕은 정신을 못 차립니다. 출애굽기 8장 25절에 "바로가 모세와 아론을 불러 이르되 너희는 가서 이 땅에서 너희 하나님께 제사를 드리라"고 첫 번째 핑계를 댑니다.

모세가 애굽 땅을 떠나 사흘 길쯤 광야로 가서 예배를 드려야 한다고 이를 거절하자 출애굽기 8장 28절에 "바로가 이르되 내가 너희를 보내리니 너희가 너희의 하나님 여호와께 광야에서 제사를 드릴 것이나 너무 멀리 가지는 말라 그런즉 너희는 나를 위하여 간구하라"고 두 번째 핑계를 댑니다. 계속해서 애굽 왕이 강퍅하자 다섯째, 가축 전염병 재앙, 여섯째, 악성 종기 재앙, 일곱째, 우박 재앙, 여덟째, 메뚜기 재앙까지 내렸는데도 출애굽기 10장 11절에 애굽 왕이 그래도 정신이 못 차리고 "그렇게 하지 말고 너희 장정만 가서 여호와를 섬기라 이것이 너희가 구하는 바니라 이에 그들이 바로 앞에서 쫓겨나니라"고 세 번째 핑계를 댑니다. 결국 아홉 번째 애굽 온 땅이 3일 동안 캄캄해지는 흑암의 재앙이 임하게 됩니다. 그러자 오늘 본문의 출애굽기 10장 24절에 "바로가 모세를 불러서 이르되 너희는 가서 여호와를 섬기되 너희의 양과 소는 머물러 두고 너희 어린것들은 너희와 함께 갈지니라"고 네 번째 핑계까지 댑니다.

우리도 주님의 뜻을 이루지 못하는 결정적인 이유는 우리 인간의 죄의 본성과 자신의 타고난 성격, 기질과 자신의 자존심과 감정과 삶의 이익이나 더 나아가 인간관계에 의해서까지도 주님의 뜻을 다 막고 말기 때문입니다. 그래서 주님의 뜻이 하나님의 말씀 가운데 다 나와 있는데도 깨닫지 못하여서 주님께서 우리에게 부어 주시는 그 풍성한 은혜와 축복과 행복을 다 잃어버리고 사는 것입니다.

한 20대 탈북민이 지난 2020년 7월 19일(주일) 강화군의 배수로를 통해 월북한 것으로 드러났습니다. 그는 3년 전에 탈북했는데 자유의 품에 안겨 그렇게 행복하다고 하고, 20년 동안 귀가 안 좋아 듣지 못했는데 대한민국에 와서 고쳤다고 좋아했습니다. 그런데 지난 3년 동안 살아가면서 빚도 지게 되고 사기도 치고 더욱이 성폭행까지 저지르고 DNA까지 검출되어서 구속이 가까워 오니까 전자발찌를 차는 것도 두려우니까 사랑하는 가족에 대한 그리움 때문에 살기 힘들다는 핑계를 대고 우리나라 정부가 제공한 임대아파트 보증금 1,500만 원을 비롯해서 미래행복통장과 취업장려금 2,000만 원, 자동차를 대포차로 팔아넘긴 대금 등 약 3,000-4,000만 원을 달러로 바꿔서 다시 월북하게 된 것입니다. 그가 한때의 잘못된 판단으로 인해 갖가지 핑계를 대고 월북을 하였지만 그는 북한 공산당의 선전용으로 이용되다가 자본주의 사회를 경험한 자로서 과거 월북자들처럼 결국에는 총살을 당하고 말 텐데, 이걸 바로 깨닫지 못하고 갔으니 얼마나 불쌍하고 불행한 인생입니까?

누가복음 14장에서 천국잔치를 베풀어 놓고 초청을 하니까 한 사람은 밭(삶의 터전)을 샀으니 아무래도 나가 보아야 하겠으니 양해하라고 핑계를 대고, 또 한 사람은 소 다섯 쌍(삶의 도구)을 사서 시험하러 가야 하니 양해하라고 핑계를 대고, 또 한 사람은 장가(삶의 행복)를 들었으니 가지 못하겠노라고 핑계를 대며 으름장까지 놓으면서 빠져나갔지만 결국 그들은 천국의 영원한 복은 다 잃어버리고 말았습니다. 그래서 누가복음 14장 24절에 "내가 너희에게 말하노니 전에 청하였던 그 사람들은 하나도 내 잔치를 맛보지 못하리라 하였다 하시니라"고 경고하셨습니다.

그런데도 요즘 우리 사회를 보면서 너무도 가슴 아픈 것은 온통 '자기중심사회'(egocentered society)라는 것입니다. 다 자기중심 관점이고, 하나님의 말씀에 근거한 주님의 뜻보다도 완전히 자기 이념에 사로잡혀 합리화를 하고, 자기 잘못조차도 다 상대방에게 투사하여 비난과 험담을 하고, 갈등과 대립에서 헤어 나오지를 못하고, 불화와 고통만 겪고, 결국 모두 다 불행하게 파멸되고 맙니다.

여러분, 상대방을 향해 손가락질을 해보십시오. 한 손가락만 상대방 탓이라고 상대방을 향하고, 또 한 손가락은 어쩌다가 저 인간을 만나게 해주셨느냐고 하나님을 원망하지만 나머지 세 손가락은 다 내 탓이라고 깨우쳐 주고 있지 않습니까?

그러므로 우리의 신앙생활 가운데 세상적으로는 우리가 부귀와 명예와 향락을 얻은 것 같지만 왜 지금 우리의 은혜가 메말라가고 축복을 잃어버리고 행복이 사라져 가고 있는가를 돌이켜보아야 합니다. 그리고 더 이상 어떠한 이유로라도 핑계를 대려 하지 말고, 우리의 가정이나 직장이나 사회나 교회나 어렵고 힘들수록 누가복음 18장 13절에 나오는 주님으로부터 진정으로 의롭다 함을 받은 세리를 보십시오. "세리는 멀리 서서 감히 눈을 들어 하늘을 쳐다보지도 못하고 다만 가슴을 치며 이르되 하나님이여 불쌍히 여기소서 나는 죄인이로소이다"라는 고백처럼 통회 자복하고 믿음으로 결단하며 돌이킬 수 있길 바랍니다. 우리가 바로 여기에서 더 이상 핑계를 대지 않고 믿음으로 결단하고 돌이킬 때 우리의 삶 가운데 주님의 뜻을 온전히 이루고, 주님 안에서 진정으로 은혜롭고 축복되고 행복의 감격 속에 남은 생애를 살아가게 될 줄 확실히 믿습니다.

즉시 주님의 뜻을 행해야 함

마지막으로 본문 29절 말씀을 다 함께 읽겠습니다.

> "모세가 이르되 당신이 말씀하신 대로 내가 다시는 당신의 얼굴을 보지 아니하리이다"(출 10:29).

여호와께서는 애굽 왕의 마음을 완악하게 하셔서 이스라엘 백성을 보내기를 기뻐하지 않아서 애굽 왕이 모세에게 "너는 나를 떠나가고 스스로 삼가 다시 내 얼굴을 보지 말라 네가 내 얼굴을 보는 날에는 죽으리라"고 끝까지 하나님의 명령을 거절하며 위협을 합니다. 그러자 모세가 "당신이 말씀하신 대로 내가 다시는 당신의 얼굴을 보지 아니하리이나"라고 경고하고 떠나갑니다. 결국 애굽 왕은 하나님께서 아홉 번의 회생의 기회를 주셨는데 주님의 뜻을 행하지 않음으로 인해 애굽 땅이 초토화가 되고, 자신의 장자뿐만 아니라 애굽 땅의 모든 장자와 가축의 처음 난 것까지 다 죽음을 당하고 마는 마지막 열 번째 재앙의 최악의 상황에 이르고 맙니다. 그리하여 애굽 땅이 불행과 고통으로 초토화가 되고 마는데, 이 얼마나 불행하고 저주스러운 일입니까?

우리의 신앙생활도 마찬가지입니다. 하나님 아버지께서는 그의 뜻 가운데 우리가 진정으로 은혜롭고 축복되고 행복한 신앙생활을 해

나가길 간절히 바라시며 기다리고 계십니다. 그런데 우리가 아무리 이것이 주님의 뜻이고 복 받을 일인데도 행하지 않으면 어떻게 되겠습니까? 하나님께서 그의 뜻 가운데 우리에게 주시는 그 놀라운 복을 다 잃어버리고 마는 것입니다. 이것은 오늘의 코로나19와 함께 살아가야 하는 위드 코로나(With Corona) 시대를 살아가는 우리에게 그대로 적용되는 사실입니다.

얼마 전에 《전염병과 마주한 기독교》라는 책이 나왔는데 그 책 가운데서 고려신학대학원 대학교 은퇴 교수이신 박영돈 목사님은 온라인예배가 진정한 성전예배를 대체할 수 있는가를 반문하고 있습니다. 지금까지 기독교 역사 가운데 전염병은 끊임없이 계속해서 발생했는데 우리가 코로나19가 두려워서 하나님 앞에 나아오지 못하고 집에서 편하게 핸드폰이나 TV 리모컨을 돌려가면서 내 마음에 드는 설교나 듣고 예배를 다 드렸다고 땜질하는 것은 자신이 위안을 받는 종교행위일 수는 있지만 진정한 예배일 수는 없다는 것입니다. 왜냐하면 우리가 신앙공동체로 주님의 전에 모여야 할 가장 절실한 이유는 진정으로 영과 진리로 하나님께 예배드리기 위함입니다.

예배는 설교 말씀만 듣는 것이 아니라 처음 하나님의 예배로의 부르심으로부터 시작해서 우리가 믿음으로 화답하고, 찬양도 하고, 봉헌도 하고, 세례와 성찬도 베풀고, 성도의 교제도 나누고, 구제도 하고 봉사도 하고 전도도 하고 선교도 해야 하는 교회의 궁극적인 사명이 있기 때문입니다. 그래서 이제는 우리가 살아 있는 동안 인간의 생명과 건강을 주관하시는 하나님을 확실히 믿고 진정으로 믿음의 용기와 결단을 하며 일어나서 즉시 주님의 뜻을 행해야 할 때라는 것입니다.

코로나19 바이러스의 세계적 대유행이 장기화되면서 감염자들이 꾸준히 늘고 있는데 어제 2020년 8월 1일 기준 전 세계에서 코로나19 확진 판정을 받은 사람이 1,800만 명에 이르고, 이 중 목숨을 잃은 사람은 68만 명을 넘어섰습니다. 엊그제 하루만 해도 30만 명에 이르는 확진자가 나와서 어제 WHO(세계보건기구)가 100년 만의 최대 위기라고 발표했습니다. 전 세계에 걸친 코로나19의 위기 가운데 우리가 새벽마다 기도해 왔듯이 우리는 이것을 결코 우연의 일치라고 착각해서는 안 됩니다.

교만한 중국 시진핑 정권의 기독교 박해에 의해 우한에서 코로나19가 시작되었고, 신천지 이단을 통해 우리나라에 전파되어 이처럼 되었고, 이태원 동성애자들을 밝혀 주시고 차별금지법까지 힘을 합하여 막게 해주시고 있습니다. 결국 우리 한국 교회가 감당을 못했던 신천지 이단이 조직 36년 만에 최대의 위기를 맞게 되었습니다. 89세 이만희 교주가 어제 토요일 새벽 신천지 간부들과 공모해서 방역당국에 신도 명단과 집회 장소를 축소 보고하면서 방역을 방해하고, 신천지 이단의 연수원인 평화의 궁전을 신축하면서 56억 원을 횡령하고, 2015년부터 지자체 승인 없이 공공시설에서 불법 종교행사를 연 혐의로 구속되었습니다. 이 땅 위에서의 영생불멸의 거짓교리를 외쳐온 그도 역시 우리가 지난날 보아왔듯이 앞서 간 천부교(전도관)의 박태선 교주와 통일교의 문선명 교주와 구원파의 유병선 교주와 똑같은 죽음의 전철을 밟게 된 것입니다.

이처럼 코로나19로 인한 고난 속에서도 우리 주변을 다시 한 번 돌아보게 하는데, 신앙을 떠난 이단 교주들과는 정반대로 세계를 울린 세 장의 감동적인 사진들이 화제가 되고 있습니다. 지난 4월 미국에서는 코로나19에 걸린 노부부가 병원으로 떠나기 전 찍은 사진 한 장이 화제가 되었는데 이 사진의 주인공은 조셉 델리스(88)와 욜란다 델리스(83) 부부입니다.

조셉과 욜란다는 40년 전인 40대에 뒤늦게 뉴욕 브루클린의 한 볼링장에서 만나 데이트를 시작했고, 10여 년의 연애 끝에 지난 1992년 결혼했고, 지난 28년 동안 행복한 결혼 생활을 이어갔습니다. 그런데 시간이 흐르면서 아내가 관절이 나빠져 계단을 오르지 못할 정도로 몸이 약해졌고 알츠하이머(치매) 진단까지 받으며 자신의 이름조차 기억하지 못하게 됐지만 그들은 여전히 함께하며 서로를 아끼며 사랑하였습니다. 그러던 중 이들 부부가 두 사람 모두 코로나19에 걸리며 비극이 찾아왔습니다. 부부는 병원에 가기 전 서로의 마지막을 직감하며 작별의 키스를 나누고 사진을 찍었는데 너무도 안타깝게도 이들은 모두 다 며칠 후 함께 세상을 떠난 것으로 전해졌습니다.

또한 지난달 멕시코에서는 한 손자가 코로나19에 걸려 쓰러진 할머니에게 필사적으로 인공호흡을 하는 사진이 화제가 되었습니다. 이 청년은 코로나19에 걸린 할머니를 모시고 멕시코시티에 위치한 병원에 가는 길이었는데 할머니가 병원 주차장에서 갑자기 의식을 잃자 손자는 곧바로 할머니에게 인공호흡을 시도했습니다. 코로나19 바이러스는 호흡기로 전염되기 때문에 인공호흡은 감염 위험이 가장 높은 행동이었지만 이 손자는 망설임 없이 할머니의 생명을 구하기 위해 최선을 다했습니다. 그럼에도 불구하고 그의 할머니는 결국 코로나19로 인해 하늘나라로 떠나가고 말았는데 필사적으로 인공호흡을 하던 손자의 모습이 멕시코의 한 사진기자에게 찍혀 전 세계에 알려진 것입니다. 손자의 사연이 알려지자 누리꾼들은 이를 두고 "두려움보다 사랑이 강하다는 것을 증명한 사진"이라고 말했습니다.

마지막으로 지난달 팔레스타인에서는 코로나19에 걸린 어머니를 보기 위해 매일 밤 병원 벽을 기어오른 아들의 사연이 알려졌습니다. 이 사연의 주인공은 헤브론에 사는 자하드 알스와이티(30)인데, 그의 어머니는 몇 주 전 기침 등의 증상으로 병원을 찾았다가 코로나19 확진 판정을 받았습니다. 어머니는 이미 백혈병으로 몸이 쇠약해 있는 상태였고, 병원 측은 생존 확률이 극히 낮다는 진단을 내려 몸이 좋지 않았던 어머니는 입원을 하게 되었고 감염의 위험으로 면회는 금지되었습니다. 그러자 알스와이티는 매일 밤 병원 건물의 배수관을 타고 올라 창문 너머로 어머니를 지켜봤고, 어머니가 잠들고 나면 집으로 돌아가는 생활을 반복했습니다. 이 같은 사연은 병원 근처를 지나던 사람이 그의 모습을 찍어 사회관계망서비스(SNS)에 올리면서 알려졌습니다. 그러나 코로나19 바이러스는 지난 16일 끝내 그에게서 어머니를 빼앗아 갔습니다. 그런데 어머니는 그날도 창 너머에 있는 아들의 얼굴을 바라보며 숨을 거두신 것으로 전해졌습니다.

여러분, 위의 세 사진의 공통점은 죽음의 전염병 코로나19를 뛰어넘어 오늘이 마지막 날이듯이 사랑한 이 사랑의 위대함을 온 인류에게 널리 전해 주고 모두의 가슴에 뜨거운 감동을 안겨주었습니다. 우리가 흔히 말하듯이 사랑은 나중에 잘되고 나서 여유 있을 때 할 수 있는 게 결코 아닙니다. '지금, 여기에서'(here and now) 사랑하지 못하면 영영 우리에게 그 사랑의 행복을 나눌 기회가 오지 않습니다.

누가복음 10장을 보면, 강도 만난 사람을 제사장(목사)도, 레위인(장로, 권사, 집사)도 돕지 않고 다 피하여 달아나 버렸습니다. 그런데 유대인들이 거들떠보지도 않는 사마리아 사람은 일부러 찾아가서 강도 만난 사람의 상처를 기름과 포도주로 싸매 주고 자기 나귀에 태워 여관으로 데리고 가서 잘 돌봐 주고 치료 경비까지 다 대고 또 비용이 더 들면 돌아올 때 다 갚아 주리라고 합니다. 이때 예수님께서 "네 생각에는 이 세 사람 중에 누가 강도 만난 자의 이웃이 되겠느냐"고 물으셨고 누가복음 10장 37절을 보면 "이르되 자비를 베푼 자니이다 예수께서 이르시되 가서 너도 이와 같이 하라 하시니라"고 기록되어 있습니다.

"가서 너도 이와 같이 하라"는 말씀을 읽을 때마다 늘 떠오르는 이야기가 있습니다. 한 교인이 평소에 성경도 안 읽고 기도도 안 하다가 갑자기 어려운 일을 당하게 되니까 얼마나 간절해지던지 "무슨 말씀이든지 행할 테니까 주님, 말씀하여 주시옵소서!" 하고 성경을 펼쳤습니다. 그랬더니 "유다가 은을 성소에 던져 넣고 물러가서 스스로 목매어 죽은지라"(마 27:5)가 나왔습니다. "이건 아니지요!" 하고 다시 펼쳤더니 "…예수께서 이르시되 가서 너도 이와 같이 하라 하시니라"(눅 10:37)가 나왔습니다. "이건 더욱더 아니지요!" 하면서 삼세판이라고 생각하면서 또다시 펼쳐보니까 "…너희는 내가 행하는 것을 보나니 빨리 나와 같이 행하라…"(삿 9:48)가 나와서 어쩔 수 없이 먼저 가고 말았다고 합니다. 우리가 예수님을 믿어도 어떻게 점쟁이들이 점괘 내듯이 믿을 수 있습니까?

그렇습니다. 우리가 아무리 많은 은혜를 받고도 행하지 않으면 우리 자신과는 아무런 상관이 없는 무용지물에 불과한 것입니다. 그러므로 하나님의 말씀을 통해서나 주의 종들의 증거를 통해서나 영적인 장로님, 권사님, 집사님들의 권면을 통해서나 우리 주위의 환경을 통해서나 우리 삶 가운데 터져 나오는 사건을 통해서 주님의 뜻을 깨우쳐 주시면 겸손히 무릎 꿇고 즉시 행할 수 있길 바랍니다. 그리할 때 우리에게 주님의 뜻 가운데 새로운 은혜가 임하고, 풍성한 축복이 임하고 넘치는 행복이 새롭게 임하게 될 줄 확실히 믿으시기 바랍니다.

오늘 우리는 지난 4여 년 동안 충성을 다했던 고창주 목사님을 순천의 금당남부교회에 파송하고자 합니다. 그는 원래 태어나면서부터 부모님께서 주의 종으로 드리기로 서원을 한 아들이었는데 재능도 많고 꿈도 많았던 그는 그 길을 거부하고 대학을 졸업하고 곧바로 대기업에 취직을 하게 되었습니다. 직장 상사에게 사랑받고 인정을 받으며 직장생활을 한참 재미있게 하고 있을 때 그의 인생에 대전환점이 되는 일이 발생했습니다.

당시 그 아버지 장로님께서는 농사를 크게 짓고 계셨는데 일꾼 하나가 일하던 중 트럭에서 떨어져 허리가 부러지고 하반신 장애가 되는 대형사고가 일어났고, 그 일로 인해 그렇게도 평안하던 온 집안이 한순간에 죽음의 그림자가 뒤덮인 것처럼 변해 버리고 말았습니다. 결국 최종 불치 판정을 받고 보상을 해줘야 하는데 피해자의 자녀들이 법적 보상금보다 몇 배나 되는 무리한 보상을 요구해 왔습니다. 아버지 장로님께서는 이 문제를 놓고 상의하기 위해 고 목사님을 불렀는데 위로 두 분의 형님이 계셨지만 모두 미국에서 살고 있었기 때문에 막내아들을 불러 상의코자 하신 것입니다.

시골에 내려가 보니 아버지, 어머니의 얼굴이 완전히 까맣게 타버리고, 두 분 모두 입술이 다 터져 있고, 한두 달 사이에 등까지 굽어 보였습니다. 그때 아버지께서 "막둥아, 법적인 피해보상금은 얼마인데 그 집에서 이러이러한 금액을 요구하고 있다. 그거 다 해주려면 아부지가 보리쌀 두 섬 갖고 재금 나와서 여태 일군 전답들을 다 팔아야 해줄 수 있어! 그런데 저 사람은 장애인이 됐는데 아부지는 멀쩡하고, 저 사람은 불신자인데 아부지는 예수 믿는 사람, 그것도 장로 아니냐? 너희들이 허락하면 아부지는 저들이 원하는 대로 다 주고 싶다"라고 말씀하셔서 그가 이렇게 대답했다고 합니다. "아버지, 아버지 것을 가지고 왜 저한테 허락을 구하세요? 아버지 마음 편하실 대로 하세요. 그리고 저는 이번에 다른 외국 기업에서 스카우트 제의가 들어왔어요. 연봉도 지금의 두 배나 준대요. 아버지, 저는 걱정 마세요! 이 막내아들이 돈 많이 벌어서 아버지의 잃어버린 것까지 다 되찾아 드릴게요!"

그때 아버지께서 그의 어깨를 잡고 눈물을 흘리시면서 "막둥아, 나는 우리 아들이 육신의 아부지를 기쁘게 하는 사람이 되기보다는 하나님 아버지를 기쁘시게 하는 사람 되기를 원한다"고 하시는데 그때 아들은 세상적으로 잘나가는 것보다 주의 종이 되길 바라셨던 아버지의 진심을 들을 수가 있어서 그 순간 주체할 수 없는 눈물을 흘렸다고 합니다. 아버지의 말씀이 하나님 음성처럼 들려서 그 길로 서울로 올라와 회사에 사직서를 제출하고 장로회신학대학원을 준비하여서 입학하고 주의 종의 길을 가게 된 것입니다.

신학을 마치고 목사 안수를 받고 미국으로 유학을 갔다가 생각지도 않았던 이민목회를 시작하게 되었습니다. 첫 목회지였던 남부 플로리다 주 올랜도에서는 서른여덟 살 젊은 나이에 정말 미약하고 어려운 교회에 부임을 하게 되었는데, 그저 죽기 살기로 기도하고 열심히 뛰었더니 하나님께서 그를 불쌍하게 여기셔서 5년 만에 놀라운 부흥을 허락해 주셨습니다. 그 소문이 북부 뉴저지 주까지 나서 한 교회에서 장로님들이 오셔서 그를 청빙했는데 뉴욕이 인접해 있는 뉴저지 주는 플로리다 주와는 완전히 달라 목회하기가 힘이 들더랍니다. 부족한 종도 7년여 유학생활을 하면서 이민목회를 해보았습니다만 상처투성이의 이민목회를 해보신 분들은 다 알지만 이민목회는 예수님처럼 정말 낮아져서 섬기고 깨어지고 부서지고 죽어져서 피눈물을 흘려가면서 섬기지 않으면 못하는 십자가의 목회입니다. 그런데도 그들을 바로 깨우쳐서 여생을 진정으로 은혜 받고 축복 누리고 행복하게 살게 하려는 주의 종의 마음을 이해하지 못하는 교인들을 만날 때마다 가슴을 찢어서 진심을 보여주고 싶은 충동을 느낄 때가 한두 번이 아니었습니다.

이처럼 이민목회는 고 목사님에게도 참으로 어려운 목회였는데 이게 인간적으로 열심히 한다고 되는 게 아니었습니다. 목사와 상관없이 장로님들이 자기들끼리 영적인 그룹과 육적인 그룹이 패가 갈려 대적하고 싸우는데 한마디로 속이 썩어 문드러지는 것 같은데 젊은 목사로서 어떻게 해볼 길이 없었습니다. 그 주일도 당회를 마치고 차마 사모님이나 어린 두 딸에게 상처 난 마음을 보이기 싫어서 홀로 교회 가까운 강가에 가서 눈물을 흘리고 있는데 그때 하필이면 저 멀리서 한 한국 교민이 그도 무슨 가슴 아픈 사연이 있었는지 술에 취해 애절하게 부르는 "고향생각"이라는 노래가 들려오더랍니다.

"해는 져서 어두운데 찾아오는 사람 없어 밝은 달만 쳐다보니 외롭기 한이 없다 내 동무 어디 두고 이 홀로 앉아서 이 일 저 일을 생각하니 눈물만 흐른다…."

금식도 해보고, 기도원 가서 매달려 울부짖기도 하면서 갖은 애를 다 썼지만 목회가 만만치 않았습니다. 싸우고 떠난 장로님을 돌아오게 하려고 그 집 앞에 가서 여러 날을 새워 보기도 하고, 날을 새우다가 이웃집의 신고를 받아 경찰이 출동하는 사태까지 벌어졌고, 성도들이 한 사람 한 사람 상처 입고 떨어져 나갈 때는 마치 어깻죽지 하나가 떨어져 나가는 것 같은 아픔을 느끼기도 했습니다. 그때 얼마나 울었던지 하나님께서 불쌍히 여기셔서 같은 지역 내의 한 교회의 목사님이 은퇴하면서 그를 청빙하겠다고 제의가 들어오고, 또 다른 교회에서는 두 교회가 통합하자는 제의까지 들어왔습니다.

그런데 이러한 일들을 놓고 기도하던 중에 하나님께서는 전혀 뜻밖의 일을 하고 계셨습니다. 우리 치유하는교회 부목사로 먼저 와 있던 한경국 목사님이 이러한 고 목사님에 대해 저에게 말씀을 해주었습니다. 그동안 열심히 이민목회를 잘 해왔는데 참으로 어려운 교회를 맡아 고생을 하고 있다고 해서 이민목회의 경험이 있는 제가 당장 그에게 전화를 걸었습니다. "동생, 얼마나 고생이 많은가? 나도 이민목회를 해봐서 동생 마음 잘 아네! 그런데 지금 한국교회에는 일꾼들이 너무도 필요하네! 이민목회는 특수목회의 사명을 받은 사람들이 해야 되니까 그들에게 맡기고, 자네와 같이 모든 것을 갖춘 일꾼들이 돌아와서 한국교회와 이민교회와 세계선교지를 살려야 하네!" 하면서 한국으로 돌아오라고 권면했습니다.

그러나 고 목사님에게는 당시 목회지가 있고, 더구나 한참 청소년기에 있고 대학 진학을 앞둔 자녀들을 데리고 한국으로 돌아오는 결단은 결코 쉬운 일이 아니었습니다. 사실 담임목회를 두 번씩이나 한 목사가 부목사로 들어가는 경우도 거의 없어서 본인도 결단이 참으로 힘들었을 텐데 고 목사님은 영성이 참으로 깊은 목사님이었기에 결국 이 모든 것을 하나님께서 인도하시는 주님의 뜻으로 받아들이고 미국에서의 이민목회를 접고 한국으로 들어오기로 참으로 어려운 결단을 하게 되었습니다.

그렇게 고 목사님이 오신 지 몇 개월이 지난 것 같은데 벌써 4년 2개월이 지나갔습니다. 저나 여러분이나 우리 모두 다 고 목사님을 경험했듯이 그는 성령 충만한 하나님의 종이기에 주님의 뜻을 잘 분별하고 믿음으로 결단하고 즉시 실천하는, 말세 마지막 때에 참으로 보기 드문 하나님의 종입니다. 우리가 너무도 신실한 주의 종들을 볼 때마다 그와 함께 평생 함께 신앙생활을 하고 싶지만 그동안의 영적인 훈련과 연단을 다 마치셨기 때문에 주님의 종들을 떠나보낼 때마다 늘 이별의 슬픔의 눈물을 흘렸듯이 이번에도 순천 금당남부교회의 담임목사로 파송하길 원하시는 주님의 뜻에 순종하지 않을 수 없습니다.

사랑하는 성도 여러분, 우리도 살아가면서 코로나19의 고난 가운데 느끼는 슬픔과 고통의 눈물을 흘려야 할 때가 얼마나 많이 있었습니까? 그러나 아무리 앞이 캄캄한 절망적인 상황 가운데서도 주님의 뜻을 이루는 것은 우리 주님의 최고의 위로의 은혜요, 축복이요, 행복입니다. 그러므로 이제 여생이라도 주님의 뜻이 가장 확실히 드러나 있는 하나님의 말씀에 귀를 기울이고, 어떠한 핑계도 대지 말고, 즉시 주님의 뜻에 순종하며 행해야 합니다. 그리할 때 주님께서는 우리의 삶 가운데 주님의 뜻을 이루시고 놀라운 은혜와 축복과 행복이 차고 넘치는 복된 여생을 살아가게 될 줄 확실히 믿습니다.

다 함께 결단의 찬송으로 "주님을 보게 하소서"를 부르며 믿음으로 결단하도록 하겠습니다.

나의 주님께 찬양 드리며
그 크신 사랑 주 인재 감사해
어두움 속에 찾아오셔서
주님의 영광 보게 하시네
의심하는 나를 손 내밀어 잡아 주시네
두려운 맘 내려놓고 주 바라봅니다
주님을 보게 하소서 나를 붙드소서

내 뜻과 내 생각 내려놓고
주님 앞에 나 엎드려 주의 음성 기다리니
나를 부르실 때 믿음으로 걸어가리

저희의 삶 가운데 살아 역사하시는 하나님 아버지, 주님께서는 우리의 삶 가운데 은혜롭고 축복되고 행복하게 살게 하길 원하시는 주님의 뜻을 허락해 주셨지만 우리가 그 뜻을 깨닫지 못함으로 주님의 은혜와 축복과 행복을 잃어버릴 때가 얼마나 많이 있었습니까? 그러나 이제 남은 생애 동안 주님의 말씀에 귀를 기울이게 하여 주시옵소서. 어떠한 핑계도 대지 말게 하여 주시옵소서. 즉시 주님의 뜻을 행하게 하여 주시옵소서. 그리함으로 주님의 은혜와 축복과 행복의 귀한 주님의 뜻을 이루는 복된 여생을 모두 다 살게 하여 주실 줄 믿사옵고, 예수님의 이름으로 간절히 축복하며 기도하옵나이다. 아멘!

개혁과 광복

출애굽기 12:1-11

오늘은 제72주년 광복절 기념주일입니다. 국치일 1910년 8월 29일로부터 광복절 1945년 8월 15일까지 정확하게 말하면 34년 11개월 16일, 약 35년 동안 일본은 우리를 정신적으로 압제하고 인명을 거침없이 살해하고 경제적으로 모든 것을 수탈하는 등 우리 민족 자체를 완전히 말살코자 했습니다. 그런데 일본은 아직까지도 정신을 차리지 못하고 과거의 역사를 부정하고, 위안부 할머니들을 매춘부라고 하고, 독도를 자기네 땅이라고 하고, 지난날의 죄과를 전혀 사죄하지도 않습니다. 오히려 한 술 더 떠서 지난 박근혜 정권의 한일합의를 이행하라고 압력을 가하고 있습니다. 더욱이 지금 같은 동족인 북한은 핵미사일 공격으로 위협하고 있지, 중국은 사드 배치로 인해 경제적 압박을 가하지, 미국은 자국의 경제 이익을 앞세우며 FTA 개정을 요구하고 있는 사면초가의 위기의 현실 가운데 있습니다.

이러한 때 주전 1,446년경, 그러니까 지금으로부터 3,500여 년 전

이스라엘 백성들의 출애굽의 해방을 바라보면서 우리가 조국의 광복을 기념하면서 어떻게 이 역사적 위기를 극복하며 남북통일을 이루고 선교 민족으로 쓰임 받을 수 있는지, 이 시간도 들려주시는 하나님의 음성을 듣길 원합니다.

예수님의 피로 속죄를 받아야 함

먼저 본문 5절 말씀을 다 함께 읽겠습니다.

> "너희 어린 양은 흠 없고 일 년 된 수컷으로 하되 양이나 염소 중에서 취하고"(출 12:5).

이스라엘 백성들이 죄악 세상인 애굽에서 해방되기 위해서 가장 먼저 속죄 제물이 필요했습니다. 이스라엘 백성들의 신앙의 달력인 한 해의 첫 달을 가나안 명칭으로는 '보리의 푸른 이삭'이란 뜻의 아빕월이란 가나안 농경생활의 언어를 사용했고(출 13:4, 23:15), 바벨론 포로기 이후로는 바벨론의 명칭을 따라 니산월(느 2:1; 에 3:7)이라고 불렀습니다. 그런데 이스라엘 백성들의 1월이 가나안 사람들의 민간 달력으로는 7월에 해당되어서 그들의 민간달력으로 7월 10일을 속죄일로 지켰던 것입니다(레 23:27). 이스라엘의 1월은 오늘날의 태양력인 우리의 양력으로는 3월 말에서 4월 초에 해당됩니다.

아무튼 한 해의 첫 달 열흘이 끝나는 날에 이스라엘의 온 회중에게 어린 양을 취하도록 했는데 그 '어린 양'은 히브리어로 'שֶׂה'(세, a lamb)라고 했는데 이는 광범위한 뜻을 가진 단어로 양이나 염소 등 가축의 단위인 동물을 가리켰습니다. 그런데 그 속죄의 어린 양은 그들의 죄를 담당해야 했기 때문에 눈먼 것이나 저는 것이나 병든 것이 아닌(말 1:8), 흠 없는 것으로 1년 된 양으로 하라고 한 것은 1년이 지나야 충분한 생명을 가지게 되었기 때문이었습니다. 그것도 수컷으로 한 것은 당시의 가부장적인 문화 속에서 각 가정을 대표하는 남자를 속량하기 위함이었습니다. 또 양이나 염소 중에서 취하라고 한 것은 가난한 사람들을 배려해서 염소를 바쳐도 된다는 것이었지만 당시에 여유 있는 이웃이 그 어린 양을 후원해 줌으로써 다 보충이 되어서 후대에는 어린 양으로만 유월절 제물을 드리는 풍속이 확정되었다고 합니다. 그 어린 양을 통해 이스라엘 백성들의 죄를 대신 담당하게 했던 것입니다.

영국 로이터 통신에 의하면, 러시아 볼고그라트(Volgograd)에 사는 83세의 한 할머니는 무거운 쇠사슬을 목에 걸고 다니는데 그 이유는 2014년 소치올림픽에서 심판진의 편파 판정으로 러시아 선수가 금메달을 딴 것이 너무 부끄러워서였다고 합니다. 한국 국민과 김연아 선수에게 속죄하는 의미로 무거운 쇠사슬을 목에 걸고 다닌다는 것입니다. 그런데 그런다고 속죄가 됩니까?

그런데 이스라엘 백성들이 속죄의 양을 잡을 때 3-4절을 보면 당시 유월절 어린 양 속죄 제물은 온 가족이 함께 드리는 가족 제사였다는 것을 주목해야 합니다. 그래서 어린 양 한 마리를 먹는 식구인 최소한 10명에 한 마리씩 잡았고, 가족 수가 적은 경우는 이웃과 합해서도 잡았는데 그것은 하나님께서는 한 사람의 구원만이 아니라 온 가족의 구원을 강조하신 것이었습니다.

그래서 사도행전 16장 31절에 “주 예수를 믿으라 그리하면 너와 네 집이 구원을 받으리라”고 말씀하지 않았습니까? 우리의 사랑하는 가족들이 교회에 안 나오거나 예수님을 안 믿거나 이상한 이단

사이비교회에 나가면 어떻게 되겠습니까? 우리가 주 예수님을 믿으면 우리만 구원받는 것이 아니고, 우리 가족(family)만 구원받는 것도 아니고, 우리 가속(household), 즉 우리의 가족, 함께 사는 종들, 지나다가 머무는 나그네까지 우리 가정에 속한 모든 사람이 구원에 이르게 된다는 거였는데 그만큼 초대교회 성도들의 삶에 복음의 영향력이 얼마나 컸던가를 보여줍니다.

그런데 본문 6절을 보면 1월 10일에 택해서 14일까지 4일간 간직하는 이유는 양에게 흠이 없는가를 발견할 수 있는 시간도 가졌지만 유월절 어린 양을 통한 하나님의 은혜를 묵상할 수 있는 시간을 갖기 위함이었습니다. 그것도 해 질 때에 양을 잡은 것은 세례 요한이 예수님에 대해서 "보라 세상 죄를 지고 가는 하나님의 어린 양이로다"(요 1:29)라고 증언했듯이 어두워진 죄악 세상 죄를 지고 가는 어린 양, 즉 예수님을 상징하는 것이었습니다.

그런데 결정적으로 중요한 내용이 그다음 본문 7절에 나옵니다.

> "그 피를 양을 먹을 집 좌우 문설주와 인방에 바르고"(출 12:7).

양을 잡아 그 피를 집 좌우 문설주와 인방에 발랐다고 했는데 왜 하필이면 피를 발랐을까요? 왜냐하면 레위기 17장 11절에 "육체의 생명은 피에 있음이라…생명이 피에 있으므로 피가 죄를 속하느니라"고 분명히 증거하지 않습니까? 그래서 출애굽 당시 하나님의 심판의 죽음의 신이 애굽의 장자들을 다 죽였는데 피가 짓밟히지 않게 바닥 문지방에만 바르지 않고 문 좌우 기둥과 연결대에 바른 집은 그 어린 양의 피로 그 가정의 죄악이 속죄되어서 죽음의 신이 그 집에 들어가지 못하고 지나가서 그 집 안에 있는 이스라엘 백성들은 죽음을 면하게 된 것입니다. 그래서 유월절이 유래된 건데 유월절이라고 하니까 6월에 있는 절기라는 뜻이 아니라 '넘을 유(逾), 넘을 월(越), 마디 절(節)'이란 뜻으로 '죽음의 신이 그 집을 넘어 지나가서 온 가족이 구원받은 것을 감사하고 감격하며 지키는 절기'라고 해서 유월절이라고 하게 된 것입니다. 그리하여 애굽의 장자들의 죽음의 재앙과는 달리 이스라엘 백성들은 죽음을 면하고 다 구원받아 해방되었습니다.

한 권사님이 목사님께 상담하는 카톡을 보냈습니다. "오랫동안 제 남편을 전도해서 이제 주일날 교회에 나오기는 하는데 아직도 날마다 술에 취해 있고, 줄담배를 피우는 골초입니다. 그런데도 제 남편이 천국에 갈 수 있을까요?" 곧이어 목사님의 답장이 왔습니다. "남편이 천국에 갈 수 있을지는 잘 모르겠지만 만약 간다면 아주 빨리는 가겠네요…."

우리가 얼마나 교회를 다녔느냐, 술, 담배를 하느냐, 어떤 죄를 저질렀느냐가 중요한 것이 아닙니다. 우리가 불신앙의 죄를 회개하고 예수님의 피로 우리의 죄악이 용서받은 확신이 없다면 아무리 교회에 오래 다니고 많은 봉사를 하고 중한 직분을 받았다 할지라도 구원받지 못한 것입니다. 성경은 우리가 지옥의 죽음의 심판에서 벗어날 수 있는 길을 알려줍니다. 베드로전서 1장 18-19절에 "너희가 알거니와 너희 조상이 물려준 헛된 행실에서 대속함을 받은 것은 은이나 금같이 없어질 것으로 된 것이 아니요 오직 흠 없고 점 없는 어린 양 같은 그리스도의 보배로운 피로 된 것이니라"는 말씀을 분명히 믿어야 합니다.

우리 자신뿐만 아니라 우리 가족들, 친척들, 친구들, 이웃들, 더 나아가 온 나라와 민족까지도 지난날의 주님의 속죄의 은혜로 인해 구원만 받은 것이 아니라 너무도 많은 축복을 받았습니다. 그런데 그 놀라운 감사를 잊어버리고 온갖 죄악의 세속주의와 황금만능주의와 영적인 나태와 침체에 빠져서 우리 인생의 목적을 잃어버린다면 우리의 장래가 어떻게 되겠습니까? 그런데 말세 세상 사람들은 말할 것도 없고, 교인들의 가장 심각한 문제는 자신의 문제를 가족들도, 주의 종들도, 교인들도 다 아는데 자신만 모른다는 사실입니다.

목사님이 주일날 죄와 벌에 대해서 설교를 하고 있었는데 갑자기 한 남자가 벌떡 일어서더니 소리쳤습니다. "여러분, 저는 야비하고 추악한 죄인입니다. 그런데 그걸 지금까지 모르고 살았습니다". 그러자 곁에 있던 사람이 그 남자의 옷을 끌어당기며 그러더랍니다. "제발 앉으세요. 우리 교인들 모두는 오래전부터 그 사실을 다 알고 있거든요." 그 남자만 자신에 대해서 모르고 있었던 것입니다.

그러므로 남 탓할 것 아무것도 없습니다. 나 자신부터 주님 앞에 나아와 불신의 죄를 회개하고(요 16:9) 십자가의 속죄의 피를 믿음으로 말미암아 지난날의 모든 죄를 용서함 받고 구원함을 받아 거듭나서 하나님의 자녀가 되어서, 어떠한 어려움 속에서도 주님의 위로를 받으면서 천국의 참된 평안과 행복과 축복을 누리며 살아야 합니다.

지난날 우리나라가 35년 동안 일본으로부터 말로 다할 수 없는 압제와 수탈 가운데 고통을 겪을 때에도 우리나라가 다시 일어날 수 있었던 것은 어떠한 박해 속에서도 일사각오의 신앙을 지키셨던 주기철 목사님 같은 순교자들이 계셨기 때문입니다. 또한 '사랑의 원자탄' 손양원 목사님같이 사랑으로 평생을 헌신하신 순교자들이 계셨을 뿐만 아니라 수많은 신앙의 선조들의 희생이 있었기에 오늘의 광복이 있을 수 있었습니다.

그뿐만 아니라 1919년 4월 15일 경기도 화성시 향남면 제암리의 제암리교회에서는 김교철 전도사를 비롯한 교인 24명을 독립만세운동의 극심한 탄압을 사과하러 왔다고 속이고 예배당 안에 가둬 놓고 일본 군인들과 순사들이 총질을 하고 석유를 끼얹고 불을 질러서 그 뜨거운 화염과 숨 막히는 열기 속에서 순교를 당하면서도 그들은 493장 "하늘 가는 밝은 길이"라는 찬송을 불렀습니다.

1. 하늘 가는 밝은 길이 내 앞에 있으니
   슬픈 일을 많이 보고 늘 고생하여도
   하늘 영광 밝음이 어둔 그늘 헤치니
   예수 공로 의지하여 항상 빛을 보도다
2. 내가 염려하는 일이 세상에 많은 중
   속에 근심 밖에 걱정 늘 시험하여도
   예수 보배로운 피 모든 것을 이기니
   예수 공로 의지하여 항상 이기리로다
3. 내가 천성 바라보고 가까이 왔으니
   아버지의 영광 집에 나 쉬고 싶도다
   나는 부족하여도 영접하실 터이니
   영광 나라 계신 임금 우리 구주 예수라

그리하여 그들은 그 견딜 수 없는 고통과 죽음의 공포 속에서도 구원의 감격과 천국의 소망 가운데 편안하게 하늘나라로 떠나갈 수 있었던 것입니다.

그러므로 이제는 우리의 사랑하는 가족과 이웃과 민족이 회개하고 주님 품에 돌아오게 될 때에 주님의 십자가의 보배로운 피로 지난날의 모든 죄악을 용서함 받고, 넘치는 구원의 감격과 광복의 기쁨 속에서 조국과 민족의 번영을 누리면서 영원한 천국의 축복과 행복의 감격 속에 살아가게 될 줄 확실히 믿으시기 바랍니다.

고난의 세월을 잘 이겨내야 함

계속해서 본문 8절 말씀을 다 함께 읽겠습니다.

> "그 밤에 그 고기를 불에 구워 무교병과 쓴 나물과 아울러 먹되"(출 12:8).

어린 양을 먹을 때에 삶거나 오븐에 요리한 것이 아니라 머리와 다리와 내장까지도 통째로 불에 다 구워 먹었습니다. 바비큐의 원조가 바로 여기에서 나온 것 같은데, 그것은 예수님의 십자가의 불같은 고난을 상징하는 것입니다.

이처럼 우리가 예수님의 보배로운 피로 속죄함을 받은 후에 십자가의 불과 같은 고난이 온 육체에 따르지만 우리가 그 고난 속에서 정금 같은 믿음으로 나아오면 이 땅에 사는 동안에도 믿음의 복된 삶을 살 뿐만 아니라 머지않아 주님 앞에 서게 될 때도 "잘하였도다, 착하고 충성된 종아!"라는 칭찬을 받게 될 것입니다. 그래서 베드로전서 1장 7절에 "너희 믿음의 확실함은 불로 연단하여도 없어질 금보다 더 귀하여 예수 그리스도께서 나타나실 때에 칭찬과 영광과 존귀를 얻게 할 것이니라"고 분명히 약속하지 않습니까?

더 나아가 그들이 불에 구운 어린 양만 먹은 것이 아니라 무교병도 먹었습니다. 무교병이라는 것은 발효되지 않은 누룩이 없는 빵을 말하는 것으로 두께 1.7cm, 직경 30cm 정도의 원형의 조그마한 무교병을 구워 먹었습니다. 다시 말하면 그들이 불과 같은 연단 속에서 죄악을 버린 순결한 삶을 살길 원하셨던 것입니다. 그래서 고린도전서 5장 7-8절에 "너희는 누룩 없는 자인데 새 덩어리가 되기 위하여 묵은 누룩을 내버리라 우리의 유월절 양 곧 그리스도께서 희생되셨느니라 이러므로 우리가 명절을 지키되 묵은 누룩으로도 말고 악하고 악의에 찬 누룩으로도 말고 누룩이 없이 오직 순전함과 진실함의 떡으로 하자"고 증거하였습니다.

예수님의 속죄로 구원받았다면 이제는 우리의 삶 가운데 악하고 악의에 찬 죄악의 누룩은 미련 없이 내어버려야 합니다. 감정과 혈기와 오기와 증오에 가득 찬 삶은 사탄이 지배한 자들의 삶이기 때문에 우리가 거듭난 하나님의 자녀라면 신실함과 진실함(sincerity and truth)의 삶을 살아가라는 것입니다. 더구나 마귀의 자녀라면 불성실하고 거짓된 삶을 살 수밖에 없지만 하나님께서 결국에는 다 심판하시기 때문에 누가 보더라도 참으로 신실하고 진실하게 살 수밖에 없는 것입니다.

연세 높으신 할머니 권사님이 교회 앞 큰길을 건너려고 횡단보도에 서 있는데 한 중등부 학생이 친절하게 말했습니다. "권사님, 제가 안전하게 건널 수 있도록 도와드릴게요." 그 말을 들은 할머니 권사님이 학생의 손을 잡더니 길을 건너려고 하자 학생이 깜짝 놀라서 말했습니다. "권사님, 지금은 안 돼요. 빨간불이잖아요?" 그러자 권사님이 갑자기 학생 뒤통수를 한 대 치면서 그러더랍니다. "이놈아! 파란 불일 때는 나 혼자서도 잘 건너." 우리가 믿는다고 하면서 이러면 곤란하겠지요? 우리 교회에는 이런 권사님이 안 계셔서 정말 다행입니다.

그런데 이스라엘 백성들이 불에 구운 어린 양과 무교병만 먹은 것이 아니라 쓴 나물까지 먹었다는 것을 주목해야 합니다. 이 쓴 나물은 쓴맛을 내는 상치과의 채소였는데 이 쓴 나물을 먹은 것은 이스라엘 백성들이 지난날 애굽 땅에 살 때 괴롭힘을 당했던 그 고난을 잊어서는 안 된다는 뜻이었습니다.

우리도 십자가의 고난을 기억하며 동참해야 합니다. 그래서 사도행전 14장 22절에 "제자들의 마음을 굳게 하여 이 믿음에 머물러 있으라 권하고 또 우리가 하나님의 나라에 들어가려면 많은 환난을 겪어야 할 것이라 하고"라고 분명히 경고하지 않습니까? 우리가 예수님을 믿고 하나님의 자녀가 되면 항상 복되고 형통하는 것만은 아닙니다. 천국에 들어가기까지 이 땅에 사는 동안 많은 핍박도 당하고, 가난도 겪고, 질병도 겪고, 실패도 겪고, 불행도 겪고, 고통도 겪어도 그 수많은 환난을 통해서 예수님의 십자가의 은혜를 잊어서는 안 됩니다. 더 나아가 우리도 그리스도의 고난에 동참한다는 영적인 자존감을 가지고 살아야 한다는 것입니다.

추운 겨울날 털이 보송보송한 부잣집 강아지와 털이 다 빠지고 빼빼 마른 가난한 집 강아지가 만났는데 부잣집 강아지가 아주 불쌍하다는 듯이 그럽니다. "난 털이 많아서 따뜻한데 넌 털이 없어서 너무 춥겠다." 그러니까 열받은 가난한 집 강아지가 그러더랍니다. "짜샤! 난 뒤집어 입었어!" 우리가 하나님의 자녀라면 비록 현재의 고난이 어렵고 힘들다 할지라도 이와 비교할 수 없는 장차 나타날 영광을 바라보면서 이 정도의 자존감은 가지고 살아야 하지 않겠습니까?

우리 조국이 광복 이후 순탄한 길만 걸어온 것은 결코 아닙니다. 광복 후 어수선한 정국 가운데 북한 공산당의 침략으로 인한 6·25

전쟁의 피비린내 나는 동족상잔의 비극을 겪었고, 1961년 5·16 군사 쿠데타 후 1993년 문민정부가 들어서기까지 32년간의 기나긴 군사 독재정권의 극심한 탄압 속에서 얼마나 많은 무고한 시민들과 민주 인사들이 희생되었습니까? 결국 1979년 10월 26일 박정희 전 대통령 시해사건이 터졌고, 1979년 12월 12일 전두환 전 대통령을 중심으로 한 군사 쿠데타가 일어나서 많은 부대들이 군사 쿠데타에 참여하여 국방에 큰 공백이 생긴 가운데에도 하나님께서 북한의 침략을 막아 주셨습니다. 그 가운데 1980년 5월 18-27일, 약 10일에 걸쳐 일어난 광주민주화운동에 의해 공식적인 사망자 수만 해도 165명에 이르는 희생과 3,139명의 부상과 1589명이 구속 및 수감되는 이 땅의 가장 격렬한 민주화운동이 일어났습니다.

최근 1,000만 관객을 향해 인기리에 상영되고 있는 "택시운진사" 란 영화가 있습니다. 이 영화를 보는 광주 시민들을 포함한 민주화 세력과 진압에 앞장섰던 전두환 전 대통령을 비롯한 혁명 세력과의 관점이 완전히 다른데 국회 진상조사위원회에서도 계엄군이 먼저 발포해서 시민들이 항거했다는 결론을 내렸습니다. 그러나 지난날 광주 민주화운동은 혼란을 틈타 국가를 전복시키려는 빨갱이들과 이에 동조한 불순세력에 의해 일어났다는 거짓 언론 보도로 인해 완전히 왜곡되고 덮일 뻔했습니다.

그런데 우리나라와 아무런 상관도 없었던 독일의 특파원이었던 위르겐 힌츠페터 기자가 목숨을 걸고 광주에까지 뛰어들어 그 모든 학살의 현장을 비디오로 녹화하여 독일을 비롯한 전 세계에 터뜨림으로 광주의 진실이 최초로 세상에 밝혀지게 되었습니다. 그런데 힌츠페터 기자는 죽음의 위협 속에서도 그를 서울에서 광주에까지 데려다주고 나중에는 김포공항으로까지의 탈출을 도왔던 택시운전사 김사복 씨에 대한 감사를 결코 잊을 수가 없었습니다. 그래서 그가 후에 몇 차례 우리나라에 다시 찾아올 때나 한국 언론인상을 받기 위해 우리나라를 다시 찾았을 때나 그의 마지막 죽음을 앞둔 인터뷰에서까지도 그에 대해 평생 잊지 못하는 고마운 마음을 고백해서 그 영화 마지막 영상에 나옵니다.

"김사복 씨, 너무 고마워요! 당신의 도움이 있었기에 광주의 진실이 온 세상에 밝혀질 수 있었어요. 당신을 다시 만나게 된다면 얼마나 기쁠까요? 당신을 다시 만나게 되면 당신의 택시를 타고 놀랍게 변화된 대한민국 구석구석을 함께 다니고 싶어요. 당신을 만날 날만 언제까지나 기다리며 살게요. 살아생전에 꼭 연락을 주세요!"라고 간절히 기다렸지만 결국 광주의 진실을 밝힌 은인이었던 택시운전사 김사복 씨를 만나지 못하고 2016년 79세를 일기로 하늘나라로 떠나갔습니다.

최근에 한국을 찾은 그의 부인의 증언에 따르면, 그가 마지막 죽어가면서까지도 "그때는 민주화를 위해 숨진 젊은이들과 함께할 수 없었지만 죽어서라도 그들과 함께할 수 있도록 광주 5·18 국립묘지에 묻히게 해달라"고 유언을 남겼다고 해서 그의 손톱과 머리카락 등을 광주 망월동묘지에 안장했다고 합니다.

이러한 군부독재정권의 만행 속에서도 하나님께서 살아 계셔서 새벽마다 밤마다, 성전에서나 골방에서나, 감옥에서나 길거리에서 최루탄 가스를 마시면서까지 부르짖었던 우리 민족을 불쌍히 여기셨습니다. 그래서 그 길고 긴 고난의 세월이 다 지난 후 이처럼 근대화가 되고 민주화가 되고 복지화가 되고 세계화가 되어 10대 경제대국이 되는 기적적인 복을 내려주신 것입니다.

그러므로 불과 같은 연단 속에서도 정금 같은 믿음으로 나와서 결코 악의에 찬 누룩과 같이 살지 말고, 오히려 신실하고 진실하게 살면서 고난 후의 영광의 그날을 소망 중에 바라보면서 모든 환난을 다 인내하며 이겨낼 수 있길 바랍니다. 그리할 때 지금은 개인적인 고통이나 가정적인 불행이나 신앙적인 핍박이나 나라 안의 분열이나 민족적인 대립도 있지만, 언젠가는 고난의 세월을 다 이겨내고 광복의 기쁨과 함께 통일의 그날이 머지않아 꼭 다가오게 될 줄 확실히 믿습니다.

영적으로 무장해야 함

마지막으로 본문 11절 말씀을 다 함께 읽겠습니다.

> "너희는 그것을 이렇게 먹을지니 허리에 띠를 띠고 발에 신을 신고 손에 지팡이를 잡고 급히 먹으라 이것이 여호와의 유월절이니라"(출 12:11).

이스라엘 백성들은 불에 구운 어린 양과 무교병과 쓴 나물을 먹을 때에 허리에 띠를 띠고 발에 신을 신고 손에 지팡이를 잡고 급히 먹었습니다.

우리는 이 말씀을 영적으로 깊이 묵상하며 해석해야 합니다. 다시 말하면, 우리가 예수님의 피로 속죄함을 받고 어떠한 고난의 세월도 이겨내면서 꼭 잊지 말아야 할 영적 무장을 일깨워 주는 말씀이라는 것입니다. 그래서 그림자인 구약성경의 뜻을 바로 이해하기 위해서는 그 실체가 되는 신약성경을 찾아보아야 하는데, 바로 이러한 무장에 대해서 말씀하신 곳이 에베소서 6장 10-20절에 나오는 '하나님의 전신 갑주'를 입는 영적 무장입니다. 특별히 본문에 나오는 허리에 띠를 띠고 발에 신을 신고 손에 지팡이를 잡는 것에 대해서 에베소서 6장 14-15, 17절에 잘 증거하고 있습니다. "그런즉 서서 진리로 너희 허리띠를 띠고…평안의 복음이 준비한 것으로 신을 신고…성령의 검 곧 하나님의 말씀을 가지라." (아멘!) 여러분, 적어도 우리가 항상 진리 되시는 예수님으로 허리띠를 띰으로 영적 자유함의 감격을 누리고, 어디로 가든지 화평케 하는 자로서 평안의 복음을 전해야 합니다.

그래서 우리가 식당에 가서도 복음 전도의 기회로 삼아야 합니다. 팁을 안 주려면 기도를 크게 하지 마세요. 기도는 식당 안에서 다 들을 정도로 크게 해놓고 시킬 것 수없이 시켜서 짜증나게 해놓고 팁 한 푼 안 주고 나가면 안 믿는 종업원들이 우리를 보고 뭐라고 하겠습니까? "너희들이나 잘 믿어라!" 그러지 않겠습니까? 그래서 예수 믿는 것도 어렵지만 복음 전하는 것은 더더욱 어려운 것입니다.

더 나아가 어떠한 사탄의 대적들이 우리를 쓰러뜨리려고 달려들어도 예수님께서 광야에서 시험 받으실 때 40일 금식하시고 하나님의 말씀으로 물리치셨듯이 영적으로 승리하면서 살아가라는 말씀입니다.

다람쥐는 건망증이 아주 심해서 자기가 먹을 도토리를 열심히 물어다가 한 곳에 수북이 쌓아놓고는 어디다 뒀는지 잊어버린다고 합니다. 그러니까 혹시 산에 갔다가 어느 나무 밑에 모아져 있는 도토리들을 보시면 '또 어떤 다람쥐가 저 먹으려고 모아뒀다가 잊어버린 거구만!' 하고 생각하시기 바랍니다.

그런데 우리의 건망증도 다람쥐 못지않지 않습니까? 설교 시간에는 웃고 울며 말씀에 은혜 받았으면서도 예배가 끝나고 교회를 나감과 동시에 다 잊어버리고 차 빼면서 얼굴 붉히고, 돌아가는 차 안에서 가족끼리 말다툼합니다. 또한 그날 교회에 못 나온 사람이 "오늘 설교를 무슨 내용이었어요?" 하고 물으면 다 잊어버려서 대답을 못 합니다. 그래서 그러한 교인들의 삶에 변화가 없는 것입니다. 그러므로 하나님의 말씀을 들으면서 단 한 말씀이라도 가슴에 새기고 일주일 동안 그 한 말씀을 계속 묵상하고 실천하며 살아가시기 바랍니다. 그리할 때 우리는 풍성한 은혜와 축복과 행복의 열매를 맺는 삶을 누리게 되는 것입니다.

여러분, 늘 강조하지만 우리의 인생은 영적 전쟁터입니다. 늘 강조하지만 그것이 물질의 문제, 건강의 문제, 가정의 문제, 직장의 문제, 교회의 문제, 세상의 문제 같지만 따지고 보면 다 영적인 문제입니다. 이걸 깨닫지 못하면 사탄에게 속아서 상대만 탓하고 환경만 탓하다가 일생을 패배의 불행과 고통 가운데 살다가 끝내고 말기 때문에, 우리가 이것을 영적으로 분별하고 바로 서지 않으면 절대 우리의 문제가 풀리지 않는 것입니다. 그렇기 때문에 우리는 항상 영적으로 깨어서 영적 분별력을 가지고 영적인 무장을 철저히 해야 합니다. 그리할 때 어떠한 인생의 고난과 역경 속에서도 대역전의 승리의 기적을 이루고 천국의 축복과 행복의 감격을 평생토록, 아니 자손 대대로 풍성히 누리며 살아가게 되는 것입니다.

우리나라가 일제 치하에 있을 때 대한제국의 교육자요, 사상가요, 독립운동가였던 이회영 씨와 그의 일가 6형제의 눈물겨운 이야기를 우리는 결코 잊어선 안 됩니다. 한성부의 명문 가문으로서 아버지가 당시 이조판서(요즘의 행정안전부 장관)를 지낸 이유승 씨인데 부잣집 명문 가문이었던 그들은 조국을 잃은 마당에 부귀영화를 누려봐야 무슨 의미가 있겠는가 결단했습니다. 그래서 모든 유산을 다 처분하고 만주로 망명하여서 자비로 신흥무관학교를 세워서 독립군을 양성하고 독립 군자금 모금활동을 하면서 1931년 항일구국연맹과 그 행동대인 흑색공포단을 창설하여서 일본 요인 암살과 주요 시설 폭파를 주도했습니다.

그렇게 가지고 온 돈을 독립자금으로 다 써서 그토록 부자였던 명문 가족들이 말년에는 그렇게 인간 이하로 너무도 어렵게 굶주리면서 살아야 했습니다. 그러나 그들은 결코 조국을 원망하지 않고, 날마다 하나님의 말씀과 기도로 영적 무장을 하여서 주님으로부터 위로를 받고 새 힘을 얻으면서 조국의 독립만을 그토록 간절히 기도하고 열망하며 살았습니다. 그러다가 결국 1932년 상하이 항구에서 한인 교포들의 밀고로 체포되어서 일본 경찰들의 견딜 수 없는 고문에 의한 후유증으로 65세를 일기로 중국 뤼순 감옥에서 옥사를 하게 되고, 그의 형제들까지도 다 옥사하거나 굶어 죽고 말았습니다.

그들의 피눈물 나는 고생을 가장 가까이서 지켜보며 함께 동고동락했던 이회영 씨 부인인 이은숙 여사가 그 가슴 아프고 눈물겨운 사연을 한 권의 책으로 담았는데 그 책이 바로 《서간도 시종기》라는 회고록입니다. 이 책은 한 가족의 가슴 아픈 이야기라기보다도 우리 민족의 지난날의 눈물겨운 아픔의 이야기입니다. 그러나 그들의 죽음으로 모든 것이 헛되이 끝난 줄 알았지만 하나님께서는 그들의 조국의 광복을 위한 눈물의 기도와 모든 희생이 결단코 헛되지 않도록 하셔서 조국의 기적적인 광복을 이루게 하셨습니다. 그뿐만 아니라 그의 6형제 중 유일하게 생존했던 바로 밑 동생 이시영 씨가 대한민국 초대 부통령이 되고, 그들의 손자가 국회의원이고 국정원장이었던 이종찬 씨이고, 더불어민주당 원내대표를 역임했던 현재 5선 국회의원인 이종걸 씨입니다.

그렇기 때문에 지난 주간에도 당장 전쟁이 일어날 것처럼 매일 북한이 핵미사일로 아무리 협박을 하고 미국이 당장 평양을 공격할 것처럼 위협을 해도, 우리가 이 모든 위기의 상황을 이겨낼 수 있는 것은 오직 역사의 주인 되시는 하나님의 진리와 평화와 말씀의 영적 무장뿐입니다. 그래서 우리가 다른 것은 몰라도 우리가 먼저 진리로 영적 자유함을 얻고 평안의 복음을 전하면서 오직 하나님의 말씀으로 영적인 무장을 해야 합니다. 그리할 때 우리는 어떠한 사탄의 시험도 이겨내고, 평생토록 광복의 기쁨을 누리면서 통일의 그날을 맞이하는 조국의 번영을 기필코 가져오게 될 줄 확실히 믿으시기 바랍니다.

최근에 1,000만 관객 동원을 향해 인기리에 상영되고 있는 "군함도"라는 영화가 있습니다. '군함도'는 일본 나가사키 현 서남쪽 18km 지점에 있는 하시마라는 야구장 두 개만 한 조그만 섬을 말하는데 일본의 군함을 닮았다고 해서 '군함도'라고 불립니다. 이 영화 "군함도"에는 요인 탈출 임무를 받고 잠입한 광복군 특수부대부터 시작해서 어린 딸을 위해 어떠한 일도 마다하지 않는 악단장과 그의 딸, 종로 일대를 평정한 경성 최고의 주먹, 온갖 고초를 다 겪은 강인한 한 조선 여인, 그리고 그 지옥 같은 섬에서도 일본 사장과 내통하여 조선인들의 피를 빨아먹는 친일파에 이르기까지 갖가지 사람들이 등장합니다.

1939년 일본의 강제동원령에 의해서 해방이 된 1945년까시 6년 동안 강제로 끌려온 800여 조선인들이 주먹밥 하나씩 먹으면서 극한 굶주림에 시달리고, 평균 기온 45도가 넘는 해저 1,000m의 지하 갱도에서 팬티 하나만 걸치고 허리조차 펼 수 없는 좁은 막장에서 하루 2교대로 12시간씩 기진맥진할 정도로 피폐해진 몸으로 석탄을 캐는 중노동을 해야 했습니다. 더구나 매일같이 심하게 매질을 당하면서 인간 이하의 짐승 취급을 당하였는데 이를 견디다 못해 그곳에 있는 조선인의 20%에 가까운 134명이 사고나 질병으로 쓰러져 죽어갔습니다. 그래서 그들이 수차례 탈출을 시도했지만 아무도 탈출에 성공하지 못해서 오죽하면 '감옥섬', '지옥섬'이라고 불릴 정도였겠습니까?

저는 이 영화를 보면서 지난날 우리의 할아버지, 할머니들이 그러한 비참한 고생과 고통을 겪으셨다는데 눈물 없이는 그 영화를 볼 수가 없었습니다. 영화에서는 인간 이하의 삶을 견디지 못하고 고향에 두고 온 부모 형제를 그리워하다가 마지막으로 주인공인 광복군 특수대원을 중심으로 단체로 항거하여 탈출을 시도하여서 결국 수많은 사람들의 희생 끝에 탈출에 성공하는 것으로 그려지지만 실제로는 살아난 사람은 거의 없었고, 결국 남아 있던 사람들만이 조국의 해방과 함께 지옥섬에서 풀려나게 되었습니다.

그 영화의 마지막 장면을 보면, 탈출한 이들의 눈앞에 마주 보이는 나가사키에 미국의 원자폭탄 투하장면이 펼쳐집니다. 이 원자폭탄 투하로 인해 6만 명에서 8만 명에 이를 정도로 나가사키 인구의 절반 정도가 희생되었는데 탈출하던 배 위에서 이 광경을 바라보던 한 조선인의 탄식이 저의 가슴을 울렸습니다. "저기에도 우리 조선 사람들이 많이 있는데…저기에도 우리 조선 사람들이 많이 있는데…."

사랑하는 성도 여러분, 우리 선조들이 어떻게 얻은 광복이고, 어떻게 지킨 나라입니까? 지난날 우리의 선조들은 그렇게 생명을 바쳐서 피눈물 나게 희생하면서 조국을 지켜 왔습니다. 일제 35년의 야만적인 철권통치의 절망 가운데서도 예수님의 피로 속죄함을 받고 참으로 견디기 어려웠던 고난의 세월을 잘 이겨내고 영적으로 잘 무장해서 오늘 이 나라의 기적적인 광복과 번영을 이뤄냈습니다. 그런데 우리가 이 좁은 땅덩어리 안에서 남북이 분단된 것만 해도 서러운데 지역 간에, 계층 간에, 이념 간에 차별하고 대립하고 싸움만 계속한다면 이 나라가 어떻게 되겠습니까? 그러므로 이제 우리도 선조들의 신앙을 따라 살아갈 때 언젠가는 기적의 남북통일과 더불어 선교 민족으로서 주님 앞에 설 때까지 맡겨 주신 사명을 충성스럽게 감당하는 복된 삶을 모두 다 살아가게 될 줄 확실히 믿습니다.

다 함께 지난날 우리 조국과 민족과 함께하신 주님의 변함없으신 사랑과 은혜에 감사하면서 결단의 찬송으로 "나의 하나님"이란 찬송을 우리의 신앙을 고백하는 마음으로 함께 찬양하겠습니다.

나의 하나님 그 크신 사랑 나의 마음속에 언제나
슬픈 눈물지을 때 나의 힘이 되시는 나의 영원하신 하나님
나의 구원의 반석 나의 생명의 주인 나의 사랑의 노래
실패하여 지칠 때 나의 위로 되시는 나의 하나님을 찬양해
세월이 지나도 변치 않으리 내가 주를 사랑하는 마음

1. 즐거운 날이나 때론 슬픈 날이나 모두 하나님을 사랑합시다
   세월이 지나도 비바람 불어도 모두 하나님을 사랑합시다
2. 외로운 밤이나 험한 골짜기라도 나의 하나님은 동행하시니
   내 영혼 언제나 하나님을 바라며 세상 끝 날까지 사랑하리라

저희 민족을 뜨겁게 사랑하시는 하나님 아버지, 아무런 희망도 없

이 절망과 고통 가운데 죽어가던 우리 민족에게 72년 전 광복의 기쁨을 주심을 진심으로 감사하옵나이다. 지난날 선조들의 신앙을 본받아 저희도 예수님의 피로 속죄를 받게 하여 주시옵소서. 어떠한 고난의 세월도 끝까지 인내하며 잘 이겨내게 하여 주시옵소서. 더 나아가 말세 마지막 때 영적으로 충만하게 무장하게 하여 주시옵소서. 그리함으로 조국의 광복의 기쁨을 이어가며, 민족의 기적의 통일을 이루며, 선교 민족으로서 귀하게 쓰임 받으며, 하나님 아버지께 큰 영광 돌리는 복된 여생이 모두 다 되게 하여 주실 줄 믿사옵고, 예수님의 이름으로 축복하며 기도하옵나이다. 아멘.

유월절을 지키라

출애굽기 12:1-14

우리는 오늘 제75주년 광복절 기념주일을 맞이하게 되었습니다. 금년에 우리가 창세기로부터 구약성경의 말씀을 통해 '세계 복음화'의 비전을 나누고 있습니다. 그런데 우리가 평주일에 주시는 하나님의 말씀에도 은혜를 받지만 특별히 절기를 맞이할 때마다 더욱더 큰 기대를 갖고 말씀을 받습니다. 지난 7월 첫 주일 맥추감사주일 및 교회설립 제51주년 기념주일 때도 나일 강에서 모세를 건지신 사건을 통해서 하나님 아버지께서 우리의 일생과 하나님의 교회의 과거와 현재와 미래 가운데도 건지심의 너무도 큰 은혜로운 말씀을 주셨는데 왜 하필이면 오늘 광복절 기념주일에 유월절 말씀을 주시는지, 우리 치유하는교회를 향하신 하나님의 특별하신 사랑과 은혜에 다시 한 번 전율하지 않을 수 없습니다.

그렇다면 430년 애굽의 종살이에서 감격의 해방을 맞이했던 이스라엘 백성들이 대대로 지켰던 유월절을 우리는 어떻게 지켜야 하는지, 이 시간도 들려주시는 하나님의 음성을 다 함께 들을 수 있길 바랍니다.

어린 양의 희생을 잊지 말아야 함

먼저 본문 6-7절 말씀을 다 함께 읽겠습니다.

> "이 달 열나흗날까지 간직하였다가 해 질 때에 이스라엘 회중이 그 양을 잡고 그 피를 양을 먹을 집 좌우 문설주와 인방에 바르고"(출 12:6-7).

계속해서 하나님의 명령을 거역하는 애굽 왕과 온 나라에 장자의 죽음이라는 열 번째 재앙이 임하고 말았습니다. 그런데 하나님 아버지께서는 택하신 이스라엘 백성들을 죽음에서 건지시기 위해서 아빕월(3-4월) 10일에 흠 없고 1년 된 수컷 어린 양을 선택하여 구별하여서 4일 동안 간직하면서 잡을 양도 점검을 했겠지만 유월절을 맞이할 자신들의 신앙도 점검하고, 무엇보다 어린 양의 희생에 대한 영적인 의미가 과연 무엇인가 하는 깊은 묵상도 하게 하였을 것입니다. 이렇게 나흘이 지나고 14일 저녁에 양을 잡아 완전히 불에 굽고 어린 양의 피로 이스라엘 백성들 집 문의 양쪽 설주(기둥)와 두 기둥을 연결한 인방(가름대)에 발랐습니다. 여기 나오는 '유월절'이란 6월의 절기라고 해서 유월절이 아닙니다. 죽음의 생명을 대신한 유월절 어린 양의 피를 발라 놓으니까 죽음의 사자가 이스라엘 백성들의 집을 넘어갔다고 해서 넘을 유(逾), 넘을 월(越), 마디 절(節)이라고 해서 '유월절'(פֶּסַח페싸흐, Passover)이라고 했던 것입니다.

그렇다면 이 유월절 어린 양이 영적으로 무엇을 상징할까요? 요한

복음 1장 29절을 보면 세례 요한이 예수님께서 나아오시는 것을 보고 "보라 세상 죄를 지고 가는 하나님의 어린 양이로다"라고 증거하였습니다. 2,000년 전 예수님께서는 이 땅에 하나님의 어린 양으로 오셔서 십자가에서 피를 흘리심으로 우리의 모든 죄악과 상처와 질병을 대신 지시고 영, 혼, 육의 온전한 구원을 이뤄 주셨습니다. 그래서 히브리서 9장 12절에 "염소와 송아지의 피로 하지 아니하고 오직 자기의 피로 영원한 속죄를 이루사 단번에 성소에 들어가셨느니라"고 증거했습니다. 이스라엘 백성들은 제사를 드릴 때나 절기를 지킬 때마다 양이나 염소나 소를 잡아야 했지만 예수님께서 피 흘리심으로 영원히 단번에 속죄해 주신 것입니다(히 7:27, 9:12, 26, 28, 10:2, 10). 예수님의 십자가의 보혈의 속죄함을 믿음으로 말미암아 우리는 죽음 후에 천국의 영원한 생명을 얻었을 뿐만 아니라 이 땅에 사는 동안에도 날마다 천국의 축복과 행복의 감격 속에 살게 되었습니다.

지난 주일에 예수님을 안 믿던 며느리가 우리 교회에 전도되어 나옴으로 큰 기쁨을 누리고 온 가족이 멀리 김포에서 매일 새벽기도회부터 시작해서 주일 낮예배, 수요 밤예배, 금요 심야기도회까지 나오시는 시아버지 안수집사님이 지난 월요일 새벽 1시 50분에 이 문자 메시지를 보내오셨습니다.

> 할렐루야! 목사님, 저는 김포시에 있는 사랑의동산교회를 섬기는 부족한 안수집사입니다. 저의 외아들이 교제한다고 해서 처음 만났을 때 예수님을 전혀 알지 못했는데 예수님 믿겠다고 해서 결혼을 허락했지만 목사님께서도 잘 아시겠지만 구원하기가 쉽지 않더군요. 그래서 새벽마다 15년을 며느

리를 위해 기도했습니다. 그랬더니 하나님께서 심리상담 선생님을 통해 치유하는교회로 하나님께서 인도하셨어요. 어느 날 저의 며느리가 "아버님, 저 교회 한번 가보고 싶어요!" 하는데요, 그때 저는 꿈꾸는 줄만 알았습니다. 그래서 저는 바로 인터넷을 통해 확인하고 목사님의 설교를 듣고 제가 먼저 은혜를 많이 받고요, 며느리하고 새벽마다 나오고요, 주일 낮예배나 금요 심야기도회를 통해서까지 변해가는 것을 보면서 하나님 아버지께서는 정말 멋지시다고 감사하면서요, 저의 가정은 며느리 한 사람이 변화됨으로 매일 축제의 작은 천국이 되었습니다. 먼저 하나님 아버지께 감사하고요, 아름다운 치유하는교회의 목사님과 성도님들과 상담사 선생님께도 참으로 감사합니다. 목사님, 너무 기쁘고 하나님께 감사해서 잠이 오지 않아서 목사님께 감사의 글을 올립니다. 목사님, 감사합니다! 제가 목사님 시간에 맞춰 한번 꼭 찾아뵙고 싶습니다!

이 얼마나 놀라운 구원의 은혜의 감격의 고백입니까? 이러한 구원의 감격은 지난날 우리나라의 역사 가운데에도 그대로 나타났었습니다. 우리가 오늘 제75주년 광복절 기념주일을 맞이합니다만 사실 '해방'이란 용어는 일제의 무자비한 식민지 노예상태로부터 벗어났다는 의미이고, '광복'이란 용어는 일제의 식민지로부터 벗어나 주권을 회복했다는 의미입니다. 당시 우리는 미국과 소련의 군정 아래 있다가 3년 뒤인 1948년 대한민국 정부가 수립되고 국가의 주권을 회복했기 때문에 엄밀하게 말하면 8·15 '광복'보다는 '해방'이란 용어가 더 정확한 표현일 것입니다.

그런데 중요한 것은 일본은 35년(경술국치일 1910년 8월 29일~조국 해방일 1945년 8월 15일: 34년 11개월 17일)에 걸친 철권 식민지 통치 아래서 우리의 식량과 온갖 재산을 강탈해 갔습니다. 그뿐만 아니라 12-49세의 20여만 명에 이르는 여성들을 일본군 위안부로 끌고 가서 성노예로 착취했고, 노역을 위해 800여만 명 국민들을 강제징용으로 끌고 갔고, 전쟁터의 군인으로 쓰기 위해 30여만 명을 강제 징병으로 끌고 갔습니다. 또한 창씨개명을 통해 우리 민족의 뿌리를 뽑고자 했고, 일본어를 사용케 해서 한글을 말살하려고 했습니다. 더 나아가 우리의 신앙까지도 빼앗아 버리기 위해서 일본의 민간종교인 신도(神道)의 사원인 신사를 곳곳에 세우고 강제로 신사참배를 하게 했습니다. 한마디로 말하면 일본은 35년 동안 우리 민족이 가진 모든 것을 다 짓밟고 빼앗아 갔던 것입니다.

그러니 35년의 가슴 맺힌 한이 자손 대대로 이어져서 지금도 절대 '일본사람'이라고 안 하고 꼭 '일본놈'이라고 합니다. 일본놈들하고는 무엇을 하든지 꼭 이겨야 하고, 다른 나라에게는 운동경기에서 져도 안 억울하지만 '일본놈들'에게는 지면 너무도 억울하고 원통할 정도가 되어 버렸습니다. 그런데 우리가 지난날의 상처가 치유를 못 받았다면 지금도 원수처럼 지내겠지만 우리가 먼저 십자가의 사랑으로 다 용서하고 치유를 받아서 그들을 불쌍히 여기며 세계 어느 나라보다도 가장 많은 선교사님들을 이 원수의 나라 일본에 보내게 된 것입니다.

이처럼 우리가 일본놈들에게 다 빼앗기고 육신적으로 남은 것은 아무것도 없었지만 일본 놈들이 우리의 신앙만은 못 빼앗아 갔습니다. 그래서 밤낮으로 성전에서나 골방에서나 산속에서나 토굴 속에서 간절히 주님만 바라보며 부르짖은 주의 종들과 성도들의 뜨거운 눈물의 기도가 있었기 때문에 그토록 연합군을 기습공격하고 승승장구하며 대승을 거둘 줄만 알았던 독일과 이탈리아와 일본이 제2차 세계대전에서 기적적으로 패배하고 말았던 것입니다. 그리고 1943년 11월 성령님의 감동을 받은 미국, 영국, 중국 등 연합국 정상들이 카이로 회담에서 조선의 독립을 최초로 선언했을 뿐만 아니라 1945년 2월 얄타 회담과 7월 포츠담 회담을 통해 우리나라의 독립을 약속하였기 때문에 이러한 신앙의 연합군들에 의해서 조국의 감격적인 해방이 이뤄진 것입니다.

더 나아가 계속해서 우리의 조국이 근대화가 되고 민주화가 되고 복지화가 되고 세계화가 되어서 우리 대한민국이 세계에서 가장 잘 먹고 잘 입고 잘 쓰고 잘 돌아다니고 잘 놀고 잘사는 지상의 천국과 같은 축복을 누리게 되었으니, 이렇게 복 받은 나라가 세상 어디에 있습니까?

그런데 요즘 젊은이들 가운데 조금만 못마땅하면 '헬조선'(지옥 같은 조선)이라는 표현을 곧잘 사용하는데 꼭 미국이나 일본이나 중국이나 유럽에 가서 진 빠지게 고생을 해보면 깨닫게 될 것 같습니다. 얼마나 살기가 외롭고 힘들고 불안한 세상인지 모릅니다. 그러나 저는 우리나라를 보고 감히 '헤븐 코리아'(천국 같은 대한민국)라고 담대히 외치고 싶습니다. 왜냐하면 우리나라처럼 새벽 1, 2시에도 맘 놓고 돌아다니는, 치안이 이처럼 안전한 나라가 세계 어디에 있습니까? 더구나 24시간 어디를 가나 먹거리가 푸짐하고 경치가 너무나 좋아 돌아다닐 데도 얼마나 많습니까? 더욱이 우리가 '배달의 민족(?)'이어서 그런지 몰라도 세계 어떤 나라에서 찾아보기 어려울 정도로 낮이나 밤이나 인터넷이나 전화 한 통이면 저 멀리 남단 마라도에서 짜장면까지 시켜 먹을 정도로 총알택시에 로켓배송에 이르기까지 이렇게 배달이 빠르게 잘되는 편리한 나라가 어디에 있습니까? 무엇보다 예수님을 열심히 믿고 이 코로나19의 고난 속에서도 전 세계적으로 이렇게 자유롭게 주님 앞에 나아와서 마음껏 찬양하고 부르짖고 예배드릴 수 있으니 이보다 복된 나라가 어디에 있습니까?

그러므로 우리가 유월절 어린 양이 되시는 예수님의 희생의 은혜를 믿음으로 구원을 받아 평생토록 잊지 말고, 이 놀라운 구원의 감격 속에 우리가 코로나19의 고난뿐만 아니라 어떠한 환난과 역경 속에서도 날마다 천국의 축복과 행복의 감격을 누리며 살아가게 될 줄 확실히 믿으시기 바랍니다.

죄악의 누룩이 없는 무교병을 먹어야 함

계속해서 본문 8절 상반절 말씀을 다 함께 읽겠습니다.

> "그 밤에 그 고기를 불에 구워 무교병과…"(출 12:8상).

무교병은 두께 1.7cm, 직경이 30cm 정도의 원형의 누룩이 없는 떡을 말하는데 이스라엘 백성들은 유월절뿐만 아니라 제물의 떡은 무교병을 사용하였습니다(출 12:15, 29:2; 레 2:4, 7:12; 민 6:15). 이것은 그들이 하나님의 구원의 삶을 살면서 애굽의 우상숭배하는 세상에서 그들의 삶 가운데 남아 있는 죄악을 제거해야 한다는 하나님의 명령이었습니다.

그런데 말세 마지막 때에도 우리가 구원받아 하나님의 자녀가 되었다고 하면서도 구원파처럼 어떠한 죄를 지어도 다 용서받고 천국에 갈 수 있다고 하면서 양심의 가책도 없이 갖가지 죄를 지으면서 세상 사람들과 똑같이 살아가는 것은 결코 진정으로 구원받지 못한 삶인 것입니다. 우리가 하나님의 말씀을 행함으로 구원받는 것이 아니라 믿음으로 구원을 받지만 구원받는 하나님의 자녀라면 우리 안에 모신 성령님이 주시는 힘으로 자연스럽게 하나님의 말씀을 지켜 행할 수밖에 없습니다. 그래서 고린도전서 5장 8절에 "이러므로 우리가 명절을 지키되 묵은 누룩으로도 말고 악하고 악의에 찬 누룩으로도 말고 누룩이 없이 오직 순전함과 진실함의 떡으로 하자"고 분명히 경고하지 않습니까? 우리가 구원의 은혜를 받았다고 하면서 목사, 장로, 권사, 집사 되었다는 관록이나 자랑하는 묵은 교인이 되지 말고, 이제는 사탄의 지배를 받는 악하고 악의에 찬 삶을 철저히 청산해야 합니다. 그리고 적어도 주님을 본받아 하나님 앞에서 순전하고(sincerity) 사람들 앞에서 진실한(truth) 삶을 살아가야 합니다.

그런데 우리의 현실은 어떠합니까? 1945년 조국의 해방 이후의 우리의 현대사에 있어서 최대의 오점이 있다면 우리가 조국 해방을 감격 속에서 맞이했지만 너무도 기쁜 나머지 과거의 그릇된 역사에 대한 청산 없이 친일파를 그대로 받아들인 것입니다. 물론 그들이 일제의 철권통치에 의해서 어쩔 수 없었다고 참회한다면 다 용서하고 화합해야 합니다. 그러나 과거 독립운동을 한 지사들이나 그 후손들은 조국의 독립을 위해 모든 것을 다 쏟고 다 잃고 말았는데 오히려 친일파들은 아무런 참회도 없이 이 땅의 모든 기득권을 풍요롭게 누리며 우리나라의 정치, 경제, 국방, 외교 등 사회 각 분야의 중심에 깊이 뿌리를 내리고 친일행위를 계속해 오고 있습니다.

그래서 이러한 사대주의 친일사상이 최근까지도 터져 나온 것이 서울대 이영훈 교수 등이 쓴 《반일 종족주의》나 《반일 종족주의와의 투쟁》이라는 책들과 연세대 류석춘 교수의 강의를 통해서 그대로 드러났습니다. 지난 주간에도 일본군과 일본 정부가 위안부를 강제 동원했다는 증거인 〈일본군 위안부 문제 자료집〉까지 다 나왔는데도 그들은 일본군 위안부 피해자들이 매춘을 했다고 주장하고, 강제징용이나 징병으로 끌려간 사람들이 마치 자신의 월급이나 벌기 위해서 간 것처럼 역사를 왜곡하고 날조하는 매국노들이 지금까지도 이 땅 위에서 판을 치고 있습니다.

더욱 가슴 아픈 것은 이러한 참혹한 역사를 전 세계가 인정하고 또 일본 침략의 피해자들이 아직까지도 분명히 살아 있어서 진실을 증언하는데도 그것조차도 외면하고 무시해 버리니, 자신의 친할아버지, 친할머니가 그렇게 당하고 평생에 가슴의 한을 품고 살았다고 하는데도 이를 인정하지 않을 것인가 묻고 싶습니다. 분별력 없이 이를 따라가는 이 땅의 친일세력을 향해서 오죽하면 귀화한 일본인인 세종대 호사카 유지 교수가 일본 우파의 논리를 그대로 답습한 《반일 종족주의》의 거짓을 파헤치는 《신친일파》라는 책까지 썼겠습니까? 여러분, 분명히 기억해야 할 것은 이러한 역사의 거짓 날조된 주장의 이면에는 우리의 영적인 판단을 흐리게 만들고 역사의식조차 다 무너뜨리고 악의 구렁텅이로 끌고 가는 사탄의 역사가 있는 것입니다.

영국 이코노미스트의 한국 특파원이었던 대니얼 튜더(Daniel Tudor)가 쓴 《기적을 이룬 나라, 기쁨을 잃은 나라》(*Korea, The Impossible Country*)란 책이 있습니다. 그는 2002년 월드컵 때 우리나라를 찾은 이후 우리나라에 빠져 한국에 정착하게 되었는데 그가 10년 동안 우리나라를 경험한 후에 객관적인 입장에서 우리나라를 비평했습니다. 우리나라가 기적의 성장을 한 것은 다 인정하고 칭찬하면서도 기독교 문화의 관점에서 우리의 기쁨을 잃게 하는 이해할 수 없는 점들을 솔직하게 지적하였습니다. 왜 그렇게 남의 눈을 의식하면서 체면에 사로잡혀 살아가고, 왜 자녀 양육이 부부 행복보다 우선되고, 더 나아가 왜 좀 더 참지 못하냐는 것입니다. 그리고 너무도 감정에 휩싸여 집단이기주의에 빠져서 집단행동을 서슴지 않고, 더구나 하루 종일 일하고 무슨 힘이 그토록 남아돌아서 밤새워서 술을 마시며 향락에 빠져 사느냐는 것입니다. 또한 점집이나 무당 등 무속신앙이 너무 가까운 곳에 있어서 쉽게 빠져들고, 그 외에도 불교나 유교의 잘못된 차별문화가 너무도 사회 깊숙이 뿌리내려 있다는 것입니다.

그러므로 말세 마지막 때 우리가 죄악 세상 가운데 살아갈 때에도 항상 성경에서 증거하는 진리에 기초하여서 바른 영적 분별력을 가지고 판단하고 결단하고 대적하지 않으면 우리 크리스천들조차도 과거의 그릇된 인식과 습관과 전통에 매여서 그대로 휩쓸려가고 맙니다. 그러므로 우리는 이 강단에서 선포되는 하나님의 말씀을 통해 우리의 죄악의 문제가 무엇인가를 분명히 깨닫고, 이제라도 철저히 통회 자복하고, 과감하게 믿음으로 드러내며 결단하고 새로운 삶으로 변화되어 살아가야 합니다. 그리할 때 거기서부터 유월절의 영적 해방의 감격이 새롭게 임하고, 진정으로 여생을 날마다 천국의 은혜와 축복과 행복의 감격 속에 살아가게 될 줄 확실히 믿습니다.

고난을 상징하는 쓴 나물도 먹어야 함

마지막으로 본문 8절 하반절 말씀을 다 함께 읽겠습니다.

"…쓴 나물과 아울러 먹되"(출 12:8하).

여기서 쓴 나물이라는 것은 히브리어로 'מְרוֹר'(메로르)라고 해서 '쓴 맛'이라는 뜻을 가진 'מרור'(마로르)에서 왔는데, 그들이 애굽에서 종살이할 때의 그 쓴맛을 잊지 않도록 하기 위해서 그들은 애굽을 떠난 후에도 유월절 절기를 지키면서 쓴 나물(bitter herbs)을 먹으라고 하셨던 것입니다. 이 허브(herb)는 맛이 쓰기는 했지만 향료나 약재로 쓰일 정도로 우리의 몸에 유익한 식물이었습니다. 다시 말하면, 쓴 나물은 우리에게 고통의 고난이 있지만 축복의 영광도 있음을 영적으로 암시합니다.

그런데 이스라엘 백성들이 어린 양과 무교병과 쓴 나물을 먹을 때 언제 애굽에서 해방이 될지 모르니까 애굽을 떠날 준비를 하고 허리에 띠를 띠고 발에 신을 신고 손에 지팡이를 잡고 급히 먹으라고 했습니다. 우리도 말세 마지막 때 언제 주님께서 우리를 데리러 오실지 모르니까 진리로 허리띠를 띠고 발에 평안의 복음의 신을 신고 손에 믿음의 방패와 성령의 검 곧 하나님의 말씀을 들고 주님의 재림을 대비하며 유월절을 대대로 지키라고 명령하셨습니다(엡 6:14-17).

이처럼 이스라엘 백성들이 유월절에 애굽의 고난을 상징하는 쓴 나물을 먹었듯이 우리의 신앙생활도 예수님을 믿는다고 해서 꼭 복되고 형통한 것만은 아닙니다. 주님께서도 부활의 영광 이전에 십자가의 고난을 겪으셨듯이 우리의 인생에도 갖가지 고난이 따릅니다.

그래서 요즘 우리는 뜻밖의 복병처럼 나타난 코로나19의 고난으로 인해서 우리가 지난날 겪었던 1979년 석유 파동, 1997년 외환위기, 2008년 금융위기 때와는 비교할 수 없을 정도로 엄청난 경제적 위기를 겪고 있습니다. 오죽하면 우리나라 2분기 경제성장률이 1분기에 대비하여 -3.3%를 기록해서 경제협력개발기구(OECD) 국가 중에서 최저 수준이겠습니까? 더구나 계속적인 역대 정부들의 부동산 정책 실패로 인해 부익부, 빈익빈의 빈부격차가 극심해지고 사회적, 이념적 갈등이 얼마나 깊어만 가고 있습니까? 더욱이 엎친 데 덮친 격으로 지난 주간 남부지방과 중부지방을 덮친 태풍 '하구핏'으로 인한 게릴라성 물 폭탄으로 인해서 얼마나 집중호우의 큰 피해를 입었습니까?

더더욱 제75주년 광복절을 맞이하는 오늘의 국제정세나 한일관계는 어떠합니까? 일제강점기 강제동원 피해보상판결에 따른 일본기업 자산을 매각하는 일과 일본의 수출규제에 대한 세계무역기구(WTO) 분쟁해결 절차 재개와 한일군사정보협정(GSOMIA, 지소미아) 연장 여부 등으로 인해 얼마나 깊은 갈등 관계에 빠져 있습니까? 그래서 지난 2020년 5월 22-23일 〈한국일보〉가 창간 66주년 기념으로 일본 〈요미우리신문〉과의 공동 여론조사 결과 한국 국민의 90.3%, 일본 국민의 84%가 한일관계가 나쁘다고 생각하고 있고, 한일관계가 좋다는 생각은 한국 국민의 6.1%, 일본 국민의 13%에 그치는 결과가 나왔습니다. 1995년 조사 시작 이래 역대 최악의 한일관계 갈등 수치입니다.

그런데 이렇게 갈등 관계의 결정적인 원인을 제공하고 있는 일본이 바른길을 가고 있습니까? 최근에 일본의 다마 대학교 객원교수이며 미국 국제전략문제연구소 선임 고문인 브래드 글로서먼(Brad Glosserman) 박사가 쓴 《마지막 정점을 찍은 일본, 피크 재팬》(*Peak Japan, The End of Great Ambitions*)라는 책이 출판되었습니다. 한 야당의 비상대책위원장이 당내 모든 국회의원들에게 강력히 추천한 책으로 더욱 유명해졌는데 그 책에서 일본이 왜 지금 마지막 정점을 찍고 쇠퇴할 수밖에 없는지 그 원인을 지적하고 있습니다.

첫째, 리먼 쇼크로서 성장세 가운데 있던 일본을 강타한 세계 금융위기의 충격이 있었고, 둘째, 정치 쇼크로서 전후 계속된 자민당 지속체제에 대한 새로운 집권세력인 민주당의 자멸로 정치개혁이 물거품이 되고 더욱 공고해진 자민당의 독주체제이고, 셋째, 센카쿠 쇼크로서 그동안 아시아를 선도해 온 일본을 위협하고 있는 한국과 중국의 급부상으로 독도와 센카쿠 열도로 인해 격화되는 갈등이고, 넷째, 동일본대지진 쇼크로서 '안전신화'를 내세웠던 일본에 갑자기 덮친 지진과 쓰나미와 원전사고의 삼중 재난에 빠져 있고, 다섯째, 아베 쇼크로서 아베와 일본회의로 대표되는 극우 보수주의자들의 공격적 아베노믹스와 야심찬 외교안보전략인데, 이렇게 팽창을 향한 인간적인 야망으로 인해 일본의 미래는 마지막 정점을 찍고 예정된 몰락의 결말에 이를 수밖에 없다는 분석이었습니다.

과거에는 일본의 전자제품(소니, 패너소닉)이나 자동차 산업(토요타, 혼다, 닛산) 등이 전 세계적으로 유명했고, 불과 20년 전만 해도 우리나라 주부들을 가장 욕심나게 하는 것이 일본 조지루시(zojirushi)사의 코끼리 밥솥 아니었습니까? 그러나 2002년 월드컵 때 온 국민이 지역간, 계층간, 이념간, 세대간, 성별간의 어떠한 구분이나 차별이 없이 하나 되니까 그때부터 국운이 급상승하여서 그 이후로 우리나라가 전 세계적으로 일어나게 되었습니다.

그래서 요즘에는 전 세계 어디를 가든지 우리나라 삼성과 LG의 TV, 청소기, 세탁기, 냉장고 등 갖가지 전자제품뿐만 아니라 기아, 현대의 자동차까지도 전 세계를 누비고 있습니다. 요즘에는 밥통도 "쿠쿠 하세요! 쿠쿠!"라는 한국 밥통이 세계 최고 인기라고 합니다. 스포츠도 피겨스케이팅의 김연아 선수, 프로골프의 박세리, 박인비 선수, 야구의 박찬호, 추신수, 류현진 선수, 프로축구의 박지성, 기성용, 손흥민 선수 등 전 세계 팬들을 사로잡고 있고, 방탄소년단, 트

와이스 등 케이팝(Korean Pop Music)과 드라마 등 한류열풍이 전 세계를 강타하고 있습니다. 그래서 세계 어디를 가나 서울시청 앞 광장뿐만 아니라 전국에서 메아리쳤던 "대한민국!(짝짝짝 짝짝!)"을 외치면서 환영하고 있지 않습니까? 한마디로 말하면 대한민국은 이 좁은 땅덩어리에 자원도 별로 없고 인구도 많지 않으면서도 세계 12대 경제대국이 되었으니 얼마나 대단한 나라입니까?

그런데 그 한일관계의 희비 교차의 결정적인 원인이 어디에 있는지 아십니까? 800만 잡신을 섬기는 일본은 결국 갖가지 쇼크로 인해 '해가 지는 나라'가 되었지만 지난날 일본의 식민지 압제와 6·25 전쟁의 참화의 고난 속에서도 오직 주님의 십자가를 붙잡고 끝까지 인내하며 믿음으로 일어선 우리나라는 주님의 은혜로 이렇게 '해 뜨는 나라'가 된 것입니다. 이처럼 우리가 어떠한 고난 속에서도 어떻게 인내하며 믿음으로 일어서느냐에 따라 한일 간의 명암이 이렇게 극명하게 대조되는 것처럼 달라질 수 있습니다.

또 지난날 우리를 그토록 악랄하게 지배하며 세계를 정복하려 했던 일본제국의 영화를 생각한다면 그들에게는 분명히 가슴을 치며 속 쓰릴 역사의 아이러니가 아닐 수 없습니다. 그래서 일본 아베 수상이 남북 평화교류를 그렇게 배 아파하고 미국 트럼프 대통령에게 우리나라의 G7 정상회담진출도 반대한다고 했다지 않습니까?

그렇다면 우리에게 닥쳐온 안팎의 고난 속에서 코로나19의 재난이 밀어닥치고 홍수 피해까지 들이닥쳤을 때 믿음의 우리는 이 엄청난 불행과 고통의 풍랑을 어떻게 헤쳐나가야 하겠습니까? 로마서 8장 17-18절에 "자녀이면 또한 상속자 곧 하나님의 상속자요 그리스도와 함께 한 상속자니 우리가 그와 함께 영광을 받기 위하여 고난도 함께 받아야 할 것이니라 생각하건대 현재의 고난은 장차 우리에게 나타날 영광과 비교할 수 없도다"라고 주님께서 친히 우리를 위로하며 선언하고 계십니다. 우리가 하나님의 자녀요, 상속자로서의 영광을 얻기 위해서는 믿는 자로서 겪어야 할 고난도 함께 받아야 한다는 것입니다. 우리가 생각하건대 현재의 고난은 장차 우리에게 나타날 영광과 비교할 수 없고, 이 놀라운 주님의 소명과 위로가 있기에 우리는 어떠한 현재의 고난 속에서도 끝까지 인내하며 어떠한 환난도 이겨낼 수 있는 힘을 얻게 됩니다.

그러므로 우리는 지금까지 이렇게 조국의 해방을 맞이하고 복 받고 살아온 것도 주님의 은혜이지만 앞으로도 우리 인생 가운데 어떠한 고난이 닥쳐와도 끝까지 인내하며, 지난날의 죄악 세상에서 그 어렵고 힘들었던 과거를 기억하며 고난의 쓴 나물을 결단코 잊지 않고 끝까지 인내할 때 우리의 십자가 고난 뒤의 부활의 영광스런 축복을 모두 다 누리게 될 줄 확실히 믿으시기 바랍니다.

우리는 오늘의 조국의 광복을 기념하면서 그동안 희생되었던 수많은 신앙의 선열들과 독립운동가들의 희생을 결단코 잊어서는 안 되지만 심지어 타국에서 와서 우리의 독립을 위해 밀알이 되었던 수많은 선교사님들의 희생도 결단코 잊어서는 안 됩니다. 그중의 한 사람이 독립유공자 프랭크 스코필드(F. W. Scofield) 선교사님입니다.

그는 원래 1889년 영국 워릭셔 주의 럭비에서 4남매 중 막내로 태어났는데 어려서부터 어머니를 잃고 계모 밑에서 자라났습니다. 아무리 계모가 우리를 잘 길러 주신다고 해도 한 피를 나눈 친어머니에 비할 수가 있겠습니까? 더욱이 그는 막내로서 가장 사랑받아야 했지만 친어머니가 일찍 세상을 떠남으로 인해 가장 사랑을 못 받고 자라났습니다. 그러나 그가 주님 앞에 나아갔을 때 주님의 사랑이 그의 어린 시절의 사랑의 결핍을 다 채워 주고, 상처를 치유해 주었습니다.

그러다가 가난한 살림에 고등학교를 마쳤지만 대학 진학을 하지 못해서 체셔 주의 한 농장에서 식사만 제공받는다는 조건으로 고용이 되었습니다. 젊은 날 사회 밑바닥 비참한 노동자 생활은 더 이상의 희망이 보이지 않아서 이대로 일생을 마칠 수는 없다는 생각에 믿음의 결단을 하고 1907년 열여덟 살의 젊은 나이에 혈혈단신으로 캐나다 토론토에 이주를 하였습니다. 농장에서 일하면서도 배움의 끈을 놓지 않고 토론토 대학교 수의학과에 입학해서 세균학을 전공하였습니다. 1910년 소아마비를 앓아 평생토록 지팡이를 짚고 다녀야 했지만 그의 인생의 고난은 오히려 그를 더욱더 주님만 의지하게 하고 강하게 만들어 주어서 기적으로 수의학 박사학위를 받게 되었습니다. 그리고 결혼을 한 후 토론토 대학교에서 세균학을 강의하다가 1916년 봄, 세브란스의학전문학교(현 연세대 의대) 교장이었던 에비슨(O. R. Avison) 선교사님으로부터 요청을 받고 그해 추운 겨울, 27세의 젊은 나이에 캐나다 장로교 선교사로서 세브란스의학전문학교에 파송되었습니다.

그때 당시 조선은 일본의 침략 야욕에 의하여 1910년 한일병합조약에 의해 통치권을 빼앗기고 이미 식민지가 된 후여서 온 나라가 피폐할 대로 피폐해 있었습니다. 그는 이대로는 안 되겠다 생각하여 독립선언서에 민족대표로 서명을 하였던 33인 중 한 사람이었으며 당시 세브란스병원에 근무하시던 연동교회 이갑성 장로님을 찾아가 3·1운동 거사 준비를 하였고, 독립선언문 사본을 영어로 번역하고 3·1운동 만세시위 현장을 사진으로 찍어 미국 백악관 등 전 세계에 알렸습니다.

그런데 3·1운동에 대한 보복으로 한 달 보름 뒤인 4월 15일 경기도 화성시의 제암리교회에서는 "일본군들이 만세운동을 진압하며 심한 폭력을 썼던 것을 사과하러 왔다"며 15세 이상의 남자 교인들을 제암리교회에 모아놓고 밖에서 교회 문을 걸어 잠그고 군인들이 교회를 향해 사격을 하고 짚더미의 석유를 끼얹고 불을 질러서 결국 23명이 희생되는 제암리교회 학살사건이 있었습니다. 그는 이 소식을 듣고 곧바로 그 학살의 현장에 달려가서 그 참혹한 현장을 친히 목격하고 유골만 남은 그 불탄 시신을 끌어안고 한없이 눈물을 흘렸습니다. 그리고 사망자의 사랑하는 가족들조차도 일제의 폭력적인 탄압이 두려워서 아무도 나서서 장례를 치르지 못했는데 스코필드 선교사님이 그들의 사랑하는 가족처럼 친히 나서서 23구의 시신을 다 수습하여서 그 유골들을 공동묘지에 묻어 주었습니다.

그것도 부족해서 그는 3·1운동으로 체포된 노순경 세브란스병원 간호사를 서대문형무소로 심방 갔다가 유관순, 어윤희 열사들이 말할 수 없는 고문으로 인해 쓰러져 있는 것을 보고 하나님의 말씀으로 위로하고, 조선의 독립을 위해 끝까지 싸우자고 눈물로 간절히 기도해 주었다고 합니다. 오죽하면 그의 한국 이름을 그의 성인 스코필드(Scofield)를 따서 돌과 같은 굳은 마음과 호랑이와 같은 용맹함으로 한국민을 돕겠다는 뜻으로 '석호필'(돌 石, 범 虎, 도울 弼)이라고 지었겠습니까? 그뿐만 아니라 이러한 3·1운동에 대한 일제의 만행을 온 세상에 알리기 위해서 3·1운동 다음 해인 1920년 《끌 수 없는 불꽃》(Unquenchable Fire)이라는 책까지 펴냈습니다.

그러자 일본은 눈엣가시와 같은 스코필드 선교사님을 제거하기 위해 강도를 가장한 살해 시도까지 하였습니다. 다행히 미수에 그쳤지만 그 후 스코필드 선교사님은 일제의 방해로 세브란스의학전문학교와의 4년 근무 계약을 연장하지 못하고 강제로 캐나다로 출국

해야만 했습니다. 그러나 캐나다에 돌아가서도 우리 조선을 잊지 못하고 조선의 독립을 위해 기도하였고 드디어 조선의 광복을 맞이하게 되었습니다.

그의 희생과 노고를 잊을 수 없었던 대한민국 정부가 1958년 해방 13주년을 맞이하여 경축식에 국빈으로 초청해서 38년 만에 꿈에도 그리던 대한민국을 다시 밟게 된 것입니다. 그가 "나는 캐나다인이라기보다 조선인이며, 조선은 나의 고향과 같이 생각됩니다"라고 고백하였듯이 캐나다로 돌아가서도 평생 대한민국을 꿈에도 잊을 수 없다면서 결국 그다음 해인 1959년 대한민국에 영구 귀국을 신청했습니다. 그래서 서울대학교 수의학과에서 외래교수로 가르치면서 이 땅의 희망인 어려운 학생들에게 장학금을 손수 후원하고, 대학생 영어성경공부 모임을 만들어서 정운찬 전 국무총리 등 우리나라의 크리스천 인재들을 많이 길러냈습니다. 이처럼 대한민국을 위해 그의 여생의 마지막 11년 동안 그의 남은 열정을 다 쏟으셨기에 대한민국 정부는 그동안의 그의 헌신적인 노고를 인정하여 1960년 대한민국 문화훈장과 1968년 대한민국 건국공로훈장 국민장을 추서했습니다.

그리고 1970년 이 땅 위에서의 그의 사명을 다하셨는지 81세를 일기로 하나님의 부르심을 받아 주무시듯이 평안하게 하늘나라로 떠나가셨습니다. 한국사람보다 한국을 더 사랑한 그의 유언에 따라 국립 서울현충원 애국지사 묘역에 안장되었는데, 마지막 장례를 치를 때에 3·1운동 민족대표였던 이갑성 장로님은 가장 가까이 모셨던 스코필드 선교사님이야말로 "우리 민족의 독립운동을 위해서 하늘에서 보내주신 천사"였다고 극찬했습니다. 그리고 그가 떠나가신 후 스코필드 선교사님에게는 3·1운동의 민족대표 33인에 더하여서

'3·1운동의 제34인'이라는 영광스러운 호칭까지 붙여지는 감동적인 생의 마무리를 하게 되었습니다.

사랑하는 성도 여러분, 서양 속담에 "Rome is not built in a day"(로마는 하루아침에 이루어지지 않는다)라는 유명한 격언이 있듯이 우리의 자랑스러운 조국도 그냥 하루아침에 이루어진 것이 결코 아닙니다. 지난날 우리의 신앙의 선열들과 애국 국민들과 지사들의 땀과 눈물과 피의 희생이 있었기에 오늘의 한국교회의 부흥과 조국의 번영이 있는 것입니다.

그러므로 이스라엘 국민들이 그의 자손들과 함께 오늘날까지도 유월절을 기념하여 대대로 지키듯이 우리도 유월절 어린 양 되시는 예수님의 희생을 평생토록 잊지 말고, 죄악의 누룩 없는 떡을 먹고, 고난의 쓴 나물을 먹으면서 유월절을 지켜 나가야 합니다. 그리할 때 평생토록 영적 해방의 기쁨과 영광이 우리의 가정과 교회와 온 나라와 민족 위에 차고 넘치게 될 줄 확실히 믿습니다.

다 함께 결단의 찬송으로 "친구의 고백"을 함께 부르며 믿음으로 결단하도록 하겠습니다.

1. 아름다웠던 지난 추억들
   사랑했었던 많은 친구들
   멀고도 험한 고난의 길을
   나 이제 말없이 주님을 위하여 떠나야지
2. 지난 유월절 저녁 성찬 때
   주님과 함께 마시던 핏잔
   그 일이 문득 생각이 나면
   어느새 내 뺨엔 주르르 눈물만이 흐릅니다

3. 새벽닭 울 때 난 괴로웠어
풍랑이 일면 난 무서웠어
하지만 이제 두렵지 않아
이 세상 끝까지 주님을 위하여 죽을 텐데

후렴) 수없이 많은 사람들 위해
당신이 바친 고귀한 희생
영원히 당신과 함께 있고파
사랑의 십자가를 맞이하네

저희 민족을 뜨겁게 사랑하시는 하나님 아버지, 일제 35년의 침략 아래서 저희의 선조들이 얼마나 많은 고생과 희생을 치르며 살아야 했습니까? 그러나 하나님의 은혜로 조국의 광복을 맞게 해주심을 진심으로 감사하옵나이다. 이제 저희의 남은 생애 동안 유월절 어린 양 되시는 예수님의 희생을 잊지 말게 하여 주시옵소서. 세상 죄악의 누룩 없는 떡을 먹게 하여 주시옵소서. 고난의 쓴 나물을 먹으며 끝까지 인내하며 부활의 영광을 바라보게 하여 주시옵소서. 그리함으로 일생토록 유월절의 영적 해방의 기쁨이 차고 넘쳐나고 복되게 살아가길 간절히 바라옵고, 예수님의 이름으로 축복하며 기도하옵나이다. 아멘!

홍해를 가르라

출애굽기 14:10-14

오늘날 우리의 현실은 앞뒤, 양옆까지도 꽉 막힌 절망의 상황입니다. 코로나19만 해도 이겨내기 버거운 현실 속에서 지난 주간에도 하구핏(Hagupit), 장미(Jangmi)에 이어 메칼라(Mekkhala)라는 태풍이 연거푸 한반도를 덮쳤습니다. 이처럼 사상 초유의 54일에 이르는 최장기 장마의 집중호우로 인해 산사태가 1,000여 건에 이르러서 지금까지 사망 33명, 실종 9명, 이재민이 78,000여 명에 이르렀습니다.

이번 홍수로 엄마 소가 떠내려가서 구조대원이 구조하러 다가가는데도 자꾸 회피를 했는데 알고 보니까 두 마리의 송아지를 임신하고 있었습니다. 구조된 다음 날 건강하게 출산한 엄마 소와 두 송아지를 보니까 불쌍한 마음이 들었습니다. 오늘 우리가 사랑의 수해구호헌금을 바치고자 합니다만 가옥을 잃고 삶의 터전을 잃고 고통당하고 있는 우리의 사랑하는 형제나 이웃을 볼 때 큰 도움이 되어 주지 못하지만 우리의 조그마한 사랑의 정성이라도 모으고자 하는 것입니다.

오늘 본문 가운데에도 그러한 절망적인 상황이 나옵니다. 이스라엘 백성들이 출애굽하여서 2-3일 정도 지났을 것입니다. 애굽 왕이 이스라엘 백성들의 출애굽을 마지못해서 허락했다가 60만 명의 장정들과 200만 명에 이르는 백성들과 그 재산까지 다 잃어버릴 것에 아까운 생각이 들었습니다. 그래서 며칠 전에 그 엄청난 장자의 죽음의 재앙을 당하고도 정신을 못 차리고 왕의 경호부대의 바퀴가 둘 달린 군사용 전차 600대와 애굽의 모든 군사용 전차와 군지휘관들과 병사들을 이끌고 출애굽한 이스라엘 백성들을 추격하게 되었습니다. 그리하여 이스라엘 백성들 앞에는 홍해가 가로막혀 있고 양옆은 피할 수 없는 사막인데 뒤에서는 애굽 군대가 잡으러 오니 이 사면초가의 절망적인 상황 속에서 그들이 어떻게 홍해를 가르는 기적을 이루게 되었는가, 이 시간도 들려주시는 하나님의 음성을 다 함께 들을 수 있길 바랍니다.

여호와께 부르짖어야 함

먼저 본문 10절 말씀을 다 함께 읽겠습니다.

> "바로가 가까이 올 때에 이스라엘 자손이 눈을 들어 본즉 애굽 사람들이 자기들 뒤에 이른지라 이스라엘 자손이 심히 두려워하여 여호와께 부르짖고"(출 14:10).

이스라엘 백성들이 눈을 들어 보고 애굽 왕의 군대가 자기들 뒤에 바짝 뒤쫓아 온 것을 알게 되자 그들은 심히 두려움에 빠질 수밖에 없었고, 여호와께 살려 달라고 부르짖지 않을 수 없었습니다. 히브리 속담에 "앞이 막히면 옆을 보고, 옆이 막히면 뒤를 보고, 뒤도 막히면 위를 보라"는 말이 있습니다. 앞이 캄캄한 절망적인 상황 속에서 결국 우리 인간의 생사화복을 주관하시는 주님을 바라보지 않을 수 없고, 주님만 의지하지 않을 수 없고, 주님께 간구하지 않을 수 없습니다. 그래서 이스라엘 백성들은 간절히 부르짖지 않을 수 없었던 것입니다.

우리는 오늘의 절망적인 상황을 바라보면서도 똑같은 심정입니다. 코로나19로 인해 전 세계가 두려움에 빠져 있고, 경제 위기에 봉착해 있고, 실패한 부동산 정책에 의해 주거가 불안하고, 태풍과 홍수의 피해까지 덮치는 사면초가의 오늘의 절망적인 현실입니다. 이러한 가운데 우리가 할 수 있는 것이 뭐가 있습니까? 하나님께 살길을 열어 달라고 부르짖는 기도밖에 없습니다.

그런데 주의 종들이나 교인들 가운데에는 "주님이 귀머거리냐? 조용하게 기도해도 다 알아들으실 텐데 왜 그렇게 천박하게 고래고래 소리를 지르면서 기도하느냐?" 하고 반문하는 분들이 있습니다. 그렇게 말씀하시면 마태복음 6장 8절에 "그러므로 그들을 본받지 말라 구하기 전에 너희에게 있어야 할 것을 하나님 너희 아버지께서 아시느니라"고 증거하시는데 주님께서 우리의 필요를 다 아시고 채워 주시는데 무슨 기도까지 할 필요가 있습니까? 그러나 구약성경부터 신약성경에 이르기까지 우리가 기적의 응답을 일으키는 기도는 부르짖는 기도라고 계속해서 강조하셨습니다.

그래도 우리 치유하는교회는 영적으로 깨어 있어서 주일예배뿐만 아니라 매일 새벽기도회나 금요심야기도회 때 사회적 거리두기를 하면서 본당이 가득 차게 나와서 부르짖음으로 얼마나 많은 기적을 체험하고 있습니까? 그러나 아무리 걱정하고 염려하고 낙심하고 좌절하고 앞이 캄캄해서 절망하면서도 부르짖어 기도하지 않으면 어떠한 주님의 기적의 역사도 결단코 일어나지 않고, 삶의 불행과 고통과 절망도 더욱 깊어만 갑니다. 그것이 그런 사람들의 종교적인 신앙생활의 한계입니다.

지금으로부터 40여 년 전 부족한 종이 신학생 때만 하더라도 영적으로 깨어 있는 주의 종들이나 장로님들이나 권사님들이나 집사님들까지도 성전기도나 골방기도나 산기도까지도 많이 가서 밤을 지새우며 소나무를 붙잡고 몸부림치며 기도했습니다. 그래서 그때는 민둥산들이 많았습니다. 그런데 그동안 정부가 산림도 잘 조성하기도 했지만 요즘에는 주의 종들이나 교인들이나 얼마나 산기도들을 안 가는지 산마다 숲으로 무성해져 있습니다.

그뿐만 아니라 기도원들까지도 한산합니다. 지난 주간에는 청주 금식수양관의 여름산상수련회를 작년에 이어 금년에 두 번째로 인도하러 가게 되었는데 마침 코로나19뿐만 아니라 수해까지 나서 모두들 복구를 하러 갔는지 다른 때보다 훨씬 더 한산했습니다. 그래서 제가 보기에는 분명히 적자 운영일 텐데 그 여름산상수련회를 감행하시는 수양관 원장님의 믿음이 위대해 보였습니다. 함께 간 우리 교회 기도의 용사들도 그러했지만 저 또한 목회나 집회를 인도하면서도 몇 명이 모이느냐에 대해서는 관심이 없습니다. 단 한 명이라도 은혜 받고 치유받고 변화가 일어나면 삶의 놀라운 열매를 맺기 때문에 수천 명 모인 것처럼 열정을 쏟아 외치고 부르짖고 돌아왔습니다.

그나마 한 가지 큰 위로와 도전이 되었던 것이 있습니다. 중간에 수요일 저녁에는 지난달에 이어서 명성교회 하계산상성회 마지막 날 집회를 인도하러 갔는데 성전에 만여 명 가까운 성도들이 나와서는 주님의 치유의 은혜를 간절히 사모하면서 뜨겁게 찬양하고 간절히 부르짖는 모습이었습니다. 말씀 한 마디 한 마디에 "아멘! 아멘!" 하며 뜨겁게 응답하는 것을 보면서 누가 뭐라고 해도 명성교회가 영적으로 뜨겁게 살아 있어서 한국 교회의 중심에 서서 땅 끝까지 이르러 복음 증거의 사명을 충성스럽게 감당할 것을 확신하고 많은 도전을 받고 돌아올 수 있었습니다.

여러분, 우리가 부르짖는 기도를 계속하지 못하는 이유가 무엇인지 아십니까? 무엇보다 신·구약성경에서 계속해서 강조하는 부르짖는 기도를 깨닫지 못하고, 자신의 부르짖는 기도의 기적을 체험하지 못하니까 부르짖는 기도를 드리지 않음으로 인해 자신의 능력의 한계를 벗어나지 못합니다. 왜 다른 사람들은 부르짖으며 기도해서 기적을 체험하는데 자신은 평생토록 무기력한 신앙생활의 악순환에서 헤어 나오지 못합니까? 그러나 우리가 응답의 때까지 인내하면서 부르짖으며 기도하면 기적의 역사가 기필코 일어납니다.

지난 주일 한 안수집사님이 의료사고로 17년째 투병 중인 서른한 살의 김온유 자매의 《숨 쉬지 못해도 괜찮아》라는 책을 선물해 주셨는데, 김온유 자매의 책을 받았을 때 말로 형언하기 힘든 아픔이 고스란히 전해져 왔습니다. 책 표지에 적힌 그 말, "나는 날마다 숨을 선물받습니다"라는 문장은 쉽게 쓸 수 있는 글이 아닙니다. 자신이 가진 모든 힘을 쏟아 또박또박 써 내려간 생명의 흔적입니다.

그녀의 기적의 스토리는 열네 살 중학생이 되던 겨울, 감기에 걸리면서부터 사건이 시작되었습니다. 하루 이틀이면 나을 감기가 떨어지지 않아서 집 근처의 병원에 갔는데 의사는 약간 심각한 어투로 대학병원에 가서 정밀 검사를 받아 보라고 했습니다. 처음에는 폐에

물이 차서 모두 빼냈지만 차도가 없었고, 다음에는 결핵을 의심해 9개월 동안 약을 먹었지만 역시 차도가 없었고, 다른 병원에 가서 검사를 받아도 결과는 동일했습니다. 결국 혹시나 싶어 폐의 혹을 떼기 위해 수술을 했지만 혹은 보이지 않아서 수술한 김에 흉막유착술까지 시행했습니다. 그러나 수술 후 상황은 더욱 악화되어 숨도 제대로 쉬지 못하는 상황이 되고 말았습니다. 의료진의 잘못된 판단에 꽃다운 나이의 여중생은 홀로 살아갈 수 없는 지경에 이른 것입니다. "대체…여기가 어디지?" 수도 없이 극단적 선택을 생각하고, 사는 것이 죽은 것보다 못한 삶의 연속이었습니다.

아무리 하나님께 기도해도 아무런 응답도 음성도 들리지 않아서 김온유 자매는 다시 성경을 꺼내 읽기 시작했다고 합니다. 하나님이 침묵으로 일관하시더라도 그분과 나 사이에는 성경이라는 유일한 통로가 남아 있다고 생각하고, 가만히 있기에는 너무도 절박했던 터라 그렇게까지 응답해 주시지 않는다면 성경을 처음부터 샅샅이 뒤져서라도 하나님의 뜻을 찾아내고야 말겠다고 결심했습니다. 그때부터 성경을 한 구절, 한 구절 읽을 때마다 멈춰 서서 하나님께 묻고 또 물었습니다. "왜 하나님은 나에게만 응답하지 않으시는 걸까?" 그렇게 시작된 성경을 통한 '하나님 찾기'는 신약성경을 읽다가 예수님을 만났고, 성경에 나오는 주님의 약속들을 믿기에 이르렀습니다. 모태신앙이었지만 아직 인격적으로 주님을 만난 적이 없었던 그녀는 고난 속에서 주님의 십자가의 대속의 사랑을 뜨겁게 체험하게 되었습니다.

몸에 단 산소주머니를 눌러 주는 사람이 없으면 몇 분도 버티지 못하기 때문에 누군가가 계속해서 산소주머니를 눌러 주어야 하는 신세가 되었지만 하나님은 천사들을 붙여 주셨습니다. 이렇게 기적은 입에서 입으로, 마음에서 마음으로 전해져 릴레이가 되었고, 이런 기적 속에서 살아가는 그녀는 매일 특별하고 새로운 하루를 맞이하게 됩니다. 그녀의 삶은 기적이고 '숨'은 누군가의 희생을 통해 얻는 선물이어서, 그녀는 산소주머니를 눌러 주며 섬기러 온 이들을 '천사'라고 부르지만 봉사자들은 온유 자매를 보며 '천사'라고 말합니다. 천사의 눈에는 천사만 보이는 걸까요?

심지어 병원에 트라우마를 가진 청년도 온유 자매를 통해 회복되어 가는데 자신의 고통에 힘들어하는 친구도 그녀를 보고 감사를 배우게 되고, 슬픔에 젖어 살아가는 이들도 그녀를 통해 기쁨을 발견하게 되었습니다. 하나님께서 그를 고통 중에서 사용하고 계셨던 것입니다. 그녀는 아직 병원에 있지만 확실히 감사와 기쁨을 상실한 이 시대 속에서 그녀는 천사입니다.

그녀의 기도제목은 뭘까요? 하루라도 빨리 회복되어 다시 정상적인 생활로 돌아가는 것이 아닙니다. 회복되고 싶은 마음이 완전히 없는 것은 아니지만 현실을 직시하고 지금 여기에서의 삶을 사랑하고 감사하는 법을 배우게 되었는데 그녀는 책의 마지막에 이렇게 고백합니다. "나에게는 아픔 뒤에 오는 회복과 두려움 뒤에 오는 소망, 기다림 끝에 오는 성장이 유달리 더 감격스럽습니다. 매 순간 결코 당연하지 않은 호흡을 이어 주는 이들의 사랑이 고맙고, 이렇게 살아서 은혜를 나눌 수 있다는 것만으로도 더할 나위 없이 기쁩니다. 그렇기 때문에 때때로 누군가 나에게 행복하냐고 물으면 언제나 진심으로 행복하다고 말합니다…." 꽃다운 소녀에게 닥쳐온 견디기 어려운 일생의 고통과 불행 속에서도 주님만 바라보며 부르짖을 때 그녀에게 또 다른 새로운 영적 세계가 펼쳐지고 있었습니다.

그러므로 이 어려운 코로나19와 태풍의 수해 가운데서 다른 길이 없습니다. 우리가 살아날 수 있는 길은 지금까지도 그렇게 이겨내 왔듯이 부르짖는 길밖에 없습니다. 그래서 부족한 종이 참으로 즐겨 암송하고 확신하고 체험하는 말씀이 바로 시편 50편 14-15절의 말씀입니다.

"감사로 하나님께 제사(예배)를 드리며 지존하신(가장 높으신) 이에게 네 서원(약속한 것)을 갚으며 환난 날에 나를 부르라 내가 너를 건지리니 네가 나를 영화롭게 하리로다."

우리의 인생 가운데 앞으로도 코로나19나 그 어떠한 태풍이 불어닥쳐도 우리는 인간의 생(生)과 사(死)와 화(禍)와 복(福)을 주관하시는 여호와 하나님만 믿고 의지하고 간절히 부르짖을 수 있길 바랍니다. 그리할 때 오늘날에도 홍해를 가르시는 하나님의 기적이 새롭게 시작될 줄 확실히 믿습니다.

불평이나 원망을 하지 말아야 함

그런데 우리의 인생은 순탄하고 형통할 때는 다 자신들이 잘해서 그러는 줄 알고, 무언가 일이 제대로 안 되고 어려워지면 그때부터 모든 일에 대해 남의 탓을 합니다. 본문 11-12절의 이스라엘 백성들의 불평과 원망의 소리를 다 함께 읽어보겠습니다.

"그들이 또 모세에게 이르되 애굽에 매장지가 없어서 당신이 우리를 이끌어 내어 이 광야에서 죽게 하느냐 어찌하여 당신이 우리를 애굽에서 이끌어 내어 우리에게 이같이 하느냐 우리가 애굽에서 당신에게 이른 말이 이것이 아니냐 이르기를 우리를 내버려 두라 우리가 애굽 사람을 섬길 것이라 하지 아니하더냐 애굽 사람을 섬기는 것이 광야에서 죽는 것보다 낫겠노라"(출 14:11-12).

여러분, 불과 2-3일 전 이스라엘 백성들이 하나님의 은혜로 모세의 인도를 따라 430년 애굽의 종살이에서 해방될 때의 감격을 기억하십니까? 우리는 35년의 일제의 식민통치에서 해방이 되었어도 그렇게 감격하고 지금도 그 감격을 잊지 못하는데 이스라엘 백성들은 우리보다 10배가 넘는 기나긴 세월이었으니까 그 해방의 감격이 우리보다 적어도 10배가 넘지 않았겠습니까? 그런데 얼마나 시간이 지났다고 조금 어렵고 힘들어졌다고 불과 2-3일 만에 모세를 향해서 달려들면서 불평하고 원망하는 것을 보십시오. 부르짖어 기도를 하지 말든지, 불평이나 원망을 하지 말든지 둘 중 하나를 택해야 하는 거 아닙니까?

더더욱 기가 막히는 것은 조금 전에는 여호와께 간절히 부르짖고도 언제 부르짖었느냐는 듯이 금방 돌변하여서 불평하고 원망하는 말 좀 들어보십시오. "애굽에 매장지가 없어서 당신이 우리를 이끌어내어 이 광야에서 죽게 하느냐? 어찌하여 당신이 우리를 애굽에서 이끌어내어 우리에게 이렇게 광야에서 비참하게 죽게 하느냐?"고 항의합니다. 그런데 그다음 말을 더욱 주의 깊게 들어야 합니다. "우리가 애굽에서 당신에게 이렇게 말하지 않았느냐. 우리를 내버려 두라. 우리가 애굽 사람을 섬길 것이라 하지 아니하더냐. 애굽 사람을 섬기는 것이 광야에서 죽는 것보다 낫겠노라."

여러분, 언제 그들이 모세에게 이런 말을 했습니까? 출애굽기 이전의 성경을 눈이 빠지도록 훑어봐도 이런 말을 했다는 기록을 찾을 수가 없습니다. 이스라엘 백성들이 주의 종 모세 앞에서 버젓이 거짓말까지 해가면서 불평하고 원망하는 모습을 보면서 무엇을 느끼십니까? 바로 우리 자신의 모습을 보는 것 같지 않습니까? 우리도 조금만 자기 뜻대로 안 되고 마음에 안 들고 못마땅하고 자존심이 상하고 상처가 되고 조금이라도 물질적으로 손해를 보는 것 같으면 불평하고 원망합니다. 그뿐만 아니라 엊그제까지 가까이 지내고 순종했던 사람들까지도 금방 돌변해서 어제의 친구가 오늘의 원수로 변하고 등을 지고 칼을 꽂는 사람들이 이 땅 위에 얼마나 많습니까? 이것이 인간이고 세상입니다.

지난 주간에 서울 시내 아파트 시세 평균가가 최초로 10억 원을 돌파했습니다. 그러다 보니까 아파트를 가지고 계신 분들은 너무도 좋아하시겠지만 전세 사시는 분들은 내 집 마련을 언제 하고, 우리는 언제 그런 아파트에서 살면서 한꺼번에 몇억 원씩 버느냐며 앞이 캄캄했을 것입니다. 그러나 지금 아파트 시세가 절대 정상가격이 아니니까 언젠가는 가격이 떨어질 수밖에 없으니 집 없는 분들은 아파트 가격이 정상적으로 떨어질 때까지 마음 내려놓고 기다리면 됩니다. 아파트 몇 채씩 가지신 분들은 그 많이 오른 부동산세를 내려면 얼마나 힘들겠습니까?

그래서 오죽하면 지난 주간 한 성도님이 "우리의 인생"이란 제목의 재미있는 글을 보내주셨습니다.

태어나니 주민세!
자식에게 살아서 남겨 주려니 증여세!
죽어서 주었더니 상속세!
세금 많아 팔았더니 양도소득세!

북한 공산당 때려잡자 방위세!
더워서 전기 좀 쓰니 누진세!
피땀 흘려 노동했더니 갑근세!
힘들어서 한 대 물었더니 담배세!
퇴근하고 한잔했더니 주류세!
아껴 쓰고 저축하니 재산세!
배 아파서 배변 좀 했더니 환경세!
황당하게 술에 붙은 교육세!
화장품에 뜬금없는 농어촌 특별세!
월급 받고 살아 보려니 소득세!
장사하려고 차 샀더니 취득세!
차량번호 달았더니 등록세!
좋은 식당 가서 밥 먹으니 부가가치세!
월급쟁이 못해먹겠다 회사 차렸더니 법인세!
껌 하나 샀더니 소비세!
집에서 가만히 쉬었더니 전기세! 수도세!
재산 좀 있는 양반들은 탈세!
세상 사는 동안 온통 무거운 세금뿐이니 우리가 죽으면 만세!

죽으면 세금 걱정할 것 없다는 말인데 이 얼마나 가슴 아픈 고백입니까? 그러나 적어도 우리가 주님의 십자가의 사랑을 뜨겁게 체험하고 주님의 은혜로 충만하고 주님의 축복을 나누며 산다면 어떠한 상황 속에서도 감사하고 어떠한 원수와도 사랑하면서, 이제는 더 이상 세상 사람들처럼 불평하고 원망하고 지옥처럼 다투고 싸우며 살다가 인생을 끝내서는 결단코 안 되는 것입니다.

"낮엔 해처럼 밤엔 달처럼" 등 주옥같은 복음성가의 작사와 작곡가로 크게 활동하는 최용덕 찬양사역자가 있습니다. 그가 고향에서 집사로 봉사하고 있을 때 한 친구 집사와 아주 사소한 일로 말다툼을 심하게 했는데 그 일이 있고 나서 처음에는 서먹서먹하다가 차츰 사이가 벌어졌습니다. '자기보다 내가 이 교회에 먼저 나왔고 내가 자기를 전도했는데…. 내가 학교 다닐 때 자기보다 공부도 잘했고, 더 많이 배웠고, 내가 더 잘생겼는데 감히 나한테 대들다니…'라는 생각이 그를 사로잡았고, 그에 대한 불평과 원망이 터져 나오기 시작했습니다. 친구 집사도 역시 마음을 닫아 버렸는지 그를 외면하기는 마찬가지였습니다.

그런 상태로 몇 달이 지나자 이제는 '철이 들었다면 내가 더 들었는데 먼저 다가가야지. 내가 먼저 맘을 열어 사과해야지! 내가 먼저 손을 내밀어 미소를 보내고 말을 전해야지!' 하고 생각하면서도 정작 그 친구를 만나면 그만 자존심 때문에 표정이 굳어지고 용기가 생기지 않았습니다. 그러던 어느 날, 그 친구 집사가 먼저 용서를 청하며 손을 내밀어서 두 사람은 서로를 꼭 끌어안은 채 상대방의 심장의 고동 소리를 느끼며 오랫동안 포옹을 풀지 않고 흐느껴 울었고, 그렇게 해서 두 사람의 관계는 다시 화목하게 되었습니다.

그런데 화해한 지 한 달 만에 그 친구가 갑작스러운 교통사고로 하늘나라로 떠나가고 말았습니다. 장례식을 치르고 얼마 후 그 집사의 부인이 고인의 유품을 정리하다가 발견했다고 하면서 어느 날의 일기장 한 대목을 최 집사에게 보여주었습니다. "내가 예수님 다음으로 존경하는 사람은 최용덕 집사다. 왜냐하면 그는 나를 이 교회로 전도하여 예수를 믿게 했고, 나에게 용서와 사랑을 가르쳐 믿음을 강하게 해준 사람이기 때문이다….” 이 글을 접한 최 찬양사역자는 머리를 방망이로 얻어맞은 것 같은 큰 충격을 받았고, 몸부림치며 흐느껴 울며 그 친구가 손을 내밀기 전에 자신이 먼저 손 내밀고 화해했어야 하는데 그렇게 하지 못했음에 그제야 가슴을 치며 후회했습니다. 그런데 일기장에 적힌 그의 진심을 읽고 사과하려고 해도 그 사과를 받아 줄 친구는 이미 하늘나라로 떠나가 버렸으니 어쩔 도리가 없었습니다. 그때 먼저 하늘나라로 떠나간 친구를 그리워하면서 “오늘 나는”이라는 복음성가 가사를 쓰고 곡을 붙였다고 합니다.

1. 내가 먼저 손 내밀지 못하고 내가 먼저 용서하지 못하고
내가 먼저 웃음 주지 못하고 이렇게 머뭇거리고 있네
그가 먼저 손 내밀기 원했고 그가 먼저 용서하기 원했고
그가 먼저 웃음 주길 원했네 나는 어찌된 사람인가
오 간교한 나의 입술이여 오 옹졸한 나의 마음이여
2. 어찌할 수 없는 이 맘을 주님께 맡긴 채로
내가 먼저 섬겨 주지 못하고 내가 먼저 이해하지 못하고
내가 먼저 높여 주지 못하고 이렇게 고집부리고 있네
그가 먼저 섬겨 주길 원했고 그가 먼저 이해하길 원했고
그가 먼저 높여 주길 원했네 나는 어찌된 사람인가
오 추악한 나의 욕심이여 오 서글픈 나의 자존심이여
후렴) 왜 나의 입은 사랑을 말하면서
왜 나의 맘은 화해를 말하면서
왜 내가 먼저 져줄 수 없는가
왜 내가 먼저 손해 볼 수 없는가

오늘 나는 오늘 나는 주님 앞에서 몸 둘 바 모르고
이렇게 흐느끼며 서 있네
어찌할 수 없는 이 맘을 주님께 맡긴 채로

얼마나 감동적인 참회의 찬양입니까?

우리가 주님의 십자가 용서의 사랑을 먼저 체험하게 될 때 먼저 우리의 마음이 평안해지고, 우리의 표정이 밝아지고, 우리가 말 한 마디를 해도 따뜻한 사랑의 말을 주고받고, 그러한 우리의 관계로 천국의 행복의 감격 속에 살아가게 되는 것입니다.

그래서 에베소서 4장 29절에 "무릇 더러운 말은 너희 입 밖에도 내지 말고 오직 덕을 세우는 데 소용되는 대로 선한 말을 하여 듣는 자들에게 은혜를 끼치게 하라"고 분명히 말씀하지 않습니까? 그러므로 우리가 진정으로 은혜롭고 축복되고 행복한 신앙생활을 하려면 불평하고 원망하고 시기하고 질투하고 험담하고 비판하는 거짓된 더러운 말들은 우리의 입 밖에도 내면 안 됩니다. 그러한 사람들은 이미 사탄이 역사하기 시작했고, 사탄의 도구로 쓰임 받다가 사탄과 함께 어느 날 갑자기 멸망당하고 말기 때문입니다.

여러분, 우리가 이처럼 불평과 원망이 결코 우리에게 영적으로 유익하지 못한 것을 너무도 잘 알면서도 계속 되풀이하는 결정적인 이유가 무엇인지 아십니까? 날마다 말씀과 기도로 진정으로 성령님이 충만하지 못하니까 육신의 혈기만 터져 나오고, 불행과 원망의 삶에서 헤어 나오지 못합니다. 그리하여 나만 불행하고 고통스러운 삶을 사는 것이 아니라 우리의 가정과 직장과 하나님의 교회까지도 일생토록 모두 다 불행과 고통에서 헤어 나오지 못하게 하고 마는 것입니다.

그러므로 우리가 날마다 성령님의 충만함을 간구하고 성령님으로 사로잡히면 우리의 생각하는 것이나 말하는 것이나 행하는 모든 것이 예수님의 사랑으로 충만해져서 서로 위로하고 힘이 되고 사랑하고 용서하고 칭찬하고 격려하는 선한 말만 하여서 듣는 자들에게 은혜를 끼치고, 주님의 영광만 드러내게 됩니다. 그리할 때 우리는 성령님께서 주시는 하나 된 행복으로 우리를 불행과 고통으로 몰고 가는 외부의 어떠한 사탄의 대적이라도 다 분별하고 물리치고 승리하게 되고, 이 말세의 마지막 때도 홍해를 가르는 하나님의 행복의 기적이 우리의 삶 가운데 일어나게 될 줄 분명히 믿으시기 바랍니다.

여호와께서 행하시는 구원을 바라봐야 함

마지막으로 본문 13-14절 말씀을 다 함께 읽겠습니다.

> "모세가 백성에게 이르되 너희는 두려워하지 말고 가만히 서서 여호와께서 오늘 너희를 위하여 행하시는 구원을 보라 너희가 오늘 본 애굽 사람을 영원히 다시 보지 아니하리라 여호와께서 너희를 위하여 싸우시리니 너희는 가만히 있을지니라"(출 14:13-14).

모세는 이렇게 하나님이 기적으로 이뤄 주신 출애굽의 은혜를 금방 잊어버리고 불평하고 원망하며 달려드는 이스라엘 백성들을 향하여서 "너희는 두려워하지 말고 가만히 서서 여호와께서 오늘 너희를 위하여 행하시는 구원을 보라"고 합니다. 그리고 "너희가 오늘 본 애굽 사람을 영원히 다시 보지 아니하리라. 여호와께서 너희를 위하여 싸우시리니 너희는 가만히 있을지니라"고 외칩니다. 이것은 한마디로 구약의 복음 선포(The Proclamation of the Gospel)이고, 이러한 복음의 말씀은 구약성경에 이어서 신약성경에 이르기까지 계속해서 증거되고 있습니다.

결국 그 모세의 믿음의 선포에 의해서 여호와 하나님 말씀에 따라 바다 위로 손을 내밀매 큰 동풍이 밤새도록 불어서 바닷물이 물러가게 됩니다. 그래서 바다가 마른 땅이 되어서 홍해가 기적적으로 쫙 갈라지게 되어서 200만 명에 이르는 이스라엘 백성들이 감격 속에 홍해를 건너게 되었습니다. 그러고 나서 애굽 왕의 병거들과 마병들이 그들의 뒤를 추격하는데 새벽녘, 그들이 바다 가운데쯤 왔을 때 여호와께서 불과 구름기둥 가운데서 애굽 군대를 어지럽게 하십니다. 그리고 조금 전 주의 종 모세의 복음의 선포대로 여호와께서 이스라엘 백성들을 위해 싸워 주셔서 바닷물이 다시 덮쳐서 애굽 군대를 한 명도 남기지 않고 다 홍해에서 수장시키시고 기적의 승리를 거두게 하셨습니다(출 14:21-28).

이러한 홍해가 갈라지는 기적은 미국의 내셔널 지오그래픽(National Geographic) TV 채널에서 미국 국립대기연구센터 칼드루스 박사 팀이 실험을 한 결과 심한 태풍이 불 때 가능하다는 실험까지 하여서 증명을 한 적이 있었습니다. 더욱더 놀라운 것은 성경고고학자 론 와이어트 탐사 팀이 그 홍해 바닥에서 애굽 군대의 전차 바퀴 유물까지 발견했습니다. 무엇보다도 전차의 8바퀴살은 모세 시대 애굽의 람세스 2세 때만 사용되었다는 고증을 통해서, 홍해의 기적이 실제로 있었던 사건이었음을 확실히 증명해 보인 것입니다.

그런데 한 신학생 전도사님이 신학대학원에서 히브리어 좀 배웠다고 이 홍해는 히브리어로 'יַם סוּף'(얌 쑤프)라는 'Red Sea'(붉은 바다)가 아니라 무릎 정도밖에 물이 안 차는 'Sea of reed'(갈대 바다)라고 하면서, 그러니 홍해가 갈라지는 기적은 실제로 기적이 아니었다고 잘못 가르쳤습니다. 그러자 한 믿음이 좋은 교회학교 학생이 전도사님에게 항의를 하면서 그러더랍니다. "전도사님, 홍해 물이 그렇게 얕았다면 그건 더욱더 놀라운 기적이네요. 무릎 정도밖에 물이 안 차는 갈대 바다에서 수십만의 애굽 군대가 다 빠져 죽었다는 것은 더욱더 큰 기적이 아니에요?"

여러분, 하나님의 기적은 어떠한 인간의 이상이나 지식이나 경험으로도 다 체험할 수 없고, 신앙의 세계는 이러한 인간적인 한계를 모두 다 초월하는 신비입니다. 이번 코로나19에 이어 우리가 과거에 경험해 보지도 상상조차도 못했던 세 번에 걸친 릴레이 태풍과 집중호우를 겪으면서 인간의 한계를 절감하지 않을 수 없었습니다. 우리가 우리 힘으로 신앙생활 하고 헌신하고 봉사하고 충성을 하는 등 율법적인 신앙생활을 하면 갈수록 힘이 들고 지칩니다. 그래서 이러한 주의 종들이나 교인들이 즐겨 부르는 찬송이 찬송가 338장입니다.

내 주를 가까이하게 함은
십자가 짐 같은 고생이나
내 일생 소원은 늘 찬송하면서
주께 더 나가기 원합니다

인간의 한계에 부딪히면 마지막 죽음 앞에 나아가는 소망의 찬송밖에 없습니다. 그러나 십자가에서 죽어지고 주님 주시는 힘으로 복음주의 신앙생활을 하는 주의 종들이나 성도들이 즐겨 부르는 찬송은 찬송가 430장입니다.

주와 같이 길 가는 것 즐거운 일 아닌가
우리 주님 걸어가신 발자취를 밟겠네
한 걸음 한 걸음 주 예수와 함께
날마다 날마다 우리 걸어가리

우리의 삶 가운데 모든 문제를 주님께 맡기고, 성령님께서 우리의 삶을 온전히 주장하시도록 내어드리고, 성령님이 역사하시도록 자신의 일생을 기쁘게 순종해야 합니다. 그리하면 우리를 통해 상상도 할 수 없는 하나님의 권능이 나타나고, 하나님의 뜻이 이루어지고, 놀라운 하나님의 영광이 드러나게 됩니다.

그래서 우리는 갈라디아서 2장 20절의 "내가 그리스도와 함께 십자가에 못 박혔나니 그런즉 이제는 내가 사는 것이 아니요 오직 내 안에 그리스도께서 사시는 것이라 이제 내가 육체 가운데 사는 것은 나를 사랑하사 나를 위하여 자기 자신을 버리신 하나님의 아들을 믿는 믿음 안에서 사는 것이라"는 이 복음의 말씀을 확실히 깨달아야 합니다. 그리고 이제는 내 힘으로 하는 율법적인 신앙생활을 멈추고, 예수님께서 나의 모든 죄악과 상처와 질병을 대신 지심을 믿어야 합니다. 나는 이제 주님의 십자가에서 죽었는데 내가 무얼 내세울 것이 있고, 내가 무얼 욕심 부릴 것이 있고, 내가 무얼 그렇게 살아서 고집 피울 것이 있겠습니까? 주님께서 권능으로 살아 역사하시도록 자신을 다 내어드리면 우리 대신 싸우시고 승리하심으로, 오늘날에도 홍해를 가르는 하나님의 기적이 일어나게 될 줄 확실히 믿으시기 바랍니다.

마커스 워십 집회에서 너무도 은혜로운 찬양 인도를 하는 소진영 간사는 원래 4대째 믿음의 가문에서 모태신앙으로 태어났습니다. 그렇기 때문에 소 간사님은 교회에 가는 것을 마치 매일 밥을 먹는 것처럼 당연히 습관적으로 해왔는데 그러다가 그녀의 신앙에 터닝 포인트가 찾아왔습니다. 스물다섯 살 때 명절 전날 갑자기 오한이 찾아와서 링거를 맞기 위해 병원에 가서 피검사를 했는데 의사가 빨리 큰 병원으로 가라고 했습니다. 가서 정밀검사를 받았는데 '만성골수성백혈병'(혈액암)이라는 진단을 받은 것입니다. 그녀는 그동안 건강하게 살아왔고, 가족 중에도 그런 병에 걸린 사람이 없었기에 청천벽력과도 같은 소식이었습니다. 젊은 소 간사님에게는 너무도 큰 충격이 되었고, 앞이 캄캄하고 하염없이 눈물만 흘렸습니다.

그때부터 그녀는 항암치료를 시작해서 암세포를 없애기 위해 매일 항암치료세를 먹어야 했는데 그 약은 머리카락이 빠지지 않는 약으로 한 달에 몇백만 원씩 하는 약이었습니다. 더 나아가 친오빠를 통해 조혈모세포 이식을 받게 되었는데 그렇게 하면 치료는 될 수 있지만 아이를 가질 수 없게 된다는 사실을 알고 또 한 번 마음이 무너지고 말았습니다. 결국 그녀는 이식을 포기하고 매일 약을 먹기로 하고 계속 마커스 워십 사역을 하는데 그곳에서 자신이 좋아하는 사람을 만나 프러포즈를 받았습니다. 그러나 그녀가 그 자리에서 자신의 상황을 다 털어놓자 그는 그녀의 모든 상황을 다 듣고 난 후 돌아가 기도한 후 다음 날 다시 만나서 "결혼하자"는 고백을 했습니다.

그렇게 1년 뒤인 2010년에 그와 결혼을 했는데 2005년 암 투병을 시작한 지 5년 만에 임신이라는 중대한 문제가 생겼습니다. 아이를 갖기 위해서 약을 끊으려고 하니까 병원에서는 모두가 생명이 위독하다고 약을 끊는 것을 반대했지만 그녀는 아이를 갖기 위해서 기도를 시작했습니다. 이전에는 하나님께 "저는 괜찮아요…"라고 형식적이고 습관적으로만 기도했다면 그때는 "하나님, 나도 평범하게 살고 싫어요!"라며 원망 섞인 마음으로 하나님께 간절히 매달리며 부르짖기 시작했습니다. 그런데 그전까지는 아이를 가질 수 없다고 생각해왔었는데 기도하던 그날 참된 평안이 그녀에게 임했습니다. 그날 처음으로 아이를 가져봐야겠다는 용기를 얻었고, 의사와 부모, 남편을 설득해서 약을 끊고 자신의 목숨을 걸고 아이를 갖는 시도를 시작했습니다. 그렇게 1년을 매달려도 건강만 악화되고 아이가 생기지 않았지만 소 간사님은 결코 낙심하거나 좌절하지 않고 불평하거나 원망하지 않고 인간의 생사화복이 하나님의 손에 달려있음을 확실히 믿고 주님께 끝까지 매달려 부르짖었습니다. 의사의 "다음 달에도 아기가 안 생기면 당신이라도 살기 위해서 약을 다시 먹지 않을 수 없다"는 말을 듣고 앞이 캄캄하여 절망 중에 눈물로 울부짖었습니다.

그런데 그토록 기다리던 기적이 그다음 달 일어나서 드디어 기적적으로 아이를 갖게 되었습니다. 그런데 또 다른 시련이 기다리고 있었습니다. 딸아이가 건강하게 태어났으나 귀에 이상이 있어 청각장애인이 될 수 있다는 의사의 말을 들었는데 그때 그녀는 엄마로서 지난 10년 동안 자신의 고통과 비교할 수 없을 정도로 더욱더 고통스러웠습니다. 그래서 그녀는 수유를 하는 동안 늘 눈물로 아이를 품에 안고 간절히 기도할 수밖에 없었고, 아이의 아픔으로 인해 날마다 큐티 하면서 눈물 없이는 기도할 수가 없었습니다.

그러던 어느 날 주님께서 사랑으로 다가오셔서 이런 음성을 들려주셨습니다. "사랑하는 진영아, 너를 인도하는 분이 누구니? 엘(딸의 이름)이의 인생을 인도하는 건 네가 아니고 나란다!"라는 마음을 주시는데 그때 비로소 진정으로 주님 앞에 철저히 자기 자신을 내려놓으면서 무릎 꿇고 기도했습니다. "주님, 제가 아이를 위해 할 수 있는 것은 아무것도 없습니다. 이제 십자가 밑에 아이의 생명과 저의 건강과 일생의 모든 것을 다 내려놓사오니 성령님께서 살아 역사하시고 영광 거두어 주시옵소서!" 그 순간부터 자신의 삶을 이끄시는 분은 주님이심을 깨닫고 마음을 내려놓고, 주님께서 내 삶 가운데 어떻게 역사하시고 어떻게 응답하시는가를 믿음의 눈으로 바라보면서 평안을 누리게 되었습니다.

그렇게 간절히 기도하고 있었는데 한 달 뒤 아이의 귀가 정상으로 돌아오는 기적이 일어나고, 자신의 건강까지도 기적적으로 회복되었습니다. 그녀가 주님의 살아 계신 기적의 응답이 너무도 놀랍고 감사해서 성령님의 감동을 받아 지은 찬송이 "오직 예수뿐이네"라는 복음성가입니다.

사랑하는 성도 여러분, 험난한 인생길을 살아가는데 때로는 얼마나 외롭고 힘이 듭니까? 때로는 얼마나 앞이 캄캄하고 낙심되었습니까? 때로는 얼마나 절망이 되고 죽고 싶은 순간들이 많이 있었습니까? 그러나 우리의 인생의 아무리 어떠한 절망적인 상황 속에서도 여호와만 바라보며 부르짖고, 불평이나 원망을 결단코 입 밖에 내지 말고, 여호와께서 우리를 위하여 행하시는 일을 인내하며 믿음의 눈으로 바라보시기 바랍니다. 그리할 때 이 말세의 마지막 때 우리의 일생토록 홍해가 갈라지는 기적의 역사가 우리의 삶 가운데 끊임없이 불일 듯 일어나게 될 줄 확실히 믿습니다.

우리 다 함께 결단의 찬송으로 "오직 예수뿐이네"를 함께 부르면서 믿음으로 결단하도록 하겠습니다.

은혜 아니면 살아갈 수가 없네
호흡마저도 다 주의 것이니

세상 평안과 위로 내게 없어도
예수 오직 예수뿐이네
은혜 아니면 살아갈 수가 없네
호흡마저도 다 주의 것이니
세상 평안과 위로 내게 없어도
예수 오직 예수뿐이네
크신 계획 다 볼 수도 없고
작은 고난에 지쳐도
주께 묶인 나의 모든 삶
버티고 견디게 하시네
은혜 아니면 살아갈 수가 없네
나의 모든 것 다 주께 맡기니
참된 평안과 위로 내게 주신 주
예수 오직 예수뿐이네

살아 계신 하나님 아버지, 지금까지 저희의 삶 가운데 기적으로 살아 역사해 주심을 진심으로 감사하옵나이다. 어떠한 절망적인 상황 속에서도 여호와만 바라보며 부르짖게 하여 주시옵소서. 불평이나 원망을 결단코 입 밖에 내지 말게 하여 주시옵소서. 더 나아가 여호와께서 우리를 위하여 행하시는 일들을 인내하며 믿음의 눈으로 바라보게 하여 주시옵소서. 그리함으로 이 말세의 마지막 때 우리의 일생토록 날마다 우리의 삶 가운데 홍해가 갈라지는 기적의 역사가 끊임없이 불일 듯 일어날 줄 믿사옵고, 예수님의 이름으로 간절히 바라오며 축복하며 기도하옵나이다. 아멘!

나는 치료하는 여호와임이라

출애굽기 15:22-27

전전주 제75주년 기쁜 광복절에 온 나라가 하나가 되는 게 아니고 오히려 보수와 진보로 쫙 갈라서서 서로를 비방하고 공격하면서 오늘까지 그 후유증이 심각한 상태로 문제의 실마리가 풀릴 기미가 보이지를 않습니다.

오늘 본문 23절에도 "마라에 이르렀더니 그곳 물이 써서 마시지 못하겠으므로 그 이름을 마라라 하였더라"고 증거하고 있습니다. 이스라엘 백성들이 기적적으로 홍해를 건너고 수르 광야로 들어가서 사흘 길을 걸었으나 그 무더운 광야에서 물을 얻지 못하다가 마라라는 곳에 이르러서 우물을 만났는데 물이 써서 마실 수가 없었습니다. 오죽하면 그곳을 히브리어로 'מָרָה'(마라), 즉 '쓴 것'이라고 이름 지었겠습니까? 이스라엘 백성들이 또다시 모세에게 "우리가 무엇을 마실 것인가?" 하고 원망할 때에 모세는 또다시 여호와께 부르짖게 됩니다. 그랬더니 여호와께서 모세에게 한 나무를 가리키시며 그것을 물에 던지라고 하셔서 그 나무를 물에 던지자 그 쓰디쓴 물이 단물로 변하는 기적이 일어났습니다. 그러면서 마지막 26절에 하나님께서는 "…나는 너희를 치료하는 여호와임이라"고 선언하십니다. 그들이 치료받고 나아갈 때 엘림에 이르러 물 샘 열둘과 종려나무 일흔 그루의 풍성한 축복을 얻게 되고, 그 물 곁에 장막을 치게 됩니다.

그런데 초대교회 사도들이 모두 다 하늘나라로 떠나간 후 주후 2세기 이후부터 기독교 신학을 이끌어 온 고대 교부들은 쓴 물을 단물로 고친 이 나무가 바로 예수 그리스도의 십자가를 상징한다고 해석하였습니다. 그런데 예수님의 탄생 700여 년 전 이 십자가의 치유를 가장 잘 예언한 이사야 53장 4-5절을 보면 이 십자가의 기적의 치유에 대해서 너무도 구체적으로 잘 말씀합니다. 이 하나님의 말씀 가운데 오늘도 우리를 치료하시는 하나님의 음성을 다 함께 들을 수 있길 바랍니다.

십자가에서 우리의 죄악을 대신 지심

먼저 이사야 53장 5절 말씀을 다 함께 읽겠습니다.

> "그가 찔림은 우리의 허물 때문이요 그가 상함은 우리의 죄악 때문이라 그가 징계를 받으므로 우리는 평화를 누리고 그가 채찍에 맞으므로 우리는 나음을 받았도다"(사 53:5).

우리 인간은 죄악으로 말미암아 영원히 멸망당할 수밖에 없었는데 어떠한 인간도 스스로 죄악의 문제를 해결할 수가 없었습니다. 그래서 치료하시는 하나님께서는 그의 아들 예수님을 이 땅에 보내셔서 십자가에서 우리의 모든 영혼의 죄악을 대신 지시게 하실 것을 알려주신 것입니다. 그러므로 죄로 인해 영원히 멸망당할 수밖에 없었던 우리가 세상 것을 다 잃어도 예수님을 믿고 구원받고 영원한 생명을 얻었으니 가장 귀한 것을 얻은 것입니다.

그런데 말세 마지막 때 점점 교회가 세속화되다 보니까 다른 종교에도 구원이 있다고 하는 종교다원주의를 외치면서 또다시 구원의 복음의 선포가 드물어지고, 그러다 보니까 교인들까지도 구원의 감격이 점점 사라지고 있습니다. 그러나 저는 구원의 확신을 얻었던 그날을 지금도 잊을 수가 없습니다. 대학에 진학하기 위해 상경해서 그 외롭고 힘들던 시절인 1976년 8월 5일은 꿈에도 잊을 수 없는 저의 일생에 놀라운 구원의 확신을 심어 주신 감격의 날이었습니다. 오죽하면 그 날짜까지 못 잊겠습니까? 그러나 우리가 구원의 확신을 얻은 날짜는 기억하지 못한다 할지라도 구원의 감격만은 우리의 가슴 속에 영원히 살아남아 있어야 합니다.

저 멀리 영국에 살던 한 소년은 일찍이 여섯 살 때 어머니를 잃고 표독스런 계모 밑에서 구박을 받으며 말로 다할 수 없는 상처 속에서 자라났습니다. 그런데 선장이었던 아버지를 따라 열한 살 때부터 노예무역선을 타게 되면서 더욱 거칠고 방탕한 삶을 살게 됩니다. 여기에는 그의 상처 많은 불우한 어린 시절도 결정적인 영향을 미쳤을 것으로 보이는데 그런 방탕한 삶에 노출이 되다 보니까 점점 문제아로 성장하게 되었습니다. 노예상이 된 그는 노예들을 짐승보다 못하게 다루면서도 전혀 양심의 가책을 느끼지 못하였는데 이런 그에게 놀라운 변화가 찾아온 것은 스물두 살 나이로 노예선 선장이 되었을 때였습니다.

그가 아프리카에서 영국으로 가는 대서양을 건너던 중 폭풍우를 만나게 되었는데 배가 좌초될 위기의 생사의 갈림길에서 처음으로 그는 어린 시절 어머니의 기도를 떠올렸고, 진정으로 마음에서 우러나오는 기도를 드렸습니다. 한 번만 살려 달라고 하나님께 애원하며 부르짖어 기도하기 시작했는데 그날이 바로 그에게는 '제2의 (영적으로) 거듭난 날'이 된 것입니다. 그 후에도 그는 노예무역을 6년 동안 계속했지만 노예를 대하는 태도는 완전히 사랑으로 변화되었습니다. 이처럼 그의 회심에는 아들을 남기고 하늘나라로 떠나가면서 목회자의 길을 걷길 바라며 눈물로 기도했던 친어머니의 기도가 결정적인 역할을 했습니다.

그리하여 서른 살이 되던 해 그는 어머니의 서원기도대로 선장직을 그만두고 신학교에 입학했고, 영국 성공회 목사가 되는데 그가 바로 그 유명한 존 뉴턴(John Newton) 목사님입니다. 그 후 그는 지난날의 노예무역의 과거를 깊이 통회 자복하면서 자신의 모든 죄를 용서해 주신 하나님의 은총에 감사하는 마음을 담아 그 유명한 찬송가 305장 "나 같은 죄인 살리신"(Amazing Grace, 놀라우신 은혜)이라는 찬송을 짓게 됩니다.

1. 나 같은 죄인 살리신 주 은혜 놀라워
   잃었던 생명 찾았고 광명을 얻었네
2. 큰 죄악에서 건지신 주 은혜 고마워
   나 처음 믿은 그 시간 귀하고 귀하다
3. 이제껏 내가 산 것도 주님의 은혜라
   또 나를 장차 본향에 인도해 주시리
4. 거기서 우리 영원히 주님의 은혜로
   해처럼 밝게 살면서 주 찬양하리라

그 후 존 뉴턴 목사님은 행동하는 신앙의 정치인인 윌리엄 윌버포스(William Wilberforce)에게 큰 영향을 미쳐서 결국 영국의 노예제도를 폐지하도록 만듭니다. 이처럼 존 뉴턴 목사님은 주님의 십자가의 은혜에 감사하고 감격하면서 복음 전파에 힘쓰다가 82세에 하나님의 부르심을 받게 되는데 그가 죽기 전에 이런 말을 남겼다고 합니다. "우리가 천국에 가면 세 번 놀라게 되는데 가장 먼저는 나 같은 죄인이 지난날의 죄악을 모두 다 용서함을 받고 천국에 왔다는 것이 놀랍고, 둘째는 천국에 절대 못 올 줄 알았던 사람이 와 있는 것을 보고 놀라고, 셋째는 천국에 꼭 올 줄 알았던 사람이 못 온 것을 보고 놀랄 것이다."

여러분, 우리는 어느 쪽에 해당됩니까? 여러분은 2,000년 전 예수님께서 십자가에서 우리의 모든 죄악을 대신 져 주심을 믿으십니까? 우리는 바로 그 믿음으로 우리의 지난날의 모든 죄를 용서받고, 하나님의 자녀로 거듭나고, 영원한 생명을 얻게 되고, 천국의 소망 가운데 살게 된 것입니다. 이 얼마나 크신 십자가의 사랑이고, 놀라운 주님의 은혜입니까?

우리가 진정으로 구원받은 하나님의 자녀라면, 인간의 흥망성쇠가 하나님의 손에 달려 있다고 믿는다면 코로나19가 무서워서 주님 앞에 못 나올 수 있겠습니까? 이사야 43장 21절에 "이 백성은 내가 나를 위하여 지었나니 나를 찬송(예배)하게 하려 함이니라"고 강조하지만 일찍이 스위스 개척교회 목사이며 21세기의 대표적인 신학사인 칼 바르트(Karl Barth) 목사님도 "예배는 우리의 신앙생활 가운데 인간이 할 수 있는 모든 것 중에서 가장 중대하며 가장 긴급하며 가장 복되고 가장 영광스러운 것이다"라고 강조하였던 것입니다.

그런데 한국 교회 지도자들이 하나님께 드리는 이 중대한 예배를 가로막는 중대한 범죄자들이 되고 말았으니 이 얼마나 통탄할 일입니까? 그런데도 코로나19로도 못 깨닫고, 최장기 장마로 인한 홍수로도 못 깨닫고, 계속되는 폭염으로도 한국교회가 정신을 못 차리니까 이제는 일제강점기 때나 6·25전쟁 때 공산당이 그러했듯이 코로나19 방역을 이유로 이 정부까지 나서서 예배를 못 드리게 하고 벌금형으로 우리를 위협하고 있습니다. 그러나 우리에게 어떠한 벌금이나 처벌이 주어진다고 해도 그것은 하나님 나라의 훈장이고 면류관인 것입니다. 그러므로 우리는 지난날 순교자의 신앙을 따라 주님의 십자가를 함께 지며 우리의 생명보다 더 귀한 예배 최우선 신앙을 지켜나가야 합니다.

여러분, 우리가 무엇이라고 이렇게 큰 십자가의 사랑과 은혜를 입을 수 있겠습니까? 그래서 베드로전서 2장 24-25절에서 베드로 사도는 "친히 나무에 달려 그 몸으로 우리 죄를 담당하셨으니 이는 우리로 죄에 대하여 죽고 의에 대하여 살게 하려 하심이라 그가 채찍에 맞음으로 너희는 나음을 얻었나니 너희가 전에는 양과 같이 길을 잃었더니 이제는 너희 영혼의 목자와 감독 되신 이에게 돌아왔느니라"고 감격의 선언을 하였던 것입니다. 그러므로 우리 영혼의 죄악을 치료하시는 하나님께서 예수님을 이 땅에 보내주셔서 십자가에서 우리의 모든 죄악을 담당해 주심을 믿음으로 회개함으로 말미암아서, 지난날의 모든 죄악을 용서함 받고 천국의 소망과 영생의 감격 속에 살아가게 될 줄 확실히 믿으시기 바랍니다.

십자가에서 우리의 상처를 대신 지심

계속해서 이사야 53장 4절 하반절 말씀을 다 함께 읽겠습니다.

"…우리의 슬픔을 당하였거늘 우리는 생각하기를 그는 징벌을 받아 하나님께 맞으며 고난을 당한다 하였노라"(사 53:4하).

전통적으로 우리는 예수님께서 십자가에서 우리의 죄악만 대신 지신 것으로 알아왔습니다만 사실은 그렇지 않습니다. 우리의 모든 마음의 상처와 슬픔까지도 대신 지신 것을 결단코 잊지 마시기 바랍니다. 그런데 지난날 우리 한국 교회의 목사님들이 강단에서 "(영적으로) 은혜 받아라", "(육적으로) 축복 받아라"만 강조했습니다. 그래서 우리가 지금까지 영적으로 얼마나 많은 은혜를 받았고, 육적으로 얼마나 많은 축복도 누리게 되었습니까? 그리하여 받은 은혜와 축복에 감사하고 감격하면서 열심히 헌신하고 봉사하고 충성을 다하여서 우리가 다 주님의 몸 된 교회의 목사, 장로, 권사, 집사까지 되었습니다.

그런데 여러분, 행복하십니까? 구원의 감사가 넘치십니까? 주님의 은혜에 감사하면서 가진 모든 것도 아까워하지 않고 다 바칠 만큼 감격스럽습니까? 여기에 '아멘' 하고 응답하지 못하는 것이 바로 우리의 지난날의 신앙의 한계입니다. 주님께서는 우리에게 영원히 살 수 있는 영생을 허락하셨고 소망을 주셨는데 왜 그렇게 감사하지 못하고 감격하지 못하며 삽니까?

부족한 종이 주의 종으로 소명 받고 목회를 하면서 가장 충격적으로 회의를 느낀 것이 무엇인지 아십니까? 그렇게 주님의 큰 은혜를 받고 축복을 받았다는 목사, 장로, 권사, 집사들이 그렇게 율법적이고 기복적이고 인본적이고 세속적인 신앙생활을 하는 모습입니다. 그러다 보니까 무엇이 진정으로 십자가의 복음을 위하고 주님의 몸 된 교회를 위하고 궁극적인 주님의 영광을 위하는지에 대해서는 관심이 없고, 하찮은 물질욕이나 명예욕들이나 육적인 인간관계에 매여 살아갑니다. 그래서 그런지 밴댕이 소갈머리처럼 그렇게 속이 좁아서 상처도 쉽게 받고, 안 믿는 사람들보다 감정은 더 안 풀고, 그 응어리진 감정을 당회나 제직회나 공동의회 때 다 터트립니다. 오죽하면 어느 교회 한 교인이 목사님에게 "무슨 회를 좋아하시느냐?" 고 물었더니 목사님이 그러시더랍니다. "당회와 제직회 빼고는 다 좋아합니다…." 그렇게 십자가의 사랑을 체험했다는 사람들이 안 믿는 사람들보다 더 치졸하게 싸우는 것을 보면서 마태복음 23장에서 예수님께서 "화 있을진저 외식하는 서기관들과 바리새인들이여!" 하고 일곱 번이나 진노하셨던 일들을 그대로 되풀이하면서 불행과 고통 가운데 살다가 인생을 끝내고 맙니다.

세상의 소금과 빛의 사명을 감당해야 할 우리마저도 그렇게 살아가니까 제75주년 광복절 기념행사장에서 김원웅 광복회 회장과 광화문 집회 현장에의 사랑제일교회 전광훈 씨를 통해서 그대로 터져나온 것입니다. 극좌의 김원웅 회장은 무슨 난세의 영웅이나 된 것처럼 지난날의 우리나라 현대사를 송두리째 뒤엎어 버리고 부정하고, 극우의 전광훈 씨는 2019년 8월 30일 백석대신총회에서 면직 및 제명된 자로서 엄밀하게 말하면 목사가 아닙니다. 심지어 우리나라의 가장 보수정통을 고수하는 대한예수교장로회(고신)에서는 작년 제70회 총회에서 전광훈 씨를 성경 66권을 부정하는 이단성이 있는 이단옹호자로 정죄한 바도 있습니다. 주님을 믿는다는 사람이 어떻게 "하나님도 까불면 나한테 죽어!" 하면서 하나님을 두려워할 줄 모르고 천인공노할 막말을 쏟아놓습니까? 사랑제일교회의 코로나19 확진을 보고받고 "북한지령을 받은 불순분자들의 바이러스 테러"라고 말도 안 되는 소리를 하고, "방역수칙 지켰다! 자가 격리 지켰다!

집회 독려 안 했다! 나는 코로나19 안 걸린다!" 등의 온갖 거짓말을 합니까?

그래서 결국 엊그제 사랑제일교회 확진자 수가 700명을 넘어서고 대구 신천지 이단들처럼 전국에 코로나19 바이러스를 퍼뜨려서 억울하고 원통하게도 오늘 전국의 모든 교회들까지도 문을 닫게 만들고, 결과적으로 사탄의 도구로 이용당하고 하나님의 영광을 다 가리고 만 것입니다. 그렇다면 정작 교회가 해야 할 전도와 치유와 양육과 구제와 봉사와 선교는 하나도 못하고, 언제까지 이렇게 이념분쟁만 하다가 교회의 사명도 감당하지 못하고 이렇게 인생을 끝내야 합니까? 그렇게 되면 자신만 불행과 고통 속에 끝내는 것이 아니라 그의 가정도 불행의 쑥대밭이 되어 버리고, 교회도 세상의 조롱거리가 되고 맙니다.

여러분, 이러한 끝없는 이념논쟁의 근본적인 문제가 무엇인지 아십니까? 우리 자신의 지난날의 상처를 치유받지 못하면 신앙이 부정적이고 비판적으로 형성되어서 그 자신이 평생 불행과 고통 가운데 살 뿐만 아니라 그들의 마음속에 미움의 증오가 가득 차 있습니다. 그래서 그들의 말이나 글을 보면 섬뜩할 정도의 증오의 독기가 가득 차 있고, 같은 동족끼리 원수도 그런 철천지원수들이 없습니다.

그러면 그렇게 비방하고 공격해서 상대방이 지거나 죽습니까? 절대 안 지고 안 죽습니다. 우리가 자식을 낳아 길러 봐도 내가 낳은 자식도 내 마음과 같지 않고 내 말을 안 듣는데 하물며 우리와 아무런 피도 섞이지 않고 완전히 다른 환경에서 자라났고 그것도 다 커버린 어른들이 상대방의 말이나 주장을 들을 것 같습니까? 다 평생토록 헛고생만 하고 있는 것입니다. 그렇게 아무리 상대방을 설득하려고 하고 큰소리치고 심한 욕설을 퍼붓고 상대방을 죽일 듯이 달려들어도 절대 안 변합니다. 오히려 서로의 감정만 쌓고 서로 간의 높은 벽만 쌓아서 영영 원수처럼 등을 진 채로 인생 끝나고 마는 것입니다.

그래서 부족한 종은 '우리의 신앙의 근본적인 문제가 무엇인가?' '나 자신부터 시작해서 양 떼들을 어떻게 변화시킬 것인가?' 하고 고민하고 묵상하고 기도하다가 우리의 마음이 문제라는 것을 발견했습니다(잠 4:23; 요삼 1:2). 그래서 상담치유학을 전공하고 미국에까지 유학 가서 석사, 박사 과정을 공부하면서 배웠던 상담치유학의 이론들을 이민목회 현장에 적용하던 중에 성령님께서 깨우쳐 주신 말씀이 에베소서 4장 31-32절입니다. "너희는 모든 악독과 노함과 분냄과 떠드는 것과 비방하는 것을 모든 악의와 함께 버리고 서로 친절하게 하며 불쌍히 여기며 서로 용서하기를 하나님이 그리스도 안에서 너희를 용서하심과 같이 하라"는 이 말씀을 날마다 교인들의 삶 가운데 적용하는 가운데 수많은 치유의 행복의 감격을 회복하는 것을 목격할 수 있었습니다.

그러므로 우리가 하나님의 말씀대로 행하기 전에는 어떠한 우리의 과거의 마음의 상처도 치유받을 수 없고 그 성격도, 행동도, 신앙도 변화될 수가 없습니다. 그러므로 우리가 주님의 십자가 앞에 우리의 지난날의 상처부터 다 내려놓고, 주님께서 십자가에서 우리를 용서하셨듯이 용서하면 성령님을 통해 기적적으로 치유되고 회복되어서 서로를 진정으로 사랑함으로 용서하고 포용하고 감격 속에 화목하게 되는 것입니다. 그러므로 우리의 마음의 상처를 치료하시는 하나님께서는 예수님께서 십자가에서 우리의 모든 상처를 대신 지게 하셨으므로 우리가 우리의 모든 상처를 주님의 십자가 앞에 내려놓고, 주님께서 우리를 용서하신 것처럼 우리도 어떠한 원수라도 용서해야 합니다. 그러면 그 순간부터 우리의 지난날의 상처를 치유받고, 가정이나 교회나 세상이나 그 어디서나 다 천국의 행복의 감격을 회복하게 될 줄 확실히 믿습니다.

십자가에서 우리의 질병도 대신 지심

마지막으로 이사야 53장 4절 상반절 말씀을 다 함께 읽겠습니다.

"그는 실로 우리의 질고를 지고…"(사 53:4상).

우리는 예수님께서 십자가에서 우리 영혼의 죄악과 마음의 상처만 대신 지신 것이 아니라 우리 육신의 질병도 대신 지셨다고 증거하였습니다. 그런데도 우리는 인간의 흥망성쇠와 생사화복을 살아계신 하나님께서 주관하신다고 그렇게 말도 잘하고 기도도 잘하지만 막상 질병이 닥치면 약국이나 병원부터 찾습니다. 그러나 스위스의 크리스천 의사였던 폴 투르니에(Paul Tournier) 박사는 "하나님은 치료, 우리는 봉사"(God heals, we serve)라는 캐치프레이즈를 걸었습니다. 그런데 이번에도 코로나19 전염병이 닥치니까 우리의 생명과 건강이 하나님의 손에 달려 있는데도 코로나19 감염이 두려워서 하나님께서 가장 기뻐 받으시고 우리에게 내려주시는 가장 큰 축복의 통로인 예배를 드리러 못 나오는 것 보십시오. 이것이 바로 말세 교인들의 불신앙이고, 우리 믿음의 한계입니다.

지난 화요일에 전주 한일장신대학교에서 있었던 호남신앙동지회 50주년 희년총회에 갔더니 우리 교단의 증경총회장님이시고 300만 성도운동본부 본부장을 역임하신 광주 서남교회 안영로 원로목사님이 최근에 쓰신 포스트코로나 시대에 《지금 우리는 무엇을 할 것인가?》라는 책을 선물해 주셨습니다. 이 책 가운데 보니까 평생을 살아오시면서 우리의 신앙생활 가운데 위기는 끊임없이 닥쳐오는데 그 인생의 위기를 신앙 연단의 기회로 삼는 자들이 신앙의 위인이 된다는 것입니다. 그러면서 "롤러코스터 인생의 죽음의 위기 속에서 살아 계신 하나님께 드리는 예배로 영적 안전벨트를 단단히 매자"고 말씀하시는데 그 말씀이 가슴에 뜨겁게 와 닿았습니다.

여러분, 우리가 하나님의 살아 계심을 믿고, 그분이 우리를 치료하시는 하나님이심을 믿고, 죽은 자도 살리시는 분임을 믿고, 어떠한 병도 고치시는 분임을 믿는다면 우리와 자녀들까지도 마스크를 다 쓰고 정부의 방역수칙 철저히 지키면서 왜 믿음으로 교회에 못 나옵니까? 이것이 말세 마지막 때 우리 한국 교회에 닥친 큰 시험입니다. 분명히 기억해야 할 것은 지금까지 우리나라와 전 세계가 방역에 힘을 안 썼습니까? 아무리 우리가 힘을 써도 하나님께서 코로나19를 막아 주시지 않으면 인간의 모든 수고는 헛되고 맙니다. 그러므로 우리가 만민이 기도하는 성전에 나아와 먼저 우리의 죄악을 통회 자복하고 신령과 진정으로 하나님께 예배드리면서 하나님의 치료를 간구해야 합니다.

그런데 코로나19뿐만 아니라 온 세상을 치유해야 할 교회의 문을 닫게 하면 어떻게 되겠습니까? 하나님께 예배드리지 않고 그리스도의 고난에 동참하지 않는 그런 믿음으로 살면 결단코 은혜롭고 행복하고 축복될 수가 없습니다. 그렇게 믿어서 한때는 잘나가는 것 같고 무병장수할 줄 알지만 절대로 그렇지 않습니다. 하나님께서 우리의 생명과 건강을 지켜 주시지 않으면 한순간에 다 무너지고 맙니다.

제가 어렸을 때부터 지금까지 신앙생활하면서 지켜본 바로는 자신의 몸을 사리지 않고 주님과 고통당하는 이웃을 위해서 헌신, 봉사, 충성을 다하신 목사님이나 장로님이나 권사님이나 집사님들이 건강하고 장수하시면서 자손 대대로 하나님 아버지께 귀하게 쓰임 받으면서 크게 영광 돌리셨습니다.

멀리 갈 것도 없이 제가 모시면서 목회훈련을 받았던 노량진교회 림인식 목사님을 봬도 그렇습니다. 항상 교회를 소중히 여기시고 예배를 중시하고 주님과 양 떼들을 위해 가장 큰 희생을 하시면서 모든 것을 다 쏟으신 림인식 목사님은 금년 95세이신데도 그렇게 정정하십니다. 그리고 영광스러운 4대 목사 가정을 이루시고, 그것도 한 노회에서도 총회장을 못 낸 노회가 수두룩한데 부자 총회장님이 되셨습니다. 한국 교회 역사상 부자 총회장님을 내신 두 가정이 있는데 대구제일교회 이상근 증경총회장에 이어 그 아드님이신 연동교회 이성희 증경총회장님이 나왔습니다. 노량진교회 림인식 원로목사님에 이어서 큰아드님이신 평촌교회 림형석 목사님이 대를 이어 한국교회 최대 장자교단의 총회장님까지 되셨으니 이보다 더 영광스러운 축복이 어디에 있겠습니까?

그래서 부족한 종도 모셨던 림인식 원로목사님께 배워서 결단코 저의 몸 사리거나 저의 물질 챙기거나 저의 명예 구하거나 하지 않고 목숨 걸고 목회하고 있습니다. 때로는 부족한 종도 과로로 인해 몸이 지쳐 병들 때도 있는데 그럴 때에도 예배당에 나와 예배를 드리면서 기도를 하거나 찬양을 하거나 말씀을 받는 가운데 말라기 4장 2절에 "내 이름을 경외하는 너희에게는 공의로운 해가 떠올라서 치료하는 광선을 비추리니 너희가 나가서 외양간에서 나온 송아지 같이 뛰리라"고 약속하신 말씀처럼 치료하는 광선을 비추셔서 상한 몸과 마음을 다 치유해 주셔서 이렇게 건강하고 축복 받은 행복한 목사가 되었습니다. 그래서 우리의 생명과 건강이 하나님의 손에 달려 있기 때문에 주님께서 십자가에서 우리의 모든 질병조차도 대신 지심을 확실히 믿고 간절히 기도하는 가운데 얼마나 많은 치유의 기적들이 우리 치유하는교회를 통해 일어났는지 모릅니다.

지지난 주간 청주금식수양관에서 여름산상수련회를 인도하는데 암으로 투병생활을 하시는 우리 교회 협동목사님이 기도하러 올라오셨습니다. 그 전날 암검사 결과가 나왔다고 해서 건강검진 결과가 어떻게 나왔느냐고 물었더니 지난번 안수기도 해줄 때 뜨거운 불이 가슴에 확 들어오더랍니다. 그런데 이번에 검사결과가 나왔는데 큰 암 덩어리가 없어져 버렸다 하더랍니다. 할렐루야!

여러분, 제가 무슨 능력이 있어서 가슴에 불을 확 밀어넣고 큰 암 덩어리를 없앨 수 있겠습니까? 치료하시는 하나님의 권능이 사랑하는 그 목사님의 믿음 가운데 역사하여서 부족한 종의 안수기도를 통해서 나타났던 것입니다. 그래서 야고보서 5장 15-16절에 "믿음의 기도는 병든 자를 구원하리니 주께서 그를 일으키시리라 혹시 죄를 범하였을지라도 사하심을 받으리라 그러므로 너희 죄를 서로 고백하며 병이 낫기를 위하여 서로 기도하라 의인의 간구는 역사하는 힘이 큼이니라"고 분명히 증거하지 않습니까?

그러므로 우리의 모든 질병을 치료하시는 하나님께서 예수님의 십자가에서 우리의 모든 질병을 대신 지게 하심을 믿고 간구하는 자마다 하나님의 기적적인 치료를 뜨겁게 체험하게 될 줄 확실히 믿으시기 바랍니다. 우리는 오늘이 마지막 날이듯이 우리를 치료하시는 하나님만 믿으며 치유의 예수님의 십자가를 붙잡고 성령님의 인도하심을 따라 살아가야 합니다.

그런데 오늘의 현실은 말세 마지막 때의 현상들이 그대로 터져 나오고 있습니다. 저는 오늘 그 어느 때보다도 참담한 심정으로 여러분 앞에 섰습니다. 오늘 새벽기도회 말씀 가운데에도 잠깐 언급했습니다만 지난 수요일 새벽에 대한민국의 국무총리가 1866년, 지금으로부터 154년 전 우리나라에 복음 선교가 된 이후 일제강점기 때나 6·25전쟁 때 공산당이나 내렸던 교회 예배 금지 명령을 내렸습니다. 또 지난 목요일에는 서울특별시에서 10인 이상 모이지 못하는 방역 3단계 조치에 버금가는 집회 금지 명령을 내리는 것을 보면서 갈멜산에서 450명의 바알 선지자들과 홀로 외롭게 사투하던 엘리야 선지자의 심정이 가슴속 깊이 느껴졌습니다. 그래서 지난 사흘 동안 정말 어디론가 떠나버리고 싶은 심정이었습니다.

그런데 지난 목요일 점심때 한 젊은 권사님이 교회로 찾아왔습니다. 그 권사님은 사랑하는 남편을 암 투병 끝에 하늘나라로 떠나보내고 슬픔의 좌절 가운데서 그 빈자리가 너무 커서 우울증이 오면서 영육 간의 고통으로 인해 몸부림치다가 사랑하는 아들과 딸과 함께 찾아온 것이었습니다. 사랑하는 남편과 아버지를 잃은 슬픔도 이겨내기가 너무도 어려운데 주님만 바라보며 새롭게 일어서기로 했다고 했습니다. 그리고는 남편 것을 다 정리했다면서 십일조 헌금으로 5,800만 원을 가져왔는데 예수님께서 칭찬하셨던 과부의 두 렙돈처럼 소중한 헌금이었습니다. 앞으로 남편 없이 두 남매와 살아가려면 경제적으로도 힘들 텐데 사랑하는 남편과 아버지의 빈자리를 메우며 기쁨으로 바치며 믿음으로 일어서려는 모습이 얼마나 감동적이던지, 축복기도를 하는데 제 가슴이 뜨거워졌습니다.

너무도 외롭고 힘들어서 탈진되어 죽기를 구했던 엘리야 선지자에게 바알 신에게 무릎을 꿇지 아니한 7,000명의 하나님의 사람을 남겨두시고 위로해 주셨듯이 오늘도 이 어려운 때에 예배만은 사수해야 한다는, 때로는 이해하기 어려운 부족한 주의 종의 순교신앙에 정부의 탄압과 언론의 주목 속에서도 이름도 없이 빛도 없이 말도 없이 끝까지 따라 주신 우리 치유하는교회의 영적 그루터기인 귀하신 우리 장로님들, 권사님들, 집사님들, 성도님들과 함께 십자가를 지고 가는 주의 종들이 곁에 있다는 것이 얼마나 위로가 되고 힘이 되었는지 모릅니다.

더욱더 힘이 되었던 것은 사흘 동안 새벽에 잠이 안 와 일찍 깨어 주님 앞에 엎드려서 "주님, 너무 힘듭니다. 어떻게 하면 좋겠습니까?" 하고 기도할 때마다 성령님께서 저의 심령을 강하게 사로잡으며 들려주시는 위로의 음성이 있었습니다. "사랑하는 종아, 강하고 담대하라. 고난은 잠깐이지만 영광은 영원함이니라. 나는 너를 위해서 십자가를 졌는데 이제는 네가 나를 위해서 십자가를 져야 하지 않겠느냐?" 하는 주님의 음성이었는데 얼마나 눈물 나도록 힘이 되었는지 모릅니다.

사랑하는 성도 여러분, 우리를 치료하시는 하나님께서는 그의 한 분밖에 없는 아들인 죄 없으신 예수님을 십자가에서 온갖 모진 멸시와 고통 가운데 죽게 하시면서까지 우리를 사랑해 주시고, 그 고통스러운 십자가에서 우리의 모든 죄악과 질병까지도 대신 지시게 하셨습니다. 우리가 이를 확실히 믿는다면 어떠한 환난과 핍박 속에서도 주님께서 부어 주시는 위로의 은혜와 평강과 축복을 누리면서 우리의 남은 생을 주님의 몸 된 교회를 위해, 주님의 복음을 위해, 주님의 영광을 위해 진정으로 의미 있고 보람되고 복된 여생을 자손 대대로 살아가게 될 줄 확실히 믿습니다.

이 시간 다 함께 "십자가 그 사랑"을 다 함께 부르며 믿음으로 결단하도록 하겠습니다.

1. 십자가 그 사랑 멀리 떠나서
무너진 나의 삶 속에 잊혀진 주 은혜
돌 같은 내 마음 어루만지사
다시 일으켜 세우신 주를 사랑합니다
2. 지나간 일들을 기억하지 않고
이전에 행한 모든 일 생각지 않으리
사막에 강물과 길을 내시는 주
내 안에 새 일 행하실 주만 바라보리라
후렴) 주 나를(너를, 우릴) 보호하시고 날 붙드시리
나는(너는, 우린) 보배롭고 존귀한 주님의 자녀라
주 나를(너를, 우릴) 보호하시고 날 붙드시리
나는(너는, 우린) 보배롭고 존귀한 주의 자녀라

저희를 치료하시는 하나님 아버지, 지난날 저희의 죄악과 상처와 질병으로 인해 고통과 불행 가운데 살 때가 얼마나 많았습니까? 그러나 치료하시는 하나님께서 예수님의 십자가에서 우리의 모든 죄악과 상처와 질병을 다 대신 지심을 확실히 믿게 하여 주시옵소서. 그리함으로 아무리 우리를 쓰러뜨리고 죽이려고 달려드는 코로나19까지도 속히 다 물리치게 하여 주시옵소서. 그리하여 여생을 진정으로 주님께서 부어 주시는 은혜와 평강과 축복을 누리면서 주님과 고통당하는 이웃을 위하여 의미 있게 보람되고 복된 여생을 살게 하여 주실 줄 믿사옵고, 예수님의 이름으로 간절히 축복하며 기도하옵나이다. 아멘!

영적으로 승리하라

출애굽기 17:8-16

오늘날 우리는 수많은 불화와 분쟁 가운데 살아가고 있습니다. 조국의 해방 이후에는 남북 간의 대립이 계속되어 왔고, 6·25 전쟁 후에는 지역 간의 차별도 있었고, 빈부간의 격차도 있었고, 세대 간의 갈등도 있었고, 성별간의 대립도 있었습니다. 그런데 요즘에는 이념간의 분쟁이 극도로 심화된 상태입니다. 그러나 그것이 겉으로는 남북 간, 지역 간, 빈부 간, 세대간, 성별간, 이념 간, 심지어 교회 내의 문제인 것 같지만 실제로 우리의 모든 삶의 문제는 영적 싸움입니다. 그것은 하나님의 나라의 역사에 있어서도 계속되어 왔지만 특별히 오늘 본문 가운데 나오는 아말렉과의 전쟁 속에서 우리가 영적 싸움에서 어떻게 승리할 것인가, 이 시간도 들려주시는 하나님의 음성을 다 함께 들을 수 있길 바랍니다.

육적인 세력을 잘 분별해야 함

먼저 본문 8절 말씀을 다 함께 읽겠습니다.

"그때에 아말렉이 와서 이스라엘과 르비딤에서 싸우니라"(출 17:8).

모세가 40년 동안 광야에서 이스라엘 백성들을 인도해 나갈 때 지난번 홍해 앞에서는 죽게 되었다고 절망하며 모세를 원망하였고(출 14:11-12), 그들이 홍해가 갈라지는 기적을 체험하고도 사흘 길 후 마라에서는 목이 마른데 물이 쓰다고 무얼 마시느냐고 불평하며 모세를 원망해서(출 15:24) 하나님께서 모세를 통해 쓴 물을 단물로 바꾸지 않으셨습니까? 그런데 그다음에는 신 광야에서 먹을 것이 없어 굶어 죽게 생겼다고 또다시 모세와 아론에게 원망해서(출 16:3) 하나님께서 하늘에서 아침에는 그들에게 먹을 양식인 만나를 내려주셨고, 저녁에는 메추라기까지 내려주셨습니다. 그런데도 이제 르비딤에 이르러서는 목이 마르다고 물을 찾으면서 또다시 모세에게 원망하며 달려드는 것을 보십시오(출 17:2-3). 그래서 반석을 쳐서 생수가 터지게 합니다.

이처럼 광야시대에 이스라엘 백성들의 불평과 원망은 끊임없이 모세와 아론을 괴롭힌 내부의 적이었다면 출애굽에 이어서 아말렉의 등장은 또 다른 외부의 적이었습니다. 아말렉은 이스라엘 백성들이 출애굽 한 이후에 이스라엘 백성들을 첫 번째로 공격해 온 대적이었습니다. 원래 아말렉은 이삭의 큰아들이었지만 육의 아들이었던 에서의 아들인 엘리바스와 첩 딤나 사이에 난 육의 아들입니다(창 36:12). 아말렉은 원래 '전쟁을 좋아하는 골짜기 거주자'란 뜻으로서 시내 광야지역을 떠돌면서 이스라엘 백성들을 계속해서 괴롭혔던 아주 거칠고 공격적인 유목민들이었는데 아말렉이 명백히 육적인 자손이요 육적인 세력이었음을 밝혀 주신 것입니다.

우리도 믿음으로 살려고 하면 우리의 가정이나 교회 등 내부뿐만 아니라 외부의 직장이나 사회 속에서도 끊임없이 육의 공격을 당하게 됩니다. 그런데 엎친 데 겹친 격으로 이번 코로나19의 확산으로 인해 요즘 다들 얼마나 어렵고 힘들게 살아가고 있습니까?

지난 월요일에 어느 목사님이 "아이구야?"라는 제목의 웃음의 카톡 글을 보내왔습니다.

2020년 올 한 해? 아니 언제 끝날지 모르는 이놈의 코로나 때문에…

100세 되신 할머니 왈, "내가 너무 오래 살았나봐!"

90세 되신 할아버지 왈, "살다 살다 여지껏 이런 난리는 처음이여!"

80세 혼자 사시는 할머니 왈, "그래, 영감 잘 갔어! 세상은 코로나 때문에 정말 큰일이여!"

70세 된 동갑내기 부부 왈, "이제 이 두 늙은이 여행이나 좀 다닐까 했는데 집에만 있네! 방콕이 그래도 낫지!"

60대 되신 아저씨 왈, "꼰대 소리 안 들으려고 젊은이 생각하고 청바지도 샀는데 입고 갈 데가 없어!"

50대 된 자영업자 아저씨 왈, "이제 겨우 자리 잡고 내 사업한다 생각했는데 이렇게 코로나 때문에 꽁꽁 묶여 있으니 나 원 참 기가 막힐 노릇이다!"

40대 노총각 왈, "아이구야! 나도 이제 노총각 딱지 떼고 장가가는 줄 알았는데 이게 뭐야?"

30대 청년 왈, "힘들게 취직했는데 출근도 못하고 있으니 하나 마나지!"

20대 미스 아가씨 왈, "내 S라인 몸매도 뽐내고 예쁜 내 얼굴 자랑할려고 손도 좀 댔는데 요놈의 마스크 때문에…"

10대 남자 어린이 왈, "여드름 짜는 대신 학교와 학원에 가서 마음잡고 공부 좀 하려고 했더니 학교와 학원을 마음대로 못 가다니요?"

다음 달이면 태어날 애기가 하는 말, "엄마, 코로나 무서워 나 좀 더 있으면 안 돼요? 부탁이에요!"

다들 코로나19로 인해 불만이 있어도 웃으시고 힘차게 출발하는 월요일, 주 안에서 모두 모두 승리하세요!

그런데 다들 코로나19의 어려움 속에서도 어떻게 해서든지 예배를 드리며 믿음을 지키려고 하는데 우리의 교회의 생명인 예배를 못 드리도록 계속해서 공격해 옵니다. 그렇다고 해서 우리가 마스크를 안 씁니까? 방역수칙을 안 지킵니까? 그런데 우리나라의 전국에 85,000개에 이르는 교회 가운데서 30여 개 교회가 감염이 되었다고 해서, 더구나 신천지 이단이나 갖가지 문제를 안고 있는 교회에서 확진자가 양산되었다고 해서 코로나19를 종식시켜야 할 교회의 문을 모두 다 닫게 한다는 것이 말이 됩니까? 여러분, 5,000만 국민 중에 1,000만 명이 크리스천이니까 5명 중 한 명 치고는 적게 걸린 건데 교회 문을 닫게 하는 것은 유럽에 유행했던 페스트나 로마 네로 황제 때의 대화재를 기독교를 핍박하는 기회로 악용했던 것과 같습니다.

그런데 지난 수요일 자신들의 이익을 추구하는 대한의사협회 최대집 회장의 말을 들어보셨습니까? "단 한 명의 전공의나 전문의라도 형사 처벌하면 무기한 파업에 들어가겠다"고 선언하는 것 보십시오. 이익집단도 그렇게 강경하게 나오는데 그 놀라우신 주님의 십자가의 은혜를 체험했다는 목사나 장로들은 예배도 아닌 비대면 예배를 드리라고 하니까 아무런 저항도 못하고 교회 문을 닫은 것 좀 보십시오. 우리가 과연 protestant, 비진리에 항거하는 개신교도들 맞습니까? 하나의 이익집단보다 못한, 말세 마지막 때의 생명력 없는 무기력한 교회의 모습 아닙니까?

오죽하면 지난 월요일 오전 한 안수집사님이 '현직 의사의 직격탄'이란 제목의 동영상을 보내주셨습니다. "목사님들, 장로님들, 기독교 신앙이 그렇게 우스운 것이었나요? 지하철 타는 자들의 믿음보다 못한 믿음! 왜 교인들을 교회에 오지 말라고 합니까? 전 국민이 들어야 할 경기도 의사협회 회장의 호소입니다…"라는 동영상이었는데 목사인 저에게 들으라고 하는 소리 같아서 가슴이 뜨끔했습니다.

그래도 말세 마지막 때 이러한 안팎의 탄압 속에서도 부산기독교총연합회와 충남기독교총연합회가 주일성수하며 성전예배를 사수하겠다고 선언했고, 경기기독교총연합회는 다음 주일부터 성전예배로 돌아간다고 선포했습니다. 지난 주일 예배의 신앙을 지킨 영적으로 살아 있는 교회가 정부의 파악에 의하면 서울, 부산, 인천, 경기, 충남 지역만 해도 우리 치유하는교회를 비롯해서 1,837개 교회에 이르렀다니 얼마나 자랑스러운 일입니까?

사실 지지난 주 화요일 정세균 국무총리는 2단계 방역조치를 내려서 실내 50명 이상 집회를 금지한다고 해서 우리는 각 예배실에 50명씩 들어가서라도 예배를 드리고자 계획을 세웠었습니다. 그런데 갑자기 수요일에는 서울특별시가 실내 20명 이상 집회를 금지한다고 발표를 해서 하는 수 없이 우리는 지난 주일 각 예배실마다 흩어져서 방역법의 규정대로 20명씩 모여서 1-4부 예배를 드렸습니다. 주의 종들은 말할 것도 없고 우리 교회의 영적 그루터기인 장로님들, 권사님들, 집사님들, 성도님들, 청년들, 어린아이들에 이르기까지 나와서 예배를 드렸습니다. 사실 그날 TV방송의 감시 카메라 때문에 교회에 못 들어오시고 돌아가신 분들도 많았는데 많은 성도님들로부터 "함께 예배에 동참하지 못해 죄송해요!", "목사님, 힘내세요!", "기도하고 있어요!" 등의 격려 메시지를 받으면서 얼마나 감격의 눈물을 흘렸는지 모릅니다. 저도 지난 주일 설교를 하면서 그 어느 때보다도 감격스러운 눈물이 많이 났지만 그날 함께 예배드린 모든 성도님들도 환난과 핍박 속에서 드리는 예배가 너무도 감동적이고 큰 은혜를 받고 그렇게 감격의 눈물이 많이 났다고 했습니다.

여러분, 휴대폰이나 TV로 보는 온라인 예배를 예배라고 생각하십니까? 그것은 예배를 드리는 것이 아니라 한마디로 말하면 내 편의대로 예배를 보는 것입니다. 그래 가지고 무슨 은혜가 있고 축복이 있고 행복의 감격이 있겠습니까? 우리는 정부의 2.5단계 방역조치로 실내 10명 이상 집회 금지를 할 때도 우리 교회의 영적 그루터기 성도들과 함께 성전을 사수하고 예배실마다 10명씩 모여서 예배드리고 있습니다. 진정한 예배는 적어도 사랑하는 성도들이 하나님의 집인 성전에 나아와 하나님께 드리는 것입니다.

부족한 종은 43년 전 주의 종으로 소명을 받고 나서 갈라디아서 1장 10절, "이제 내가 사람들에게 좋게 하랴 하나님께 좋게 하랴 사람들에게 기쁨을 구하랴 내가 지금까지 사람들의 기쁨을 구하였다면 그리스도의 종이 아니니라"는 말씀을 가슴에 새기며 목회해 왔습니다.

우리는 대체로 무슨 일을 결정할 때 얼마나 나에게 유익한가, 얼마나 우리 편이 많은가, 얼마나 세상 사람들이 좋아할까를 우선시하면서 살아갑니다. 그러나 그러한 마음으로는 당연히 육적인 잘못된 판단과 결정을 낳고 맙니다. 그러므로 우리가 무슨 일을 결정하기 전에 항상 가장 먼저 무엇이 하나님이 기뻐하실 일인가, 교회의 양떼들에게 은혜가 되고 축복이 되고 유익한 것인가, 하나님의 복음의 통로로 쓰임 받을 수 있는가에 주목해야 합니다.

만약에 제가 사람을 기쁘게 하는 목회를 했다면 치유하는교회에 처음 와서 10년 동안 그 힘 있으셨던 장로님들과 안수집사님들과 권사님들과 노회의 그 권세 있던 목사님들과 장로님들과 싸울 이유가 없었습니다. 그래서 삯꾼 목사라면 그저 교인들 눈치 보고 그들의 귀를 간지럽게 하고 입맛에 맞는 말씀만 전해야 교회도 평안하고 목사도 쫓겨나지 않을 것 아닙니까? 그러나 제가 그렇게 했으면 교회는 평안했을지 모르지만 영적으로 다 죽어 버리고, 우리 치유하는교회는 완전히 사탄의 밥이 되고 말았을 것입니다. 그러나 우리는 끝까지 인내하면서 하나님의 편에 섰기 때문에 처음 10년 동안 그 격렬한 영적 싸움도 다 이겨낼 수 있었고, 오늘의 영적인 교회를 이룰 수 있었습니다.

그러므로 우리는 앞으로도 교회 내부의 적뿐만 아니라 외부의 이 정부가 계속해서 이런 식으로 하나님의 교회를 우습게 여기고 교회를 박해한다고 해도 우리는 순교적 각오로 살아 계신 하나님께 대한 신앙을 지키고 성전을 지키고 예배를 지켜 나가야 하는 것입니다. 여러분, 분명히 각성해야 할 것은 이 땅의 어떠한 목사도, 장로도, 권사도, 집사도, 심지어 구청장도, 시장도, 대통령도 살아 계신 하나님께 드리는 예배를 막을 권한은 어떠한 인간에게도 없습니다.

여러분, 다시 한 번 기억해야 합니다. 이 모든 것은 영적인 싸움입니다. 안팎의 육적인 세력과의 영적 싸움입니다. 그래서 그 결말에 대해서 로마서 8장 5-6절에 "육신을 따르는 자는 육신의 일을, 영을 따르는 자는 영의 일을 생각하나니 육신의 생각은 사망이요 영의 생각은 생명과 평안이니라"라고 분명히 증거하지 않습니까? 우리가 육적인 길을 따르면 한때는 힘을 쓸지 몰라도 결국에는 다 고통과 사망으로 끝이 나고 맙니다. 그러나 우리가 육적인 세력을 영적으로 잘 분별하고 영적인 주님의 뜻만 따르면 한때는 아무리 핍박당하고 환난 가운데 있어도 결국에는 생명과 평안의 삶을 살게 되고, 영적으로 기필코 승리하게 될 줄 분명히 믿으시기 바랍니다.

영적인 무기를 잘 사용해야 함

계속해서 본문 12절 말씀을 다 함께 읽겠습니다.

> "모세의 팔이 피곤하매 그들이 돌을 가져다가 모세의 아래에 놓아 그가 그 위에 앉게 하고 아론과 훌이 한 사람은 이쪽에서, 한 사람은 저쪽에서 모세의 손을 붙들어 올렸더니 그 손이 해가 지도록 내려오지 아니한지라"(출 17:12).

모세는 여호수아에게 이스라엘을 대표해서 싸울 병사들을 택하여 나가서 아말렉과 싸우도록 합니다. 그러나 모세는 전쟁의 승패가 이스라엘 병사의 수나 무기나 전술에 있지 않음을 이미 다 알고 모세는 형 아론과 누나 미리암의 남편이었던 훌과 함께 산꼭대기에 올라갑니다. 히브리어로 일반적인 산을 지칭할 때 '하르'(הר)인데 여기서는 '기브아'(גִּבְעָה)로 기록된 것으로 보아서 당시 신전이나 산당을 세웠던 언덕과 같이 낮은 산을 말하는데, 당시 르비딤의 북단에 해발 220m 높이의 '와디 페이란'이라는 산이 있었다고 합니다.

모세가 그 산꼭대기에 올라가서 손을 들면 이스라엘이 이기고, 팔이 피곤해서 손이 내려오면 아말렉이 이겼습니다. 그래서 하는 수 없이 모세를 가운데 앉게 하고 아론과 훌이 양쪽에서 모세의 손을 붙들어서 해가 지도록 팔이 내려오지 않게 하니까 결국 여호수아가 아말렉을 물리쳐 승리했습니다.

여기서 주목해야 할 것은 모세가 손에 홍해를 가를 때 들고 있었던 하나님의 권능의 상징인 하나님의 지팡이를 가지고 올라갔다는 것입니다. 그리고 여기 손을 든다는 것은 당시 이스라엘 사람들이 기도할 때 취하는 자세였습니다. 다시 말하면, 모세가 하나님의 지팡이를 붙잡고 기도로 매달릴 때 이스라엘 병사들이 기적적인 승리를 거둘 수 있었던 것입니다.

우리의 영적 싸움의 승리의 비결도 다른 데 있지 않습니다. 우리가 가지고 있는 돈이나 함께하는 사람의 숫자나 힘 있는 사람들의 백그라운드로 이기는 것이 결코 아닙니다. 그렇다면 우리는 수없이 패배하면서 살아남을 수가 없습니다. 그래서 진정한 승리를 위해서 우리가 꼭 사용해야 할 영적 공격용 무기에 대해서 먼저 에베소서 6장 17-18절에 증거하고 있습니다. "…성령의 검 곧 하나님의 말씀을 가지라…."

가장 먼저 나오는 공격용 무기는 하나님의 말씀인데, 모든 영적 전쟁의 승리를 위해서 우리는 이것이 성경에 근거한 것인가를 먼저 확인해야 합니다. 그래서 우리는 하나님께서 "하라"고 하시면 하고, 하나님께서 “하지 말라”고 하시면 안 하면 됩니다. 그런데 우리는 항상 성경의 근거를 찾기보다는 자신의 이성이나 지식이나 경험에 의해서 판단하고 결정하고 다 자기 뜻대로 살다가 결국 다 패배하고 망하고 맙니다.

요즘 흔히들 비대면(On-line) 예배를 주장하는 사람들은 그 근거 성구로 요한복음 4장 24절의 “하나님은 영이시니 예배하는 자가 영과 진리로 예배할지니라”는 말씀을 많이 인용하는데, 우리는 이 말씀의 배경을 바로 알아야 합니다.

당시 사마리아 수가 성 우물가의 여인은 예수님의 복음 증거를 회피하려고 북이스라엘 사람들은 지금까지 그리심 산에서 예배를 드려 왔는데 당신들, 남유다 사람들은 예루살렘 성전에서 예배드리는데 어느 곳이 옳으냐고 예수님께 질문을 합니다. 그래서 예수님께서는 그리심 성전(평양 봉수교회)이냐, 예루살렘 성전(서울 치유하는교회)이냐가 중요한 것이 아니라고 하십니다. 지금까지는 장소나 가리며 형식적이고 습관적인 예배를 드렸다면 이제는 하나님께서 허락하신 교회에서 예수님의 부활의 생명을 가지고 예배를 드릴 때가 오는데 영(성령)과 진리(성경) 중심의 예배를 드려야 한다는 것입니다. 이 말씀은 우리가 어느 성전에서 예배를 드리든지 중심을 다해서 예배를 드리라고 강조하셨던 것이지, 아무 데서나 예배드리라는 말씀이 아니라는 사실을 영적으로 바로 깨달아야 합니다.

또한 로마서 12장 1절의 “그러므로 형제들아 내가 하나님의 모든 자비하심으로 너희를 권하노니 너희 몸을 하나님이 기뻐하시는 거룩한 산 제물로 드리라 이는 너희가 드릴 영적 예배니라”는 말씀은 어디서나 예배를 드리라는 말씀이 결코 아닙니다. 성전에 나와서 은혜 받고 우리 몸을 하나님이 기뻐하시는 산 제물로 드리는 헌신의 삶을 살라는 말씀으로, 이것이 진정한 영적 예배라는 것입니다. 그런데 이 말씀을 자기 맘대로 해석해서 어디서나 예배를 드려도 된다고 완전히 성경을 왜곡합니다. 이처럼 하나님의 말씀을 자기 마음대로 해석하면서 우리가 언제, 어디서나 예배드리면 된다는 자기 편의의 인본주의 신앙이 결국 말세에 우리로 하여금 무교회주의로 빠지게 하는 사탄의 교묘한 계략이라는 것을 우리는 영적으로 잘 분별하고 물리쳐야 합니다. 그래서 우리가 성경을 바로 배우고 바로 알고 바로 믿고 바로 행해야 하는 것입니다.

하나님께서는 이 예배에 대해서도 구약성경에서부터 보면 믿음의 조상 아브라함에게도(창 22:2), 모세와 아론에게도(출 5:1, 3), 이스라엘 백성들에게도 신명기에서만 해도 열아홉 번이나(신 12:5, 13-14, 21, 26, 14:23, 24, 25, 15:20, 16:2, 6, 7, 11, 15, 16, 17:10, 18:6, 26:2, 31:11, 32:9) '택하신 곳'을 강조하십니다. 그리고 신약성경에 이르기까지 우리가 예배드리기 위해서 항상 우리가 예배를 드릴 '택하신 곳'을 강조하셨습니다. 그래서 하나님께서 특별히 출애굽 후에는 성막에서, 왕정시대에는 성전에서, 포로시대에는 회당에서, 신약시대에는 교회에 이르기까지 항상 '성전예배'를 강조하셨습니다. 하나님께서 우리가 예배드릴 때 그만큼 우리의 믿음의 정성을 요구하셨던 것입니다.

말라기 1장을 읽어 보면 인간의 편의대로 드리는 예배는 하나님께서 단호히 거부하셨습니다. 더 나아가 모든 율법의 핵심인 십계명의 제4계명까지도 "안식일(현재의 주일)을 기억하여 거룩하게 지키라"(출 20:8)고 명령하셨습니다. 또한 예수님께서도 이 땅에 계시는 동안 하나님의 아들로서 언제 어디서나 예배드릴 수 있으셨겠지만 십계명의 가르침을 따라 몸소 꼭 성전이나 회당을 찾는 모범을 우리에게 보여주셨습니다. 그리고 결론적으로 히브리서 10장 25절에서 "모이기를 폐하는 어떤 사람들의 습관과 같이 하지 말고 오직 권하여 그날이 가까움을 볼수록 더욱 그리하자"고 명확히 가르칩니다.

그러므로 우리가 최근의 코로나19의 급속한 확산 속에서도 우리의 생명과 건강과 치유가 하나님의 손에 달려 있음을 확실히 믿고, 하나님께서 우리의 영적인 생명이며 신앙생활의 젖줄인 예배를 드리라고 명령하시면 우리는 그대로 순종하면 됩니다. 그런데도 우리는 여기에 "세상 사람들이 뭐라고 하겠는가?", "벌금형 받으면 어떻게 하겠는가?", "교회 폐쇄령을 내리면 어쩌려고 그러는가?" 등 꼭 인간적인 조건을 붙입니다. 여러분, 우리가 언제부터 세상 사람들의 말을 듣고 예수님을 믿었습니까? 우리가 믿는 분은 주님이시고, 세상의 그 무슨 소리보다도 주님의 말씀을 최우선시해야 하는 것입니다.

노아의 홍수 때 무더운 사막지대에서 홍수로 심판하신다고 방주를 지을 때 주위 사람들이 뭐라 했겠습니까? 다들 "제정신이 아니고 미쳤다!"고 했고, "이 무더운 날씨에 평생 일어나지도 않을 홍수의 심판에 저렇게 헛고생들 하느냐?"고 했고, "그래, 너희들 뜻대로 되는가 보자!"고 큰소리도 쳤습니다. 그러나 아무리 조롱하고 비웃어도 노아의 여덟 가족은 묵묵히 기나긴 세월 가운데 땀을 뻘뻘 흘리면서 믿음의 정성을 다 쏟아 가면서 방주를 지었습니다. 결국 홍수의 심판의 날이 닥쳐왔을 때 죽음 앞에서 그 땅 모든 사람들의 어떠한 이론도, 주장도, 비난도 다 무너지고 말았습니다. 그러므로 우리도 이제는 더 이상 하나님의 복을 잃어버릴 말도 안 되는 성경해석이나 하찮은 자신의 생각이나 이론이나 주장을 더 이상 내세우지 말아야 합니다. 코로나19의 어떠한 위험 속에서도 얼마든지 우리는 방역수칙을 철저히 지키면서도 하나님의 말씀의 명령을 따라 영과 진리로 예배드릴 수 있는 길이 분명히 있습니다.

앞이 막혀서 도저히 길이 안 보일 때 우리가 놓치기 쉬운 영적 무기가 계속해서 에베소서 6장 18절에 나옵니다.

"모든 기도와 간구를 하되 항상 성령 안에서 기도하고 이를 위하여 깨어 구하기를 항상 힘쓰며 여러 성도를 위하여 구하라."

지금까지 우리는 공격용 무기가 하나님의 말씀뿐인 줄 알았지만 사실은 그렇지 않습니다. 하나님의 말씀 다음에 나오는 또 다른 강력한 영적 무기인 기도의 무한한 권능을 우리는 잘 활용해야 합니다.

그런데 일제의 탄압이나 6·25 전쟁 공산치하의 박해를 안 받아 본 말세의 교인들은 '이 편한 세상(?)'의 아파트에 사니 부족함이 없습니다. 더욱이 아파트 몇 채 있고 은행에 돈 몇 억, 몇십억씩 있는 사람들이 뭐가 아쉬워서 하나님께 간절히 울부짖고 금식하며 부르짖고 눈물의 예배의 감격을 어떻게 경험할 수 있겠습니까?

그러나 예수님께서 공생애를 시작하시기 전에 먼저 40일을 금식하시고 광야에서 세 번에 걸친 사탄의 시험을 신명기 말씀들로 다 이겨내셨던 것처럼 우리가 간절히 기도하면 성령님께서 역사하시고 지혜와 능력을 부어 주셔서 길이 열리고 기적적인 최후의 승리가 주어집니다.

강남에 있는 새로운교회를 담임하고 있는 한홍 목사님이 쓴 《결말을 알면 두렵지 않다》는 책 가운데 이런 이야기가 나옵니다. 베트남 전쟁 때 포로가 된 미군들은 하나님의 도우심을 구하며 그들의 생존과 석방을 위해 매일 눈물로 기도하였는데 거룩한 주일예배 한 번 드리는 것이 그들의 간절한 소원이었다고 합니다. 그래서 일주일에 한 번 드리는 예배를 위해 피눈물 나는 준비를 했습니다. 하나님의 말씀을 위해 일주일에 한 번 월맹군 장교 앞에 가서 1시간 동안 성경책을 베껴 쓸 수 있었는데 베껴 써 온 종이도 하루 안에 돌려주어야 해서 각자 성경을 권별로 나누어서 필사적으로 암송을 했다고 합니다. 그래서 말씀을 전하는 시간에는 그 한 주간 서로가 암송한 말씀을 함께 나누었습니다. 성찬식을 위해서는 안 죽을 만큼 배급하는 멀건 수프와 말라비틀어진 빵 조각을 일주일 내내 조금씩 모아서 그걸 나누었다고 합니다. 그리고 찬양도 포로수용소 밖에 들리도록 해선 안 되니까 서로 바라보면서 가사를 입술로만 불렀다고 합니다. 그렇게 힘들게 매 주일 예배를 드릴 때마다 예배를 마칠 즈음에는 모두 다 서로 끌어안고 소리를 내어 엉엉 울면서 예배를 마치곤 했다고 합니다.

여러분, 우리는 코로나19가 두려워서 교회에 못 나오고, 이 정부의 눈치를 보느라고 예배를 못 드리는데 김정은 공산당이 쳐들어오면 몇 명이나 교회에 나올 수 있을까 생각하면 앞이 암담합니다. 순탄하고 형통할 때는 절대 그 신앙을 모릅니다. 환난과 핍박을 당할 때 그의 진정한 신앙이 다 드러납니다. 그래서 주님께서 "인자가 올 때에 세상에서 믿음을 보겠느냐?"(눅 18:8)고 탄식하셨던 것입니다.

그래도 지난 주일에 너무도 감격스러웠던 것은 저와 여러분이 분명히 목격하고 체험하였듯이 그날 우리 치유하는교회가 강서구에서 타깃이 되어서 강서구청, 강서경찰서, 서울특별시청, 행정안전부에서까지 점검하러 나왔습니다. 그리고 SBS TV, KBS TV, YTN TV, CBS TV에서까지 나와서 카메라를 들이대고 여러 기독교신문사들까지 나와서 얼마나 감시가 극심했는지 모릅니다. 허물을 캐내려고 교회 주위를 돌아다니고요, 교회 옆 건물 옥상에까지 올라가서까지 흠을 찾으려고 얼마나 주시했는지 모릅니다. 그런데 성령님이 역사하시니까 그들의 눈을 가려 주시고, 우리 장로님들과 집사님들에게 지혜를 주셔서 그들에게 대답할 말을 부어 주시고 그들을 잘 막아 주셔서 "뱀같이 지혜롭고 비둘기같이 순결하라"(마 10:16)는 말씀처럼 그 어느 때보다도 눈물의 감격 속에서 주일을 거룩하게 지킬 수 있었습니다. 이 모든 결과가 지난 한 주간 예배를 위해서 우리 모두가 합심해서 기도하고 금식하며 매달린 결과요, 성령님의 역사요, 기적의 승리였습니다.

여러분, 절대 영적 싸움은 우리가 계획한 대로도 안 되고, 우리의 힘으로도 안 되고, 우리의 뜻대로도 결말이 안 납니다. 다 지나고 보면 주님께서 사람들을 붙여 주시고 주님 주신 힘으로 이겨내고 주님의 뜻대로 승리하게 됩니다. 그러므로 우리는 이러한 악조건 속에서도 하나님의 말씀과 기도의 영적 무기를 잘 사용하면서 끝까지 이겨낼 수 있길 바랍니다. 그리할 때 어떠한 상황 속에서도 살아 계신 하나님께서 기적적인 영적 승리를 기필코 거두게 해주실 줄 확실히 믿습니다.

평생토록 영적 싸움을 잘해야 함

마지막으로 본문 16절 말씀을 다 함께 읽겠습니다.

> "이르되 여호와께서 맹세하시기를 여호와가 아말렉과 더불어 대대로 싸우리라 하셨다 하였더라"(출 17:16).

이스라엘 백성들이 아말렉을 이기고 승리하게 되자 여호와께서는 후세를 위한 교훈으로 삼기 위해 모세에게 첫 번째 승리의 역사를 책에 기록하도록 하십니다. 그래서 고대 이스라엘에는 '여호와의 전쟁기'(민 21:14)란 책이 있었는데 이 책에 이스라엘이 치른 전쟁들에 대해 계속해서 기록하여 모세의 후계자 여호수아의 귀에 외워서 듣게 하라고 합니다. 그리하여 후대 자손들에게 용기를 주기 위해 하나님께서 어떻게 역사하셨는지를 대대로 증거하였던 것입니다.

더 나아가 모세가 단을 쌓고 그 이름을 '여호와 닛시'(The Lord is my Banner, 여호와는 나의 승리의 깃발)라고 이름 붙였는데 마지막에 여호와께서 하신 말씀을 주목해야 합니다. "여호와가 아말렉과 더불어 대대로 싸우리라." 사실 아말렉과의 전쟁은 다윗 왕 때 아말렉의 전멸로 다 끝나는데(삼상 30장) 왜 하나님께서는 아말렉과 대대로 싸운다고 말씀하셨을까요? 이 말씀의 영적인 의미는 우리의 여생과 자손 대대로 육의 세력과의 영적 싸움이 계속될 때에 주님께서 우리를 위해 대신 싸워 주시고, 결국에는 우리에게 최후의 승리를 주실 것을 약속하신 것입니다.

우리도 흔히 지금 건강하고 복되고 행복하면 평생 그럴 줄 압니다. 그러나 인간의 장래는 아무도 모르고 주님만 아십니다. 그래서 잠언 27장 1절에 "너는 내일 일을 자랑하지 말라 하루 동안에 무슨 일이 일어날는지 네가 알 수 없음이니라"고 경고하시지 않습니까? 그런데 이 땅에 사는 동안 최후의 배후에는 사탄이 있고, 사탄의 종노릇을 하는 육의 세력들이 끊임없이 우리의 가정에 불행을 안겨 주고 직장에도 고통을 주고 교회에도 불화를 일으키면서 우리의 평생토록 육의 세력과의 영적 싸움이 있을 것을 경고하신 것입니다.

그러므로 우리 주님께서 우리를 불러가실 때까지 에베소서 6장 12-13절 말씀을 우리는 결단코 잊어서는 안 됩니다.

"우리의 씨름은 혈과 육을 상대하는 것이 아니요 통치자들과 권세들과 이 어둠의 세상 주관자들과 하늘에 있는 악의 영들을 상대함이라 그러므로 하나님의 전신 갑주를 취하라 이는 악한 날에 너희가 능히 대적하고 모든 일을 행한 후에 서기 위함이라."

우리의 인생의 모든 문제가 가정의 문제이고 직장의 문제이고 교회의 문제 같고 남편과 아내 사이의 문제이고 부모님과의 문제이고 자녀와의 문제 같고 목사의 문제이고 장로의 문제이고 교인들의 문제 같지만, 결국 우리를 불행과 고통으로 몰고 가는 사탄의 무리들, 악의 영들, 육의 세력들이 그 문제의 중심에 있다는 것을 결코 잊어서는 안 됩니다. 그러므로 우리가 결단코 두려워하지 말고 강하고 담대한 믿음을 가지고, 먼저 방어용 무기로서 머리에는 구원의 투구를 쓰고, 가슴에는 의의 호심경을 붙이고, 허리에는 진리의 허리띠를 띠고, 발에는 평화의 복음의 신을 신고, 한 손에는 믿음의 방패를 들어야 합니다. 그다음에 공격용 무기로서 또 다른 손에는 성령의 검 곧 하나님의 말씀을 가지고 모든 기도와 간구로 깨어 구하기를 힘쓰면서, 하나님의 전신 갑주로 영적 완전 무장을 하고 생의 마지막 순간까지 영적 싸움을 해나가야 합니다.

1999년 4월 20일 미국 콜로라도 주 덴버 시 서남쪽에 위치한 리틀턴의 콜럼바인 고등학교에서 고등학생 12명과 교사 1명을 사살하고 24명의 학생들에게 중상을 입힌 충격적인 총기난사사건이 있었습니다. 이 사건은 청소년이 벌인 최초의 대량 살인사건으로 기록되고 있는데, 에릭과 딜런이라는 두 학생이 치밀한 계획을 세워서 기관단총을 들고 교실에 뛰어들어 학생들을 사살하기 전에 한 사람씩 물었다고 합니다. "Do you believe in God?"(너는 하나님을 믿느냐?) 대부분의 학생들이 살기 위해서 "No!"(아니야!) 또는 "Never!"(결코 아니야!)라는 대답을 하면서 살길을 찾았습니다.

그런데 《20세기 마지막 순교 캐시 버넬》이란 베스트셀러가 출판되기도 했습니다만 캐시 버넬(Cassie Bernall)이라는 여학생에게 총구를 들이대면서 "너는 하나님을 믿느냐?"고 물었을 때 그녀는 아무런 두려움도 없이 차분한 목소리로 "Yes, I believe in God!"(그래, 나는 하나님을 믿어!)라고 대답했습니다. 그러자 그들은 캐시의 가슴에 무차별로 총기를 난사해서 모든 사람들은 캐시의 일생은 그렇게 불행하게 끝이 나는 줄만 알았습니다. 그런데 이 사망 소식이 미국 전역에 알려지면서 미국 십대들 사이에 "Yes, I believe in God!"(그래, 나는 하나님을 믿어!)이라는 문구가 새겨진 티셔츠가 불티나게 팔리면서 캐시의 죽음이 결단코 헛되지 않아서 미국 청소년들의 영적 부흥운동의 불길이 뜨겁게 타올랐습니다.

여러분, 우리도 어차피 한번 왔다가 떠나가는 인생인데 어떠한 믿음으로 살다가 우리의 마지막 순간을 맞이해야 하겠습니까? 이번에 우리는 코로나19로 인해 정부의 강화된 방역과 교회에 대한 차별적 탄압 속에서도 그래도 정말 감사한 것은 그날 인원 통제 때문에 1-4부 예배에 참석하지 못한 4,500명에 이르는 성도님들이 1-4부에 이르는 동영상 예배에 동참하면서 수많은 성도님들이 "목사님, 성전이 그리워요!", "예배는 언제 회복돼요?", "기도할게요!", "힘내세요! 우리가 있잖아요!" 등 갖가지 격려문자 메시지가 쏟아져서 얼마나 큰 위로를 받았는지 모릅니다. 이처럼 그 어느 때보다도 가장 큰 감격 속에서 지난 주일 예배를 드렸습니다.

그런데 결정적인 하나님의 위로는 마지막 3부 예배를 인도할 때였습니다. 하나님께서 그날 새 신자까지 보내주신 것입니다. 헌 신자들

(?)은 못 나오는데 새 신자가 온갖 핍박과 감시를 뚫고 본당 안에까지 들어왔으니 저는 그때 심정이 예수님께서 저의 치유하는교회에 찾아오신 것처럼 너무도 감격스러웠습니다. 이처럼 우리는 환난과 핍박 속에서 살아 계신 하나님께 예배만 드린 것이 아니라 온 천하보다 귀한 생명까지 구원할 수 있어서 얼마나 눈물 속에 감격했는지 모릅니다.

여러분, 오늘의 우리를 위협하는 코로나19도, 역사상 가장 힘이 세다는 '바비' 태풍의 피해, 그리고 이어지는 폭염도, 그에 따른 갖가지 질병이나 물질의 손실까지도, 또한 우리 사이의 영적인 갈등까지도, 우리가 다 싸워나가야 할 영적 싸움입니다. 그러나 우리가 주님 부르시는 그날까지 하나님의 뜻을 잘 분별하면서 하나님의 편에 서서 하나님이 주시는 믿음으로 끝까지 인내하면서 "죽으면 죽으리라"는 믿음으로 매어 달리면, 평생토록 우리는 끊임없이 우리의 가정과 직장과 하나님의 교회에 불행과 고통과 파멸의 문제를 안겨주려는 사탄 마귀에게 속은 육적 세력과의 영적 싸움도 주님께서 대신 싸워주시기 때문에 기필코 영적으로 승리케 해주실 줄 확실히 믿으시기 바랍니다.

지난 주일 예배를 드리면서 저는 마치 2-4세기 로마제국의 박해 아래서 초대교회가 캄캄한 지하 무덤이었던 카타콤(Catacomb)에서 예배를 드리는 듯한 뜨거운 감동을 느꼈습니다. 그래서 지난 주간 무명의 크리스천이 기록한 《카타콤의 순교자》(The Martyr of the Catacomb: A Tale of Ancient Rome)라는 책을 구하여 읽게 되었습니다.

보통 카타콤은 4층 규모의 지하 10-15m의 깊이에 폭 1m, 높이 2m 정도의 좁은 통행로와 계단을 통해 곳곳에 방처럼 묘실이 만들어져 있습니다. 한 번 들어가면 나오기 어려울 정도로 수킬로미터의 미로 속에서 지하에 있고 공기가 통하지 않기 때문에 탁하고 어둡습니다.

더구나 죽은 시신들을 보관하는 지하 묘지였기 때문에 시신이 썩는 퀴퀴한 냄새에다가 죽음의 음산한 분위기였는데 왜 초대교회 성도들은 그 고통스러운 지하 무덤을 찾아들어갔을까요? 그 이유는 단 한 가지, 살아 계신 하나님께 예배드리기 위함이었습니다.

그러나 그러한 비밀 예배처까지도 로마 군인들에게 발각이 되면 여지없이 그곳에 있는 모든 신자들이 체포되어 원형경기장이나 원형극장에 끌려나가서 며칠씩 굶주린 사자와 같은 맹수들에게 산 채로 팔과 다리와 몸통이 뜯겨 나가면서 고통 가운데 순교해야만 했습니다. 심지어는 그들에게 더 큰 고통을 주기 위해 불에 태워 화형을 시키기도 하고, 끓는 기름 가마솥에 집어넣어 죽이기도 했습니다. 칼이나 창에 찔려 죽거나 목 베임을 당하는 것은 오히려 짧은 고통의 죽음이었습니다. 그런데 초대교회 성도들은 그러한 소름 끼치는 공포 속에서도 결단코 주님을 부인하지 않았고, 오히려 주님께 구원의 은혜에 감사드리고 천국의 소망 가운데 찬양하면서 묵묵히 순교의 길을 갔습니다.

그런데 그중에서도 가장 충격을 받은 것은 열세 살 난 마카스 셀비리 폴리오라는 어린 소년의 이야기였습니다. 그가 죽임을 당하기 전에 예수님을 부인하면 살려주겠다고 갖가지 회유를 하였을 때 그는 이렇게 담대히 대답을 합니다. "주님은 저를 영원히 살게 하기 위해 자신의 목숨을 주셨어요. 그분에 의해 저는 당신들이 저에게서 빼앗으려고 하고 있는 이 생명보다 더욱 귀중한 생명을 받았어요… 그분은 죽음을 극복할 수 있는 힘을 저에게 주세요. 저는 죽음 바로 그것이 이 고통스런 삶에서 영원히 행복한 삶으로 이끌어 주실 줄 믿어요. 맹수들에게 찢겨 죽든지 불길에 타서 죽든지 저는 아무런 상관이 없어요. 여러분이 저를 위협하는 죽음은 두렵지가 않아요. 저를 천만 번 죽일지라도 두렵지 않아요! 저는 저의 구주를 결코 배신하지 않을 거예요."

그의 최후의 증언이 끝나자마자 곧바로 원형경기장에 끌려가서 군중들의 야유 속에서 굶주린 맹수의 밥이 되길 기다리게 됩니다. 그런데도 그 어린 나이에 의연히 죽음에 맞서 먼저 천국으로 떠나가신 사랑하는 어머니를 그리워하면서 천사와 같이 평안한 얼굴로 "어머니, 지금 그토록 보고 싶었던 어머니 곁으로 가요!" 하고 고백했습니다. 이윽고 "주님이시여, 저의 영혼을 받아 주시옵소서!" 하고 기도하는 순간 굶주린 맹수 떼가 달려들어 온몸을 갈기갈기 물어뜯으면서 흥건한 피만 남긴 채 그렇게 한 어린 소년은 순교자의 길을 가게 됩니다.

이처럼 우리의 신앙의 선배들은 초대교회 때나 일제의 탄압이나 공산당의 박해 속에서도 신앙을 지키고 교회를 지키고 예배를 지키기 위해 기쁨으로 순교자의 길을 갔습니다. 그런데 건강이나 생계문제로 주님 앞에 못 나오신 분들도 계시겠지만 우리가 코로나19가 두렵고 정부의 처벌이 무서워서 우리의 신앙도, 교회도, 예배도 너무 쉽게 저버리는 것 같아 너무나 가슴이 아프고 눈물이 납니다.

사랑하는 성도 여러분, 코로나19가 앞으로 언제 끝날지 우리는 아무도 모르고, 우리 인생도 언제 어떻게 끝이 날지 아무도 모릅니다. 그러나 이보다 더한 환난과 핍박 속에서도 영적인 성도들이 주의 종들과 함께 육적인 세력을 잘 분별하고, 말씀과 기도의 영적인 무기를 잘 사용하면서, 평생토록 영적 싸움을 잘 해나갈 때 우리는 기필코 최후에 영적으로 대역전의 승리를 거두며 복되게 쓰임 받으며 주님께 크게 영광 돌리게 될 줄 확실히 믿습니다.

다 함께 "주의 길을 가리"를 함께 찬양하며 믿음으로 결단하도록 하겠습니다.

1. 비바람이 앞길을 막아도 나는 가리 주의 길을 가리
눈보라가 앞길을 가려도 나는 가리 주의 길을 가리
이 길은 영광의 길 이 길은 승리의 길
나를 구원하신 주님이 십자가 지고 가신 길
2. 험한 파도 앞길을 막아도 나는 가리 주의 길을 가리
모진 바람 앞길을 가려도 나는 가리 주의 길을 가리
이 길은 고난의 길 이 길은 생명의 길
나를 구원하신 주님이 십자가 지고 가신 길
(후렴) 나는 가리라 주의 길을 가리라
주님 발자취 따라 나는 가리라
나는 가리라 주의 길을 가리라
주님 발자취 따라 나는 가리라

저희에게 최후의 승리를 주시는 하나님 아버지, 이 세상 어디를 둘러봐도 희망이 보이지 않는 세대입니다. 그럼에도 불구하고 말세 마지막 때 항상 저희 곁에서 위로하여 주시고 새 힘을 부어 주심을 신심으로 감사하옵나이다. 어떠한 사탄의 계략 속에서도 육적인 세력을 잘 분별하게 하여 주시옵소서. 말씀과 기도의 영적인 무기를 잘 사용하게 하여 주시옵소서. 평생토록 영적 싸움을 잘 해나가게 하여 주시옵소서. 그리함으로 기필코 최후에 영적으로 승리하며 복되게 쓰임 받으며 크게 영광 돌리게 될 줄 믿사옵고, 예수님의 이름으로 간절히 축복하며 기도하옵나이다. 아멘!

참 하나님만 믿으라

출애굽기 20:1-3

지금 우리는 영적 사사시대를 살아가고 있습니다. "…각기 자기의 소견에 옳은 대로 행하였더라"(삿 21:25)는 말씀이 그대로 적용되는 시대인데 이러한 영적 혼란이 우리의 신앙생활에 얼마나 혼란을 가져오는지 모릅니다. 그 결과 우리가 주님 안에서 누려야 할 그 풍성한 은혜와 넘치는 축복과 행복의 감격을 잃어버리고 살아가고 있습니다. 하지만 우리가 출애굽기의 순서를 따라 말씀을 나누는 가운데 십계명의 말씀이 나오는데 이 혼란의 시대에 꼭 필요한 말씀이어서 얼마나 감격했는지 모릅니다.

성경에 나와 있는 율법의 말씀 가운데 '하라'는 말씀이 248가지이고, '하지 말라'는 말씀이 365가지로 합해서 613가지가 있다고 하지 않았습니까? 이 모든 율법의 핵심이 모세가 시내 산에서 하나님으로부터 받은 바로 이 십계명에 요약 정리되어 있습니다.

그런데 우리는 흔히 은혜시대에 사니까 이제는 율법을 안 지켜도 되는 것처럼 착각하고 소홀히 하기 쉽습니다. 그러나 우리가 구원받기 위해서 율법을 지켜야 하는 것은 아니지만 적어도 구원받은 하나님의 자녀가 되었다면 하나님의 법인 율법을 기쁨으로 지켜야 하고, 그중에서도 율법의 핵심인 이 십계명만은 지켜야 한다는 것입니다. 그래서 이 십계명은 출애굽기 20장 3-17절에 이스라엘 백성들이 출애굽한 후에 과거와의 결별의 의미로 주어지고, 또다시 신명기 5장 7-21절에 이스라엘 백성들이 가나안 땅 입성을 앞두고 미래의 천국의 축복과 행복의 감격 속에 살아갈 것을 결단하도록 되풀이해서 강조하였습니다.

그런데 하나님께서 십계명을 말씀하시기 전에 먼저 본문 2절에 "나는 너를 애굽 땅, 종 되었던 집에서 인도하여 낸 네 하나님 여호와니라"고 하시며 자신을 이스라엘 백성들을 430년 애굽의 종살이에서 해방시키신 분임을 밝히십니다. 사실 우리도 죄로 인해 영원히 멸망당할 수밖에 없는 죄인이었지만 죄 없으신 그의 아들 예수님을 이 땅에 보내주셔서 십자가에서 우리의 모든 죄악과 상처와 질병을 대신 지심으로 영원히 살 길을 열어 주시어 하나님과의 관계가 회복되었습니다. 그러므로 우리는 이 십계명을 구원받기 위해서 억지로 마지못해서 죄의식 속에서 지켜 나가는 것이 아니라, 구원받은 하나님의 자녀들이 구원의 감격 속에서 그 놀라우신 주님의 십자가의 사랑과 은혜와 축복에 감사하고 감격하면서 지켜 나가야 한다고 전제하고 있는 것입니다. 그런데 먼저 1-4계명은 하나님과의 관계에서 지켜야 할 계명을 말씀하시고, 5-10계명은 인간과의 관계에서 지켜야 할 계명을 말씀하시는데 오늘 그 첫째 계명의 말씀 가운데 이 시간도 들려주시는 하나님의 음성을 다 함께 들을 수 있길 바랍니다.

가장 먼저 제1계명으로 본문 3절 말씀을 다 함께 읽겠습니다.

"너는 나 외에는 다른 신들을 네게 두지 말라"(출 20:3).

당시 이스라엘 백성들이 탈출했던 애굽은 여러 신을 섬기는 다신교였고, 또한 그들이 들어가려던 가나안도 여러 우상을 섬기는 다신교였습니다. 그러니 그들에게 있어서 가장 근본적으로 필요한 것은 유일하신 하나님을 믿는 신관이었습니다.

우리도 갖가지 종교와 세상의 이념이 수없이 많은 말세의 마지막 때 어떠한 복음적인 신관을 갖느냐 하는 것이 우리의 신앙생활 가운데 근본적으로 중요한 것입니다. 그래서 제1계명이 다른 모든 계명의 근간이 되었듯이 먼저 참 하나님을 믿고 나서 그다음에 이웃과의 관계도 풀어집니다. 그런데 말세 마지막 때가 되니까 참 하나님을 먼저 바로 믿지 않고 이웃부터 생각하는데 그것은 앞뒤가 뒤바뀐 인본주의 신앙이요, 기복주의 신앙이요, 세속주의 신앙입니다. 그러므로 우리가 복음적인 신관을 갖는 데서부터 우리의 참된 신앙생활을 새롭게 시작할 수 있길 바랍니다.

무신론을 물리쳐야 함

이처럼 우리가 복음적인 신관을 갖기 위해서는 가장 먼저 우리의 삶 속에 깊이 뿌리내려 있는 무신론부터 물리쳐야 합니다.

우리 주위에 신은 존재하지 않는다고 하며 자기 자신을 믿으며 사는 사람들이 얼마나 많이 있습니까? 신이 눈에 보이지 않는다고 못 믿는다고 하는 사람은 정신이 없는 사람이라고 할 수 있습니다. 왜냐하면 자기 정신을 눈으로 못 보니까 정신없는 사람 아닙니까? 심지어는 "하나님을 믿지 말고 내 주먹을 믿으라!"고까지 큰소리를 치는 사람도 보았는데 저는 그런 사람을 만날 때마다 그 주먹을 시멘트 콘크리트에 내리쳐 보라고 합니다. 시멘트 콘크리트 하나 이겨내지 못하고 손등이 터지고 피 흘리는 주먹을 뭐 하러 믿습니까? 저는 목회해 오면서 수많은 교인들의 임종을 보았지만 아무리 살아생전에 자신을 믿는다고 큰소리를 치던 사람들도 병들어 죽게 되거나 갑작스런 사고를 당해 죽게 되었을 때는 아무런 저항도 못하고 말없이 떠나갑니다.

우리가 너무도 잘 알고 있듯이 그토록 신은 죽었다고 무신론을 주장하며 큰소리를 치던 세계적인 무신론 철학자 프리드리히 니체(Friedrich Nietzsche)는 매독에 걸려 죽게 되자 "사실 나는 신이다! 그런데 인간으로 변장한 거다…"라는 말도 안 되는 유언을 남기고 세상을 떠났습니다. 그런데 그가 진정으로 신이면 죽음을 극복했어야지 인간으로 변장해서 매독으로 죽는다는 것이 말이 됩니까? 마지막에는 정신이 붕괴되어 미친 사람과 같이 자신의 연약한 궤변만 늘어놓고 횡설수설하다가 떠나갔으니 이 얼마나 불쌍한 인생입니까?

아무리 우리 인간의 지식이 앞서고 문명이 발달하고 능력이 있어 보일지 몰라도 코로나19 전염병에 한 번 감염되고, 8호 태풍 '바비'에 이어서 '마이삭'이라는 9호 태풍이 덮치고 또 '하이선'이란 10호 태풍이 닥쳐온다고 하는데도 우리는 아무런 힘도 쓰지 못하는 것을 보십시오. 여러분, 이렇게 무기력한 것이 바로 우리의 인생입니다. 그래서 시편 53편 1절에 "어리석은 자는 그의 마음에 이르기를 하나님이 없다 하도다 그들은 부패하며 가증한 악을 행함이여 선을 행하는 자가 없도다"라고 탄식하였던 것입니다. 아무리 우리가 의로운 체해도 하나님께서 보시기에는 불의한 죄인입니다.

그래서 프랑스의 수학자요, 과학자요, 철학자요, 유럽의 지성의 최고봉인 블레즈 파스칼(Blaise Pascal)이 쓴 명상록이요, 변증록인 《팡세》(Pensées)에 이런 내용이 나옵니다. "모든 사람에게는 오직 하나님만이 채울 수 있는, 하나님께서 만드신 공간이 있다…나는 내가 곧 죽는다는 사실에 대해서는 안다. 하지만 내가 결코 피할 수 없는 그 죽음이란 것에 대해서는 그 무엇 하나 아는 것이 없다…죽음 뒤에 영원한 삶이 있다고 믿어라! 그래야 참된 삶을 살 것이다. (만일 우리가 죽음 후 천국이 있다면 얼마나 영원히 행복한 삶인가. 그러나 만약에 믿지 않다가 지옥을 맞이한다면 얼마나 영원히 불행한 삶인가)"

그렇습니다. 그래서 우리는 이 땅에 사는 동안 머지않아 갑작스런 죽음을 맞기 전에 살아 계신 하나님을 꼭 만나야 합니다. 그런데 그토록 하나님을 만나려고 몸부림쳤던 사람이 있습니다. 그가 바로 무신론자요, 무관심론자였던 류 월리스(Lew Wallace)입니다. 그는 원래 미국의 작가요, 장군이요, 변호사요, 외교관이었고, 남북전쟁 당시 육군소장으로 북군을 지휘했습니다. 그런데 하루는 그의 친구 잉거솔에게 "기독교의 신화를 영원히 없애 버릴 책을 써서 인류를 그리스도에게 매여 있는 굴레로부터 벗겨 주자!"고 제안을 하면서 도서관에서 성경을 비롯한 모든 기독교 자료들을 수집하여 연구에 들어갔습니다.

드디어 집필을 시작하고 책의 1장에는 예수님에 대한 이야기가 모두 다 거짓이라는 내용을 담았습니다. 그러나 2장의 첫 페이지를 쓰다가 성경을 깊이 연구하면 할수록 예수님이 곧 그리스도(구세주)시라는 사실 앞에서 도저히 부인할 수가 없어 무릎을 꿇고 말았습니다. 그리고 그는 "당신은 나의 주님이시며, 나의 하나님이십니다"라고 부르짖으며 신앙을 고백하게 됩니다.

그 후 그는 그리스도의 신성을 증거하기 위해서 책을 썼는데 그 책이 바로 역사상 가장 위대한 걸작 중의 하나인 《벤허》(Benhur)입니다. '벤허'란 히브리어로 '그의 아들'이란 뜻인데, '하나님의 아들'이신 예수 그리스도를 증거하기 위함이었습니다. 이 책이 1880년에 출판되어 베스트셀러가 되고, 1925년에 영화로 대흥행을 하게 되고, 1959년과 2016년에 리메이크까지 되지 않았습니까? 그런데 류 월리스는 당시 《벤허》에서 예수님의 십자가의 고난에 대해서 이렇게 묘사합니다. "(당시 아무런 인간도 고칠 수 없는 하나님의 천형이라고 불리던 한센병조차도 주님의 은혜와 능력으로 기적적으로 치유함을 받은) 벤허는 먼지와 피투성이가 된 예수님의 얼굴이 갑자기 밝아지는 것을 똑똑히 보았다. 예수는 눈을 뜨고 자신만이 볼 수 있는 하늘의 그 무엇을 바라보는 것이 아닌가! 그의 입술에서는 어떤 외침이 터져 나왔다. 그것은 희열과 승리의 외침이었다. '다 이루었다! 다 이루었다!'"

우리가 살아 계신 하나님을 믿음으로 산다고 하면서 살아 계신 하나님을 진정으로 믿지 못하고 살아갈 때가 얼마나 많습니까? 그러니까 우리를 위해 단 한 분밖에 없는 죄 없으신 아들 예수님을 죽게 하면서 사랑해 주시고 오늘까지 부족함 없는 은혜를 베풀어 주시고 빈손으로 이 땅에 온 우리에게 이렇게 놀라운 축복을 부어 주셨는데도 우리는 입술로만 감사하고, 진정으로 우리의 가슴에서부터 우러나오는 삶의 감사를 하지 못하고 보답도 해드리지 못하고, 자신이 잘 믿어서 코로나19에도 안 걸리고 자신의 신앙이 옳아서 이 어려운 때에도 큰 어려움 없이 지내는 것으로 착각해서는 결코 안 됩니다. 오히려 주님의 십자가의 사랑을 기억하고 지금까지의 주님의 모든 은혜에 감사하면서 하나님께서 우리를 지으신 목적이요, 가장 기뻐 받으시는 성전예배의 신앙부터 회복해야 합니다.

우리가 철저히 방역수칙을 지키면서 얼마든지 살아 계신 하나님께 예배드릴 수 있습니다. 그런데도 믿음 없는 정부의 지시를 따라 성경에 근거도 없는 자기 편의 위주의 인본주의 신앙에 의한 '비대면(On-line) 예배'라는 것을 만들어서 인간 바벨탑을 쌓아놓고 그것으로 예배 다 드렸다고 자위하는 말세 마지막 때 목사나 교인들을 보면서 예수님께서 뭐라고 하시겠습니까? "인자가 올 때에 세상에서 믿음을 보겠느냐?"(눅 18:8)고 탄식하지 않으시겠습니까? 살아 계신 하나님께서 우리의 예배를 진정으로 기뻐 받으시고 우리의 합심기도에 어떠한 질병도 기적적으로 치료하신다는 믿음이 없습니다. 이것이 말세 마지막 때의 신앙인의 불신앙인 것입니다.

그러므로 다른 길이 없습니다. 우리가 깨어서 하나님의 말씀을 깊이 사모하고 묵상하고 기도하고 말씀을 듣거나 읽으면서 살아 계신 하나님을 우리 삶의 현장 속에서 찾고 찾으면 기필코 기적적으로 살아 계신 하나님을 만나게 됩니다. 그래서 이사야 55장 3, 6절에 "너희는 귀를 기울이고 내게로 나아와 들으라 그리하면 너희의 영혼이 살리라 내가 너희를 위하여 영원한 언약을 맺으리니 곧 다윗에게 허락한 확실한 은혜이니라…너희는 여호와를 만날 만한 때에 찾으라 가까이 계실 때에 그를 부르라"고 분명히 명령하지 않습니까? 그러므로 우리도 매일의 삶 가운데 하나님의 말씀 앞에 엎드리고 하나님을 찾고 찾아서, 기필코 살아 계신 하나님을 만나고 하나님의 살아 계신 확실한 증거를 얻게 됨으로써, 말세 마지막 때 우리의 신앙조차도 뒤흔드는 사탄의 역사에 의한 무신론조차도 기필코 물리치게 될 줄 확실히 믿으시기 바랍니다.

다신론에도 속아선 안 됨

인류역사 가운데 인간들은 외롭고 힘들고 삶의 한계와 절망 속에서 스스로 위안을 삼기 위해 수많은 신들을 만들기 시작했습니다. 각 나라마다 있었고 각 민족마다 있어서 그리스·로마 신화도 생겼고, 일본에만 해도 800만 개의 잡신이 있다고 하지 않습니까? 그러나 이러한 다신교에 속아선 안 됩니다.

우리나라도 저희 어렸을 때만 해도 정화수(우물물)를 떠놓고 달을 바라보며 소원을 빌었고, 무당을 데려다가 굿을 하기도 했고, 심지어 요즘처럼 삶이 고통스럽고 불안하면 점집에 가서 점을 치기도 합니다. 그런데 심지어 교회에 다니는 교인들 가운데서도 그런 사람들이 있다고 하는데 요즘처럼 불안하고 막막하면 더욱더 그럴 것 같습니다. 그렇다고 예배 마치고 집에 가다가 교회 가까이 있는 도사집이나 선녀집에 절대 유혹 받으면 안 됩니다. 그런데 믿는다면서 점집에 다니는 사람들 때문에 나온 요즘 최고 인기 가요가 있다고 합니다. "니가 왜 거기서 나와? 니가 왜 거기서 나와?"라는 노래라고 합니다. 그러한 귀신이나 점괘를 통해서 우리의 과거나 현재를 알 수 있을지 모르지만 살아 계신 하나님께서 주관하시는 미래는 가끔은 문고리 잡듯이 맞출지 모르지만 절대로 못 맞춥니다. 그걸 맞출 수 있다면 지기 인생 자기가 뜯어고쳐서 성공하고 부자가 되어 버리지 뭐 하려고 평생 그 일을 하고 있겠습니까? 인간의 생사화복은 다 하나님의 손에 달려 있습니다.

이러한 것들이 다 무속신앙이라면 믿는 신을 두고 경전을 갖춘 종교들도 많습니다. 우리가 주위에 흔히 접하는 불교(사실 모든 사람이 부처가 될 수 있다는 범신론)나 유교(조상신을 섬기지만 자기 수양의 도덕

사상)나 이슬람교(이슬람 신도들이 존경하는 예언자 마호메트를 믿는 종교)가 있는데 이런 인간이 만든 종교들을 분별하지 못합니다. 더욱 가관인 것은 이러한 세상의 모든 종교에 구원이 있다는 종교다원주의가 나오고, 세계종교평화협의회까지 만들고 세계종교문화축제까지 합니다. 또 그런데 그러한 인간이 만든 종교연합행사에까지 참석하는 가톨릭 교회와 개신교회까지 있으니, 그들이 진정으로 하나님의 말씀대로 거듭난 구원의 확신을 지닌 신앙이 있는 것일까요?

그런데도 이렇게 갖가지 다신교를 믿으며 우상숭배도 수용하고 그들과 연합하는 사람들을 사랑이 많고 마음이 너그럽고 포용력이 있다고 합니다. 그러나 물과 기름이 결코 섞일 수 없듯이 진리와 비진리가 결코 합해질 수가 없기 때문에 이러한 그럴듯한 속임수에 절대 속아 넘어가서는 안 됩니다. 그래서 고린도후서 6장 14-17절에 "너희는 믿지 않는 자와 멍에를 함께 메지 말라 의와 불법이 어찌 함께하며 빛과 어둠이 어찌 사귀며 그리스도와 벨리알이 어찌 조화되며 믿는 자와 믿지 않는 자가 어찌 상관하며 하나님의 성전과 우상이 어찌 일치가 되리요…그러므로 너희는 그들 중에서 나와서 따로 있고 부정한 것을 만지지 말라"고 명령하였던 것입니다. 왜냐하면 처음부터 우리가 우상숭배에 빠지는 게 아니라 처음에는 함께하고 사귀고 조화되고 상관하고 일치가 되어 버리고 말기 때문입니다. 그래서 우리는 그들과 따로 있어야 하고, 부정한 것을 만지지도 말아야 합니다.

늘 강조하지만 기독교와 세상 종교의 가장 큰 차이는 세상의 모든 종교들은 자신의 수양이나 도덕이나 고행이나 선행으로 구원을 받으려는 인간이 만든 수도종교입니다. 그러나 인간 스스로 죄의 죽음의 문제를 해결할 수 없기 때문에 기독교는 하나님께서 죄 없으신 아들 예수님을 이 땅에 보내셔서 십자가에서 우리의 모든 죄악과 상처와 질병을 대신 지셔서 믿음으로 구원에 이르게 하는 계시종교입니다. 그래서 불교와 우리 기독교를 엄밀하게 영적으로 비교해서 분별해 보면, 모든 종교가 비슷해 보이는 것 같지만 불교를 상징하는 卍(만자)는 굽은 십자가이고, 독일 나치의 상징인 하켄크로이츠는 불교의 만자를 뒤엎어서 삐딱하게 세워 놓은 것입니다. 그러니 이 모든 것이 다 사탄이 배후에서 만들어낸 것이 아니겠습니까? 그래서 불상을 섬기는 사람들은 정말 영적으로 볼 때 불쌍한 사람들이고, 불교를 믿는 사람들은 결국 영원한 지옥의 불못에서 심판 받을 사람들이라는 것을 분명하게 분별하고 경계하며 복음을 전해서 구원해야 하는 것입니다.

그리하여 요한복음 14장 6절에 "예수께서 이르시되 내가 곧 길이요 진리요 생명이니 나로 말미암지 않고는 아버지께로 올 자가 없느니라"고 증거합니다. 그리고 이어서 사도행전 4장 12절에 "다른 이로써는 구원을 받을 수 없나니 천하 사람 중에 구원을 받을 만한 다른 이름을 우리에게 주신 일이 없음이라"고 확증하였습니다.

그러므로 우리 자신부터 하나님의 아들이신 구세주 예수님에 대한 확신을 가져야 합니다. 예수님에 의해 인류의 역사가 주전(B.C.: Before Christ)과 주후(A.D.: Anno Domini)로 갈라졌고, 주님이 부활하신 주일을 전 세계 인류가 휴일(Sunday)로 쉬고, 성탄절(Chrismas)을 인류 최대의 명절로 지키며, 덕분에 최고의 호황을 누리고 있으면 예수님이나 예수님을 믿는 사람들에게 감사해야 합니다. 예수(이름: 여호와가 구원하신다) 그리스도(직분: 구세주)를 못 믿고 이 땅에 사는 동안에도 예수 그리스도의 십자가를 통한 영혼의 죄악의 용서와 마음의 상처의 치유와 육신의 질병의 치료를 못 받는다면 이보다 불행하고 불쌍한 인생이 어디에 있겠습니까?

그런데도 코로나19 때문에 치유의 복음을 전하는 교회 문을 열고 예배를 드린다고 세상 사람들이 비난하고 기독교의 신뢰도가 떨어졌다는 설문조사 결과까지 나왔다고 하면서 우리의 신앙을 뒤흔듭니다. 그러나 우리가 흔들리지 말아야 할 것은 세상 사람들에게 잘 보이기 위해서 신앙생활을 하는 것이 아니기 때문입니다. 지금까지 신천지 이단이나 우로나 좌로나 치우친 비복음적인 교회들이나 방역수칙을 철저히 못 지켰던 교회들에서 코로나19 확진자들이 많이 나왔다고 해서 코로나19의 확산을 막기 위해 매일 기도하는 교회를 핍박하는 것은 오히려 코로나19를 막지 못하고 현재의 상황을 더욱 악화시킬 뿐입니다. 그런데도 이러한 사탄의 계략을 깨닫지도 못하고 교회마다 "교회가 진심으로 미안합니다!"라는 플래카드를 내거는 것은 교회가 신천지 이단이나 비복음적인 교회들과 똑같이 코로나19의 주범처럼 인정하는 것과 같은 것입니다. 그래서 지난 주간 태풍으로 우리 교회의 "코로나19 함께 이겨내요!"라는 플래카드가 찢어지자 어떤 분이 우리도 "교회가 진심으로 미안합니다!"라는 플래카드를 걸면 어떠냐고 해서 제가 그랬습니다. "우리가 무슨 죄인이나 된 것처럼 그런 소리 하지 마십시오! 왜 영적 분별력을 갖지 못하고 자꾸 사탄의 계략에 속아 넘어갑니까?" 그래서 우리 교회는 "교회가 아픔을 함께 나누고 있습니다!"라고 걸어놓았습니다.

우리는 살아 계신 하나님 앞에서 신앙생활을 한다는 것을 결코 잊어서는 안 됩니다. 세상 사람들을 위한다고 우리의 신앙까지 포기하는 것은 본질적으로 앞뒤가 완전히 뒤바뀐 비복음적인 신앙입니다. 우리가 하나님의 말씀대로 예배드리고 코로나19를 위해서 간구하고 세상의 방역수칙도 잘 지키면서 어둡고 썩어가는 세상 속에서도 모범적으로 살아가면 지금은 오해하고 비난할 수 있지만 언젠가는 세상 사람들도 우리의 진심을 알고 우리에게서 감동을 받고 변화될 날이 꼭 다가옵니다. 그러므로 우리가 이러한 영적으로 혼탁한 말세 마지막 때 하나님의 말씀에 근거해서 기도하면서 영적 분별력을 가지면 참된 진리의 살아 계신 하나님을 만나게 되고, 결단코 인간이 만든 세상의 갖가지 다신교에 속지 않게 될 줄 확실히 믿습니다.

유일신 하나님을 믿어야 함

우리는 이러한 무신론을 배척하고, 다신교에 속지 말고, 유일신이신 하나님을 믿어야 합니다. 우리는 하나님의 말씀인 성경을 통해서 유일신 하나님을 만나게 됩니다. 에베소서 4장 6절에 "하나님도 한 분이시니 곧 만유의 아버지시라 만유 위에 계시고 만유를 통일하시고 만유 가운데 계시도다"라고 증거할 뿐만 아니라 살아 계신 하나님은 만왕의 왕이요 만복의 주가 되십니다. 그래서 로마서 11장 36절에 "이는 만물이 주에게서 나오고 주로 말미암고 주에게로 돌아감이라 그에게 영광이 세세에 있을지어다 아멘" 하고 증언합니다.

사실 하나님의 말씀인 성경에 보면 전 세계의 어느 경전에도 없는 천지 창조(창 1장)로부터 시작해서 인간의 창조(창 2장)와 노아의 홍수의 심판(창 6-8장)과 세 인종의 기원(창 9-10장)과 언어의 분류(창 11장)와 인류의 구원(사 53장; 마 27장; 막 15장; 눅 23장; 요 19장), 핵폭탄에 의한 인류의 심판(벧후 3장)과 영원한 천국(계 21-22장)에 이르기까지 인류의 기원부터 시작해서 마지막 심판에 이르기까지, 영원부터 영원까지 이렇게 체계적으로 말씀하시고 기록하도록 하신 분은 여호와(יהוה, 스스로 계신 분) 하나님(אֱלֹהִים, 강하신 분)밖에 안 계십니다. 그래서 전 세계 인구의 1/3이 이 하나님을 믿을 뿐만 아니라 전 세계에서 가장 큰 복을 받고 앞서 가는 선진국가들인 미국, 캐나다, 영국, 프랑스, 독일, 이탈리아, 스위스, 오스트리아, 스웨덴, 노르웨이, 핀란드, 오스트레일리아, 뉴질랜드 등이 다 크리스천 국가들입니다.

그런데 이처럼 우리가 믿는 복음이 그냥 생겨난 것이 아닙니다. 그 수많은 핍박과 박해 속에서도 이스라엘 예루살렘부터 시작해서 로마, 스위스, 독일, 프랑스, 영국, 미국을 거쳐서 지금으로부터 154년 전인 1866년 9월 5일 대동 강변에서 토마스 선교사님이 순교하시면서 우리나라에까지 전해졌습니다. 그리고 우리나라가 하나님의 축복 속에 개화가 되고 근대화가 되고 민주화가 되고 복지화가 되고 세계화까지 되었습니다. 또한 우리 개인이나 가정도 예수님을 믿고 이렇게 은혜 받고 축복 누리고 행복해졌습니다.

그런데 한국 교회가 주님과의 처음 사랑을 저버리고 말세 마지막 때의 라오디게아 교회처럼 "나는 부자라 부요하여 부족한 것이 없다"(계 3:17)고 하고 있습니다. 그런데 요한계시록 3장 16절에 "네가 이같이 미지근하여 뜨겁지도 아니하고 차지도 아니하니 내 입에서 너를 토하여 버리리라"고 경고하십니다. 그렇기 때문에 한국 교회의 촛대가 이제는 중국 교회에 넘어가 버린 것입니다.

우리나라에서도 선교사를 많이 파송했지만 중국에 가보면 우리 어렸을 때 예수님을 믿는 것처럼 얼마나 뜨겁게 믿는지 모릅니다. 13억의 인구 중에 1억 명이나 크리스천이 되어서 지금 중국은 옛날의 중국이 아닙니다. 하나님의 축복 속에 이제는 정치, 경제, 과학, 군사, 외교에 이르기까지 미국과 겨룰 수 있는 세계 2대 강국이 되었습니다. 그런데 이것이 하나님의 축복인 줄 몰라보고 시진핑 정권이 정치를 잘한 때문인 줄 알고 교만해져 오히려 기독교를 박해하려다가 우한에서 코로나19가 터져 나와서 결국 전 세계의 지탄의 대상이 되고, 미국과도 극도의 대립관계에 빠지고 만 것입니다.

코로가19가 우리나라에도 신천지 이단들에 의해 전파되어서 한국 교회와 우리 정부가 손대지 못했던 신천지 이단을 격파할 수 있었습니다. 또한 매일 밤 이태원에서 수천 명의 동성애자들이 광란의 밤을 지새운 것을 우리는 몰랐는데 하나님께서 다 들춰 주셨습니다. 또한 이 혼란한 말세 마지막 때 좌로나 우로나 치우치지 말고 우리나라를 영적으로 바로 이끌어 나가야 할 교회가 이념에 빠져서 온통 하나님의 영광을 가리니까 8·15집회를 통해 교회의 문까지 닫히고 하나님께서 가장 기뻐하시는 예배까지 제약을 받고 있는 것입니다. 이 모든 것이 다 인간의 우연 같지만 하나님의 섭리 가운데 진행되어 온 역사임을 영적으로 잘 분별해야 합니다.

그러므로 우리가 유일신 하나님의 살아 계심을 믿게 될 때에 이러한 주님을 믿는 확실한 증거를 우리의 삶 가운데서 보여줄 수 있어야 합니다. 인간의 생사화복이 살아 계신 하나님의 손에 달려 있다고 확실히 믿는다면 더 이상 코로나19에 대해서 두려워할 이유가 없습니다. 더더욱 정부의 처벌이 무서워해서 주일성수와 성전예배의 신앙까지 결단코 흔들려선 안 됩니다.

그런데 코로나19로 인헤 최근 충남 아산의 한 목사님이 교회 정문 앞에 붙인 안내문을 보고 "시골 목사가 내건 대자보가 엄청난 반전"이라고 언론이 호들갑을 떨고 있습니다. 그 내용은 이렇습니다. "예배드리면 죽인다고 칼이 들어올 때 목숨을 걸고 예배드리는 것이 신앙입니다. 그러나 예배 모임이 칼이 되어 이웃의 목숨을 위태롭게 하면 모이지 않는 것이 신앙입니다(모든 모임 잠정 연기, 가정예배 전환).” 지금 이 정도의 정부의 박해에도 꼼짝도 못하고 교회 문을 닫고 예배에 안 나오는 목사님들과 교인들이 공산당이 내려와서 교회 나오면 다 죽인다면 그때는 더 열심히 잘 나올 줄 아십니까? 더구나 교회가 방역수칙 철저히 지키면서 코로나19의 한시라도 시급한 퇴치를 위해 기도하며 예배드리는 것이 무슨 이웃에게 칼이 되어 그렇게도 이웃의 목숨을 위태롭게 합니까? 더욱이 사람들이 많이 모이는 공공관청이나 직장이나 마트나 지하철은 왜 이웃에게 칼이 안 되고, 오히려 코로나를 막기 위해 기도하는 교회만 이웃에게 칼이 됩니까? 사람들만 모이면 이웃에게 칼이 됩니까? 막 읽으면 그럴듯한 글이지만 얼마나 말도 안 되는 궤변입니까? 그런데도 신앙이 없는 세상 사람들은 자기들을 위한 말을 들으면 다들 좋아합니다.

그러나 인간 상식이나 사회통념을 따라가는 것은 신앙이 아닌 도덕이나 윤리일 뿐입니다. 더구나 사람들을 의식하고 사람들에게 잘 보이기 위해 하는 신앙생활은 위선이고 가식이지 결코 진정한 신앙은 아닙니다. 진정한 신앙은 인간의 도덕이나 윤리를 뛰어넘어서 하나님께서 뭐라고 말씀하시고, 하나님께서 어떻게 인도하시고, 하나님께서 어떻게 영광 거두길 원하시는가 하는 하나님의 말씀과 그의 뜻을 따르는 것입니다. 그런데도 어제 인터넷에도 나왔는데 이젠 목사만 봐도 식겁한다는 ‘기독교 포비아(Phobia, 공포증)’까지 선동하고 나서기 시작했으니 이 얼마나 교묘하고 교활한 사탄의 거짓 공세입니까?

실제로 5,000만 명 국민 중 1,000만 명이 기독교인이라면 지금까지 우리나라 코로나19 확진자 21,000여 명 가운데 4,000여 명은 기독교 신자여야 하는데 실제로는 그의 1/4인 1,000여 명밖에 안 됩니다. 그런데도 이 모든 코로나19가 교회에서 확산된 것처럼 비방하고 하나님께서 기뻐하시는 예배를 금지하는 것은 이 모든 일의 배후에서 조정하는 사탄만이 기뻐할 일입니다. 더구나 우리나라의 한 해 암으로 죽는 사람이 79,000여 명이고, 독감으로 죽는 사람이 4,400명이고, 교통사고로 세상을 떠나는 사람이 3,300여 명인데 지금까지 코로나19로 죽는 사람이 330여 명으로 치사율이 역대 전염병 중에서 제일 낮습니다. 또 감염률이 아무리 높다고 해도 한 해 독감으로 죽는 사람들의 1/10도 훨씬 안 됩니다. 그런데 우리가 독감 위험하다고 예배를 안 드린 적이 없는데 정부나 언론은 3-4년에 한 번씩 오는 전염병 중 치사율이 가장 낮은 코로나19가 뭐가 그렇게 두려워서 이러한 전염병을 치유해야 할 교회부터 막습니까? 또 그 세상 논리에 넘어간 목사, 장로들이 왜 예배를 못 드리게 하는지 우리의 신앙의 양심으로서 도저히 이해할 수가 없습니다. 결국 성령님의 치유의 역사를 다 막고 마는 것입니다.

더구나 이렇게 갖가지 이념이나 증오심으로 쫙 갈라진 세상을 영적으로 치유해 나가야 할 교회마저도 진보와 보수로 갈라져서 비복음적인 대형교회와 진보주의 교회들이 언제부터인가 정부와 언론과 손을 잡고 하나님의 말씀보다도 세상 사람들의 여론을 더 우선시하고 교회가 이웃의 생명을 해친다고 비난합니다. 또 성전 건축 대출금과 교회 임대료 및 재정을 위해서 교회 문을 연다고 비방하면서, 순교 신앙을 이어가고 교회를 지키고 예배를 사수하려는 복음적인 교회들을 국민의 건강을 위협하는 몰상식한 이기집단으로 매도하고 있습니다. 그걸 보면 이 땅이 한일합병 될 때 "오호, 통재라!" 하고 통곡하면서 자결했던 충신들이 떠오르고, 교회가 신사참배 할 때 옥중에서 "오, 주여! 한국 교회를 용서해 주옵소서!" 하고 통회했던 순교자들이 떠오릅니다.

그러나 세상의 이익집단인 대한의사협회는 국민의 생명을 담보로 위협하면서 집단이기주의로 일사분란하게 뭉쳐서 결국 지난 4일(금) 새벽에 정부, 여당과의 협상에서 우리 국민들에게 의대정원 확대와 공공의대 신설을 원점 재검토로 돌려 버리는 것을 보십시오. 그러나 교회의 목사, 장로들은 다 뿔뿔이 흩어져 버리니까 말만 앞서고 실제로 세상에 대해서 더 이상 복음의 영향력을 행사하지 못합니다. 이처럼 무력해진 말세 마지막 때의 교회들의 모습을 보면서 참으로 처참한 심정을 금할 길이 없습니다.

그러나 우리 치유하는교회 성도들은 오늘도 주의 종들과 함께 영적인 장로님들, 권사님들, 집사님들이 합심 합력하여 곳곳의 예배실에 흩어져서 예배 신앙을 사수하고 있습니다. 교회를 세상의 마트나 시장 정도로 착각하고, 주님의 몸 된 거룩한 교회를 세상의 공공의적으로 만들려는 사탄의 교묘하고도 교활한 계략이 깔려 있다는 것을 영적으로 잘 분별하고 대적해야 합니다. 이러한 인본주의, 세속주의, 기복주의 신앙들을 물리치고 성경에 근거한 철저한 복음주의 신앙으로 똘똘 뭉쳐서 하나님께서 우리를 구원하신 목적이요, 하나님께서 가장 기뻐 받으시고 우리의 신앙과 교회의 생명인 예배를 끝까지 지켜나갈 수 있길 바랍니다.

우리는 이러한 말세 마지막 때일수록 온갖 환난과 핍박 속에서도 만왕의 왕이시요, 만유의 주이신 살아 계신 하나님께 대한 믿음을 끝까지 붙잡고 승리하며 나아가야 합니다. 그리할 때 믿음장인 히브리서 11장 1-2절에 “믿음은 바라는 것들의 실상이요 보이지 않는 것들의 증거니 선진들이 이로써 증거를 얻었느니라”고 분명히 증거하지 않습니까? 우리가 믿음을 가지면 미래의 바라는 것들이 실제로 이뤄지고, 과거에 보지 못한 것들의 확실한 증거를 얻게 됩니다.

그래서 우리가 하나님의 말씀과 기도로써 영적 싸움을 이루면서 얼마나 믿음으로 몸부림치며 살아왔습니까? 그리하여 우리가 십자가의 대속의 은혜를 믿음으로 지난날의 어떠한 죄악들도 다 용서함을 받고 얼마나 구원의 감격 속에 살아왔습니까? 또한 지난날의 어떠한 상처조차도 우리가 체험한 십자가의 사랑으로 용서함으로 인해 얼마나 행복의 감격 속에 살아왔습니까? 더 나아가 지난날의 어떠한 질병조차도 십자가의 치유의 능력을 믿음으로 말미암아 얼마나 기적적인 치료 가운데 오늘날까지 이렇게 건강하게 살아왔습니까?

지난주 목요일 저녁, 목사님, 장로님 몇 분과 함께 식사할 기회가 있었습니다. 그런데 부산의 한 장로님을 만났더니 딸이 아칸토아메바에 감염되어 실명의 위기 가운데 있을 때 제가 15년 전에 부산 대지교회에 갔다가 안수기도를 해드린 것뿐인데 기적적으로 치료되었다는 말씀을 하셨습니다. 또 한 목사님은 지난 6월에 대전에 집회를 갔다가 딸이 결혼한 지 몇 년 되었는데 자녀가 없다고 걱정하셔서 그저 새벽마다 기도해 드렸는데 딸이 쌍둥이를 가졌다는 것입니다. 이러한 기적의 역사들이 어떻게 인간의 힘으로 가능합니까?

이제는 우리가 평생을 유일신 하나님을 확신하고 믿음의 기적을 체험하며 살아가야 할 때입니다. 그리하여 히브리서 11장 6절에 "믿음이 없이는 하나님을 기쁘시게 하지 못하나니 하나님께 나아가는 자는 반드시 그가 계신 것과 또한 그가 자기를 찾는 자들에게 상 주시는 이심을 믿어야 할지니라"고 증거하는 것입니다. 다시 말하면, 하나님께 나아가는 자는 반드시 그가 살아 계신 분이심을 믿고, 그가 자신을 찾는 자들에게 이 땅에서는 복을 주시고 하늘에서는 상을 주시는 이심을 믿어야 합니다. 그리할 때 먼저는 이 땅 위에 사는 동안 믿음의 복을 누리고, 머지않아 우리가 다 세상을 떠날 텐데 하늘나라의 상인 면류관을 누리게 될 것입니다. 말세 마지막 때 우리에게 닥쳐온 선한 싸움을 싸우고 믿음을 지킨 자에게는 의의 면류관(딤후 4:7-8)이 주어지고, 시험을 참고 죽도록 충성을 다한 자에게는 생명의 면류관(약 1:12; 계 2:10)이 주어집니다. 또 양 무리의 본이 된 자에게는 영광의 면류관(벧전 5:2-4)이 주어지고, 많은 영혼을 주님께 돌아오게 한 자에게는 소망이나 기쁨이나 자랑의 면류관(살전 2:19-20)이 주어집니다.

그러므로 말세 마지막 때 코로나19로 인해 갖가지 환난과 핍박이 주어져도 우리의 예배신앙부터 회복하고, 우리는 유일신 참 하나님께 대한 믿음을 자손 대대로 끝까지 지켜 나갈 수 있길 바랍니다. 그리할 때 우리는 이 땅에 사는 동안에도 기적적인 주님의 은혜와 축복을 누리고, 머지않아 주님 앞에 서게 될 때 하늘의 상과 면류관을 모두 다 누리게 될 줄 확실히 믿으시기 바랍니다.

지난 주일 우리가 사랑하고 존경했던 이금선 사모님이 하늘나라로 떠나가셨습니다. 이 사모님은 부군 되시는 노태현 목사님을 만나서 결혼하시고 충북 평나리교회, 군산 부활교회 등 시골교회들을 섬기시면서 57년간 목회를 하셨습니다. 은퇴하시고 서울로 올라오셔서 2001년에 우리 치유하는교회에 등록을 하셨습니다. 주의 종들은 가슴에 맺힌 것을 강단에서나 목회를 하면서 푼다고 하지만 사모들은 어디 풀 데도 없어 너무나 가슴 아프고 눈물 날 일이 많을 텐데 이 사모님은 일평생을 주의 종의 사모로서 너무도 어렵고 힘드신 가운데에도 이름도 없이 빛도 없이 말도 없이 묵묵히 내조를 잘하셨습니다. 그것만도 귀하신 일인데 다섯 따님도 믿음으로 잘 길러서 둘째 따님이 동대문구에 있는 수산교회 담임목사님 사모님이 되고, 세

따님이 우리 교회에 나와서 충실하게 봉사하고 있습니다.

목사님은 계속해서 전방의 목회자가 없는 군인교회였던 전방의 태풍수색대대교회에 가서 말씀을 전하시고, 사모님은 따님들과 함께 한 주일도 빠짐없이 나오셨는데 목사님은 3년 전에 87세를 일기로 하나님의 부르심을 받으셨습니다. 그 후 사모님은 3년 전 가장 치사율도 높고 고통스럽다는 췌장암을 발견하고 수술하셨는데 다시 재발해서 병원에서 1년밖에 더 못 사신다는 판정을 받았습니다. 그런데 하나님께서 사모님의 믿음과 다섯 따님들과 온 성도들의 간절한 기도에 기적적으로 응답하셔서 믿음으로 2년을 더 사셨습니다.

그런데 사모님의 말년에 부족한 종이 큰 감동을 받은 일이 있었습니다. 마지막 한 달, 거동이 힘드셔서 둘째 따님 곁의 요양병원에서 생의 마지막 한 달을 보내실 때를 제외하고는 그렇게 고통스러운 췌장암 말기인데도 항상 주의 전을 사모하고 주일은 꼭 지켜야 한다는 믿음을 지키셨습니다. 그렇게 고통스러워서 누워 계시다가도 주일에 교회에 나오시기 위해 금요일에 영양제 주사를 맞으시고 주일을 기다리시다가 세 따님과 함께 저 멀리 가양동에서 꼭 3부 예배에 나오셨습니다. 그리고 안수기도를 받으셨는데 생김새도 꼭 저의 어머니를 닮으셔서 어머님을 위해서 기도해 드리듯이 정성을 다해 간절히 기도해 드리고 안수기도 후 꼭 볼을 비비면서 어머님의 사랑을 느끼면서 또 한 주간도 건강하시길 간절히 기도해 드렸습니다.

그런데 하늘나라로 떠나가시기 두세 달 전에 안수기도를 받은 후 봉투를 하나 전해 주셨는데 거기에 한 장의 메모지가 들어 있었습니다. 지금도 저의 성경책 사이에 꼭 끼워 가지고 다닙니다만 은퇴하신 목사님 사모님이 무슨 돈이 있으시겠습니까? 그런데도 거기에 그렇게 쓰여 있었습니다. “나의 목사님, 목사님께 양복 한 벌 해드리는 것이 제가 꼭 하고 싶은 소원 중의 하나입니다." 얼마나 가슴 뭉클한 사모님의 사랑이 느껴지던지, 지금도 저의 가슴 속에는 어머니와 같은 깊은 사랑으로 남아 있습니다.

한 달 전에 건강이 안 좋아지셔서 사위 목사님이 목회하시는 동대문구 수산교회에서 가까운 요양병원으로 옮기셨습니다. 매주 시간이 날 때마다 찾아가 뵙곤 했는데 지지난 주 금요일 마지막 임종예배를 드리러 가기 전주까지만 해도 강한 진통제 주사액으로 인해 의식이 흐릿하신 가운데에도 "사모님, 김 목사 왔어요!" 하니까 눈을 부릅뜨시고 묻는 말에도 "네! 네!…" 하고 대답하셨습니다. "다음 주에 다시 뵐 때까지도 건강하게 잘 지내세요!" 하고 떠나왔는데 지난 주일 오후 사모님이 평생을 좋아하시던 찬송가 384장 찬송 소리를 들으시면서 이 땅의 사명 다 마치시고 86세를 일기로 주무시듯이 평안하게 하늘나라로 떠나가셨습니다.

1. 나의 갈 길 다 가도록 예수 인도하시니
   내 주 안에 있는 긍휼 어찌 의심하리요
   믿음으로 사는 자는 하늘 위로 받겠네
   무슨 일을 만나든지 만사 형통하리라
   무슨 일을 만나든지 만사 형통하리라
2. 나의 갈 길 다 가도록 예수 인도하시니
   어려운 일 당한 때도 족한 은혜 주시네
   나는 심히 고단하고 영혼 매우 갈하나
   나의 앞에 반석에서 샘물 나게 하시네
   나의 앞에 반석에서 샘물 나게 하시네
3. 나의 갈 길 다 가도록 예수 인도하시니

그의 사랑 어찌 큰지 말로 할 수 없도다
성령 감화 받은 영혼 하늘나라 갈 때에
영영 부를 나의 찬송 예수 인도하셨네
영영 부를 나의 찬송 예수 인도하셨네

사랑하는 성도 여러분, 우리도 머지않아 곧 다들 떠나갈 텐데 이 사모님에 비하면 우리는 얼마나 젊고 얼마나 건강하고 또 많이 배우고 가진 것도 많습니까? 그러나 높은 지위에 오르고 돈 좀 벌어놓고 쌓아놓아도 머지않아 살아 계신 하나님의 심판대 앞에 서게 될 때 주님과 고통당하는 이웃을 위해 쓰이지 않은 세상 것들은 다 바람에 나는 겨와 같이 다 날아가고 사라지고 아무 쓸모도 없습니다. 그러나 우리가 가진 것 없고 모아둔 것 없고 내세울 것 없어도 어떠한 어려움 속에서도 우리를 유혹하고 시험하는 무신론을 다 물리치고, 다신론에도 속지 않고, 유일신 참 하나님만을 믿고 주님과 고통당하는 이웃을 위해 살아가야 합니다. 그리할 때 우리는 이 땅에 사는 동안에도 복되게 쓰임 받고 영광 돌리고, 머지않아 하늘나라에 이르러서도 영원한 상과 면류관을 누리게 될 줄 확실히 믿습니다.

우리 다 함께 결단의 찬송으로 "주님 다시 오실 때까지"를 함께 부르며 믿음으로 결단하도록 하겠습니다.

주님 다시 오실 때까지
나는 이 길을 가리라
좁은 문 좁은 길
나의 십자가 지고
나의 가는 이 길 끝에서

나는 주님을 보리라
영광의 내 주님
나를 맞아 주시리
주님 다시 오실 때까지
나는 일어나 달려가리라
주의 영광 온 땅 덮을 때
나는 일어나 노래하리
내 사모하는 주님
온 세상 구주시라
내 사모하는 주님
영광의 왕이시라

살아 계신 하나님 아버지, 갖가지 삶의 고난 가운데서도 말세 마지막 때의 극심한 안팎의 환난과 핍박 속에서도 저희의 소망과 위로가 되어 주심을 진심으로 감사드립니다. 하나님이 없다 하는 무신론을 다 물리치게 하여 주시옵소서. 갖가지 우상을 섬기는 다신론에도 속지 않게 하여 주시옵소서. 오직 유일신 참 하나님만 믿고 섬기게 하여 주시옵소서. 그리함으로 남은 생애도 진정으로 복 되게 쓰임 받으며 영광 돌리고 하늘나라의 상과 면류관을 바라보게 하실 줄 믿사옵고, 예수님의 이름으로 간절히 축복하옵고 기도하옵나이다. 아멘!

우상을 만들지 말라

출애굽기 20:4-6

인생은 자신들이 사모하고 흠모하는 우상을 만들고 살아갑니다. 하나님으로만 채워질 수 있는 마음의 공허함을 인간적이고 육신적이고 세상적인 방법으로 채우려고 합니다. 그러나 그러한 우상을 만드는 것은 우리에게 결코 만족이 될 수가 없고 자신에게 불행을 가져올 뿐만 아니라 자손들의 축복까지도 다 막아 버리고, 결국에는 하나님의 영광까지도 다 가려 버리고 맙니다.

그래서 본문 5절 하반절부터 6절에 다음과 같이 경고하십니다.

> "… 나 네 하나님 여호와는 질투하는 하나님인즉 나를 미워하는 자의 죄를 갚되 아버지로부터 아들에게로 삼사 대까지 이르게 하거니와 나를 사랑하고 내 계명을 지키는 자에게는 천 대까지 은혜를 베푸느니라."

하나님은 질투하시는 하나님이시기 때문에 하나님을 미워하는 자의 죄를 갚되 아버지로부터 아들에게도 삼사 대까지 이르게 하신다는 것입니다.

그래서 머레이 보웬(Murray Bowen)이라는 다세대적 가족치료학자(Multi-generational Family Therapist)가 가계에 흐르는 죄의 저주에 대해서 연구한 결과 이 말씀이 그대로 증명되었습니다. 첫째 신체 질병, 둘째 정신 질환, 셋째 가정 불행, 넷째 사회 비행, 그리고 저는 여기에 더해서 다섯째 영적 문제까지를 포함시킵니다. 보웬 박사는 부모님의 문제가 자손 3-4대에 이르게 된 것을 최초로 발견하게 되었는데 이것은 지금으로부터 적어도 3,400-3,500년 전인 모세 시대에 성경에 이미 예언하셨던 말씀이었습니다. 그러니까 성경이 얼마나 놀라운 치유서인가를 다시 한 번 증명해 보인 것입니다.

덧붙여서 하나님을 사랑하고 그의 계명을 지키는 자에게는 자손 대대로 천대까지 은혜를 베푸시고 축복을 내려 주시고 행복하게 쓰임 받게 하시므로, 우리가 이러한 주님의 축복의 약속을 믿으면서 십계명 중 제2계명의 말씀 가운데 들려오는 하나님의 음성을 다 함께 들을 수 있길 바랍니다.

본문 4-5절 상반절 말씀을 다 함께 읽겠습니다.

> "너를 위하여 새긴 우상을 만들지 말고 또 위로 하늘에 있는 것이나 아래로 땅에 있는 것이나 땅 아래 물 속에 있는 것의 어떤 형상도 만들지 말며 그것들에게 절하지 말며 그것들을 섬기지 말라"(출 20:4-5상).

원래 가톨릭과 루터교는 제1계명과 2계명을 하나로 보는데 우리 개신교와 성공회는 제1계명과 2계명을 나눠서 봅니다. 우리가 제1계명과 2계명을 나누어야 하는 이유는 제1계명은 살아 계신 하나님의 존재에 관한 믿음의 계명이라면, 제2계명은 살아 계신 하나님을 어떻게 섬길 것인가 하는 섬김의 계명이기 때문입니다.

그런데 본문 가운데 하나님께서 우리에게 새긴 우상을 만들지 말라고 명령하시면서, 위로 하늘에 있는 것이나 아래로 땅에 있는 것이나 땅 아래 물 속에 있는 것의 어떤 형상도 만들지 말고 그것들에게 절하지 말며 그것들을 섬기지 말라고 경고하십니다. 가장 먼저 우상을 만들지 말라고 강조하신 것은 우리가 우상을 만들지 말아야 절하지도 않고 섬기지도 않기 때문입니다.

그렇다면 우리가 만들고 절하고 섬기는 우상이 무엇입니까? 말세 마지막 때 우리는 과거처럼 그렇게 눈에 보이는 석상이나 목상이나 어떤 형태를 만들어 섬기는 유형 우상을 섬기는 경우는 드물지만 우리의 부모님이나 남편이나 아내나 자식이나 손주 등 우리가 주님보다 더 사랑하는 사람들이 우리 주위에 얼마나 많습니까?(마 10:37-38) 또한 눈에 보이지 않는 무형 우상을 섬기는 경우도 얼마나 많이 있습니까? 돈이나 명예나 세상 향락도 있고, 우리가 주위에서 하나님의 말씀으로 깨우쳐 줘도 주님보다 더 믿고 의지하는 자기의 헛된 교만이나 기질이나 이념이나 주장이나 편견이나 아집 등이 결국 주님을 섬기는 데 결정적인 장해물이 되는 우상들입니다. 그것들이 주님의 십자가에서 철저히 깨어지고 부서지고 죽어지기 전에는 더 이상의 은혜도 없고 축복도 없고 행복의 감격도 없습니다. 그리고 그렇게 하나님의 교회의 암적 존재로 걸림돌만 되다가 인생을 끝내 버린다면 이보다도 불쌍하고 불행한 인생이 어디에 있습니까?

그래서 이러한 모든 우상을 한마디로 요약해서 골로새서 3장 5-6절에 "그러므로 땅에 있는 지체를 죽이라 곧 음란과 부정과 사욕과 악한 정욕과 탐심이니 탐심은 우상숭배니라 이것들로 말미암아 하나님의 진노가 임하느니라"고 경고하였습니다. 자신이 아무리 혼자 잘 믿는다고 큰소리를 쳐도 주님보다 더 사랑하는 탐심이 있다면 그것이 바로 우리의 우상이고, 이러한 탐심으로 인해 우리는 하나님의 진노를 면치 못하고 불행과 고통 가운데 인생을 끝내게 되고 맙니다.

그렇다면 말세 마지막 때 이렇게 우리가 주님보다 더 사랑하는 우상은 무엇일까요? 그것을 가장 구체적으로 말씀하신 곳이 요한일서 2장 15-17절의 말씀입니다.

> "이 세상이나 세상에 있는 것들을 사랑하지 말라 누구든지 세상을 사랑하면 아버지의 사랑이 그 안에 있지 아니하니 이는 세상에 있는 모든 것이 육신의 정욕과 안목의 정욕과 이생의 자랑이니 다 아버지께로부터 온 것이 아니요 세상으로부터 온 것이라 이 세상도, 그 정욕도 지나가되 오직 하나님의 뜻을 행하는 자는 영원히 거하느니라."

우리가 이 세상이나 세상에 있는 것들을 사랑하면 아버지의 사랑이 우리 안에 있지 않은데, 이 세상에 있는 모든 것의 첫째는 뭐라고 했습니까? '육신의 정욕'입니다.

육신의 정욕을 피해야 함

말세 마지막 때 우리의 육신의 정욕이 우리를 주님과의 처음 사랑에서 멀어지게 하는 첫 번째 우상이라는 것입니다.

흔히들 말세 마지막 때를 '3S 시대'라고 해서 Sports(운동경기), Screen(TV, 영화, 오락, 음악 등 엔터테인먼트), Sex(성)으로 가득한 세상입니다. 특히 성(Sex)에 있어서 이제는 남녀 간의 성교도 부족해서 동성 간에도 성교를 하고, 동물과도 성교를 하는 시대가 되어 버렸으니, 주님께서 심판하러 다시 오실 날이 너무도 임박해진 것입니다.

그래서 여러분도 세상에서 살아가면서 회사의 회식 때나 인터넷 채팅이나 묻지 마 관광이나 동창회나 동호인회 등을 통해서 얼마나 유혹을 많이 받습니까? 목회를 하면서도 보면 어렸을 때 부모님의 사랑을 못 받거나 결혼해서 남편의 사랑마저도 못 받은 교인들일수록 목사님의 사랑의 관심을 은근히 기대합니다. 그런데 목사님이 말씀의 은혜와 기도의 능력이 있으면 더욱 목사님께 매달립니다. 더구나 목사님이 인물까지 좋으면 막 달려듭니다.

이 모든 육신의 정욕을 이겨낼 수 있는 길은 다른 방법이 없습니다. 디모데후서 2장 22절에 "또한 너는 청년의 정욕을 피하고 주를 깨끗한 마음으로 부르는 자들과 함께 의와 믿음과 사랑과 화평을 따르라"고 분명히 명령하지 않습니까? 정욕은 피해야 하는 것입니다. 피하지 않고는 성군이었던 다윗도, 그 어떠한 신앙의 위인도 이겨낼 수가 없습니다. 그러므로 우리를 유혹하는 시간을 피해야 하고, 유혹하는 장소도 피해야 하고, 유혹하는 어떠한 대상도 피할 수 있길 바랍니다.

그러나 이것이 육신의 정욕의 소극적인 대처법이라면 보다 더 적극적으로는 주님을 깨끗한 마음으로 부르는 자들과 함께 의와 믿음과 사랑과 화평을 따라야 합니다. 우리가 더욱 열심히 주님의 전에 나와서 함께 예배드리고 찬양하고 하나님의 말씀도 받고 기도도 드리면서 믿음으로 일어서서 정욕의 시험과 유혹 많은 세상을 이겨내야 합니다.

우리는 지금 코로나19의 고난 속에서 정부의 방역 실패를 교회에 전가시키면서 천주교나 불교와는 달리 교회만 전면적인 집회 금지라는 정부의 행정명령에 의해서 하나님께 드리는 예배가 박해를 받는 상황 속에 있습니다. 그러나 우리 치유하는교회에는 연세 높으셔서 노약하시고 생계에 어려움을 겪고 계신 분들을 제외하고는 지난 9개월 동안 한 주일도 빠짐없이 순교적 신앙으로 나아온 우리 치유하는교회의 영적 그루터기들이 계십니다. 은퇴하신 우리 원로목사님들과 원로장로님들과 은퇴 권사님들과 신실하고 충성스러운 우리 장로님들과 권사님들과 집사님들과 성도님들이 주의 종들과 함께 주님 앞에 나아와서 방역수칙을 철저히 지키면서 예배드리니까 하나님께서 지켜 주셨습니다. 그래서 지난 9개월 동안 수천 명의 양떼들 가운데에 교회에서는 코로나19에 감염된 사람이 단 한 사람도 안 나오는 것 보십시오. 경상남도교회총연합회도 도지사와 담판을 하고서 성전예배를 계속해 왔는데 광화문집회 참석한 확진자 6명을 제외하고는 지금까지도 경상남도의 교회에서는 확진자가 한 사람도 안 나오는 것 보십시오. 하나님께서 지켜 주셔야 코로나19도 막을 수 있는 것입니다.

특별히 지난 한 달간 초대교회 시대처럼 영적인 카타콤 속에서 그 어느 때보다도 은혜롭고 축복되고 행복의 감격 속에서 눈물 없이는 예배를 드릴 수가 없었습니다. 다음 주일부터는 그동안 영적으로 잠들었던 영혼을 일깨워서 다 믿음으로 나아와 살아 계신 하나님께 믿음의 정성을 다해 예배드릴 수 있길 바랍니다. 그러므로 우리가 육신의 정욕을 피하고 주님을 깨끗한 마음으로 부르는 자들과 함께 함으로써 어떠한 육신의 정욕의 우상도 능히 이겨내고, 하나님의 교회를 통해 함께 복되게 살아가게 될 줄 확실히 믿으시기 바랍니다.

안목의 정욕을 물리쳐야 함

더 나아가 말세 마지막 때 우리를 주님과의 처음 사랑에서 멀어지게 하는 두 번째 우상은 우리의 안목의 정욕으로, 눈에 보이는 것에 대한 욕심인 소유욕, 물질욕을 말합니다.

우리가 어린 시절에 비하면 예수님을 믿고 얼마나 복 받고 잘삽니까? 멀리 갈 것도 없이 처음 결혼하고 신혼살림 할 때에 비해서도 얼마나 복 받고 잘삽니까? 서양속담에 "돈은 바닷물과 같아서 마시면 마실수록 갈증이 더해진다"는 말이 있듯이 현재의 삶에 감사와 만족이 없으면 점점 욕심의 불행과 고통이 깊어만 가는 것입니다.

그런데도 우리의 가장 심각한 문제는 왜 하나님께서 빈손으로 왔다가 빈손으로 떠나가는 우리의 인생에게 이렇게 물질의 축복을 부어 주셨는지를 깨닫지를 못하는 것입니다. 주님과 고통당하는 이웃을 위해서 하나님께 바쳐야 할 온전한 십일조부터 도둑질을 시작하고, 자신의 육신을 위해서는 마음껏 쓰면서도 율법을 다 지켰다는 부자 관리가 물질이 아까워서 영생을 잃어버린 것처럼(마 19장; 막 10장; 눅 18장) 물질이 아까워서 주님과 고통당하는 이웃을 위해서는 쓰지도 못하고 모으고 쌓아놓는 낙으로 살다가 어느 날 갑자기 쓰러져 세상을 떠나버리면 세상에 이런 불쌍한 졸부(猝富)가 어디 있습니까? 지금까지 모으고 쌓아놓고 자랑했던 것들이 무슨 소용이 있겠습니까? 더구나 유교의 가문의식이 깊은 우리는 죽을 때 그동안 모은 재산을 자식들에게 다 물려주고 떠나갑니다. 그런데 그것 때문에 자식들은 재산 싸움을 하게 되고, 형제들 사이의 의도 다 상하고 맙니다.

그리고 머지않아 우리가 하나님의 심판대 앞에 섰을 때 "악하고 게으른 종아, 나는 심지 않은 데서 거두고 헤치지(흩으지) 않은 데서 모으는 줄로 네가 알았느냐…이 무익한 종을 바깥 어두운 데로 내쫓으라 거기서 슬피 울며 이를 갈리라"(마 25:26, 30)고 꾸짖으실 것을 분명히 경고하십니다. 우리가 일생토록 뼈빠지게 고생하고 모아온 것들이 하나님의 심판대 앞에서 한순간에 물거품이 되고 영원한 불행과 고통만 남는다면 세상에 얼마나 불행하고 불쌍한 인생입니까?

그래서 '왕의 재정학교' 훈련책임자인 김미진 간사는 '내 삶의 진정한 주인 바꾸기'라는 부제를 단 《왕의 재정》이란 책을 펴냈습니다. 그녀는 4대 믿음의 가정에서 자라나서 대형 안경원 등 사업을 하다가 50억 원의 빚을 지고 극단적 자살까지 생각했다가 그가 믿음으로 복되게 일어서는 과정에서 깨달은 내용을 이 책에 담았습니다. 우리가 부자가 되는 것이 인생의 목적이 아니라 가장 먼저 마음속에 물질을 우상으로 섬기던 맘몬 신을 제거하고, 자족하는 삶부터 회복하고 청지기의 사명을 감당하여서 오병이어의 기적을 이루며 나누고 베풀며 주위에 가난한 사람이 없도록 할 때 우리가 진정으로 복된 삶을 누리게 된다는 것입니다. 그래서 그녀는 오직 하나님만이 모든 것의 주인이시고 우리의 공급자는 하나님뿐임을 강조하면서, 하나님께서 만들어 가시는 진정한 거룩한 부자 즉 성부(聖富)가 되어야 한다고 강조했습니다.

그러므로 우리가 온전한 십일조부터 시작해서 감사헌금, 구제헌금, 선교헌금에 이르기까지 조그마한 물질이라도 믿음의 정성을 다해서 바치고 나누고 베풀면서 이 땅 위에서의 청지기적 사명을 잘 감당하면 주님 앞에 서게 될 때 "잘하였도다 착하고 충성된 종아 네가 적은 일에 충성하였으매 내가 많은 것을 네게 맡기리니 네 주인의 즐거움에 참여할지어다"(마 25:21, 23) 하는 칭찬과 영광과 존귀를 누리게 될 것을 두 번씩이나 강조하십니다.

미국에 가서 공부할 때 미국의 거부들을 살펴보니까 다 신실한 크리스천들이었습니다. 강철왕 앤드류 카네기(Andrew Carnegie), 자동차왕 헨리 포드(Henry Ford), 비누, 치약의 왕 윌리엄 콜게이트(William Colgate), 석유왕 존 록펠러(John Rockefeller), 백화점왕 존 워너메이커(John Wanamaker), 투자왕 워런 버핏(Warren Buffett), 컴퓨터왕 빌 게이츠(Bill Gates)에 이르기까지 다 그 시대에 최고로 성공한 재벌들인 그들의 공통점은 평생 동안 벌었던 재산을 헌금과 기부에 쏟음으로써 자손 대대로 의미 있고 복되게 쓰임 받는 성부(聖富), 즉 거룩한 부자들이라는 것입니다.

그 가운데 우리나라에도 있습니다만 전 세계 2,800여 개 호텔을 거느렸던 힐튼 그룹의 호텔왕 배런 힐튼(Barron Hilton) 회장이 작년 2019년 91세를 일기로 하나님의 부르심을 받았습니다. 그의 아들이자 '콘래드 N. 힐튼 재단' 이사장인 스티븐은 성명을 통해 "힐튼 가족은 비범한 인물의 죽음을 애도한다"면서, "아버지는 대단한 신앙의 모험과 뛰어난 성취의 삶을 살았다"고 밝혔습니다.

1927년 미국 댈러스에서 힐튼 그룹의 창업자인 콘래드 N. 힐튼의 아들로 태어난 그는 2차 세계대전 당시 해군 사진작가로 활동하다가 주스 음료 사업과 석유 사업, 항공기 임대업으로 재산을 모았습니다. 이후 1951년에 아버지가 운영하던 사업을 물려받아 30년간 회장직을 역임하며 힐튼 그룹을 크게 확장했고, 특히 지난 2006년에는 과거 분리됐던 400여 개 해외 힐튼 호텔을 다시 사들이며 전 세계 2,800여 개에 이르는 '힐튼 제국'을 완성했습니다. 더 나아가 힐튼은 미국풋볼리그(AFL)의 프로미식축구팀 '로스앤젤레스 차저스'를 창설하고, AFL을 이전에 만들어진 미국프로풋볼(NFL) 리그와 통합하는 일에 앞장서기도 했습니다.

이렇게 세계적 부호였던 힐튼은 살아생전인 지난 2007년 "아버지의 뒤를 따르겠다"며 공언한 약속대로 유산의 97%를 콘래드 M. 힐튼 자선재단에 넘기기로 했습니다. 창업자인 부친의 이름을 따 만들어진 이 자선재단은 가톨릭 수녀회나 재난 구호와 복구, 청년 육성, 에이즈 감염 아동 치료 등에 성금을 기탁해 온 것으로 알려졌습니다. 폭스비즈니스는 재산의 97%의 힐튼의 유산이 더해지면서 자선재단의 기금 규모가 29억 달러에서 63억 달러(약 7조 4,800억 원)로 크게 늘 것이라고 전했고, 남은 3%의 유산만 사랑하는 유족들이 상속받았다고 합니다.

여러분, 이처럼 바로 물질욕을 물리친 사람들이 진정한 신앙인입니다. 우리나라에도 이렇게 거룩한 일을 하시는 분들이 있습니다. 지난 7월에 부동산 전문기업인 광원산업 이수영 회장님이 평생을 일궈 모은 766억 원을 세 번에 걸쳐 한국과학기술원(KAIST)에 기부했습니다. 그런데 문제는 세상 사람들도 이렇게 나누고 베풀고 섬기는데 왜 우리 믿는 성도들 가운데는 이런 거룩한 부자가 없는지 모르겠습니다.

어리석은 부자가 그 밭에 소출이 풍성하여서 "내가 곡식 쌓아 둘 곳이 없으니 어찌할까? 내가 이렇게 하리라, 내 곳간을 헐고 더 크게 짓고 내 모든 곡식과 물건을 거기 쌓아두리라. 또 내가 내 영혼에 이르되 영혼아, 여러 해 쓸 물건을 많이 쌓아 두었으니 평안히 쉬고 먹고 마시고 즐거워하라 하리라"고 하니까 하나님께서 이르시되 "어리석은 자여, 오늘 밤에 네 영혼을 도로 찾으리니 그러면 네 준비한 것이 누구의 것이 되겠느냐?" 하고 물으십니다. 그러시면서 자기를 위하여 재물을 쌓아두고 하나님께 대하여 부요하지 못한 어리석은 부자를 책망하시는 말씀이라고 하시면서(눅 12:16-21) 누가복음 12장 15

절에 "삼가 모든 탐심을 물리치라 사람의 생명이 그 소유의 넉넉한 데 있지 아니하니라"고 경고하십니다. 그러므로 이제는 더 이상 욕심부리지 마시고 탐심을 물리치고 나누고 베풀고 섬기는 복된 여생을 살아갈 수 있길 바랍니다.

특별히 코로나19로 인해서 모두들 경제적으로 얼마나 어렵게들 살아갑니까? 이렇게 어렵고 힘들수록 그동안 축복받은 성도들이 고통당하는 사랑하는 형제와 이웃을 돕도록 하기 위해서 구제와 봉사와 섬김의 거룩한 사명을 감당해야 합니다. 이때를 위해서 빈손으로 왔다가 빈손으로 떠나가야 할 우리에게 이렇게 넘치는 축복을 부어 주신 것 아니겠습니까?

그러므로 지난날 초대교회 성도들이 "믿는 사람이 다 함께 있어 모든 물건을 서로 통용하고 또 재산과 소유를 팔아 각 사람의 필요를 따라 나눠 주며"(행 2:44-45)라는 말씀과 같이 진정한 주님의 사랑을 나눌 수 있어야 합니다. 지금까지 그렇게 살지 못했다 할지라도 얼마 남지 않은 여생이라도 맘모니즘(Mammonism), 즉 황금만능주의의 우상을 과감하게 내려놓고 나누고 베풀고 섬기는 거룩한 부자가 되어야 합니다.

우리가 물질욕의 탐심을 물리치고 더 이상 물질 아까워하지 않고 나누고 베풀고 섬기게 될 때 우리는 어떠한 안목의 정욕의 우상도 능히 이겨낼 뿐만 아니라, 복의 근원 되시는 하나님 아버지께서 우리의 여생과 자손들에 이르기까지 천 배나 만 배나 부어 주시고 채워 주시고 갚아 주실 줄 확실히 믿습니다.

이생의 자랑을 낮춰야 함

마지막으로 말세 마지막 때 우리를 주님과의 처음 사랑에서 멀어지게 하는 마지막 우상은 이생의 자랑입니다.

사람이 먹고살 만하면 마지막으로 이 이생의 자랑인 명예욕의 시험을 받게 됩니다. 나이가 들수록 이 명예욕이 심해져서 노욕으로 변하고 맙니다. 더욱이 세상에서 명예욕이 충족이 안 될 때 교회에 와서 그 명예욕을 충족시키려고 합니다. 그래서 목회를 하면서도 보면 처음 초신자 때는 그렇게 예수님을 닮아서 온유하고 겸손하시던 분들이 서리집사가 되면 점점 목에 힘이 들어가고 자기주장을 펼치기 시작합니다. 그러다가 안수집사나 권사가 되면 목에 깁스를 하고 제직회 때 큰소리를 치기 시작합니다. 그러다가 목사나 장로가 되면 아예 목에 철근 콘크리트를 깔아 버립니다. 예수님을 믿어도 완전히 거꾸로 너무도 잘못 믿는 것입니다. 그래서 지금 한국 교회는 목사가 높냐, 장로가 높냐 하는 명예욕의 큰 시험에 빠져 있습니다.

여러분, 목사나 장로가 세상의 명예나 감투입니까? 그것은 가장 낮아져서 섬기는 자리이고, 자신의 모든 것을 내어놓을 수 있어야 하는 직분이고, 목숨 걸고 예배를 드리고 성전을 지키며 충성을 다하라고 주신 사명입니다. 그런데 자기희생은 하지 않으면서 자기 영광만 얻으려고 하니, 이것이 말세 목사와 장로들의 가장 심각한 문제인 것입니다.

이처럼 말세의 마지막 때가 되다 보니까 하나님께서 그리스도의 피 값으로 사신 교회(행 20:28)를 자기의 소유처럼 생각하고 좌지우지하려고 하는 사람들이 있습니다. 심지어 자신의 하찮은 신앙과 성경지식을 가지고 목회까지도 좌지우지하려고 하고, 목회의 발목을 잡으려고 합니다. 그럴수록 하나님의 교회는 사탄의 계략에 속아서 갈등과 불화를 거듭하게 되고, 침체와 파탄에 이르고 맙니다. 그러나 사도행전 6장에 나오는 초대교회 때부터 하나님의 교회는 주의 종들을 세워서 목회를 하게 하였고, 평신도(집사)들을 세워서 행정과 재정을 돕도록 했습니다.

우리가 병원에 가면 누구의 말을 들어야 합니까? 의사의 말씀을 들어야 합니다. 학교에 가면 누구의 말을 들어야 합니까? 선생님의 말씀을 들어야 합니다. 체육관에 가면 누구의 말을 들어야 합니까? 관장님의 말씀을 들어야 합니다. 마찬가지로 교회에 오면 주의 종이 비성경적이거나 비신앙적이거나 비신학적이거나 비목회적인 것을 가르치는 것이 아니라면 기쁨으로 순종시기 바랍니다. 설령 내가 지금까지 가져왔던 신앙과 다르면 성경을 가지고 와서 토론을 하든지, 아니면 일단 믿음으로라도 복종해 보시기 바랍니다. 그리하면 틀림없이 여러분과 여러분의 자손들에게 큰 복이 될 것입니다.

지금 우리는 말세 마지막 때 그 어느 때보다도 영적 분별력을 잘 가져야 하나님의 뜻을 바로 따라갈 수 있습니다. 이 모든 영적 판단의 기준은 하나님의 말씀입니다. 지난 수요일 밤 JTBC 특별좌담 프로그램에 진보적인 목사님 두 분이 나와서 성경을 인용하면서 이웃의 생명을 위해서 성전예배를 드려서는 안 된다고 했는데 완전히 성경을 왜곡하였기에 여러분에게 혼란이 일어나지 않도록 바로잡고자 합니다.

먼저 호세아 6장 6절의 "나는 인애를 원하고 제사를 원하지 아니하며 번제보다 하나님을 아는 것을 원하노라"는 말씀을 인용하면서 하나님께서는 제사(하나님께 대한 예배)보다 우리의 인애(이웃에 대한 사랑)를 원하시기 때문에 코로나19의 이런 위급한 상황에 사람을 살리는 것이 중요하지 예배가 중요하지 않으니까 온라인 예배를 드려도 된다고 했습니다. 여러분, 이 말씀은 그 당시 하나님께 예배드렸다고 하면서 사랑을 행하지 않는 이스라엘 백성들을 책망하시기 위해 역설적 반어법을 쓰신 것이지, 이웃 사랑만 더 중요하고 하나님께 예배를 드리지 말라는 말씀이 아닙니다.

그 후 그들이 앗수르와 바벨론 포로생활을 겪으면서 하나님께 대한 예배를 형식적으로 드리자 하나님께서는 말라기 1장 말씀을 통해 그들의 형식적인 예배를 기뻐하시지도 않고 받으시지도 않겠다고 경고하십니다. 그래서 예수님께서 이 땅에 오셔서 마태복음 9장 13절에서 호세아 6장 6절 말씀을 인용하시면서 "너희는 가서 내가 긍휼을 원하고 제사를 원하지 아니하노라 하신 뜻이 무엇인지 배우라 나는 의인을 부르러 온 것이 아니요 죄인을 부르러 왔노라 하시니라"고 하신 말씀과 마태복음 12장 7절에 호세아 6장 6절 말씀을 재인용하시면서 "나는 자비를 원하고 제사를 원하지 아니하노라 하신 뜻을 너희가 알았더라면 무죄한 자를 정죄하지 아니하였으리라"고 인용하십니다. 그러나 여기서도 계속 강조하신 말씀이 무엇입니까? 이 말씀을 직역해서 받지 말고 그 뜻을 깊이 헤아리라는 것 아닙니까? 이 말씀도 예배를 잘 드렸다고 하면서도 외식하는 바리새인들을 향하여 "나는 너희들이 진정한 사랑을 가지고 제발 영혼에 관심을 가지고, 그들에게 사랑을 베풀어 구원하고, 무죄한 자를 정죄하지 말아야 한다"는 것을 강조하신 말씀이지, 성경 어디를 보아도 예배를 폐하라는 말씀은 단 한 군데도 없습니다.

그런데도 심지어는 고린도전서 3장 16절의 "너희는 너희가 하나님의 성전인 것과 성령이 너희 안에 계시는 것을 알지 못하느냐"는 말씀을 가지고 예수님을 구주로 모신 우리 각 사람이 하나님의 성전이 되었으니까 어디서든지 예배드려도 된다고 합니다. 그러나 그것은 성경을 몰라도 너무 몰라서 하는 말입니다.

당시 고린도 교회는 분쟁문제(고전 1-4장), 패륜문제(5장), 소송문제(6장), 결혼문제(7장), 우상제물 문제(8-10장), 집회문제(11장), 성찬문제(11장), 성령의 은사 문제(12-14장), 부활문제(15장) 등 수많은 문제가 가장 심각했던 교회였습니다. 그래서 성전이 된 우리 몸을 거룩하게 하고 하나님께 영광 돌리라고 강조하였지(고전 3:16, 6:19), 각자가 성전 되었으니까 자기 마음대로 어디서나 핸드폰이나 TV로 비대면 예배를 보라는 말씀은 성경 어디에도 없습니다. 오히려 초대교회도 그러했지만 말세가 될수록 예배를 폐하는 때가 오니까 더욱 모이기를 힘쓰라고 강조하였습니다(히 10:25).

우리가 십계명의 말씀을 나눕니다만 하나님께 대해서 지켜야 할 말씀인 1-4계명의 말씀이 다 하나님께 대한 예배와 연관된 말씀입니다. 그만큼 우리의 신앙생활의 은혜와 축복과 행복의 통로요, 우리의 신앙의 생명줄인 이 예배를 무너뜨리려는 것이 바로 말세 마지막 때 우리가 가장 경계해야 할 사탄의 가장 교묘하고 교활하게 사용하는 인본주의, 세속주의, 기복주의 신앙입니다. 실제로 예배가 무너지면 우리의 신앙도 다 무너지고 복도 다 잃어버리고, 사탄이 하나님의 교회를 정복할 수 있는 지름길이기 때문에, 이 예배의 문제는 지난날 기독교 역사상 위기의 때마다 되풀이되어 왔지만 이 예배는 말세를 사는 주의 종들과 성도들이 가장 각성하며 지켜야 할 가장 중요한 영적 요새요, 더 이상 우리가 물러설 수 없는 신앙의 마지노선입니다.

그런데도 이처럼 성경을 제대로 알지도 못하고 자기 마음대로 여기서 조금, 저기서 조금 끌어다 자기 이론을 합리화하는데, 이를 영적으로 분별하지 못하니까 교인들도 다 속아서 그렇게 비복음적으로 따라 사니까 한국 교회가 다 무너지고 마는 것입니다. 지금처럼 비대면 예배를 보아서 여러분이 더욱더 은혜가 되고 축복이 되고 행복의 감격이 되면 저라도 나서서 코로나19가 끝나고도 앞으로도 계속 그렇게 할 것입니다. 그러나 불신 정부의 말대로 비대면 예배를 지금처럼 계속 보아 보면 영적으로 다 죽고 맙니다.

부모가 자식에게 절대 나쁜 것을 안 가르쳐 주듯이 주의 종도 양떼들을 결단코 잘못된 길로 가지 못하게 합니다. 그런데도 사탄은 끊임없이 우리를 충동질을 해서 우리가 다 된 줄로 알고 다 아는 것처럼 여기게 하고 자신이 최고인 것처럼 착각하게 만드는데, 우리가 그 명예욕의 시험에 넘어지면 안 됩니다. 그런 교인일수록 먼저 하나님께서 인정하지 않으시고, 주의 종들도 인정하지 않고, 교인들도 다 등을 돌리고 돌아서고 맙니다. 그래서 고린도전서 10장 12절에 "그런즉 선 줄로 생각하는 자는 넘어질까 조심하라"고 주의를 주고, 갈라디아서 6장 3절에 "만일 누가 아무것도 되지 못하고 된 줄로 생각하면 스스로 속임이라"고 경고한 것입니다.

미국의 프랭클린 루스벨트(Franklin D. Roosevelt) 대통령은 어린 시절 프랑스 위그노의 복음주의 신앙을 이어받은 어머니의 영향으로 철저히 신앙으로 자라났습니다. 그런데 그의 인생 가운데 고난이 없었던 것은 결코 아닙니다. 그가 뉴욕 주 상원의원을 역임하고 민주당 개혁세력의 리더로 급부상하고 있을 때 여름에 별장의 수영장 찬물에 빠진 이후 생각지도 못했던 소아마비 진단을 받고 그 후 제대로 걷지도 못하고 휠체어 신세를 져야 했습니다. 더구나 극심한 통증(길랭-바레 증후군)은 견딜 수 없는 아픔이었습니다. 그러나 불굴의 신앙으로 뉴욕 주지사를 거쳐서 미국 32대 대통령으로 당선이 되었습니다. 그리고 임기 동안 세계적인 대공황을 극복하고 제2차 세계대전을 승리로 이끈 20세기의 역사의 주인공이 되었고, 미국의 전무후무한 4선 대통령이 됩니다.

그가 이렇게 최고의 영광스런 대통령이 되기까지는 그냥 된 것이 아닙니다. 그의 임기 중 1939-45년의 6년 동안 제2차 세계대전이 계속되었는데 그는 생사를 알지 못하고 유럽의 전쟁터로 끌려가는 젊은이들을 위해서 비서실장이나 참모총장이나 국방부 장관을 워싱턴 D.C.역에 보내 배웅할 수 있었지만 대통령이 몸소 매일 밤 기차역에 나가서 젊은이들에게 커피를 타 주면서 격려해 주었다고 합니다. 그것도 하루 이틀도 아니고, 매일 밤 겸손히 나가 섬겼습니다. 그러한 겸손한 영성이 있었기에 그는 미국 역사상 유일한 영광스러운 4선 대통령(1933-1945년)이 되었던 것입니다.

그래서 누가복음 18장 14절에 "…무릇 자기를 높이는 자는 낮아지고 자기를 낮추는 자는 높아지리라"고 분명히 약속하십니다. 그러므로 우리가 명예욕의 유혹을 과감히 물리치며 자신을 낮추고 주님의 십자가에서 철저히 깨어지고 부서지고 죽어질 때, 우리는 어떠한 이생의 자랑의 우상도 능히 이겨내고 하나님의 나라를 위해 귀하게 쓰임 받으며 큰 영광을 돌리게 될 줄 확실히 믿으시기 바랍니다.

지난 주간 "우상을 만들지 말라"는 설교 말씀을 준비하면서 저는 미국 유학생활 중 박사과정에서 이민목회를 할 때가 떠올랐습니다. 흔히들 유학생활을 '핑크빛 낭만의 세월'로 생각하기 쉽습니다만 적어도 저의 경험에 의하면 유학생활은 가장 견디기 힘든 광야의 연단과 같아서, 그 시절을 기억하면 눈물밖에 안 나옵니다. 왜냐하면 신체적으로 이민목회에 많이 지쳤고, 정신적으로 영어로 박사과정을 공부하느라 스트레스를 많이 받았고, 경제적으로 가장 어려웠고, 영적으로까지 수많은 연단을 받았기 때문입니다.

천신만고 끝에 박사 학위를 받아서 미국에서 돌아왔을 때 신대원 동기 목사님들이 어려운 박사학위도 받고 이민목회도 크게 부흥시켰다고 성공한 목사로 금의환향했다고 축하해 주었습니다. 그러나 저는 동기 목사님들에게 가장 힘쓰는 부분이었던 환도뼈가 부서져서 절뚝거리며 얍복 나루를 떠나갔던 야곱의 모습이 바로 저의 모습이라고 고백했습니다. 왜냐하면 미국 유학을 떠나기 전까지만 해도 저는 동기 목사들 중에서 신학적으로나 목회적으로나 가장 잘나가는 목사였습니다. 그런데 이민목회의 연단 속에서 저는 주님 없이는 아무것도 아니라는 사실을 철저히 깨달았기 때문입니다. 더욱이 전에 저 자신에 대해서 가졌던 인간적인 기대나 비전이라는 우상들이 유학생활의 연단 속에서 산산조각이 나고 철저히 깨어지고 부서지고 죽어지고 말았기 때문입니다.

그것은 미국에서 돌아온 지 23년이 지난 지금도 변함없이 똑같은 심정입니다. 아무리 제가 목회에 성공한 목사이고 잘 가르치는 교수이고 노회장도 하고 영광스러운 총회의 서기를 연임했다고 해도 주님의 은혜가 없이는 한순간도 살 수가 없고, 세상의 어떠한 우상도 저를 진정으로 만족시켜 줄 수 없기 때문입니다. 그래서 날마다 순간마다 주님의 십자가에서 저 자신이 죽어지고, 하나님의 말씀과 기도로 성령님의 충만함을 간구하면서 주님만 바라보며 십자가를 붙잡고 몸부림치면서 오늘까지 살아왔습니다.

사랑하는 성도 여러분, 우리의 신앙생활 가운데 우리를 뒤흔드는 헛된 우상들이 우리 주위에 얼마나 많습니까? 이러한 우상들은 우리의 인생을 결국 공허와 허무와 파멸로 몰고 갈 뿐입니다. 그러므로 어떠한 육신의 정욕도 피하고, 안목의 정욕도 물리치고, 이생의 자랑도 낮출 때 우리는 우리의 신앙생활 가운데 어떠한 우상도 만들지 않고 절하지 않고 섬기지 않으면서 주님만 섬기는 그 풍성한 은혜와 넘치는 축복과 행복의 감격을 일생토록 누리며 하나님께 영광 돌리게 될 줄 확실히 믿습니다.

다 함께 결단의 찬송으로 "부흥 2000"을 함께 부르며 믿음으로 결단하도록 하겠습니다.

오소서 진리의 성령님 이 땅 흔들며 임하소서
거짓과 탐욕 죄악에 무너진 우리 가슴 정케 하소서
오소서 은혜의 성령님 하늘 가르고 임하소서
거룩한 불꽃 하늘로서 임하사 타오르게 하소서 주 영광 위해
부흥의 불길 타오르게 하소서 진리의 말씀 이 땅 새롭게 하소서
은혜의 강물 흐르게 하소서 성령의 바람 이 땅 가득 불어와
흰옷 입은 주의 순결한 백성 주의 영광 위해 이제 일어나
열방을 치유하며 행진하는 영광의 그날을 주소서

저희를 통해 영광 거두시기를 기뻐하시는 하나님 아버지, 주님의 넘치는 사랑과 은혜를 받았음에도 세상의 헛된 우상을 섬길 때가 얼마나 많았습니까? 이제 여생이라도 육신의 정욕을 피하게 하여 주시옵소서. 안목의 정욕도 물리치게 하여 주시옵소서. 이생의 자랑도 낮추게 하여 주시옵소서. 그리함으로 저희의 삶의 모든 헛된 우상들을 다 내어버리고 전심으로 참 하나님만 섬기면서 진정으로 은혜롭고 축복되고 행복한 여생으로 영광 돌리게 하여 주실 줄 믿사옵고, 예수님의 이름으로 간절히 축복하며 기도하옵나이다. 아멘!

여호와의 이름을 망령되게 말라

출애굽기 20:7

우리는 계속해서 '이렇게 살라'는 주제를 가지고 십계명의 말씀을 나누고 있습니다. 제1계명이 우리의 예배의 대상인 유일하신 하나님을 증거하고, 제2계명이 우리의 예배의 방법에 있어서 우상을 만들지 말라고 말씀하고, 오늘 제3계명에서는 우리의 예배의 참된 신앙은 하나님께 영광 돌리는 데 있음을 강조하고 있습니다. 오늘도 제3계명의 말씀을 통해 들려주시는 하나님의 음성을 다 함께 들을 수 있길 바랍니다.

본문 7절 말씀을 다 함께 읽겠습니다.

> "너는 네 하나님 여호와의 이름을 망령되게 부르지 말라 여호와는 그의 이름을 망령되게 부르는 자를 죄 없다 하지 아니하리라"(출 20:7).

여기 “너는 네 하나님 여호와의 이름을 망령되게 부르지 말라”고 명령합니다. 그것도 십계명의 말씀들을 보면 히브리어 원어 성경에는 ‘לֹא’(로)라는 단어로 시작하시면서 절대로(결단코) 망령되게 불러서는 안 되고, 절대로(결단코) 죄 없다 아니하리라고 두 번씩이나 강조합니다. 그러면서 “그의 이름을 망령되게 부르는 자를 죄 없다 하지 아니하리라”고 심판을 경고하셔서 이스라엘 사람들은 하나님의 이름을 부르지도 쓰지도 않았습니다. 그래서 성경에 ‘여호와 하나님’이란 말씀이 나오면 ‘주 하나님’이라고 읽었습니다. ‘여호와’란 이름은 대제사장만이 1년에 한 번, 속죄일에 지성소에서 속죄제물을 바친 후에 부를 수 있었다고 합니다.

그렇다면 여호와의 이름을 망령되게 부른다는 것이 무슨 뜻입니까? 히브리어 원어성경을 보면 여기 나오는 ‘망령되게’라는 단어가 ‘לַשָּׁוְא’(랏솨웨)라는 단어를 쓰고 있는데, 그렇다면 이 ‘망령되게’라는 뜻이 무엇일까요? 기도하는 가운데 성경에 나와 있는 ‘망령되게’라는 단어를 다 찾아서 그 가운데 깊으신 뜻을 깨닫게 되었습니다.

여호와의 이름을 헛되이 부르지 말아야 함

먼저 시편 31편 6절 말씀을 다 함께 읽겠습니다.

“내가 허탄한 거짓을 숭상하는 자들을 미워하고 여호와를 의지하나이다”(시 31:6).

여기 ‘거짓’이란 단어가 ‘망령되다’는 단어와 같은 ‘שָׁוְא’(솨웨)라는 단어를 사용하는데 이 단어는 신명기 32장 21절에서는 ‘허무한 것’,

열왕기상 16장 13절에서는 '헛된 것들'로 번역되었고, NIV 영어성경을 보면 계속해서 'idols'(우상들)이라고 번역하고 있습니다. 다시 말하면, 믿음도 없으면서도 그냥 의지할 사람이 없으니까 마지못해서 신들 중 하나를 우상으로 믿고, 마치 점쟁이들에게 찾아가서 좋은 운세나 바라보고 무당을 데려다 굿을 하면서 복을 구하듯이 우상 섬기듯 하나님을 믿거나 여호와의 이름을 헛되이(in vain, NIV) 부르지 말라는 것입니다.

제2차 세계대전을 승리로 이끌었던 명총리였던 영국의 윈스턴 처칠(Winston Churchill) 수상이 급히 연설하러 가려고 택시를 잡았는데 택시기사가 그러더랍니다. "죄송합니다. 손님, 다른 차를 이용해 주실래요? 처칠 수상이 연설하는 걸 들으러 가야 하거든요!" 그 말을 들은 처칠이 기분이 좋아서 기사에게 1파운드를 얹어 주면서 가자고 사정을 하자 기사가 이렇게 말하더랍니다. "그냥 타세요. 처칠이고 개떡이고 돈부터 벌어야지요!"

세상 사람들이 그럽니다. 다 자신의 이해관계에 따라 돌변하는 세상입니다. 그러나 우리가 신앙생활을 할 때는 '예' 아니면 '아니오' 하는 확실한 신앙을 가져야 합니다. '예니오'는 없습니다. 말세 마지막 때 라오디게아 교회처럼 차지도 뜨겁지도 아니한 미지근한 신앙을 가져서는 안 되고, 절대 믿는 둥 마는 둥 해서는 안 됩니다. 그렇게 주님을 믿으면 하나님의 복도, 세상 낙도 다 잃어버리게 됩니다.

그래서 늘 강조합니다만 말씀을 받을 때나 기도를 할 때나 찬양을 할 때나 성도의 교제 가운데도 '아멘'으로 화답하는 것은 "진실로 그렇게 이루어질 줄 믿습니다" 하는 우리의 신앙을 고백하는 것입니다. 그래서 전 세계 어디를 가보아도 영적인 성도들이나 주의 종들이나 성령 충만한 교회들을 보면 다 '아멘'의 믿음으로 충만합니다. 그러니까 성령님께서 말씀 가운데도 은혜를 부어 주시고 기도 가운데도 능력을 부어 주시고 찬양 가운데도 기쁨을 부어 주시고 교제 가운데도 사랑을 부어 주십니다. 결국 우리 믿음대로 되는 것입니다.

몇 주 전에 C채널 TV에서 "힐링 토크"에 출연해 달라고 해서 갔는데 동탄시온교회 하근수 목사님과 이지희 아나운서가 사회를 보면서 녹화를 마쳤습니다. 그런데 하근수 목사님이 《0점의 가치》라는 책을 선물로 사인해 주어서 읽으면서 깊은 신앙의 도전과 많은 은혜를 받았습니다.

하 목사님은 가난한 피난민의 아들로 태어나서 십 대 시절을 소년 가장이 되어서 푸줏간에서 일하며 가족을 부양했습니다. 가난한 살림에 대학은 꿈도 꿀 수 없어서 어떻게 하면 어머니와 누나와 동생들을 먹여 살릴 수 있는가에만 전념하며 살아오던 중 초등학교 친구의 전도로 교회에 다니기 시작하면서 그의 인생이 180도 바뀌게 되었습니다. 무엇보다 이 땅에 안 계신 아버지 대신 "하나님 아버지!"라고 부를 분이 있다는 것이 그렇게 위로가 되고 힘이 나고 눈물이 날 수가 없었다고 합니다. 그래서 용기와 희망을 안고 열심히 신앙생활을 해서 청년부 회장이 된 후 서너 명이던 청년부를 일 년 만에 30-40명으로 부흥시켰습니다. 스물세 살에 청년 집사가 된 뒤 하나님의 부르심을 따라 뒤늦게 신학공부를 시작하고, 신문배달과 출판사 세일즈맨으로 아르바이트를 하며 어렵게 목사가 되었습니다. 동탄신도시의 중심부에 시온교회를 개척하고 새벽기도로 뜨거운 부흥을 일으키면서 26년째 목회해 오고 있는데, "나는 하나님을 기쁘시게 하고 하나님이 내 일을 하시게 하라!"는 그의 믿음대로 빵점 인생이 명품 인생이 되었다고 그렇게 감사하고 감격하는 모습이었습니다.

주님께서 우리에게 은혜 베풀지 않으셔서 은혜를 못 받는 것 아니고, 주님께서 우리에게 능력 부어주지 않으셔서 능력을 못 얻는 것도 아니고, 주님께서 우리에게 축복을 부어 주지 않으셔서 축복을 못 누리는 것도 아니고, 주님께서 우리에게 사랑을 부어 주지 않으셔서 사랑을 누리지 못하는 것도 아닙니다. 우리가 아멘의 믿음으로 받아들이지 않기 때문에 이 모든 것을 다 잃어버리는 것입니다. 그래서 예수님께서도 "너희가 어찌 믿음이 없느냐"(막 4:40), "네 믿음이 너를 구원하였다"(마 9:22), "그들의 믿음을 보시고…작은 자야 네 죄 사함을 받았느니라"(막 2:5), "너희 믿음대로 되라"(마 9:29), "믿음 없는 자가 되지 말고 믿는 자가 되라"(요 20:27)고 우리의 믿음을 강조하셨던 것입니다.

그런데 코로나19의 대환난으로 인해 우리는 당장 하나님께 예배드리는 것부터 제한을 받고 있습니다. 그러니까 코로나19 바이러스도 쉽게 잡지도 못하고 경제적 어려움도 계속되고 있습니다. 노환으로 인해 건강이 걱정되어서 못 나오시는 어르신들도 계시고, 직장에서는 월요일에 출근을 하면 "교회에 나갔냐?"고 물으며 압력을 가해서 교회에 못 나온다고 호소하는 젊은 교인들도 많습니다. 그러나 우리의 생사화복이 살아 계신 하나님의 손에 달려 있는 것을 확실히 믿는다면 복의 근원 되시는 살아 계시는 하나님께서 우리의 모든 것을 책임져 주실 줄 확실히 믿는 믿음으로 나아와야 합니다.

그래서 코로나19 바이러스뿐만 아니라 안팎의 어떠한 대적이라도 우리 믿는 자들을 불행과 고통으로 몰고 가려고 할 때에도 사무엘상 17장 45절에서 다윗이 강하고 담대한 믿음으로 외쳤듯이 우리도 "너는 칼과 창과 단창으로 내게 나아오거니와 나는 만군의 여호와의 이름 곧 네가 모욕하는 이스라엘 군대의 하나님의 이름으로 네게 나아가노라"라는 믿음으로 나아가야 합니다. 갓 스무 살도 안 된 청년 다윗이 갑옷으로 완전무장을 한 여섯 규빗 한 뼘(2m 83cm)의 거구에다가 57.5kg(5,000세겔)의 갑옷에다가 단창이 7kg(600세겔)에다가 칼과 창까지 가진 이 거대한 블레셋 장수 골리앗을 어떻게 상대하며 나갈 수 있었겠습니까? 다윗이 무슨 힘이 넘치는 것도 아니고, 전투 기술을 익힌 것도 아니고, 완전 군장을 한 것도 아니고, 큰 창과 칼을 가지고 나간 것도 아닙니다. 단지 물매와 돌 다섯 개 가지고 나아가도 여호와의 이름으로 담대히 나아가니까 기적의 승리를 일으킬 수 있었던 것입니다.

그러므로 우리의 삶 가운데 어떠한 고난이 닥쳐도 우상을 섬기듯이 불신앙을 가지고 결단코 여호와의 이름을 헛되이 부르지 말고, 인간의 생사화복을 주관하시는 여호와의 이름에 대한 강하고 담대한 믿음의 확신을 가지고 나아가야 합니다. 그리할 때 코로나19나 어떠한 거대한 인생의 대적도 능히 승리하게 될 줄 확실히 믿으시기 바랍니다.

여호와의 이름을 거짓되게 부르지 말아야 함

계속해서 시편 12편 2-3절 말씀을 다 함께 읽겠습니다.

> "그들이 이웃에게 각기 거짓을 말함이여 아첨하는 입술과 두 마음으로 말하는도다 여호와께서 모든 아첨하는 입술과 자랑하는 혀를 끊으시리니"(시 12:2-3).

여기도 '거짓'이란 단어가 히브리어로 'שָׁוְא'(솨웨)라는 단어를 사용하여서 '망령되게' 부르지 말라는 말씀을 보충해 주십니다. 다시 말하면, 우리가 여호와의 이름을 부르면서 거짓으로 말하지 말라는 것입니다. 그래서 겉으로는 이웃에게 아첨하는 입술로 다가가면서 속으로는 자기 자신을 자랑하는 혀를 가지고 있는데 하나님께서 남에게 아첨하는 입술과 자신을 자랑하는 혀를 다 끊어 버리신다는 것입니다. 우리가 여호와의 이름을 부르면서도 겉과 속이 다르게 이중적으로 여호와의 이름을 거짓되게 불러서는 안 된다는 것입니다.

우리 주위에도 보면 겉과 속이 다르고, 앞과 뒤가 다르고, 전과 후가 다른 사람들이 우리를 해하려고 얼마나 온갖 거짓으로 달려듭니까? 미국의 에이브러햄 링컨(Abraham Lincoln) 대통령이 대통령 후보로 나가서 상대 후보와 상대해서 토론을 하는데 그가 불리하니까 링컨 후보에게 "당신은 두 얼굴을 가진 이중인격자야!" 하고 입에 담지 못할 비방을 하자 링컨 대통령이 그렇게 답을 했다고 합니다. "내가 정말 두 얼굴을 가졌다면 이 중요한 자리에 왜 하필 이처럼 못생긴 얼굴을 가지고 나왔겠습니까?" 하고 유머로 넘겨서 상대 후보의 비방을 이겨내고 당당히 미국의 16대 대통령이 되었다고 하지 않습니까?

아무리 우리 주위에서 우리를 온갖 거짓으로 비방하고 험담을 해도 거짓은 진실을 결코 이기지 못하고 언젠가는 진실이 다 밝혀지고 승리하게 됩니다. 하나님께서 분명히 살아 계시기 때문에 거짓되고 불의한 자들은 하나님께서 선악 간에 다 심판하십니다. 그래서 갈라디아서 6장 7절에 "스스로 속이지 말라 하나님은 업신여김을 받지 아니하시나니 사람이 무엇으로 심든지 그대로 거두리라"고 분명히 경고합니다.

그러므로 거짓되고 불의하고 사악한 사람들은 하나님께서 다 심판하시니까 다 하나님의 심판에 맡기고, 우리가 할 수 있는 것은 그러한 거짓된 사람들을 불쌍히 여기고 진심으로 사랑으로 섬기고 끝까지 인내하면서 기다리는 것입니다. 그리하면 언젠가는 그들도 진실을 깨닫고 변화되고 주님 품으로 돌아오게 될 뿐만 아니라 결국에는 모두 다 함께 복을 누리고, 하나님의 나라를 위해서 귀하게 쓰임 받게 될 것입니다.

요즘 코로나19로 자녀들이 학교에 못 가고 온라인 강의를 듣다 보니까 부모님이 돌보지 않으면 자녀들이 강의를 틀어놓고 게임을 즐기면서 게임중독에 빠져든다고 합니다. 더구나 어제가 정부가 정한 제1회 '청년의 날'이었는데 청년세대는 코로나19로 인해 취직이나 진로에 실패를 겪으면서 온 나라를 이념분쟁으로 두 동강 낸 기성세대에 대해서 원망하고 반항합니다. 또한 지난날 우리 신앙의 선조들의 눈물의 기도와 희생으로 이루어진 한국 교회와 대한민국에 대해서는 감사하지 못하고, 오히려 자신의 삶에 불성실한 자녀들에 대해서 안타까운 심정으로 "나 때에는 말이야!" 하고 권면을 하면 "라떼는 말이야!"라고 비꼬면서 꼰대 취급을 합니다.

이러한 젊은 세대를 향해서 〈한국경제〉 신문에 기고한 한국과학기술원(KAIST)의 이병태 교수님의 "젊은이들에게 가슴에서 호소합니다"라는 제목의 글이 가슴에 뜨겁게 와 닿았습니다.

> 이 땅을 헬조선이라고 할 때, 이 땅이 살 만한 정의가 이루어지지 않는다고 욕할 때 한 번이라도 당신의 조부모와 부모를 바라보고 그런 이야기를 해주기 바란다.
> 초등학교부터 오뉴월 태양 아래 학교 갔다 오자마자 책가방 팽개치고 밭으로 가서 김을 매고, 저녁이면 쇠먹이를 거두려고 강가로 가고, 겨울이면 땔감을 마련하려고 산으로 갔던 그런 분들을 쳐다보면서 그런 이야기를 하라.
> 초등학교 졸업하는 딸을 남의 집 식모로 보내면서 우셨던 당

신의 할머니나 어머니를 보면서 그런 이야기를 하라.
대기업이 착취를 한다고?
한국에 일자리가 없어서 대학을 나오고도 독일의 광산 광부로 갔고 간호사로 갔던, 그래서 국제 미아가 되었던 당신의 할아버지, 할머니 시대의 이야기를 물어보고 그런 이야기를 하라.
지금도 대학을 나오고도 대한민국에 불법 취업을 와서 노동자로 일하는 필리핀과 몽골의 젊은이들을 보면서 이야기 하라.
신혼 초에 아내와 어린 자식을 두고 지하 방 반 칸이라도 마련해 보려고 중동의 뙤약볕의 건설 공사장의 인부로 갔던 당신의 삼촌들을 보고 그런 응석을 부려라.
월남전에 가서 생명을 담보로 돈벌이를 갔던 당신의 할아버지, 삼촌 세대를 생각하면서 그런 이야기를 하라.
고맙고 미안하고 그렇지 않나?
앞 세대의 성취와 피땀을 그렇게 부정하고 폄하하고도 양심의 가책이 느껴지지 않나?
사람들은 내가 미국 가서 박사 하고 KAIST 교수 하고 반기업 정서에 대응하니까 무척 금수저인 줄 아는가 보다.
나는 위에 적은 일들을 직접 경험했고 보고 자랐기 때문에 당신들처럼 그런 배부른 소리를 못할 뿐이다.
나는 부모 모두 무학으로 농부의 아들이고, 그것도 땅 한 평 없던 소작농의 아들로 자랐다.
중학교 때까지 등잔과 호롱불로 공부했다.
나보다 더 영특했던 우리 누이는 중학교를 가지 못하고 초등학교 졸업하고 공장으로 취업해 갔고, 그것은 지금까지도 우리 어머님의 지워지지 않는 한이다.
나는 대학 4년 내내 아르바이트로 내 생활비를 마련하며 다녔고, 때로는 부모님께 도움을 드리면서 다녔다.
나는 돈 한 푼도 없이 결혼했고, 집 없는 설움을 겪으며 신혼초에 치솟는 전셋값 때문에 해마다 서울 변두리를 전전하며 살았다.
단돈 3백만 원으로 가족을 데리고 유학을 가서 배추 살 돈이 없어서 김치를 만들어 먹지 못했고, 내 아내는 남의 애들을 봐주고 딸은 흑인 애들이 받는 사회보장 프로그램의 도움을 받아서 우유와 오렌지주스를 받아 먹으면서 학교를 다녔다.
나는 회사에 취업해서 주 6일을 근무하던 때에 입사 첫해에 크리스마스 날 단 하루 쉬어 보았다.
공장 창고의 재고를 맞추려고 퇴근 안 하고 팬티만 입고 냉방도 안 되는 높다란 창고 위를 기어올라 부품을 세면서 생산을 정상화하려 애썼다.
그렇게 야근하는 날 세상에서 제일 맛있는 음식은 삼겹살인 줄 알고 살았다.
그렇게 살아왔기에, 무책임한 노조가 망가뜨리는 회사를 보아왔기에,
우리보다 잘사는 것으로 알았던 많은 나라들이 고꾸라지는 것을 보았기 때문에,
그리고 미국과 일본이 어떻게 잘사는 사회인지 보았기 때문에 나는 당신들처럼 아프다고 못하고 힐링해야 한다고 응석을 부리지 못한다.

제발 당신의 고결한 조부모와 부모들을 더 이상 능멸하지 말라.
당신들이 우습게 아는 대한민국 기업들, 가발공장에 납품하는 하청업체부터 시작해서 다 배워서 지금까지 일군 것이다.
정부의 벤처 지원책도 금융도 없었고, 대학도 없었고, 컨설팅 없이 자유수출공단에 진출한 일본인들에게 술 사주고 접대하면서 배우고 일군 것들이다.
당신의 이모 고모가 그렇게 술 따르면서 번 돈으로 동생들을 공부시켰다.
제발 응석 부리고 빈정거릴 시간에 공부하고 넓은 세상을 보라.
우리 사회가 부족하면 부족한 대로 이유가 있는 것이다.
그 이유를 알뜰하게 공부하고 나서 비난해도 늦지 않다.
사람값이 싸다고 투덜대기 전에 누구 한 번 월급 줘 보고 그런 철없는 소리를 하고, 월급보다 더 가치 있는 직원이라고 증명해라.
그런 직원 찾으려고 기업주들은 눈에 불을 켜고 찾는다.
나는 당신들의 그 빈정거림과 무지에 화가 난다.
그러니 나보다 더 고생하고 생존 자체를 위해 발버둥쳐야만 했던 나의 앞 세대, 내 부모님 세대는 오죽했겠나?
당신들이 아프다고 할 때, 나는 그 유약하고 철없음에 화가 머리끝까지 난다.
당신들이 누리는 그 모든 것들, 스타벅스 커피, 스타크래프트 게임, 해외 배낭여행, 그 어떤 것들도 당신들이 이룬 것은 없다.
당신들은 지금 이 사회를 더 좋은 사회로 만드는 것으로 지금 누리는 것에 보답해야 한다.
우리 세대는 누리지 못했기에 당신들이 누리는 것을 보는 것으로 행복할 따름이고, 부러울 따름이다.
그러니 당신들에게 조롱받을 아무런 이유가 없다.
당신들의 앞 세대는 그저 물려받은 것보다 몇십, 몇백 배로 일구어 넘겨준 죄뿐이고, 당신들에게 인생은 원래 고달픈 것이라는 것을 충분히 알려주지 못한 죄뿐이다.
사기꾼들이 이 나라 밖에는 어디 천국이 있는 것처럼 거짓을 전파할 때 설마 저런 소리에 속을까 하며 미리 막지 못한 죄뿐이다.
당신들의 부모들이 침묵하는 것은 어이가 없거나 말해도 못 알아듣거나 남보다 더 잘해 주고 싶다는 한없는 자식에 대한 애정의 표현이지 당신들의 응석이 옳아서가 아니다.
그들은 속으로 울화통이 터져서 울고 계실 것이다.
적어도 나는 그렇게 생각한다.

얼마나 감동적인 강렬한 외침으로 들려왔는지 모릅니다. 그 글을 읽는 가운데 가슴에 뜨겁게 와 닿으면서 저도 모르게 눈시울이 뜨거워졌는데, 왜냐하면 우리가 다 겪었고 또 지켜보아서 너무도 잘 알고 있기 때문입니다. 적어도 이전 세대를 경험하신 분들은 그의 고백이 진실하고 가슴에 뜨겁게 와 닿으니까 눈물의 큰 감동을 불러일으켰을 것입니다.

이제는 우리가 더 이상 혼자 의로운 체하지 말고, 더 이상 말로만 큰소리치지 말고, 더 이상 사탄에게 속아 가면을 쓴 거짓된 삶을 살지 말고, 이제 얼마 남지 않은 우리의 남은 생애 동안 예수님은 본받아 온유하고 겸손하고 진실한 모습으로 주님 앞에서 새롭게 일어서서 진실되게 여호와의 이름을 부를 수 있길 바랍니다. 그것이 조용한 고백이고, 사람들의 귀에 안 들려도 아무리 여호와의 이름을 소리치며 거짓되게 부르는 자들보다도 많은 사람들에게 감동을 주고 변화를 일으키고 열매를 맺게 될 줄 확실히 믿습니다.

여호와의 이름을 범죄하며 부르지 말아야 함

마지막으로 이사야 5장 18절 말씀을 다 함께 읽겠습니다.

> "거짓으로 끈을 삼아 죄악을 끌며 수레 줄로 함같이 죄악을 끄는 자는 화 있을진저"(사 5:18).

여기 '거짓'이란 단어가 'לַשָּׁוְא'(랏솨웨)라는 단어로 기록되어 있는데, 이 거짓으로 끈을 삼아 죄악을 끌며 수레 줄로 함같이 죄악을 끄는 자는 화가 있다는 것입니다. 결국 그들이 여호와의 이름을 부르는 것은 거짓된 믿음이고, 다 자신의 의를 위한 것이고, 부를 위한 것이고 복을 위한 것이고, 다 사탄에게 속아서 죄악을 끌어들여서 결국 죄악의 심판만이 있을 것을 경고하셨습니다. 그러므로 이제는 더 이상 여호와의 이름을 범죄하며 부르지 말라는 것입니다.

미국의 빌 클린턴(Bill Clinton) 대통령이 재선에 도전할 때 공화당 대통령 후보였던 밥 돌(Bob Dole) 상원의원과 맞붙었습니다. 밥 돌 후보가 빌 클린턴 대통령에게 "당신은 병역기피자에다가 바람둥이야! 그리고 완전히 인간 쓰레기야!" 하고 공격하자 빌 클린턴 대통령이 "밥 돌 후보를 생각할 때마다 이 친구에게 광견병 치료제가 필요하다는 생각이 듭니다"라고 맞받아쳤습니다. 그러니 밥 돌 상원의원이 뭐가 됩니까? 미친 개가 되고 만 거 아닙니까?

우리가 남은 생애 더 이상 부질없이 싸울 필요가 없고, 자신만 하나님의 뜻대로 행하면 아무런 문제 될 것이 없습니다. 그런데 하나님이 기뻐하시는 뜻은 행하지 않고 사탄의 시험에 빠져서 하나님의 말씀을 떠나서 계속해서 육신적이고 인간적이고 세상적인 것만 따라가는 데 우리의 신앙의 문제의 심각성이 있습니다. 그래서 마태복음 7장 21절에서 예수님께서도 "나더러 주여 주여 하는 자마다 다 천국에 들어갈 것이 아니요 다만 하늘에 계신 내 아버지의 뜻대로 행하는 자라야 들어가리라"고 분명히 경고하시지 않습니까?

지난주 화요일 한 선배 목사님이 보내주신, 강남의 베이직교회를 담임하고 있는 조정민 목사님이 KBS TV "아침마당"에 출연한 동영상을 보고 큰 은혜를 받았습니다.

경남고를 다닐 때 한때 불교에 출가를 시도했다가 연세대 정치외교학과를 졸업하고 MBC TV 방송국에서 기자 생활을 하다가 사장을 하고 있을 때였습니다. 계속된 아내의 전도를 받고 성경을 읽다가 47세에 예수님을 만나고 믿게 되었는데 그의 사랑이 강권하시기 때문에 견딜 수가 없어서 50세에 사표를 쓰고 미국의 복음주의 고든 콘웰 신학대학원에서 가서 신학을 공부했습니다. 그런데 영어로 공부하다 보니까 얼마나 스트레스를 받았는지 입이 두 번이나 돌아가 버렸다고 합니다. 그 후 귀국하여 강남에 베이직교회를 개척을 했는데 그 동영상을 보니까 조정민 목사님이 제가 믿는 하나님과 똑같은 성경적인 신앙고백을 했습니다. 말세의 마지막 때 예수님은 진짜인데 교회는 가짜고, 예수님의 말씀도 진짜인데 교인들은 예수님의 말씀을 떠나서 가짜들이 많다는 것입니다. 과거의 잘못 배운 성경 지식과 자신의 얕은 신앙 경험과 왜곡된 판단대로 왜 그렇게 가짜로 사는지 모르겠다고 하면서 의문을 제시했습니다.

여러분, 교회만 나온다고 구원받는 것이 결코 아닙니다. 평생토록 예수님을 믿는다고 교회를 다니고 봉사를 많이 하고 목사, 장로, 권사, 집사가 되었다고 구원받는 것이 결코 아닙니다. 오히려 자신의 종교적인 믿음으로 인해서 자신도 구원받지 못하고 주위 사람들의 신앙에 걸림돌이 되어 하나님의 영광을 가리는 경우가 얼마나 많은지 모릅니다. 그래서 예수님께서 일곱 번씩이나 저주하시면서 그토록 격노하셨던 "화 있을진저, 외식하는 서기관들과 바리새인들"(마 23:13, 15, 16, 23, 25, 27, 29)이 되어가고 있습니다. 이처럼 우리가 평생을 아무리 여호와의 이름을 불러도 자신이 사탄에게 속고 있는 줄도 모르고, 하나님 아버지의 뜻을 깨닫지도 못하고, 하나님의 복음을 가로막고 하나님의 영광을 다 가리며 범죄 하는 교인들이 이 땅에 얼마나 많이 있습니까?

그렇다면 우리가 더 이상 범죄 하지 않고 진정으로 하나님의 영광을 위하여 사는 삶이 구체적으로 무엇일까요? 고린도전서 10장 31-33절에 분명히 증거하지 않습니까?

> "그런즉 너희가 먹든지 마시든지 무엇을 하든지 다 하나님의 영광을 위하여 하라 유대인에게나 헬라인에게나 하나님의 교회에나 거치는 자가 되지 말고 나와 같이 모든 일에 모든 사람을 기쁘게 하여 자신의 유익을 구하지 아니하고 많은 사람의 유익을 구하여 그들로 구원을 받게 하라."

그러므로 그러한 심판의 날이 오기 전에 하나님의 말씀을 통해서 속히 하나님의 뜻을 바로 깨닫고 죄악된 길에서 돌이키고, 진정으로 하나님의 영광을 위하여 복된 삶을 회복해야 합니다.

우리는 지난 9개월 동안 안팎의 온갖 환난과 핍박 속에서도 성전 예배를 계속해서 드려 왔습니다. 더욱이 지난 한 달 동안은 정부가 교회 집회를 금지시킨 상황 속에서 더욱더 그 박해가 극심했습니다. 여러분, 집단감염이 일어나는 병원이나 관공서나 마트나 식당은 문을 다 열고, 더구나 천주교 성당이나 불교 법당은 다 집회를 하도록 하면서 왜 몇몇 교회에 감염이 있었다고 진정으로 코로나19를 치유해야 할 교회만 예배를 못 드리도록 합니까? 이것이 바로 기독교를 박해하는 사탄의 계략이요, 말세 마지막 때의 우리의 현실이기 때문에 우리가 영적 분별력도 없이 거기에 넘어가면 안 된다는 것입니다.

심지어 우리 치유하는교회는 주님만 바라보면서 정부의 지침과 방역수칙을 철저히 지키면서 예배를 드리는데도 예배를 계속해서 드린다고 강서, 양천지역에서 우리 교회가 주타깃이 되고 있습니다. 그래서 지난 주일에는 SBS TV에서 또다시 나와서는 교회 사방에 몰래 카메라를 설치하고 끝까지 허물을 잡으려고 촬영까지 했습니다. 그런데도 성령님의 역사가 얼마나 놀라운지 한 부목사님이 교회 주위를 돌다가 우연히 그 몰래카메라들을 발견해서 예배를 마치고 나오는 교인들이 안전하게 귀가할 수 있었습니다.

정말 말세 마지막 때가 되니까 사탄이 범죄하는 자들과 함께 우는 사자와 같이 더욱더 삼킬 자를 찾으며 달려들어도 우리는 우리의 신앙과 교회를 영적으로 죽이는 비대면예배에 결코 속아 넘어가서는 안 됩니다. 그러자 이러한 우리의 신앙의 중심을 하나님께서 다 보시고 하나님께서 우리 성도님들과 주의 종들을 다 지켜 주시니까 이렇게 우리가 여호와의 이름을 부르는 신앙을 끝까지 지키고, 온전한 예배를 드리고, 하나님의 성전을 사수할 수가 있는 것입니다. 이 모든 것이 하나님의 은혜요, 성령님의 역사요, 기적적인 승리의 열매입니다.

그러므로 말세 마지막 때 아무리 사탄에게 속은 죄악된 자들이 하나님의 성전을 침범하고 예배를 가로막고 우리의 신앙을 허물어뜨리려고 달려들어도 우리는 결단코 여호와의 이름을 범죄하며 부르지 말고, 순결하고 온전하고 충만한 믿음으로 주님만 바라보고 여호와의 이름을 부르며 하나님의 영광만 드러내야 합니다. 그리할 때 기필코 최후의 승리를 거두게 해주실 줄 확실히 믿으시기 바랍니다.

사실 부족한 종이 이러한 철저한 복음주의 신앙으로 일어서게 된 것은 외조부모님이셨던 장로님·권사님의 평생의 신앙의 헌신과 봉사의 삶의 뿌리가 있었지만 저에게 직접적인 영적인 감화를 주신 분은 저의 아버지 장로님이셨습니다. 아버지께서 큰아들을 낳고는 아버지의 뒤를 이어 약사가 되고 장로가 되길 바라셔서 '榮植'(영식)이라고 이름 지었습니다. 그리고 둘째 아들인 저를 낳고는 이 아들을 위해 기도하시는 가운데 성령님의 감동을 받고 마태복음 6장 33절의 "그런즉 너희는 먼저 그의 나라와 그의 의를 구하라 그리하면 이 모든 것을 너희에게 더하시리라"는 말씀에 근거해서 '義植'(의식)이라고 이름 지었습니다. 이름이 그래서 그런지 몰라도 저는 어렸을 때부터 불의한 일을 참지 못했습니다. 더욱이 스무 살 때 죽을병에서 주의 종으로 부르심을 받고 기적적으로 살아난 후에는 덤으로 사는 남은 인생을 하나님의 나라와 의를 위해서만 살아야겠다고 결단하고 더욱 생명까지도 아낌없이 바쳐서 목숨을 걸고 목회해 왔습니다.

그 누구보다도 아버지 장로님은 모든 신앙의 모범과 감동을 보여주셨습니다. 지방 노회의 노회장까지 되셨지만 일생토록 자신을 전혀 드러내지 않으시고 항상 교회를 먼저 생각하시고, 하나님의 영광을 위해서 사셨습니다. 이름도 없이, 빛도 없이, 말도 없이, 묵묵히 평생을 가정과 약방과 교회를 위해서 헌신과 봉사와 충성의 삶을 사셨습니다.

생의 마지막 12년은 아들 목사가 섬기는 우리 치유하는교회에 와서 신앙생활을 하시다가 떠나가셨습니다. 그게 저에게는 말로 다할 수 없는 위로와 큰 힘이 되었지만 말년의 아버지께 교회의 불화와 분쟁으로 인해 마음에 깊은 상처를 안겨드린 것이 지금도 아들로서 죄송한 마음뿐입니다. 그러나 아들을 끝까지 사랑하시는 아버지의 마음은 부족한 종의 목회의 허물을 가까이서 많이 보셨을 텐데도 늘 "우리 김 목사가 이 어려운 목회도 잘 이겨내서 자랑스럽네!" 하고 위로하여 주셨습니다.

세상을 떠나시기 얼마 전에 한 번은 새벽기도회에 함께 오시면서 저의 손을 꼭 잡으시더니 갑자기 하시는 말씀이 "김 목사, 나는 참 하나님 아버지께 감사하네!" 그러셔서 제가 "뭐가 감사하세요?" 하고 물었더니 "내가 어떻게 김 목사와 같은 아들을 낳았을까 하고 늘 하나님 아버지께 감사하네!" 하고 대답하셨습니다. 그 말씀을 하시는데 저도 모르게 아버지의 깊은 사랑에 눈물이 핑 돌았습니다. 그렇게 마지막 순간까지 주님의 영광을 위해 하나님의 교회에 충성을 다하시며, 주의 종인 아들에게 격려해 주시면서 평생을 그렇게 믿음으로 사시면서 마지막 순간까지 조용히 기도하시다가 84세를 일기로 9년 전에 하늘나라로 떠나가셨는데 아마 천국에 가셔서도 아들의 목회를 위해서 간절히 기도하고 계실 것입니다.

지난 주일 2부 예배의 찬양 가운데 "하나님 아버지의 마음"이라는 찬양을 함께 부르는데 갑자기 하늘나라로 떠나가신 아버지 생각이 나면서 그 가사들이 얼마나 가슴에 뜨겁게 와 닿았는지 모릅니다.

아버지 당신의 마음이 있는 곳에
나의 마음이 있기를 원해요
아버지 당신의 눈물이 고인 곳에
나의 눈물이 고이길 원해요
아버지 당신이 바라보는 영혼에게
나의 두 눈이 향하길 원해요
아버지 당신이 울고 있는 어두운 땅에
나의 두 발이 향하길 원해요
나의 마음이 아버지의 마음 알아
내 모든 뜻 아버지의 뜻이 될 수 있기를
나의 온몸이 아버지의 마음 알아
내 모든 삶 당신의 삶 되기를

하나님 아버지의 마음이 저의 아버지를 통해 저의 가슴속에 뜨겁게 와 닿아서 오늘에 이르게 된 것에 감사하면서 그렇게 눈물이 나왔습니다.

사랑하는 성도 여러분, 우리 인생도 머지않아 예외 없이 다 떠나가게 됩니다. 그렇다면 우리가 얼마 남지 않은 여생 이 땅에 살아가는 동안 하나님 앞에서 우리의 사랑하는 가족들이나 자녀들에게 물려주어야 할 진정한 신앙의 유산은 무엇일까요? 적어도 여호와의 이름을 헛되이 부르지 않고, 여호와의 이름을 거짓되게 부르지 않고, 여호와의 이름을 범죄하며 부르지 않을 때 우리는 더 이상 여호와의 이름을 망령되게 부르지 않고 진정으로 하나님께 영광 돌리는 복된 삶을 자손 대대로 이어가게 될 줄 확실히 믿습니다.

다 함께 결단의 찬송으로 "나의 찬미"를 함께 부르며 믿음으로 결단하도록 하겠습니다.

어찌하여야 그 크신 은혜 갚으리
무슨 말로써 그 사랑 참 감사하리요
하늘의 천군천사라도 나의 마음 모르리라
나 이제 새 소망이 있음은 당신의 은혜라
하나님께 영광 하나님께 영광
하나님께 영광 날 사랑하신 주
그 피로 날 구하사 죄에서 건지셨네
하나님께 영광 날 사랑하신 주
바치리라 모두 나의 일생을 주님께
세상 영광 명예도 갈보리로 돌려보내리
그 피로 날 구하사 죄에서 건지셨네
하나님께 영광 날 사랑하신 주

저희를 통해 영광 거두시길 기뻐하시는 하나님 아버지, 저희가 하나님 여호와의 이름을 망령되게 부를 때가 얼마나 많이 있었습니까? 이제 더 이상 여호와의 이름을 헛되이 부르지 말게 하여 주시옵소서. 여호와의 이름을 거짓되게 부르지 말게 하여 주시옵소서. 여호와의 이름을 범죄하며 부르지 말게 하여 주시옵소서. 그리함으로 일생토록 하나님의 영광을 드높이며 자손 대대로 복된 신앙의 명문 가문이 모두 다 되게 하여 주실 줄 믿사옵고, 예수님의 이름으로 간절히 축복하며 기도하옵나이다. 아멘!

주일을 거룩하게 지키라

출애굽기 20:8-11

우리가 '이렇게 살라'는 주제로 십계명의 말씀을 함께 나누고 있습니다만 제1계명은 예배의 대상인 유일하신 하나님을 증거하고, 제2계명은 예배의 방법인 우상을 만들지 말라고 명령하고, 제3계명은 예배의 신앙으로 하나님의 영광만 드러내라고 말씀하고, 오늘 제4계명은 예배의 실제를 말씀하면서 거룩히 지키라고 명령합니다. 그러면 왜 안식일 계명을 제4계명으로 주셨는가 하는 것은 제1-3계명까지의 하나님과의 관계를 잘 회복하고 제5-10계명까지의 사람과의 관계를 잘 이뤄가기 위해서는 제4계명인 안식일을 거룩히 지킴으로써 모든 영적인 은혜와 축복과 행복의 힘을 얻을 수 있기 때문입니다.

이 시간 제4계명의 본문 8절 말씀을 다 함께 읽겠습니다.

"안식일을 기억하여 거룩하게 지키라"(출 20:8).

이 '안식'이란 단어가 히브리어로 '솹바트'(שָׁבַת)라고 해서 '쉬다'(창 2:2-3), '그치다'(욥 32:1), '잠잠하다'(시 8:2)는 뜻이 있습니다. 그래서 계속해서 9-10절에 "엿새 동안은 힘써 네 모든 일을 행할 것이나 일곱째 날은 네 하나님 여호와의 안식일인즉 너나 네 아들이나 네 딸이나 네 남종이나 네 여종이나 네 가축이나 네 문 안에 머무는 객이라도 아무 일도 하지 말라"고 증거하고 있습니다.

그렇다면 왜 우리에게 이렇게 공식예배(Formal Service)인 안식일을 기억하여 거룩하게 지키라고 하셨을까요? 다른 계명들은 다 시내 산에서 모세를 통해서 주신 말씀입니다만 이 안식일 계명은 유일하게도 천지창조 후에 하나님께서 최초의 인간인 아담과 하와에게 주신 계명이기 때문에 기억하며 지키라고 명령하신 것입니다.

그래서 창세기 2장 1-3절에 보십시오.

> "천지와 만물이 다 이루어지니라 하나님이 그가 하시던 일을 일곱째 날에 마치시니 그가 하시던 모든 일을 그치고 일곱째 날에 안식하시니라 하나님이 그 일곱째 날을 복되게 하사 거룩하게 하셨으니 이는 하나님이 그 창조하시며 만드시던 모든 일을 마치시고 그날에 안식하셨음이니라."

하나님께서 천지 만물을 창조하신 다음에 하나님께서 먼저 안식하시면서 우리의 모든 신앙의 모범을 보여주셨습니다.

아담과 하와가 에덴동산에서 쫓겨나던 때를 주전 4,004년이라고 영국 어셔(Usher) 주교가 말한 것을 볼 때 주전 1,500년의 모세 시대가 되었으니까 적어도 2,500년의 세월이 지난 다음에 이스라엘 백성들이 출애굽을 한 다음에 그들이 어떻게 신앙으로 살 것인가를 십계명을 통해서 말씀하시면서 안식일을 기억하여 거룩하게 지키라고 오늘 본문 11절 말씀 가운데 또다시 명령하신 것입니다.

이처럼 하나님께서 우리에게 안식일을 지키라고 두 번씩이나 강조하면서 명령하시는데, 그렇다면 왜 우리가 주일을 거룩하게 지켜야 하는가, 이 시간도 들려주시는 하나님의 음성을 들을 수 있길 바랍니다.

본문 11절 말씀을 다 함께 읽겠습니다.

> "이는 엿새 동안에 나 여호와가 하늘과 땅과 바다와 그 가운데 모든 것을 만들고 일곱째 날에 쉬었음이라 그러므로 나 여호와가 안식일을 복되게 하여 그날을 거룩하게 하였느니라"(출 20:11).

우리를 안식하게 하기 위함

먼저 본문 11절 말씀 상반절 말씀을 다시 한 번 다 함께 읽겠습니다.

> "이는 엿새 동안에 나 여호와가 하늘과 땅과 바다와 그 가운데 모든 것을 만들고 일곱째 날에 쉬었음이라…"(출 20:11상).

하나님 아버지께서 우리에게 왜 엿새 동안 열심히 일하고 일곱째 되는 날에 안식일을 기억하며 거룩하게 지키라고 하셨을까요? 가장 먼저는 우리를 안식하게 하시기 위함이었습니다.

한 교회의 찬양대원이 열심히 찬양을 하다가 쓰러져 죽어 버렸는데 사인을 알아보니까 찬양집에 쉼표가 나와 있는데 쉼표에서 안 쉬고 열심히 찬양을 하다가 숨이 끊겨서 죽었다고 합니다. 여러분, 우리의 육신과 영혼도 마찬가지입니다. 쉼 없이 한 주 내내, 한 달 내내, 일 년 내내 살다 보면 어느 날 갑자기 병들어 쓰러지고 맙니다. 그런데도 우리는 하나님의 명령을 지키지 않고 살다가 갑자기 쓰러져 세상을 떠나는 사람들이 얼마나 많습니까?

30여 년이 지났지만 지금도 잊히지 않는 가슴 아픈 이야기가 있습니다. 부족한 종이 프린스턴 신학대학원에 유학을 갔을 때 일입니다. 그곳 프린스턴한인장로교회의 권사님의 동생이 뉴욕에서 청과물상을 했는데 새벽 일찍부터 과일시장에 가서 과일을 떼어다가 저녁 늦게까지 팔았습니다. 그렇게 3년 동안을 하루도 안 쉬고 일했는데 점점 장사가 잘되어서 돈 버는 재미가 너무도 컸습니다. 그래서 누님 권사님이 그렇게 전도를 해도 전혀 받아들이지를 않았는데 그러던 어느 날 몸에 이상이 있어서 병원에 가서 건강검진을 받아 보았더니 3개월 시한부 간암 말기였습니다. 이 소식을 듣고 급히 병실을 찾은 누님 권사님에게 사랑하는 동생이 울먹이면서 하는 말이 세 가지 일이 너무도 억울하고 원통한데 첫째는 이렇게 인생이 빨리 끝날 줄을 몰라서 너무도 억울하고, 둘째는 그동안 하루도 쉬지 못하고 뼈빠지게 고생만 한 것이 너무도 억울하고, 셋째는 그토록 고생해서 번 돈을 단 한 푼도 쓰지 못하고 떠난다는 것이 너무도 억울하고 원통하다고 울부짖더랍니다.

여러분, 이것이 바로 우리의 인생입니다. 어느 누구도 예외가 없습니다. 그런데 목회를 하면서도 보면 그렇게 사랑으로 권면해도 신앙을 떠나 살다가 어느 날 갑자기 세상을 떠나게 되면 너무도 가슴이 아픕니다. 그래서 주님께서 우리가 엿새 동안을 열심히 일하고 마지막 일곱째 날은 안식하라고 하신 것입니다. 그것도 집에서 먹고 놀고 쉬고 자라는 의미가 아닙니다. 마태복음 11장 28절에 "수고하고 무거운 짐 진 자들아 다 내게로 오라 내가 너희를 쉬게 하리라"고 분명히 약속하시지 않습니까? 내가 원해서 수고한 능동적인 짐과 내가 원치 않아도 지워진 피동적인 무거운 짐조차도 주님 앞에 나와서 다 내려놓아야 우리가 진정한 쉼을 얻을 수 있습니다. 그래서 하나님께서 창조하신 인간은 비로소 진정한 안식을 누릴 수 있다는 것입니다.

지지난 주 토요일 오후 5시 MBN TV의 "모두의 강연: 가치 들어요"라는 프로그램에 의사소통 전문가인 김창옥 강사가 나와서 자신의 가슴 아팠던 과거를 들려주었습니다. 그는 시골에서 태어나서 열심히 노력해서 성악을 전공하는데 성악으로 잘 안 풀려서 전공을 바꾸어서 강연을 시작했습니다. 그런데 잘나가다가 어느 순간에 강연도 지치고 힘들게 되어 신경정신과 병원에 찾아갔더니 의사 선생님이 쳐다보지도 않고 묻는 말이 "어디가 아파서 왔어요?" 하고 묻더랍니다. "가슴이 쪼이고 답답하고 숨이 잘 안 쉬어져서 왔어요"라고 하니까 역시 쳐다보지도 않고 "또 다른 데는 아픈 데 없어요?" 하고 습관적으로 묻더랍니다. 그러니까 의사 선생님에 대해서 신뢰도 안 가고 사랑의 정도 안 느껴져서 약을 조제해 주었는데 약 효과까지도 안 나타나는 것 같더랍니다.

그렇게 고통 가운데 지내던 중 한 노신부님을 만났는데 그의 이야기를 들은 후 "모든 것을 내려놓고 침묵을 배워!" 그러시더랍니다. '무슨 침묵을 배워? 그냥 말 안 하면 침묵이지!'라고 생각했는데 그러던 중 우연한 기회에 지인의 소개로 프랑스에 있는 한 수도원을 찾아가게 되었습니다. 가서 말이 안 통하니까 자연 침묵을 할 수밖에 없었는데 그렇게 침묵하면서 한 주가 지나가고 열흘 가까이 되었을 때 들판을 산책하는데 갑자기 주님의 세미한 음성이 들려오더랍니다. "창옥아, 그래 여기까지 잘 왔다!" 하늘로부터 주님의 위로의 음성이 들려오는데 마치 그토록 그리웠던 사랑하는 어머니의 포근한 품에 안긴 듯해서 그 따스한 주님의 음성을 들으면서 30여 분 동안 들판에 앉아 있었는데 주님의 따스한 사랑의 품 안에서 한없이 눈물이 쏟아지더랍니다. 그리고 그동안 살아오면서 힘들고 무거웠던 인생의 짐을 다 주님 앞에 내려놓게 되니까 그를 그토록 고통스럽게 했던 우울증도, 권태기도 다 사라지고 깨끗이 치유를 받게 되었습니다. 그리고 다시 돌아와서 우리나라를 대표하는 의사소통 전문 강사로 새롭게 쓰임 받을 수 있었다고 합니다.

여러분도 주님의 은혜로 여기까지 잘 오셨습니다. 그 동안도 얼마나 수고 많으셨습니까? 얼마나 고생하셨습니까? 우리가 아무리 많이 배우고 많이 올라가고 많이 벌고 많이 쌓아 놓아도, 다 알고 다 할 수 있고 다 해왔다고 주님을 떠나서 잘살 것처럼 큰소리를 쳐도 우리가 만왕의 왕이요, 만주의 주이신 주님을 떠나 사는 것은 마치 물을 떠난 물고기와 같은 인생이 되고 마는 것입니다. 부족한 종도 지난 43년 동안 목회를 해오면서 그렇게 살다가 한 방에 훅 가는 교인들을 너무도 많이 보았습니다. 그러므로 다른 길이 없습니다. 우리가 주님 없이는 한순간도 살 수 없음을 고백하면서 매 주일 주님의 품이 너무도 그리워서 주님 앞에 나아와서 주님 앞에 우리의 모든 인생의 짐을 다 내려놓고 주님 품 안에서 안식을 누리게 될 때에 진정으로 참된 평안을 누리고, 영육 간에 새 힘을 얻어서 하나님의 은혜로 건강하고 축복되고 행복한 신앙생활을 하게 되는 것입니다.

특별히 지금 우리는 코로나19의 불행과 고통 가운데 살고 있습니다. 그 어느 때보다도 주님의 안식의 품이 우리에게 절실합니다. 그러므로 사랑하는 부모, 형제, 자녀, 손주들을 만나게 되면 이번이 마지막 기회일 수 있다는 갈급한 심정으로 복음을 전하고, 그들의 영혼을 구원하고 가까운 교회로 꼭 인도할 수 있길 바랍니다. 그리하여 이제라도 우리가 주님 앞에 나아와 진정으로 주일을 거룩하게 지킬 때 주님 앞에 인생의 모든 짐을 다 내려놓고 인간의 절망이 하나님의 새로운 희망이 되어서, 비로소 주님 안에서 참된 평안과 안식을 모두 다 누리게 될 줄 확실히 믿으시기 바랍니다.

우리를 복되게 하기 위함

계속해서 본문 11절 중반절 말씀을 다 함께 읽겠습니다.

> "…그러므로 나 여호와가 안식일을 복되게 하여…"(출 20:11중).

하나님께서 왜 우리에게 안식일을 기억하여 거룩하게 지키라고 하셨을까요? 그것은 우리에게 은혜를 베푸시고 행복을 부어 주시고 축복을 내려 주시기 위함이었습니다. 그러니까 안식일을 거룩하게 지키지 않는 사람은 하나님의 복을 다 잃어버리고 맙니다. 그래서 주의 종들이 여러분을 진정으로 사랑하기에 부모님이 자녀들이 잘 되길 바라는 간절한 심정으로 어떻게 해서든지 우리 성도님들이 좀 불편하더라도 진정으로 은혜를 받고 행복을 얻고 축복을 누리도록, 여러분이 주님 앞에 나아와서 하나님의 복을 받게 하기 위해 강권하지 않을 수 없습니다.

요즘 특별히 코로나19로 인해 안팎의 환난과 핍박으로 얼마나 어렵고 힘드십니까? 지난주 수요일 〈국민일보〉에도 나왔지만 자영업자들이 너무도 장사가 안 되어서 8월 1일 이후로만도 20만 명에 이를 정도로 가게 문을 닫고 폐업을 하고, 사장님들이 시급 아르바이트를 뛰는 것은 말할 것도 없고 막노동자로 전락할 정도라고 합니다. 그래서 IMF 때보다 다들 어렵고 힘들다고 하는데 이렇게 어렵고 힘들수록 하나님의 복이 절실한 것입니다. 그러므로 우리가 어렵고 힘들수록 주님의 전으로 열심히 나아와야 합니다. 그런데도 주님의 전으로 안 나온다면 다 자신의 축복과 능력의 한계를 벗어날 수가 없습니다.

어떤 교인이 세상을 떠난 다음에 천국에 가느라 사닥다리를 올라가게 되었는데 다른 성도들의 사닥다리는 촘촘해서 쉽게 올라가는데 자신의 사닥다리만 띄엄띄엄 이빨이 빠져서 너무 올라가기 힘들었습니다. 그래서 그곳을 지키던 천사에게 "왜 다른 교인들의 사닥다리는 촘촘한데 내 사닥다리만 띄엄띄엄 빠져 있어요?" 하고 불평을 털어놓았습니다. 그랬더니 그 천사가 하는 말이 "띄엄띄엄 빠진 사닥다리는 네가 빠진 주일이니라" 그러더랍니다. 그래가지고 그 교인은 천국 올라가다가 너무 힘들어 포기했다고 합니다.

여러분, 우리가 주일 안 지키고 TV나 핸드폰으로 평생 예배봐 보십시오. 그것이 진정으로 은혜가 되고 축복이 되고 행복의 감격이 넘칩니까? 우리를 진정으로 치료하시는 살아 계신 하나님을 믿지 못하고 네가 애쓰고 수고하며 사는 삶과 다를 바가 아무것도 없습니다. 진정한 복은 주일을 거룩히 지키는 데서부터 옵니다.

부족한 종이 전도사 시절에 미국 유학을 준비하며 저의 집사람이 약국을 경영하였는데 한 달에 한 번, 주일에 동네 약국들이 돌아가면서 문을 열었습니다. 당번인 주일에 문을 열면 그날 하루만 해도 당시 한 달 집세를 버니까 집사람이 일찍 1부 예배드리고 가서 약국의 문을 열었습니다. 그런데 그것이 전도사의 양심에 늘 걸려서 "전도사 가정부터 온전한 주일성수를 못하면 어떻게 교인들에게 온전한 주일성수를 하라고 설교할 수 있겠는가?" 하고 권면했습니다. 그렇게 몇 번 집사람과 갈등을 겪다가 결국 집사람이 결단을 해서 다른 약국에 당번을 넘겨주니까 안 믿는 약사들이 너무도 좋아했습니다.

그런데 저희의 주일성수의 믿음에 복의 근원 되시는 하나님께서 어떻게 놀라운 축복으로 갚아 주신 줄 아십니까? 하나님께서 당번인 주일 전 토요일이나 그다음 날인 월요일에 꼭 복을 내려주셔서 집세가 넘도록 축복을 부어 주셨고, 또 유학 갈 때도 뜻하지 않은 복을 부어 주셔서 7년에 유학생활을 부족함이 없이 다 잘 마치고 돌아올 수 있었습니다. 그뿐만 아니라 돌아와서 3년간 교수생활을 할 때나 지난 20년 우리 치유하는교회 목회를 할 때에도 모아두고 쌓아둔 것은 없었지만 빈손 들고 시작한 결혼생활의 지난 40년 동안 부족함이 없도록 채워 주시고 부어 주시고 갚아 주셨습니다.

그래서 저의 지난날의 믿음의 확실한 체험 속에서 제 마음속의 확신을 가지고 분명히 증거할 수 있는 말씀은 시편 73편 28절 말씀입니다.

> "하나님께 가까이함이 내게 복이라 내가 주 여호와를 나의 피난처로 삼아 주의 모든 행적을 전파하리이다."

이처럼 부족한 종이 지난날의 주일성수의 복을 뜨겁게 체험했기 때문에 코로나19의 안팎의 극심한 박해 속에서도 지난 9개월 동안 한국 교회가 큰 시험에 빠져서 성경에도 없는 비대면예배라는 것을 만든 이때에 우리 치유하는교회라도 주일을 거룩하게 지키면서 영과 진리로 정성을 다해 예배를 드려야 한다고 강권했던 것입니다.

그리하여 한 주일도 쉬지 않고 믿음의 정성을 다해 눈물의 감격 속에 예배를 드렸더니 하나님께서 또다시 우리의 중심을 받아주시고 우리에게 은혜를 부어 주시고 축복을 내려 주셨습니다. 그래서 성전예배를 드렸다고 많은 신문과 TV의 인터뷰를 하게 하시고, TV에 몇십 초씩만 나와도 광고비가 몇억 원씩 된다는데 KBS, SBS, YTN, MBN, CTS, CBS에 이르기까지 TV 여섯 군데나 예배를 모범적으로 드리는 교회로 나와서 얼마나 교회 홍보가 되었는지 모릅니다. TV 프로그램에도 네 번이나 출연하여 말세 마지막 때 성전예배의 순교의 신앙을 온 세상에 전하는 영광을 누릴 수도 있었고, 또한 10여 개 신문사의 인터뷰도 하고 토론회도 나갔습니다. 또 개인적으로 아무런 기대도 하지 않았는데 부족한 종이 〈국민일보〉가 제정한 '올해의 목회자상'까지 받게 해주시고, 온갖 언론을 통해 더욱더 유명하게 해주시고 복을 부어 주셨습니다.

이 모든 원인이 어디에 있는가 돌이켜보니 하나님 아버지께서 성전예배를 사수하는 우리의 신앙을 기뻐 받아주시고 우리를 높여 주시고 귀하게 사용하여 주시고 복을 내려 주신 것입니다.

그런데도 우리는 사탄의 시험에 빠져서 하나님의 복을 우습게 생각하기 때문에 나 자신이 애쓰고 수고하다가 지치고 힘들어서 포기하고 절망합니다. 언제 우리가 가장 은혜롭고 행복하고 축복된 신앙생활을 합니까? 주님 앞에 열심히 나아올 때입니다. 그러므로 우리가 어렵고 힘들수록 복의 근원 되시는 하나님 앞에 열심히 나아와서 주일을 거룩하게 지킬 때 틀림없이 여러분의 여생과 자녀손에 이르기까지 차고 넘치도록 하나님의 복을 기필코 갚아 주실 줄 확실히 믿습니다.

우리를 거룩하게 지키게 하기 위함

마지막으로 본문 11절 하반절 말씀을 다 함께 읽겠습니다.

"…그날을 거룩하게 하였느니라"(출 20:11하).

하나님께서는 우리를 안 믿는 세상 사람들과 구별하길 원하십니다. 결국 하나님의 심판대 앞에서 천국과 지옥의 심판으로 영원히 구별하시겠지만 이 땅 위에 사는 동안에도 세상과 구별되어 살아가길 원하십니다. 그래서 마지막으로 하나님께서는 우리에게 안식일을 철저히 세상과 구별하여 거룩하게 지키라고 명령하셨습니다.

다시 말하면, 우리가 신앙생활을 하는 것을 세상 사람들이 어떻게 아느냐 하면, 우리가 주일을 거룩히 지키는 것을 보고 알기 때문에 안식일에 아무 일도 못하게 하셨습니다. 그래서 출애굽기 35장 2절에서는 "엿새 동안은 일하고 일곱째 날은 너희를 위한 거룩한 날이니 여호와께 엄숙한 안식일이라 누구든지 이날에 일하는 자는 죽일지니"라고 전제하시면서 구체적으로 밭 갈고 추수하는 일을 해서도 안 되고(출 34:21), 불을 켜서도 안 되고(출 35:3), 나무를 거둬서도 안 되고(민 15:32), 포도주를 짜고 물건을 나르고 장사를 해서도 안 되고(느 13:15), 짐을 져서도 안 된다고 강조하셨던 것입니다(렘 17:21).

그런데 문제는 우리에게 안식일에 대해서 이렇게 율법의 무거운 짐을 지워 주셨는데 과연 우리가 이 율법대로 다 지키고 의롭다 함을 받을 자가 누가 있겠습니까? 여기서 안식일을 고수하는 안식교의 교리가 한순간에 다 무너지고 맙니다. 인간 스스로 이러한 율법으로 인한 죄의 심판을 감당할 수 없었기 때문에 하나님의 아들이신 예수님께서 이 땅에 오셔서 십자가에서 우리의 모든 죄악과 상처와 질병을 대신 지시고, 지난날의 죄악을 회개하고 속죄의 은혜를 받는 자에게 구원의 은혜와 율법의 해방과 더불어 영적 자유함의 감격의 길을 열어 주신 것입니다.

그래서 골로새서 2장 16-17절에 "그러므로 먹고 마시는 것과 절기나 초하루나 안식일을 이유로 누구든지 너희를 비판하지 못하게 하라 이것들은 장래 일의 그림자이나 몸은 그리스도의 것이니라"고 분명히 증거하지 않습니까? 구약은 그림자이고 신약성경이 실체라고 하는데 무엇보다도 예수 그리스도께서 오심으로 인해서 구약성경의 모든 율법을 완성하시고 예언을 성취하셨습니다. 특별히 안식일은 날짜보다 그 안식의 의미가 중요하다는 것을 깨우쳐 주셨는데, 다시 말하면 그리스도께서 오셔서 그 의미를 완성시켜 주셨기 때문입니다.

그런데도 바리새인들은 예수님께서 안식일에 한쪽 손 마른 자의 병을 고치고 한 마리 양이 구덩이 빠진 것을 끌어내 주시고 예수님의 제자들이 시장하여 안식일에 이삭을 잘라 먹은 것을 문제 삼으니까(마 12:1-4, 9-13) 예수님께서 "인자는 안식일의 주인이니라"(마 12:8)고 말씀하십니다. 그리고 안식일에 하나님께 예배를 드리는 것도 중요하지만 선한 일도 행해야 함을 보여주셨습니다.

그러다 보니까 말세 마지막 때가 되어서 주일에 하나님께 예배를 드리기보다 사람들을 위한 선한 일을 해야 한다는 인본주의 신앙이 점점 파고들기 시작하면서 주일의 본질적인 예배를 사수하는 우리의 복음주의 신앙까지도 위협하고 있는 안타까운 현실입니다.

한 교인이 세계적인 복음주의 부흥사였던 빌리 그레이엄(Billy Graham) 목사님을 찾아와서 물었습니다. "주일에 교회에 오다가 소가 구덩이에 빠지면 건져내야 할까요, 아니면 내버려두고 교회에 와야 할까요?" 하고 물으니까 그레이엄 목사님이 "물론 먼저 생명을 살려야 하니까 건지고 와야 하겠지요?" 그러면서 한마디를 덧붙였습니다. "그러나 주일마다 소가 계속해서 구덩이에 빠지거든 제발 그 소를 팔아 치우십시오!" 우리가 주일에 세상의 어떤 선행보다도 주님께 예배드리는 것이 최우선되어야 한다는 것입니다.

그런데 여기서 우리가 십계명의 말씀대로 토요일 안식일을 지켜야지 왜 일요일의 주일을 지켜야 하느냐고 반문하실 분이 계실지 모르겠습니다. 초대교회 그리스도인들이 안식일을 지키지 않고 일요일을 주일로 지키게 된 이유는 첫째, 복음을 믿는 그리스도인들을 그토록 핍박하던 유대교와 구별되길 원하셨고, 둘째, 첫째 날이 주일인데 그 첫날을 하나님께 드리길 원하셨습니다. 셋째, 이 세상을 창조하신 그 첫날, 빛을 창조하셨는데 세상의 빛(요 8:12)으로 오신 주님을 증거하기 위함이었고, 넷째, 예수님께서 부활하신 날이었던 안식일 후 첫날(마 28:1)인 주일에 부활의 주님께 감사하며 예배드리며 부활의 복음을 전하고자 했던 것입니다. 그래서 초대교회 때부터 안식일 후 첫날인 주일에 모이기 시작했고(행 20:7), 이 '주일'을 요한계시록 1장 10절에서 처음으로 '주의 날'(주일, The Lord's Day)이라고 언급하게 되었습니다. 그리고 교회의 거룩한 전통을 따라 지금까지 우리는 주일을 지켜오게 된 것입니다.

그런데 지난 8월 7일부터 30일까지 라이프웨이 리서치(Lifeway Research)에서 미국 교회의 예배 현장을 파악해 보니까 지금 코로나19의 하루 확진자 수가 5만 명에 이르는데도 복음주의 교회인 그레이스커뮤니티 교회 존 맥아더 목사님을 비롯하여 목회자의 87%는 성전예배를 재개했다고 조사 결과에 밝혀졌습니다. 그걸 보면서 '역시 아직도 미국이 전 세계를 이끌어가는 저력이 미국의 청교도 신앙에 뿌리내린 예배 신앙의 축복의 열매구나' 하는 감동이 강하게 왔습니다. 그런데 우리는 하루 코로나19의 확진자가 100여 명에 이르는데 성전예배가 얼마나 박해를 받고 있습니까? 이것이 일제강점기인지 공산치하인지 모를 정도로 정부의 지침이나 방역수칙을 철저히 지키는데도 진정한 예배도 아닌 비대면 예배를 정부가 강요합니다. 하나님께서만이 진정한 코로나19의 치료자 되심도 믿지 않고, 대한민국 헌법 제20조의 "모든 국민은 종교의 자유를 가진다"는 종교의 자유에 정면으로 배치되는, 신앙의 양심으로는 도저히 받아들일 수 없는 지침인데도 코로나19에 벌벌 떨면서 겁먹고 따라가는 것 좀 보십시오. 그래서 교인들의 신앙을 다 떨어뜨리고 말았습니다.

그런데 우리 신앙의 선조들은 주일을 거룩하게 지켰을 뿐만 아니라 적어도 목사, 장로, 안수집사, 권사가 되면 모든 예배에 빠지지 않았습니다. 그리고 자녀들에게도 그렇게 신앙의 모범이 되어 주셨을 뿐만 아니라 주일에 교회 가기 전에 다 씻겨 주시고 새 옷 입혀 주시고 헌금도 다리미질하여 빳빳한 돈으로 만들어서 바치게 하셨습니다. 그래서 오늘의 한국 교회의 부흥과 우리나라의 번영을 가져왔는데 오늘 우리의 주일성수의 신앙은 과연 어떠합니까? 우리의 이런 신앙으로 우리의 여생과 자손들의 장래가 어떻게 되겠습니까? 여러분, 코로나19가 언제 끝이 난다고 생각하십니까? 코로나19가 끝나기도 전에 여러분이 먼저 세상을 떠날지 아무도 모릅니다. 그런데도 언제까지 그런 육신적이고 세상적이고 인간적인 신앙에 빠져서 언제까지 성전예배의 그 풍성한 은혜와 축복과 행복의 감격을 잃어버리고 살다가 인생을 끝내야 되겠습니까?

그래서 세계적인 구약학자인 월터 브루그만(Walter Brueggemann) 콜럼비아 신학대학원 명예교수님이 쓰신 《안식일은 저항이다》

(Sabbath as Resistance)란 책에 보면 이런 내용이 있습니다. 이러한 말세의 마지막 때에 우리가 세상 환경이나 통제나 오락이나 음식 등 갖가지 우리를 유혹하고 시험하는 가장 기본적인 욕구들에 맞서는 각오와 행동이 없이는 주일을 거룩히 지킬 수 없다는 것입니다. 그래서 브루그만 박사님은 그토록 중요한 안식일을 지켜 나가는데 우리의 믿음의 결단과 희생이 없이는 결단코 지켜 나갈 수 없기 때문에 프로테스탄트(Protestant, 저항하는 자)의 개혁신앙의 전통을 따라 "안식일은 저항이다"라고 강력히 외쳤습니다.

그러므로 말세 마지막 때가 될수록 어떠한 이유로든지 히브리서 10장 25절의 "모이기를 폐하는 어떤 사람들의 습관과 같이 하지 말고 오직 권하여 그날이 가까움을 볼수록 더욱 그리하자"는 말씀을 가슴속 깊이 되새기면서 끝까지 주일을 거룩하게 지켜 나가야 합니다. 그리할 때 우리는 세상 사람들의 인본주의, 세속주의, 기복주의 신앙과 철저히 구별되어 성경적이고 복음적이고 순교적인 신앙을 자손 대대로 이어가게 될 줄 확실히 믿으시기 바랍니다.

지지난 주 토요일(2020년 9월 19일) 〈국민일보〉에 전정희 논설위원이 쓴 "나와 목사님과 믿지 않는 이웃"이란 제목의 감동적인 사연이 소개되었습니다.

1934년 다도해 최남단의 섬인 거문도 거문리에서 그저 이슬처럼 왔다가 사라져 간 원용연 권사님이 태어났습니다. 하지만 우리 어머니 세대가 그러하였듯이 원 권사님도 "시집을 잘못 가서 신세를 망친다"는 말과 같이 시집간 집은 솥단지조차 쪼개져 있는 찢어지게 가난한 오막살이집이었습니다. 그나마 6·25 전쟁 후 휴전협정이 이루어질 무렵 사랑하는 남편이 군에 간 사이에 시어머니는 일찍 세상을 떠나셨고, 시아버지는 술만 마셨다 하면 술 안 사준다고 며느리의 머리채를 쥐고 팼습니다. 가장 가슴 아팠던 것은 그토록 기다렸던 남편이 6·25 전쟁 후 돌아와서 첩을 집에 들여 아들까지 낳았는데 첩이 도망을 가버려서 그 의붓아들을 원 권사님이 거둬서 피눈물을 흘리며 길러야 했습니다.

1960년대 중반에 그렇게 핍박하던 시아버지도, 그렇게 속을 썩이던 남편도 병으로 다 세상을 떠나서 첩의 아들까지 포함해서 4남 1녀를 혼자 감당하며 힘들게 살아야만 하는 청상과부가 되어 버렸습니다. 위로받을 곳이 세상 아무 데도 없어서 1966년 원 권사님은 서른두 살의 젊은 나이에 자신이 살기 위해서라도 예배당을 찾았습니다. 그리고 아무것도 모르지만 그저 살아 계신 하나님 아버지께 가슴 아프고 피가 맺힌 절규를 쏟아부으면서 시간만 나면 예배당으로 달려가 눈물로 부르짖었습니다.

그러나 원 권사님의 삶이 당장 달라지지는 않았습니다. 남의 집 오물 푸기와 밭 갈아 주기, 화물선 모래 푸고 벽돌 찍어 나르기, 홍합과 해초 채집과 연탄 배달, 얼음 공장 노동, 채소 재배와 양봉, 새끼줄 용 칡 줄기를 수확해서 내다 팔기 등 권사님의 일생토록 안 해본 섬 일이 거의 없을 정도였습니다. 그러던 중 1972년 칡 줄기를 자르다가 바위에서 떨어져서 발가락을 절단하여 절뚝거리는 장애인까지 되고 말았지만 그 몸으로도 예배에 빠지지 않고 교회 나간 것은 물론이거니와 심지어 예배당이 낡아 허물어지자 벽돌까지 찍어 예배당을 지었습니다. 그 교회가 바로 지금의 거문도 덕촌교회입니다.

그래서 동네사람들에게 교회 벽돌 찍느라 파 농사 망치고 있다고 '미친년, 정신 나간 년'이라는 비난의 욕설까지 수없이 들어야 했지만 하나님께서는 그런 원 권사님을 버리지 않으셨습니다. 성전을 짓다가 출하 시기를 놓친 파의 가격은 되레 2-3배, 배추는 10배를 더

받는 등 하나님께서 권사님의 성전 사랑의 신앙에 10배에 이르는 복을 부어 주셔서 세상 사람들을 놀라게 하셨습니다.

그런데 그러한 섬에 목회자가 들어올 리 없었고, 와도 떠나기 바빴는데 그러던 어느 날 신학교를 갓 졸업하신 채영남 전도사님이 부임했습니다. 그는 사택도 없어 교회 맨바닥에서 주무셨고, 사례비는 고작 1만 5000원이었는데 그것마저도 헌금으로 다 바쳐 버렸습니다. 그렇게 채 전도사님이 오신 후 권사님의 신앙은 들불처럼 일어났습니다. 그런데 그토록 위로가 되고 힘이 되던 채 전도사님이 군에 입대하여 거문도를 떠나야 했을 때 온 교인이 아버지를 잃은 자식들처럼 눈물을 흘렸습니다. 그런데 군에 가신 채 전도사님이 매달 군대에서 받은 사병 월급을 전신환(電信換)으로 바꾸어서 “목회자가 부임했으면 이 돈을 헌금하시고, 안 오셨으면 주일학교 교사들 간식 해주세요!” 하고 보내왔습니다.

그런 채 전도사님이 군에 갔다가 폐결핵에 걸려 마산병원에서 치료하다 전남 화순 초가집에서 요양생활을 하고 있었는데 원 권사님이 거문도에서 달려가 다시 교회로 돌아와 주시길 사정했습니다. 하지만 폐결핵의 전염을 염려해 단호히 거절했는데 채 전도사님 어머님께서 “원 권사님 말씀을 들어라”라고 권면하셔서 채 전도사님은 다시 거문도교회에 부임하셨고, 성도들은 너무 기뻐서 뱀을 잡아 고아 먹였습니다. 채 전도사님은 너무도 감사한 나머지 사례비를 받지 않으셨고, 교회를 위해 매일 밤 철야기도를 하셨고, 교인들이 물고기를 구워 주면 남겨서 교회 아이들에게 먹이곤 했습니다. 그 채 전도사님이 바로 후에 우리 교단의 총회장님이 되신 광주 본향교회 채영남 목사님입니다. 채 목사님은 보수적 교단의 성향과 달리 5·18 광주민주화운동에도 선지자적 목소리를 내신 존경받는 목사님이 되셨는데 그 아드님이 바로 우리 교회 채정명 부목사님입니다.

그런데 이렇게 하나님의 교회와 주의 종을 충성스럽게 섬기신 원 권사님은 자식들 교육시킬 돈이 없었습니다. 그래서 아들의 등록금이 없어 교회 집사님에게 찾아갔다가 꾸지 못하고 쩔쩔매자 그 집 문간방 사는 아저씨가 선뜻 빌려줬고, 이자 쳐서 갚으려 하자 한사코 거절했습니다. 막내딸은 중학교에 보내지 못해서 중학교 뒷산으로 나무하러 보냈는데 운동장 친구들을 보며 울기만 하다 왔는데 어느 날 초등학교 교장선생님이 장학금을 줘 진학시켰습니다. 또 어느 때는 보리쌀 한 톨도 없어 식구가 굶고 있었더니 부면장 부인이 "양식 빼냈다고 나를 잡아갈라면 그러라 하시오!"라고 하면서 면의 창고를 털어 건네주었습니다. 그래서 원 권사님은 살아오는 동안 은혜 입은 분들에게 다 갚을 길이 없어 더 어려운 다른 사람들에게 그 빚을 갚으려 노력하며 살아왔다고 고백했습니다. 그렇게 성전 예배신앙으로 충성을 다하며 한평생을 사신 원 권사님의 자식 누구 하나 잘못된 길로 간 이가 없이 모두 다 훌륭한 믿음의 일꾼들로 성장했습니다.

사랑하는 성도 여러분, 하나님은 분명히 살아 계십니다. 그러므로 복의 근원 되시는 하나님 아버지를 확실히 믿고 주일을 거룩하게 지키는 성도들과 주의 종들에게 약속하신 대로 이뤄 주실 것을 분명히 믿고 주일을 거룩하게 지켜야 합니다. 그리할 때 우리를 진정으로 안식하게 하시고, 넘치는 축복을 부어 주시고, 세상과 구별하여 거룩하게 지키게 하셔서 우리의 여생과 자손 대대로 크게 영광 거두실 줄 확실히 믿습니다.

이 시간 다 함께 결단의 찬송으로 복음성가 "주를 위한 이곳에"를 함께 부르며 믿음으로 결단하도록 하겠습니다.

주를 위한 이곳에 예배하는 자들 중에
그가 찾는 이 없어 주님께서 슬퍼하시네
주님이 찾으시는 그 한 사람 그 예배자
내가 그 사람 되길 간절히 주께 예배하네
주 은혜로 이곳에 서 있네
주 임재에 엎드려 절하네
그 어느 것도 난 필요 없네
주님만 경배해
주 은혜로 이곳에 서 있네
주 임재에 엎드려 절하네
그 어느 것도 난 필요 없네
주님만 경배해

저희의 예배를 가장 기뻐 받아주시는 하나님 아버지, 저희는 지금 초대교회 때나 일제 강점기에나 공산치하에서처럼 예배도 마음껏 드리지 못하는 코로나19의 박해의 시대를 살아가고 있습니다. 그럼에도 불구하고 미천한 저희들은 주님의 십자가의 사랑과 은혜에 감사하면서 하나님의 명령을 따르고, 지난날의 순교자의 신앙을 따라 주일만은 거룩하게 지키길 간절히 바라옵나이다. 주여, 저희를 불쌍히 여겨 주셔서 주님 안에서 진정으로 안식하게 하여 주시옵소서. 코로나19의 이 극한 불경기 속에서도 넘치는 축복을 부어 주시옵소서. 세상과 구별하여 주일을 거룩하게 지키게 하여 주시옵소서. 그리하여 자손 대대로 복의 근원 되시는 하나님을 기쁘시게 해드리는 복된 여생이 모두 다 될 줄 확실히 믿사옵고, 예수님의 이름으로 축복하며 기도하옵나이다. 아멘!

네 부모를 공경하라

출애굽기 20:12

우리가 '이렇게 살라'는 주제로 십계명의 말씀을 나누는데 십계명 중 제1-4계명은 하나님께 대해서 모든 은혜와 행복과 축복의 통로인 예배를 그토록 강조하였고, 제5-10계명은 이웃에 대해 어떻게 섬겨야 할 것인가를 말씀합니다. 그런데 그 첫 번째 계명인 제5계명의 말씀 가운데 추석을 지내고 엊그제 10월 2일 노인의 날을 보내면서, 이 시간도 들려주시는 하나님의 음성을 다 함께 들을 수 있길 바랍니다.

본문 12절 말씀을 다 함께 읽겠습니다.

> "네 부모를 공경하라 그리하면 네 하나님 여호와가 네게 준 땅에서 네 생명이 길리라"(출 20:12).

우리는 하나님께서 왜 이웃에 관한 계명 중 제5계명을 가장 먼저 말씀하셨는가를 주목해야 합니다. 모든 이웃 사랑은 부모님 사랑으로부터 시작되는데 여기서부터 우리의 신앙이 무너져 가고 있지는 않습니까? 또한 이웃 사랑에 대해서 6가지 계명을 말씀하시면서 '하나님 여호와'가 언급된 것은 바로 이 제5계명뿐인데 그것은 하나님께서 그만큼 부모 공경의 제5계명을 중시하신다는 것입니다. 더 나아가 하나님께서 축복의 보상을 약속하신 것도 하나님과의 관계에서는 우상을 만들지 말며 절하지 말며 섬기지 말라고 하신 제2계명에서만 축복의 보상을 약속하십니다. 또한 이웃과의 관계에서는 바로 이 제5계명에 대해서만 "네 하나님 여호와가 네게 준 땅에서 네 생명이 길리라"고 약속하신 것은 그만큼 이웃 사랑에 있어서 근본적으로 가장 중요한 계명이기 때문에 이토록 하나님의 축복을 강조하신 것입니다.

그런데 예수님께서는 율법의 마침(롬 10:4)이 되시기 때문에 늘 구약성경 율법을 보완해서 신약성경에 말씀하시는데, 제5계명의 말씀을 에베소서 6장 1-3절에서 보다 더 구체적으로 자세하게 말씀하십니다.

부모님께 순종하여야 함

먼저 에베소서 6장 1절 말씀을 다 함께 읽겠습니다.

> "자녀들아 주 안에서 너희 부모에게 순종하라 이것이 옳으니라"(엡 6:1).

여기 '순종하라'는 단어는 헬라어로 'ὑπακούετε'(휘파쿠에테)로서, 문자 그대로 부모님 밑에 서서 부모님께 순종할 것을 명령하고 있습니다. 그런데 순종이라는 것은 우리가 성령 충만함을 입게 될 때 가능합니다. 그래서 에베소서 5장 18절 말씀대로 우리가 성령으로 충만함을 받을 때 첫째 찬양의 기쁨(엡 5:19), 둘째 감사의 행복(엡 5:20), 셋째 복종의 섬김(엡 5:21)이 자연스럽게 이뤄지는 것입니다.

그런데 이 '순종'을 '주님 안에서' 하라고 명령하십니다. 어떤 교인들은 부모님이 "예수를 믿지 말라", "교회를 다니지 말라", "예배를 드리지 말라"고 하시면 그대로 순종해 버리는데 그것은 자신의 영혼도, 부모님의 영혼도 다 멸망의 길로 몰고 가는 길입니다. 그래서 부모님께 주님 안에서 순종하는 것이 옳다고 말씀하시는데, 이 말씀은 바로 주님 안에서 부모님 말씀을 잘 듣고 순종하면서 마음 평안하게 보시라는 '정신적인 효도'를 명령하고 있습니다.

그런데 우리는 어떠합니까? 우리 부모님께서 "예수님을 잘 믿어라!", "교회에 잘 다녀라!", "예배를 빠지지 말라!"고 우리가 은혜롭고 행복하고 축복되게 살 수 있는 길을 분명히 가르쳐 주시는데도 부모님의 말씀을 안 듣고 근심, 걱정을 끼쳐 드립니다. 오히려 반항을 하고, 말할 수 없는 상처를 안겨드리고, 가슴에 못질을 하고 피눈물을 흘리게 하고, 아직까지도 감정의 응어리를 풀지 않고 폭력적으로 살아가니, 우리가 그렇게 살아가면서 어떻게 하나님의 자녀라고 할 수 있겠습니까?

가슴 아픈 것은 지난 6월 15일 유엔이 정한 '세계 노인 학대 예방의 날'을 맞이하며 서울시가 노인보호전문기관을 통해 노인 학대 현황을 조사해 보았더니 노인 학대 신고건수가 처음 통계를 조사한 2005년 590건이 2019년 작년 한 해 동안 1,963건으로 3.3배나 늘었다는 것입니다. 학대 피해 노인 중 여성이 81.5%나 차지했고, 학대 행위자는 아들 37.2%, 배우자 35.4%, 딸 11.8% 등 순으로 가족이

89.1%(자녀만 해도 49%)를 차지했습니다. 그러니 어떻게 우리가 일생 낳아 주고 길러 주고 뒷바라지해 준 자녀라고 할 수 있겠느냐는 것입니다. 그래서 오죽하면 구약의 율법서를 보면 "자기 아버지나 어머니를 치는 자는 반드시 죽일지니라…자기의 아버지나 어머니를 저주하는 자는 반드시 죽일지니라"(출 21:15, 17)고 경고하였겠습니까? 그럼에도 불구하고 우리는 부모님을 늙으셨다, 냄새난다, 아무런 도움이 안 된다며 무시하고 외면하고 홀대하지는 않습니까?

〈한국일보〉 전 주필인 장명수 칼럼에 나온 이야기입니다. 시골에 사시는 한 아버지가 모처럼 서울에 사는 아들 집에 왔다가 한 주간 지내는 가운데 너무도 큰 상처를 받고, 아들 내외에게 고향에 내려간다는 말도 하지 않고 아들 책상 위에 메모지 한 장 남겨 놓고 떠나가셨습니다. 아들이 밤늦게 퇴근하여 아버지가 안 보이셔서 가족들에게 물어보니까 아무도 모르는데 아들 책상 위에 아버지가 남겨 놓으신 메모지에 "5번아, 잘 있거라! 6번은 간다!"고 쓰여 있었습니다. 아버지께 전화를 드렸더니 마침 고향에 도착하셨다고 해서 아들이 "아버지, 내려가시면 가신다고 말씀이라도 하고 가시지 왜 그냥 내려가셨어요? 그런데 메모지에 써놓으신 '5번아, 잘 있거라! 6번은 간다!'는 말은 무슨 뜻이에요?" 하고 물었더니 아버지가 버럭 화를 내시면서 "야, 이놈아! 너 정신 좀 차리고 살아야겠더라! 내가 지난 한 주간 너희 집에서 지내면서 보니까 너희 집 1번은 네 아들놈이고, 2번은 네 딸년이고, 3번은 네 마누라고, 4번은 네 집에서 키우는 강아지 새끼이고, 네가 5번이고, 내가 6번이더라! 그래서 '5번아, 잘 있거라! 6번은 간다!'고 했다. 내 말이 틀렸냐?" 그러시더랍니다.

여러분, 우리를 낳아 주시고 길러 주시고 일생을 뒷바라지해 주신 부모님이 우리가 사다가 기르는 강아지 새끼만 못하니 말세 마지막

이 다 온 것 아닙니까? 솔직히 말해서 우리가 강아지 새끼에게 사랑을 쏟듯이 언제 한 번 부모님을 반갑게 맞이했고, 언제 한 번 부모님을 씻겨 드렸고, 언제 한 번 부모님이 좋아하시는 음식을 대접해 드렸고, 언제 한 번 부모님과 다정한 대화를 나눴고, 언제 한 번 부모님과 웃음꽃을 피우고 언제 한 번 부모님의 마음을 행복하게 해드렸습니까? 밖에 나가서 아무리 잘하여도 부모님께 효도하지 못한 사람은 진정으로 은혜 받은 자도 아니고, 축복을 받은 자도 아니고, 행복을 누리는 자도 아니고, 절대로 믿음의 사람이 아닌 것입니다. 그래서 잠언 30장 17절에 "아비를 조롱하며 어미 순종하기를 싫어하는 자의 눈은 골짜기의 까마귀에게 쪼이고 독수리 새끼에게 먹히리라"고 분명히 경고하지 않습니까? 부모님이 하시는 말씀은 당신의 쓰라린 일생을 경험 삼아서 다 자식 잘되라고 하신 말씀이기 때문에 절대 조롱하거나 불순종해서는 안 됩니다.

그래서 종교개혁자 마틴 루터(Martin Luther)는 "부모님은 하나님의 대리자라"고 하면서 "우리가 하나님 다음으로 부모를 높여야 한다"고 강조했던 것입니다. 그런데 그 부모님의 말씀을 귀담아듣지 않고 외면하고 무시하고 오히려 반항한다면 부모님이 얼마나 상처를 받고 낙심이 되고 불행의 눈물을 흘리시겠습니까?

그러므로 이번 추석에라도 부모님께 서운한 것이 있었다면 다 풀어버리고 와야 했는데 이번 코로나19로 인해서 고향에 사시는 부모님들이 동네 어귀에 이런 플래카드들을 붙이셨습니다. "아들아, 며늘아, 이번 추석 차례는 우리가 알아서 지내마! 내려올 생각 말고 영상통화로 만나자!"(충남 서산시 대산읍 시아버지, 시어머니 일동), "아들아, 딸아! 코로나 극복 후에 우리 만나자!"(충남 청양군 운곡면), "애들아, 이번 추석은 오지 말거라! 다음에 시간 되면 보자꾸나!"(충남 아산시 도고면). 그런데 충남 청양군 청양읍에서 이런 플래카드가 붙었습니다. "불효자는 웁니다"가 아니라 "불효자는 옵니다"라고까지 써 붙이면서 부모님들은 자녀손들과 마을의 건강을 염려했습니다.

그러면 자녀손들은 어떻게 보답했을까요? 제주도만 해도 30만 명에 이르는 관광객이 몰렸다고 합니다. 그러자 제주도민들이 "오다가 코로나19에 감염될까 봐 우리 자식들은 이번 추석에 다들 못 오게 했는데 외지인들이 너무 많이 온다"면서, "추석에 어디 나가기도 힘들 것 같다"고 분노를 터뜨렸습니다. 그래서 지난 주간 추캉스(추석+바캉스)가 시작됨으로 제주도뿐만 아니라 전국 관광지가 긴장상태에 빠지고 말았다고 하는데 이것이 부모님과 자식의 차이입니다.

우리가 이번 추석에 부모님과의 응어리진 관계를 풀지 못했다면 전화라도 드리고, 카카오 문자나 보이스톡이나 페이스톡을 통해서라도 용서를 구하고, 상처 난 가슴을 어루만져 드리고, 눈에서 흘러내리는 눈물을 닦아 드리고, 진정으로 부모님의 상처 난 가슴을 치유해 드리면서 마음 평안하게 모시고 얼마 남지 않은 여생이라도 부모님께 순종하며 행복하게 모셔야 합니다. 그리할 때 우리가 진정으로 주님 안에서 은혜롭고 축복되고 행복하게 살아가게 될 줄 분명히 믿으시기 바랍니다.

부모님을 공경해야 함

계속해서 에베소서 6장 2절 말씀을 다 함께 읽겠습니다.

> "네 아버지와 어머니를 공경하라 이것은 약속이 있는 첫 계명이니"(엡 6:2).

여기 '공경하라'는 단어를 헬라어 원어성경에서는 'τίμα'(티마)는 '가치를 둔다'는 뜻으로, 부모님을 네 생애의 최고의 가치를 두고 모시라는 것입니다. 그리하여 부모님의 은혜를 잊지 않고 마음 평안하게 모시는 것은 말할 것도 없고, 물질도 아까워하지 않고 부모님의 모든 삶의 필요를 따라 최고의 정성을 다해 섬기는 '물질적 효도'까지를 포함합니다. 이것이 '약속 있는 첫 계명'이라고 하신 것은 하나님께서 인간에 대해 지켜야 할 6가지 계명 중 첫 번째 계명이 바로 '네 부모를 공경하라'이기 때문입니다.

우리는 흔히 유교를 효도의 종교라고 하는데 사실은 기독교가 진정한 최고의 효도의 신앙입니다. 왜냐하면 유교는 부모님이 돌아가신 다음에 묏자리 잘 쓰고 제사 잘 드립니다. 우리도 부모님이 돌아가신 다음에 장례도 잘 치르고 추도예배도 잘 드립니다. 그러나 우리 기독교는 돌아가신 다음보다는 살아 계실 때 부모님께 정신적으로 순종하고 물질적으로 공경할 것을 강조하니 얼마나 진정으로 최고의 효도의 신앙입니까?

그런데 우리는 우리를 위해서 일생을 희생하시고 수고하시고 고생하신 부모님에 대해서 얼마나 감사하고 보납하고 공경히고 있습니까? 보건복지부 통계에 따르면, 독거노인 가구가 2010년 102만 가구에서 2020년 151만 가구로 늘었고, 노인 빈곤율도 경제협력개발기구(OECD) 36개 국가 중 가장 높고, 생활고에 시달리거나 자식들에게 버림받고 자살하는 어르신 수도 2000년 1,164명에서 2018년 3,593명으로 3배가 넘어설 정도입니다. 이것은 경제협력개발기구 국가 평균의 2.9배에 이를 정도로 우리나라 어르신들의 삶이 참으로 어렵고 힘들다는 결론입니다. 그런데도 우리 부모님들은 그런 자식들을 위해 모든 것을 다 쏟으십니다.

지난 9월 21일 미국 뉴욕의 한 자동차 대리점에서 3명의 복면괴한들이 나타나 총을 수십 발 난사한 사건이 있었습니다. 그런데 아내에게 중고차를 새로 사주기 위해서 온 한 흑인 아버지 앤서니(Anthony)가 자신의 오른쪽 허벅지에 총상을 당하면서도 반사적으로 세 아이를 덮쳐서 자신의 품에 안아 한 아이도 다친 데 없이 살리는 장면이 해외토픽을 통해 전해져서 큰 감동을 안겨주었습니다. 저는 그 장면을 보면서 “저것이 바로 우리의 아버지들의 모습이다!”라는 뜨거운 감동을 받았습니다. 그렇게 부모님들은 자녀들을 위해 생명도 아낌없이 희생하셨는데 우리는 무엇을 보답하며 살았습니까?

여러분, 우리 부모님들이 아무리 못 배우고 아무리 부족하고 아무리 못마땅해도 우리 부모님 없이 우리가 이 땅에 생존이나 할 수 있었겠습니까? 더구나 우리 부모님들은 우리를 위해 평생토록 드시고 싶은 것도 안 드시고, 입으시고 싶은 것도 안 입으시고, 가시고 싶은 데도 안 가시고, 하시고 싶은 것도 안 하시고 고생만 하시다가 자식들을 위해 더 이상 해주실 것이 없으시고 더 이상 해주실 힘도 다 떨어지셨을 때 떠나가십니다. 그런데 우리는 돌이켜보니 일생을 그토록 희생하시고 고생하신 부모님께 감사하며 보답하기보다는 오히려 무엇이 그렇게도 불만스러운지 불평하고 원망하고 무시하고 외면하고, 근심과 걱정만 끼쳐 드리고, 마음에 무거운 짐만 지워 드리고, 일생을 피눈물 흘리시게 할 때가 얼마나 많았습니까? 우리는 할 말이 없는 자식들입니다. 아무리 말로 큰소리를 쳐도 삶이 따르지 않는 신앙은 죽은 것입니다.

부족한 종도 어려운 유학 시절에 부모님께 효도한다고 일 년에 세 차례, 부모님의 생신과 어버이날과 크리스마스 때 선물을 사서 천국에 계시는 부모님과 장모님에게 보내드리곤 했습니다. 그런데 선물을 사려 백화점에 갈 때마다 100불(10만 원), 200불(20만 원) 하는 선물을 들었다 놨다 할 때가 많았습니다. 유학생활이 경제적으로 너무 힘드니까 양가 부모님께 선물을 하는 것도 매번 그렇게 부담스러웠습니다. 그런데 딸아이가 초등학교 들어가서 컴퓨터 사달라, 피아노 사달라고 하니까 2,000불(200만 원), 3,000불(300만 원) 하는데도 아까운 줄 모르고 돈이 없으니까 카드라도 긁어서 사주었는데 그때마다 하나님께 "하나님 아버지, 목사도 이러네요!" 하고 회개했습니다.

그런데 1997년 미국에서 돌아와서 장로회신학대학원에서 강의를 하다가 대학원 학생 목사님에게서 간증을 들으면서 큰 은혜를 받았습니다. 자신은 교육전도사 때 교육전도사 사모를 얻었는데 신혼 초에 부부가 함께 그렇게 약속했다는 것입니다. 교회에서 사례를 얼마 받든지 간에 소득의 1/10조는 하나님께 먼저 떼어 바치고, 또다시 소득의 1/10조 떼어 공평하게 나눠서 양가 부모님께 매달 용돈을 보내드린다는 것입니다. 제가 거기서 은혜를 받고 1998년 1월 교수로 임용이 된 이후로부터 작년에 장모님과 어머니가 마지막으로 떠나가실 때까지 지난 22년 동안을 한 달도 빠짐없이 매달 그렇게 했습니다. 그랬더니 하나님께서 부족한 종에게 복을 부어 주시는데 신명기 5장 16절의 "너는 네 하나님 여호와께서 명령한 대로 네 부모를 공경하라 그리하면 네 하나님 여호와가 네게 준 땅에서 네 생명이 길고 복을 누리리라"는 말씀처럼 영육 간에 하나님의 복을 부어 주셨습니다.

그래서 저는 복받은 목사라고 확실히 믿습니다. 사실 미국 유학까지 가서 박사학위 받고 돌아와서 교수까지 하고 이렇게 은혜롭고 행복하게 부흥하는 교회의 담임목사가 되어서 전 세계 수많은 교회의 부흥회를 인도하고 총회 임원까지 했으니 얼마나 하나님의 복을 받은 목사입니까? 그래서 저는 확실히 체험한 축복의 말씀의 확신을 가지고 새로운 가정을 이루고 첫 출발을 하는 결혼식 주례를 할 때마다 하나님과 부모님께 꼭 십일조를 바칠 것을 강조하는 이유가 바로 여기에 있습니다.

여러분, 돈은 있다가도 없는 것이고, 평생 얼마든지 벌 수 있습니다. 그러나 우리가 돈을 벌어놓고 부모님께 효도를 하려고 하면 그때는 부모님이 이 세상에 안 계십니다. 그러므로 우리가 하나님의 복을 온전히 누리려면 다른 길이 없습니다. 절대 하나님의 말씀을 아는 데 그치지 않고 하나님의 축복의 약속의 말씀을 그대로 지켜 행해야 합니다. 그리하여 부모님이 살아 계실 때 일생토록 물질도 아까워하지 않고 공경하면 틀림없이 우리가 장수하고 축복된 여생을 살아가게 될 줄 확실히 믿습니다.

부모님을 기쁘시게 해야 함

마지막으로 에베소서 6장 3절 말씀을 다 함께 읽겠습니다.

> "이로써 네가 잘되고 땅에서 장수하리라"(엡 6:3).

하나님께서 이스라엘 백성이 출애굽한 후에 어떻게 광야와 같은 인생을 살아갈 것인가 하고 출애굽 1세대들을 위해 출애굽기 20장의 십계명을 주셨습니다. 그리고 그들이 광야생활을 마치고 약속의 축복의 땅인 가나안에 입성하기 전에 다음 세대를 위해 신명기 5장에 또다시 십계명의 말씀을 다시 각성하게 해주셨습니다. 그런데 우리가 두 말씀을 자세히 비교해 보면, 출애굽기의 십계명에서는 장수의 복만 말씀하시는데 신명기의 십계명에서는 장수의 복뿐만 아니라 물질의 복까지도 덧붙이셨습니다. 그래서 에베소서의 말씀에서는 신명기 5장 16절에서 말씀하신 제5계명을 인용하고 있습니다.

그런데 여기 나오는 '잘되고'(εὖ γένηται, 유 게네타이)는 격언적인 의미인 부정과거로 확실히 잘될 것을 확신케 하시고, '장수하리라'(μακροχρόνιος, 마크로크로니오스)는 미래시제로 앞으로 일어날 축복을 약속하신 것입니다.

여러분, 부모님이 자녀들에게 가장 바라는 소원이 있다면 자녀들이 잘되는 물질의 복도 받지만 건강한 장수의 복도 누린다면 그 이상 바랄 것이 아무것도 없을 것입니다. 그러나 우리가 하나님의 말씀대로 살지 않고 믿음을 떠나 살다가 하나님의 물질의 복도 잃어버리고 건강의 장수의 복까지도 잃어버린다면 부모님은 평생에 자녀로 인해 가슴에 못질을 당하고 한을 품고 살다가 제 수명대로도 못 사실 것입니다.

그러므로 우리의 가장 큰 효도는 우리가 부모님께 다른 순종이나 공경을 못해도 신앙생활을 바로 잘해서 물질의 복도 누리고 장수의 복도 누리며 살아가는 것입니다. 부모님들은 자녀들이 잘되는 그것 하나만으로도 행복하게 이 세상을 떠나가실 것입니다. 그래서 잠언의 지혜자는 잠언 23장 24-25절에서 "의인의 아비는 크게 즐거울 것이요 지혜로운 자식을 낳은 자는 그로 말미암아 즐거울 것이니라 네 부모를 즐겁게 하며 너를 낳은 어미를 기쁘게 하라"고 명령하였습니다. 부모님을 기쁘시게 해드리는 것이 부모님이 살아 계실 때 우리가 마지막으로 해드려야 할 효도입니다.

지지난 주 금요일 저녁 9시부터 MBN TV "보이스트롯"의 8개월의 대장정 끝에 결승전이 있었습니다. 준결승에서 10명을 뽑고 그중에서 마지막 3명을 뽑았는데 마지막 1, 2, 3등을 정하기 위한 노래의 주제는 "나의 가족"이었습니다. 그런데 박세욱 군은 "오래오래 살아 주세요"를, 김다현 어린이는 "엄마의 노래"를, 조문근 군은 "홍시"(울엄마)를 불렀는데 결승 노래 제목의 공통점은 '어머니'였습니다. 그 가운데 1위의 초대 보이스트롯에는 지난 25년 동안이나 무명의 뮤지컬 배우 생활을 하다가 가수로 전향한 박세욱 군이 영예의 보이스트롯 왕관과 1억 원의 상금을 받았고, 2위에는 청학골 김봉곤 훈장의 딸인 김다현 어린이가 되고, 3위에는 그룹 '길 잃은 고양이'의 멤버인 조문근 군이 차지했습니다. 그런데 영예의 초대 보이스트롯이 된 박세욱 군이 이번 경연 중에도 몸이 많이 아파서 위기를 겪었는데 그때 부모님이 경연장에 와 계셔서 힘을 낼 수 있었다고 합니다. 부모님께 효도 한 번 한 적이 없다고 생각한 그는 그가 성공해서 효도할 수 있길 간절히 기도하는 심정으로 "오래오래 살아 주세요"를 마지막으로 불렀다고 하는데 박세욱 군이 부른 "오래오래 살아 주세요"의 가사는 다음과 같습니다.

세상살이 고달프고 괴로울 때면
마음은 달려가네 어머님 품속으로
사랑스런 눈빛으로 나를 보며
두 손으로 안아 주었죠
세월 따라 변해가는 어머님의 그 모습이
이 자식의 가슴 속을 울려줍니다
어머님 어머님 오래오래 살아 주세요
그 흐른 세월 아쉬워하며
나를 사랑하고 키워 주신 어머님이어
이 몸이 잘되라고 두 손 모아

그 얼마나 빌었습니까
하늘보다 높고 바다보다 깊은
어머님의 그 은혜를 무엇으로 갚으리까
어머님 어머님 오래오래 살아 주세요
어머님 어머님 오래오래 살아 주세요

박세욱 군은 우승 후 인터뷰에서 누가 가장 먼저 떠오르느냐고 묻자 "부모님이 가장 먼저 생각난다"고 하고, "부모님이 너무도 행복해하실 것 같아 감격스럽다"고 하면서, 상금 1억 원을 어디다 쓰려고 하느냐고 묻자 "가장 먼저 부모님 용돈부터 드리고 학자금 대출이 남아 있어 갚아야 할 거 같다"고 했습니다. 부모님은 용돈을 받아서 기쁜 것이 아니라 초등학교 4학년 때부터 극단에서 한평생 생활을 시작한 25년 무명 세월을 지켜보면서 앞이 보이지 않는 아들의 장래를 위해 한없이 눈물로 기도했던 그 부모님의 기도가 기적적으로 응답되어서, 사랑하는 아들이 인생 대역전의 삶을 살게 된 것에 대해 가장 먼저 감사하고 감격하셨을 것입니다.

그런데도 우리가 효도할 수 있는 우리 인생의 마지막 기회마저도 놓쳐 버린다면 남은 생애 두고두고 가슴에 한이 맺혀서 피눈물을 흘리게 될 것입니다. 우리 가운데에는 효도하고 싶어도 효도할 부모가 없는 슬픔 가운데서 어버이날이나 부모님의 추도일이나 추석이나 설날을 맞이하는 분들이 얼마나 많습니까? 그래서 부모님께 다하지 못한 효도를 이제라도 우리의 영의 아버지이신 하나님께 바치고, 우리 교회의 연로하신 아버지들과 어머니들께 쏟고, 더 나아가 이웃에 불우하게 살아가시는 어르신들께 쏟지 않을 수 없습니다. 그러므로 이제라도 부모님 살아 계실 때 부모님들 마음 평안하시고 더 나아가 부모님을 기쁘시게 해드릴 수 있다면 이보다 더 큰 효도가 없는 줄 분명히 믿으시기 바랍니다.

추석 연휴를 지내면서 서재에서 부모 효도에 관한 책을 찾는데 《땅 끝의 아이들》이라는 제목의 이민아 목사님의 간증집이 눈에 확 뜨였습니다. 이 목사님은 1959년 이어령 초대 문화부장관과 장인숙 건국대학교 명예교수 사이의 1녀 2남 가운데 장녀로 태어났는데 부모님이 유명한 대학교수님들이었기 때문에 공부를 잘해야만 하는 강박관념에 사로잡혀서 살았다고 합니다.

사랑하는 아버지에게 안기고 싶고, 아버지의 무릎에 앉고 싶고, 아버지가 퇴근하실 때는 달려가 안기고 싶었지만 아버지는 대학교수요, 문학평론가요, 작가요, 신문 논설위원 등으로 너무도 바쁘고 피곤하셨습니다. 그러한 아버지에게 몇 번 거절을 당한 후에 마음에 큰 상처를 받았고, 근엄하신 아버지를 더 이상 가까이할 수가 없었다고 합니다. 그래서 늘 아버지의 사랑에 갈급했던 이 목사님은 공부를 잘해서 이화여대 영문과를 3년 만에 조기 졸업을 하고 1981년 졸업과 동시에 사랑에 갈급해서 첫사랑의 남자를 만나 결혼을 일찍 하고 사랑하는 남편과 함께 곧바로 미국으로 이민을 떠났습니다.

그런데 둘만의 행복의 꿈에 부풀었던 미국 생활이 어린 시절 마음의 상처로 인한 성격적인 갈등과 불화로 순탄하지 않았습니다. 첫째 아들을 낳았지만 결국 결혼 5년 만인 1986년 이혼을 하게 되고 공부를 계속하여 변호사가 되었습니다. 그리고 3년 후인 1989년 재혼을 하고 둘째 아들을 낳았는데 자폐아였습니다. 변호사 일을 하면서 셋째 딸까지 낳았는데 이렇게 자폐아를 비롯한 세 자녀를 기르기도 너무나 힘들었습니다. 1992년 자신에게 갑상선 암까지 생기고 그때부터 신앙생활을 시작하게 되었는데 2006년에는 망막박리 증상으로 인해 실명의 위기까지 겪어야 했습니다. 더구나 엎친 데 덮친 격으로 첫째 아들이 갑작스럽게 혼수상태에 빠진 후 19일 만에 하늘나라로 떠나가고 말았습니다. 그는 사랑하는 아들을 잃은 슬픔을 잊기 위해 로스앤젤레스 검사로 근무하다가 검사 퇴임 후 변호사로서 청소년 범죄 예방과 선도에 온 힘을 쏟았는데 이를 반대하는 남편과 결국에는 이혼까지 하지 않을 수가 없었습니다.

건강도 잃고 사랑하는 아들도 잃고 남편도 떠나갔을 때 그녀가 붙잡을 수 있는 분은 주님밖에 없었습니다. 그래서 인생의 허무를 깨닫고 한계를 느끼면서 주의 종으로 헌신하고 신학을 공부하고 2009년 목사 안수까지 받고 국내외 곳곳에서 신앙 간증 활동을 하면서 미국, 남미, 중국, 아프리카 등지의 마약과 술에 빠진 청소년 복음전도와 구제활동에 전념했습니다.

그런데 세상 떠날 날이 가까워질수록 그녀의 마음에 가장 걸리는 분들이 계셨는데 그것은 멀리 고국에 계시는 부모님이었습니다. 그래서 2년 뒤인 2011년 위암 말기 선고를 받고 2012년 하늘나라로 떠나기까지 마지막이라는 심정으로 우리나라를 대표하는 지성인이며 그토록 완고하셨던 부모님의 구원을 위해 간절히 눈물로 기도했고, 사랑의 정성을 다해 섬겼고, 끝까지 인내하면서 끊임없이 복음을 전했습니다.

우리나라를 대표하는 기독교 여성대학의 교수로서 기독교에 대해서 독설을 서슴지 않았던 아버지가 돌이켜보니까 아버지로서 딸을 너무도 사랑하면서도 따스한 사랑을 한 번도 베푼 적이 없었다는 것을 깨닫게 되었어요. 그런데 그 큰 딸아이가 눈이 멀어가서 앞을 잘 못 보고 위암으로 죽어간다고 생각하니까 앞이 캄캄하고 눈물이 하염없이 쏟아지더랍니다. 인생의 최초의 엄청난 좌절을 맛본 것입니다. 그런데 그 사랑하는 딸아이가 소원이 하나 있다고 하는데 아버지가 자기를 따라서 단 한 번만이라도 교회에 나가 주는 것이었습니다. 그것이 사랑하는 딸의 간절한 소원이고 마지막 꿈이라는 것이었습니다. 그때 사랑하는 딸에게 "그동안 아버지로서 사랑도 제대로 못 쏟아 주었는데 너의 마지막 소원이라는데, 내가 지금 뭘 못 들어주겠니? 교회에 나갈게!" 하고 하나님께 무릎을 꿇었습니다.

결국 이 목사님이 세상을 떠나기 5년 전인 2007년 7월 23일 우리나라 최고의 지성인 이어령 박사님은 예수님을 구주로 영접하고 세례를 받았는데 이어령 박사님은 "그날 성령님이 얼마나 충만하게 역사하시던지 눈물이 쏟아져서 결국 제가 그날 하나님에게 손을 내밀었습니다"라고 고백했습니다. 그리고 사랑하는 딸에게 "천국에서 다시 만나자!"고 약속을 하고 천국의 소망 가운데 한없는 눈물을 흘리며 그토록 사랑하는 딸을 먼저 하늘나라로 떠나보낼 수 있었습니다.

그리고 그 아버지 이어령 박사님은 《지성에서 영성으로》라는 책 가운데 그가 사랑하는 딸의 간절한 기도와 마지막 소원 앞에서 아버지로서 어떻게 신앙을 받아들일 수밖에 없었는가 하는 그의 깊은 영성의 고백을 담았습니다.

사랑하는 성도 여러분, 우리의 사랑하는 양가 부모님들은 모두 다 구원을 받으셨습니까? 그리고 우리는 과연 진정으로 부모님께 효도하는 자녀들입니까? 그렇지 않다면 오늘 주시는 "네 부모를 공경하라"는 제5계명의 말씀을 가슴속 깊이 되새기면서 여생을 주님 안에서 부모님께 순종하고 부모님을 공경하고 부모님을 기쁘시게 해야 합니다. 그리할 때 우리가 자손 대대로 잘되고 장수하는 제5계명의 복을 영원히 누리게 될 줄 확실히 믿습니다.

다 함께 결단의 찬송으로 "하나님 아버지의 마음"을 함께 부르며 믿음으로 결단하도록 하겠습니다.

아버지 당신의 마음이 있는 곳에
나의 마음이 있기를 원해요
아버지 당신의 눈물이 고인 곳에
나의 눈물이 고이길 원해요
아버지 당신이 바라보는 영혼에게
나의 두 눈이 향하길 원해요
아버지 당신이 울고 있는 어두운 땅에
나의 두 발이 향하길 원해요
나의 마음이 아버지의 마음 알아
내 모든 뜻 아버지의 뜻이 될 수 있기를
나의 온몸이 아버지의 마음 알아
내 모든 삶 당신의 삶 되기를

저희에게 세상에서 가장 소중한 부모님을 허락하신 하나님 아버지, 추석 명절을 지낼 때마다 저희의 마음속에 깊은 후회와 아쉬움이 남습니다. 그러나 오늘 주신 "네 부모를 공경하라"는 제5계명의 말씀대로 이제 우리의 여생이라도 주님 안에서 부모님에게 순종하게 하여 주시옵소서. 부모님을 공경하게 하여 주시옵소서. 부모님을 기쁘시게 해드릴 수 있게 하여 주시옵소서. 그리함으로 하나님 아버지께서 약속하신 말씀대로 자손 대대로 잘되고 장수하는 복을 누리며 하나님께 영광 돌리게 하여 주실 줄 믿사옵고, 예수님의 이름으로 간절히 축복하며 기도하옵나이다. 아멘!

살인하지 말라

출애굽기 20:13

우리가 '이렇게 살라'는 주제로 십계명의 말씀을 함께 나누고 있는데 제 1-4계명은 하나님을 어떻게 섬길 것인가, 제5-10계명은 사람들을 어떻게 섬길 것인가에 대해서 말씀합니다. 오늘 인간관계의 두 번째 계명으로 본문 출애굽기 20장 13절 말씀을 다 함께 읽겠습니다.

"살인하지 말라"(출 20:13).

하나님 아버지께서는 말세의 마지막 때 온 천하보다 귀한 생명의 경시 풍조가 너무도 극심한 이때에 제5계명에서는 부모님을 공경하라고 말씀하고, 제6계명에서는 생명을 중시하라고 말씀합니다.

여기 '살인한다'는 히브리어가 'רָצַח'(라차흐)라고 기록되어 있는데 그것은 단순한 육체적인 생명만 빼앗는 것이 아니라 그의 인격과 더 나아가 그가 가진 하나님의 형상까지도 무참히 짓밟는 행위를 의미

합니다. 하나님께서는 불의한 세력을 멸하는 전쟁을 허락하셨고(민 31:3-4), 불의한 살인을 한 자를 죽이도록 명령하셨지만(민 35:16-21) 하나님의 형상을 따라 지어진 생명이기 때문에 억울하고 원통한 죽음과 요즘 국회에서 법 개정을 앞두고 상당한 저항에 부딪히고 있는 낙태와 자살까지도 막고자 하셨습니다.

그런데도 지난 2020년 9월 22일 통계청이 발표한 '2019년 사망원인 통계'에 따르면, 1일 평균 자살 사망자 수가 37.8명(연 22,797명)인데 인구 10만 명당 자살자 수가 26.9명으로 경제협력개발기구(OECD) 국가의 평균인 11.3명보다 2.4배에 이르는, 지구상의 최고의 '자살 공화국'이라는 오명을 안고 있습니다. 더욱 가슴 아픈 사실은 심지어 자유를 찾아 남으로 내려온 탈북민 사망자 가운데 10명 중 1명(10.1%)이 자살로 인생을 끝내고 있다는 것입니다. 그리하여 연령별로도 40대 이상에서는 사망률 1위가 암이었는데 10-30대 사망률 1위가 자살일 정도로 심각한 현실입니다. 그만큼 우리 사회가 스트레스를 많이 받을 뿐만 아니라 그것을 극복할 수 있는 치유의 관심과 돌봄이 약하다 보니까 이 땅의 젊은이들이 삶의 한계를 느낄 때 쉽게 자살을 택하고 마는 안타까운 현실입니다.

그런데 예수님께서는 항상 구약의 율법의 말씀을 보다 더 구체적으로 보완하시고 완성하면서 말씀하십니다. 이 시간 이 "살인하지 말라"는 제6계명의 말씀을 산상보훈(마 5-7장) 가운데 마태복음 5장 21-26절에서 더욱 보강하여 바로 이해할 수 있도록 풀어서 말씀하시는 하나님의 음성을 다 함께 들을 수 있길 바랍니다.

분노하거나 미워해선 안 됨

먼저 마태복음 5장 21-22절 말씀을 다 함께 읽겠습니다.

> "옛사람에게 말한 바 살인하지 말라 누구든지 살인하면 심판을 받게 되리라 하였다는 것을 너희가 들었으나 나는 너희에게 이르노니 형제에게 노하는 자마다 심판을 받게 되고 형제를 대하여 라가라 하는 자는 공회에 잡혀가게 되고 미련한 놈이라 하는 자는 지옥 불에 들어가게 되리라"(마 5:21-22).

십계명 중 제6계명에 "살인하지 말라"(출 20:13; 신 5:17)고 말씀하셨는데 당시 살인한 자는 각 성의 7명의 연로하신 장로로 조직된 재판정에서 재판을 하여 사형에 처했습니다(출 21:12; 레 24:17; 민 35:30-31). 그러다 보니까 유대인들은 살인을 하지 않으면 제6계명을 범하지 않은 것으로 착각을 했습니다.

그런데 예수님께서 살인하지 말라고 하신 제6계명 말씀의 이면에는 형제 사랑을 강조하셔서 신학적 용어로 반제 단락(Antithesis Section), 즉 율법의 논리에 반하는 복음의 메시지로 재조명을 해주십니다. 다시 말하면, "옛사람에게 말한 바 살인하지 말라 누구든지 살인하면 심판을 받게 되리라 하였다는 것을 너희가 들었으나 나는 너희에게 이르노니"라고 강조하시면서 예수님께서는 율법을 주신 분으로서 율법의 진정한 의미를 가르쳐 주시기 위해서 인류 최초의 살인자였던 가인으로부터 시작해서 모든 살인의 근원은 분노의 마음에서부터 시작되기 때문에 예수님께서는 우리를 근원적으로 치유하길 원하셨던 것입니다. 그래서 "나는 너희에게 이르노니"라고 강조하시면서 마음에서부터 형제에게 분노하는 자마다 심판을 받게 되고 '라가'(Raca, 멍청이)라고 욕하며 마음에 상처를 주면 당시 각 지파에서 6명씩 뽑힌 72명의 제사장, 장로, 서기관, 바리새인들로 구성된 당시 예루살렘의 최고의 법정이었던 공회(συνέδριον, 쉬네드리온)에 잡혀가고, '미련한 놈'이라고 전 인격을 모욕하면 지옥 불에 들어가게 되리라고 무섭게 경고하셨습니다.

우리는 자신이 사랑하는 사람은 아무리 잘못한 것이 있어도 모든 허물을 다 덮어 주고 용서하고 다 지나갑니다. 그런데 마음속으로 미운 사람이 있으면 별로 잘못한 것이 없는데도 말 한마디, 행동 하나도 다 거슬려 보이고 못마땅해하고 분노하면서 시비를 걸며 달려듭니다. 문제는 우리의 마음입니다.

십자가의 사랑을 체험한 사람들은 모든 사람을 주님의 사랑의 눈으로 보니까 어떠한 원수도 주님의 사랑으로 사랑하게 되는 것입니다. 그런데 십자가의 사랑을 체험하지 못한 사람들은 모든 사람들을 미움의 눈으로 보니까 원수는 물론 형제도 사랑하지 못합니다. 그래서 입만 열면 매사가 부정적이고 비판적이고 험담하고 비방하고 죽이려고 달려듭니다. 그러니 그들의 속은 속대로 썩어가고, 육신은 육신대로 병들어가고, 영혼은 영혼대로 피폐해지고 마는데 예수님을 믿는다고 하면서도 이 얼마나 불행하고 불쌍한 인생입니까? 그러한 사람은 사탄에게 사로잡힌 사람이어서 평생 교회를 다녀도 구원받지 못한 사람들입니다.

더욱이 코로나19로 인해 갖가지 증상들이 더해지고 있어서 육적으로 '코로나 블루'의 우울에 빠지고, '코로나 레드'의 분노에 사로잡히고, '코로나 블랙'의 죽음에 이르고 맙니다. 그러나 우리는 이러한 증상들을 영적으로 치유받고, '코로나 블루'의 인생의 희망을 발견하고, '코로나 레드'의 주님의 사랑을 체험하고, '코로나 블랙'의 죽음 너머의 영생을 바라봐야 합니다.

그래서 요한일서 3장 15절에 "그 형제를 미워하는 자마다 살인하는 자니 살인하는 자마다 영생이 그 속에 거하지 아니하는 것을 너희가 아는 바라"고 분명히 경고합니다. 우리의 미움의 마음에서 분노가 터져나오고, 분노가 결국에는 살인에 빠지게 하고 말기 때문입니다. 그렇다면 그 미움의 살인의 마음을 어떻게 사랑으로 바꿀 수 있을까요?

그래서 요한일서 4장 19-20절에 "우리가 사랑함은 그가 먼저 우리를 사랑하셨음이라 누구든지 하나님을 사랑하노라 하고 그 형제를 미워하면 이는 거짓말하는 자니 보는 바 그 형제를 사랑하지 아니하는 자는 보지 못하는 바 하나님을 사랑할 수 없느니라"고 분명히 강조합니다. 인간의 사랑은 언제든지 식고 변할 수 있기 때문에 사랑하다가도 한계에 부딪히고 맙니다. 그래서 우리가 사랑이신 하나님의 사랑을 간구해서 그 주님의 사랑을 체험한 사람만이 진정한 사랑을 할 수 있기 때문에 새 계명에도 나와 있듯이 예수님은 끊임없이 "내가 너희를 사랑한 것같이 너희도 서로 사랑하라"(요 13:34)고 강조하십니다. 그러므로 우리가 먼저 하나님의 사랑을 체험하게 될 때 어떠한 원수라도 사랑하게 되는 것입니다.

모든 사람의 평등을 외치며 주님의 사랑을 실천했던 미국의 에이브러햄 링컨(Abraham Lincoln) 대통령에게도 정적이 많았습니다. 그 가운데도 그를 집요하게 괴롭히던 라이벌이 있었는데 그가 바로 링컨과 같은 변호사 출신의 정치인이었던 에드윈 스탠턴(Edwin Stanton)이었습니다. 그는 신문지상을 통해 링컨을 '교활한 어릿광대'(Cunning Clown)라고 인격을 무시하며 조롱하면서 "여러분은 고릴라를 보러 아프리카로 가실 필요가 없습니다. 일리노이 주의 스프링필드에 가면 못생긴 고릴라를 감상할 수 있습니다"라고까지 비난했습니다.

그러한 계속된 비난의 악조건 속에서도 하나님의 사람 에이브러햄 링컨은 미국의 제16대 대통령에 기적적으로 당선이 되어서 그를 그토록 비난하고 조롱했던 정적들의 코가 쑥 빠지고 말았습니다. 그런데 링컨이 내각의 장관들을 임명할 때 보니까 놀랍게도 그의 강력한 정적이었던 에드윈 스탠턴을 국방부 장관으로 발표하는 거였습니다. 그러자 주위 참모들이 그토록 링컨 대통령을 괴롭히던 정적을 어떻게 그 중요한 국방부 장관으로 세울 수 있느냐고 항의를 하며 야단들이었는데 그때 링컨 대통령은 "그 자리에는 그 사람이 적임자요!"라고 대답할 뿐이었습니다.

주위의 반대 속에서 임명된 스탠턴 장관은 링컨 대통령의 사랑에 감격하면서 링컨 대통령을 충성스럽게 보좌하며 남북전쟁을 승리로 이끌었습니다. 그리고 재선에 성공한 링컨 대통령이 1865년 4월 14일 저녁 포드 극장에서 연극 공연을 관람하다가 유명 배우이자 흑인 노예 해방을 반대하던 극렬한 남부 지지자였던 존 부스에 의해 암살되었을 때 그의 시신 앞에서 한없이 흐느껴 우는 사람이 있었는데 그가 바로 스탠턴 장관이었습니다. 스탠턴 장관은 뜨거운 눈물을 흘리면서 꿇어 엎드리어 이렇게 고백했다고 합니다. "There lies the greatest ruler of men the world has ever seen"(여기 세계가 지켜보았던 사람들 중에 가장 위대한 지도자가 누워 있습니다).

이처럼 우리가 끝까지 하나님의 사랑으로 사랑하면 언젠가는 아무리 강퍅하고 완악한 원수도 놀라운 변화가 일어나는 것입니다. 그래서 지난날 초대교회 성도들은 극심하게 박해하던 무섭고 끔찍한 상황 속에서 죽어가면서도 끝까지 사랑으로 그들의 원수였던 로마 황제와 군인들을 위해서 기도하다가 하늘나라로 떠나갔습니다. 그런데 그중 한 성도가 순교하기 직전에 그들을 향해 이렇게 고백다했다고 합니다. "나를 저주하십시오. 당신들이 나를 저주하면 할수록 나는 더욱 당신들을 사랑할 것입니다! 내게 침을 뱉어 보십시오. 그러면 나는 사랑의 숨결을 뿜어낼 것입니다! 나를 구타하십시오. 나는 신음소리로 사랑을 고백할 것입니다! 나를 찌르십시오. 나는 사랑한다고 절규할 것입니다! 나를 맹수의 먹이로 던지십시오. 나는 사랑의 제물이 될 것입니다! 나를 불태우십시오. 그러면 나는 사랑의 열기로 당신의 증오의 가슴을 녹일 것입니다!"

이 얼마나 놀라운 사랑의 승리 선언입니까? 십자가의 사랑을 체험한 자만이 이렇게 죽음을 두려워하지 않고 생의 마지막 순간까지도 주님의 사랑을 베풀고 나누며 섬기며 끝까지 인내하며 살아갈 수가 있습니다. 그래서 십자가의 사랑을 체험한 사람들만이 사탄의 어떠한 살인의 마음도 이겨내고 더 이상 마음으로부터 분노하거나 미워하지 않으며, 오히려 그 십자가의 사랑을 통해 수많은 원수들을 변화시키는 의미 있고 보람되고 행복한 여생을 모두 다 살아가게 될 줄 확실히 믿으시기 바랍니다.

어떠한 원수와도 화목해야 함

계속해서 마태복음 5장 23-24절 말씀을 다 함께 읽겠습니다.

> "그러므로 예물을 제단에 드리려다가 거기서 네 형제에게 원망 들을 만한 일이 있는 것이 생각나거든 예물을 제단 앞에 두고 먼저 가서 형

제와 화목하고 그 후에 와서 예물을 드리라"(마 5:23-24).

사실 예수님께서 지금 이 산상보훈의 말씀을 하신 곳이 신약의 시내 산이라고 불리는 '핫틴 산'(Horns of Hatin)으로, 이 산은 갈릴리 지역에 위치했는데 갈릴리에서 예루살렘까지 서둘러 가도 사흘 길이었습니다. 그래서 갈릴리 사람들은 예루살렘 성전까지 너무나도 멀어서 한 번 가려면 큰마음을 먹어야 해서 일 년에 절기 때 고작 한두 번 올라갔습니다. 더욱이 예물도 흠이 없는 짐승으로 드리려고 하니 정성이 이만저만 드려지는 게 아니었습니다.

그러니 그렇게 준비해서 예루살렘 성전의 제단 앞에 나아가 제물을 드리려다가 형제에게 원망 들을 만한 일이 생각나더라도 예물을 제단 앞에 두고 사흘 길 걸려 갈릴리로 돌아와서 형제와 화해하고 다시 예루살렘 성전으로 돌아가서 예물을 드린다는 것이 결코 쉬운 일이 아니었습니다. 형제와 화목하는 것이 하나님께 예배드리는 것보다 앞설 수는 없지만 그럼에도 불구하고 우리가 하나님께 예배드리는 진정한 의미가 바로 형제와의 화해를 실천하는 것임을 강조하시면서 주님께서는 그토록 형제와 화목하라고 명령하고 계십니다. 왜냐하면 형제와 화목하지 않고 드리는 예배나 예물은 하나님께서 받으시지 않기 때문이었습니다. 그 정도로 형제 화목이 중요하다는 말씀입니다.

그런데 우리는 부부간에 싸우고, 부모님과 다투고, 자식과 언쟁을 하고, 세상 사람들은 말할 것도 없고 심지어 주의 종들과 교인들과도 감정을 안 풀고 예배드리고 헌금을 바칠 때가 얼마나 많았습니까? 그동안 신앙생활 한 것이 다 헛수고를 한 것입니다. 그토록 주님께서는 우리가 형제를 사랑하는 것도 중요하지만 그들과의 화목을 중시하고 강조하셨습니다. 그런데 우리는 우리의 가정이나 교회나 세상 가운데서 얼마나 화목한 삶을 살고 있습니까?

2017년 OECD(경제협력개발기구)의 통계 발표에 따르면, 우리나라의 사회통합수준이 1995년부터 2015년까지 지난 20년 동안 경제협력개발기구 당시 30개 회원국 가운데 최하위 수준인 29위로 드러났습니다. 더 나아가 우리나라 사람들이 사회적 포용이나 갈등관계 관리를 못함으로 인해 사회적 포용지수는 최하위인 30위로 드러났습니다. 그러다 보니까 그해 삼성경제연구소의 발표에 따르면, 이러한 사회적 갈등으로 인한 경제적 손실이 연간 246조 원에 이른다고 합니다. 이것은 2020년 우리나라 정부예산이 470조 5,000억 원인 것을 감안한다면 예산의 절반에 가까운 액수로서 이는 얼마나 엄청난 낭비입니까? 3년이 지난 지금은 코로나19로 사람들의 마음이 피폐해질 대로 피폐해져서 사회적 갈등으로 인한 경제적 손실이 얼마나 더 많아졌겠습니까?

더욱이 요즘 이념논쟁으로 인해 두 동강이 난 나라를 교회가 나서서 화해시키고 화목하게 하는 일에 앞장서야 하는데, 사랑과 화평의 모범이 되어 분열하고 분쟁하는 세상을 치유해야 할 한국 교회가 지금 최대의 위기의 시대를 맞이했습니다. 오히려 세상 이상으로 불화와 분쟁 가운데 빠져 있습니다. 말세 마지막 때가 되어서 사탄이 극렬하게 역사하고 교인들의 마음을 갈라놓아서 영적으로 불화할 뿐만 아니라 이념 간에 분쟁이 끊이지 않습니다. 더구나 코로나19로 인해서 더욱더 갈등을 불러일으켜서 교회마다 불화와 분쟁이 없는 교회가 드물 정도입니다. 그리하여 교회가 감당해야 할 진정한 사명인 복음 전도와 치유와 양육과 구제와 봉사와 선교는 하나도 하지 못하고, 오히려 불화와 분쟁의 소모전만 일삼으면서 세상의 걱정이 되고 지탄의 대상이 되고 있으니 이 얼마나 서글픈 현실입니까? 더구나 코로나19의 재난으로 인해 예배를 제대로 못 드리는 직격탄까지 맞이하였으니 더욱 가슴 아픈 현실입니다.

미국에 가서 신학을 공부하고 말씀과 성령의 치유를 강조하는 성경적 상담(Biblical Counseling)을 주창하는 크리스천 신경정신과 의사인 유은정 박사가 쓴 《상처받지 않고 끝까지 사랑하기》라는 책에 이런 내용이 나옵니다. 우리가 지난날의 상처를 치유받지 못하고 거기에 갇히면 우리의 왜곡된 성격과 행동이 형성되고, 결국에는 부정적인 신앙을 갖게 된다는 것입니다. 그리고 그것이 성인아이로서 자신의 상처를 극복하기 위한 방어기제로 자신만 방황하거나 학대를 하는 것이 아니라 자신은 더 심각한 문제를 안고 있으면서도 역으로 주위 사람들의 문제를 지적하면서 화를 내고 상처를 주어서 결국 모든 사람들과의 관계를 다 무너뜨리고 만다는 것입니다. 그러므로 먼저 자신의 상처부터 치유받고 건강한 자존감을 회복하고 하나님 앞에서 자신이 치유되고 회복되어야만 우리가 더 이상 불행과 고통의 상처를 받지 않고 끝까지 원수라도 사랑하면서 모든 사람들과의 관계를 회복할 수 있다는 것이었습니다.

그래서 고린도후서 5장 18-19절을 보면 "모든 것이 하나님께로서 났으며 그가 그리스도로 말미암아 우리를 자기와 화목하게 하시고 또 우리에게 화목하게 하는 직분을 주셨으니 곧 하나님께서 그리스도 안에 계시사 세상을 자기와 화목하게 하시며 그들의 죄를 그들에게 돌리지 아니하시고 화목하게 하는 말씀을 우리에게 부탁하셨느니라"고 강조하였습니다. 다시 말하면, 하나님께서는 그리스도로 말미암아 우리와 화목하게 하셨고, 우리에게 화목하게 하는 직분을 주셨고, 우리에게 화목하게 하는 말씀을 부탁하셨다는 것입니다. 그러므로 우리는 이제 여생을 언제 어디서나 '화목하게 하는 자'(Peace-maker)로 살아가야 합니다.

우리 교회 한 권사님은 믿음의 가정에 시집을 갔는데 시집 식구들이 오랫동안 신앙생활을 했지만 지난날의 마음의 상처를 치유받지 못하니까 그렇게 외식을 잘하고 상처를 줬다고 합니다. 바깥에 나가서 식사하는 외식이 아니라 모두들 겉과 속이 다르게 행동했습니다. 그런데 그것을 중재하고 화목하게 이끌어야 할 남편 집사마저도 그 영적인 역할을 하지 못하니 그 심정이 어떠했겠습니까? 그러한 눈물의 세월을 30여 년 살아왔는데 누굴 믿고 의지하고 누굴 바라보며 위로를 받고 행복을 느끼며 살 수 있었겠습니까? 그래서 얼마나 피눈물을 흘리면서 불행과 고통 속에 살아왔는지 모릅니다. 그러나 고통과 불행의 절망 속에서도 끝까지 십자가의 주님만 바라보며 믿음을 지키고, 원수 같은 시집 식구들도 끝까지 주님의 사랑으로 섬기며 인내했습니다. 그랬더니 이제는 시집 식구들과의 관계도 화평케 되고, 그동안 고생한 보람으로 주님께서 다 위로해 주시고 오히려 큰 축복을 내려주셨습니다. 또한 영적 자유함도 누리면서 하루하루를 감사하며 요즘에 가장 행복하고 복되게 살고 있다는 감동적인 간증을 들은 적이 있습니다. 이 권사님은 진정으로 '화목하게 하는 자'로 인생을 살아오신 것입니다.

그러므로 우리가 예수 그리스도로 말미암아 하나님과 화목하게 되었고 화목하게 하는 직분을 받았고 화목하게 하는 말씀을 부탁받았기 때문에 남은 생애 동안 우리의 사랑하는 형제는 말할 것도 없고 어떠한 원수와도 화목해야 합니다. 그리할 때에 우리는 결단코 어떠한 원수도 마음으로라도 살인할 수가 없고, 오히려 모든 사람을 화평케 하는 자의 사명을 잘 감당하며 우리 주위의 모든 사람을 행복하게 할 줄 확실히 믿습니다.

불쌍히 여기고 용서해야 함

마지막으로 마태복음 5장 25-26절 말씀을 다 함께 읽겠습니다.

> "너를 고발하는 자와 함께 길에 있을 때에 급히 사화하라 그 고발하는 자가 너를 재판관에게 내어 주고 재판관이 옥리에게 내어 주어 옥에 가둘까 염려하라 진실로 네게 이르노니 네가 한 푼이라도 남김이 없이 다 갚기 전에는 결코 거기서 나오지 못하리라"(마 5:25-26).

제단에서 통회 자복하고 화해하지 못하면 우리를 고발하는 채권자와 함께 재판정에 끌려갈 때 길에서라도 급히 '사화하라'는 것입니다. 그런데 이 '사화하라'는 단어는 헬라어로 '유노온'(εὐνοῶν)으로서 분사형으로 기록되어 있는데, 직역하면 '좋은 생각을 가지라'는 뜻이고, 의역하면 '좋은 관계를 회복하라'는 의미입니다. 즉 고발한 채권자와 화해하라(settle matters)는 것입니다. 이 기회마저도 놓치고 화해하지 못하고 결국 재판정에 끌려가서 처벌을 받아 감옥에 갇히게 되면 어떻게 되겠느냐는 것입니다. 그래서 오늘 본문 처음에 말씀하셨던 "나는 너희에게 이르노니"보다 더욱 강조하여서 "진실로 네게 이르노니"라고 말씀하십니다.

여기 나오는 '한 푼'은 헬라어로 'κοδράντης'(코드란테스)로서 로마 동전의 가장 작은 단위의 돈, 즉 당시 노동자의 하루 품삯의 1/60로서 과부 두 렙돈에 해당할 정로도 아주 미미한 화폐 가치인데 직역을 하면, '부채의 마지막 한 푼이라도 청산하기까지는 감옥에서 나오지 못한다'는 뜻입니다. 이것을 의역하면, '아주 사소한 일일지라도 형제와 화해하기 전에는 지옥 같은 삶에서 헤어 나오지 못하고, 장차 하나님의 지옥의 심판에서 면할 길이 없다'고 하나님의 마지막 심판을 경고하셨습니다.

이처럼 어떠한 관계든지 우리가 화평케 되는 것은 너무도 중대하고 절실하고 소중한 것인데 우리가 이 사실을 너무도 많이 들었고 너무도 잘 알고 있으면서도 왜 우리는 이 화평의 관계를 회복하지 못합니까? 그 결정적인 장애물이 있는데 그것은 바로 용서가 안 되는 데 있습니다.

저는 미국에 가서 심리치료와 정신의학을 공부했습니다만 우리가 그렇게 심리치료를 받고 신경정신과 치료를 받는다고 해서 급속도로 회복이 되는가 보면 사실은 그렇지 않습니다. 신경정신과 치료를 받아 보신 분들은 아시겠지만 실제로 적어도 몇 달, 몇 년, 몇십 년, 아니 평생을 정신병원에서 보내다가 인생을 끝내 버린 경우도 많습니다. 그런데 복음의 치유는 한순간에 철천지원수와 같았던 관계가 눈 녹듯이 녹고, 언제 그랬냐는 듯이 비 온 뒤에 땅이 더 굳어지듯이 더 친밀한 사랑의 형제관계를 회복하게 됩니다.

이것을 비교해 보면서 무엇이 문제인가 분석해 보니까 세상의 심리치료와 약물치료는 결정적인 치유력이 있는 용서가 빠져 있는데 복음의 치유의 핵심에는 이 폭발적인 치유력이 있는 용서가 있었습니다. 거기서 저는 용서의 치유력이 얼마나 놀라운가를 깨닫게 되었습니다.

그래서 에베소서 4장 32절에 이 용서에 대한 명령과 더불어서 용서의 방법을 가르쳐 줍니다. "서로 친절하게 하며 불쌍히 여기며 서로 용서하기를 하나님이 그리스도 안에서 너희를 용서하심과 같이 하라"고 용서를 그토록 강조합니다. 그것도 내 감정으로 결코 용서할 수 없는 어떠한 원수라도 하나님 아버지께서 그의 아들 예수님을 십자가에서 처참하게 죽게 하시면서까지 우리를 용서해 주시고, 하나님께서 예수 그리스도를 통해 우리를 용서하신 것같이 용서하라고 명령합니다.

우리가 내 자식을 죽여가면서까지 원수를 용서할 수 있습니까? 절대 못합니다! 그런데 하나님께서는 단 한 분밖에 없는 죄 없으신 아들 예수님을 십자가에서 모진 멸시와 천대를 받으시며 죽게 하시면서까지 우리를 용서하시고 "내가 너희를 용서함과 같이 하라"고 하시는데, 우리가 십자가의 사랑을 진정으로 체험했다면 용서 못할 원수는 이 땅 위에 없고, 우리에게 치유받지 못할 상처도 없다는 결론입니다. 용서야말로 모든 상처의 치유와 모든 문제의 화해의 완결판이라는 것을 결단코 잊지 마시고, 우리의 삶 가운데 용서를 체험하며 천국의 행복의 감격 속에 살아갈 수 있길 바랍니다.

주님께서 이 말씀을 전하게 하시려고 그런 일이 있었던 것 같습니다. 지난 주일 모든 예배를 마치고 지난번에 우리 교회에 오셔서 부흥성회에 큰 은혜를 끼치셨던 증경총회장이신 손달익 목사님의 모친상이 있어서 포항에 내려갔습니다. 조문을 마치고 돌아오는데 차의 기름이 다 떨어져서 문경휴게소에 기름을 넣으러 갔습니다. 그런데 누구라고 밝힐 수는 없습니다만 제가 기름을 넣으러 가는 길에 함께 갔던 부목사님에게 "동생, 내 차는 휘발유네!"라고 말했고, 더구나 제 차의 주유구에는 '휘발유 전용'이라고 쓰여 있습니다. 그런데도 그 목사님이 경유를 넣어버린 것입니다. 그것도 한 10L 정도 들어갔을 때 함께 간 다른 부목사님이 이를 발견하고 기겁을 하고 중단시켜서, 결국 견인차를 불러서 기다렸다가 2.5톤 견인차에 운전기사가 타고 그 옆에 저희 세 사람은 좁은 자리에 몸을 쭈그리고 4시간 가까이 걸려서 새벽 1시 너머 서울에 도착했습니다.

그런데 서울로 올라오면서 계속 마음이 상하는 겁니다. 차는 차대로 망가졌지, 시간은 시간대로 걸렸지, 또 견인 비용만 따로 29만 원을 지불했지, 차를 수리하는 데 또 돈이 들고 한 주간 발이 묶이지 않습니까? 그런데 가장 마음이 상한 것은 제가 "동생, 내 차는 휘발유네!"라고 당부를 안 했다면 모르지만 분명히 말을 해주었고, 또 주유구에 '휘발유 전용'이라고 쓰여 있고, 더구나 휘발유차 주유기는 좁아서 경유차 주유기가 절대 안 들어갑니다. 그런데도 어떻게 다 무시하고 그렇게 힘들게 주유기를 꽂아 넣어서 경유를 넣을 수 있는지 도저히 이해가 안 갔습니다.

그렇게 답답한 문제가 터지고 마음이 상하면 우리가 할 수가 있는 게 뭐가 있습니까? 기도밖에 없습니다. 그래서 서울에 올라오면서 기도를 시작했습니다. "주님, 어린아이도 아니고 어떻게 그럴 수가 있을까요? 제가 말을 안 했으면 모르지만 담임목사가 그렇게 말을 했는데도 귀를 기울이지 않을 수 있을까요?" 그런데 기도하는 중에 성령님께서 저를 깨우쳐 주셨습니다. "김 목사, 너는 내 말을 항상 귀담아듣느냐? 그리고 그토록 네가 이해가 안 된다면 용서하면 될 것 아니냐?" 하고 주님께서 저를 깨우쳐 주셨습니다. 그런데 동생 목사를 용서하는 그 순간 저의 마음속에 풀리지 않던 모든 감정의 응어리가 순식간에 다 녹아 버렸습니다. 그래 서울에 도착하여 정비소에 차를 맡기고 밤늦게 헤어지면서 제가 그랬습니다. "동생, 오늘 쉬지도 못하고 멀리 따라가서 밤늦게까지 고생 많았네! 얼른 들어가서 편히 쉬소!" 이렇게 위로하고 헤어졌는데 그렇게 마음이 평안하고 행복했습니다.

여러분, 우리가 살다 보면 "어떻게 저럴 수 있을까?" 하고 의아해

하면서 이해 못할 문제들이 얼마나 많습니까? 더구나 "저 사람만은 절대 용납이 안 돼!" 하고 누군가를 용서하지 못함으로 인해서 그것이 우리의 가슴속에 감정의 응어리로 남아서 우리를 괴롭힐 때도 얼마나 많습니까? 그 결과 그것이 우리를 괴롭히고, 스스로 고통과 불행 가운데 헤어 나오지 못하고, 결국 끝내 감정을 안 풀고 세상을 떠나서 하나님의 심판을 받는다면 이보다 불행하고 불쌍한 인생이 어디에 있느냐는 것입니다.

그래서 주님께서 마태복음 18장 35절에 "너희가 각각 마음으로부터 형제를 용서하지 아니하면 나의 하늘 아버지께서도 너희에게 이와 같이 하시리라"고 분명히 경고하시지 않습니까?

그러므로 우리는 살아생전에 기필코 어떠한 원수라 하더라도, 그들이 왜 저런 성격이고 왜 저런 행동을 하고 왜 저런 개떡 같은 신앙으로 살고 또 죄 없는 나에게 왜 이렇게 상처를 주고 불행과 고통에서 못 헤어 나오게 하고 평생을 이러한 원한 속에서 살게 하느냐고 원망만 하면서, 결단코 그렇게 불행과 고통 가운데 인생을 끝내지 마시기 바랍니다. 이제라도 그들도 지난날 그의 원수에게서 상처를 받고 치유를 받지 못한 상처의 피해자요, 희생자임을 기억하면서 주님께서 우리를 용서하셨듯이 용서해 주시기 바랍니다. 그리할 때 지난날의 우리의 모든 상처를 치유받고, 우리의 모든 관계가 회복이 되어서 이 땅에 사는 동안 여생을 은혜롭고 행복하고 축복되게 살게 될 것입니다. 그뿐만 아니라 하나님의 심판대 앞에 서게 될 때에도 주님의 위로와 평강과 상급을 모두 다 누리게 될 줄 확실히 믿으시기 바랍니다.

네덜란드의 작가요, 복음 전도자인 코리 텐 붐(Corrie ten Boom) 여사가 쓴 《주는 나의 피난처》(The Hiding Place)란 책이 있습니다. 코리 텐 붐은 원래 네덜란드의 시계 제작자의 딸로 태어났습니다. 아버지가 신실한 개혁교회 성도여서 믿음의 가정에서 아버지의 뒤를 이어 시계 제작자의 꿈을 가지고 잘 자라났습니다. 그런데 어머니를 먼저 여의고 아버지와 언니 벳시와 함께 살다가 제2차 세계대전이 일어나서 나치 독일이 유대인 대학살을 하는 중에도 하나님의 사랑으로 유대인들을 집에 숨겨 주었습니다.

그러다가 1944년 2월 28일 나치 정보원의 밀고에 의해 그의 가족은 모두 체포되었고, 코리 텐 붐은 언니 벳시와 함께 독일 라벤스부르크 강제수용소에 보내져서 하루 11시간씩 중노동을 하고, 벼룩이 우글거리는 수용소에서 추위와 더위와 배고픔은 말할 것도 없고 온갖 더러운 벌레와 오물과 모욕과 폭력에 시달리며 일해야 했습니다. 건강이 약해질 대로 약해진 언니가 작업 도중 쓰러졌을 때는 독일군 간수가 다가와 인정사정없이 채찍을 내리쳤습니다. 그때 언니를 일으키려고 달려들 때 언니는 신음소리를 내면서도 "코리, 나를 쳐다보지 마! 오직 예수님만 바라 봐!" 하고 권면했습니다.

이처럼 벳시와 코리는 수용소 생활 가운데에도 매일 성경을 읽으며 위로를 받았습니다. "누가 우리를 그리스도의 사랑에서 끊으리요 환난이나 곤고나 박해나 기근이나 적신이나 위험이나 칼이랴…그러나 이 모든 일에 우리를 사랑하시는 이로 말미암아 우리가 넉넉히 이기느니라"(롬 8:35, 37)는 말씀을 마음에 새기고 소망 가운데 강제수용소의 온갖 고통을 다 이겨냈고, 오히려 수용소에 갇힌 여성들을 모아 하나님의 말씀으로 위로해 주고 기도해 주었습니다.

그런데 그곳에서 10개월여의 고통스런 수용소 생활을 더 이상 견디지 못한 언니 벳시는 12월 16일 병이 나서 결국 하늘나라로 떠나가고 말았습니다. 그로부터 15일 후 1945년 1월 1일 코리 텐 붐은 하나님의 은혜로 수용소 사무원의 실수에 의해 기적적으로 풀려나게 되었는데 놀랍게도 일주일 후 그곳에 남아 있던 모든 여성들은 가스실에 끌려가 다 몰사를 당했다고 합니다.

이렇게 석방된 코리 텐 붐은 고국인 네덜란드로 돌아와서 언니의 마지막 소원대로 네덜란드와 독일에 재활치료센터를 세우고 여생을 전쟁으로 인해 상처를 받고 고통 중에 있는 사람들을 치유하는 일에 힘쓰게 됩니다. 더구나 그녀는 네덜란드와 유럽 전역과 미국 등지에 다니며 자신이 독일의 강제수용소에서 당했던 일들을 간증하였습니다.

그러던 어느 날 독일 뮌헨의 한 교회에서 간증집회를 마치고 나올 때였는데 놀랍게도 라벤스부르크 강제수용소의 샤워실 문을 지키던 독일군 간수를 극적으로 만나게 됩니다. “어떻게 저 인간이 여기에 나타날 수 있을까?” 하고 온몸에 소름이 끼치는 순간이었습니다. 그런데 그 간수가 코리 텐 붐에게 다가와 “오늘 당신의 말씀이 얼마나 고마웠는지 몰라요! 주님께서 내 죄를 다 씻어 버리셨다니요!” 하고 웃으며 악수를 청하는데 그때 코리의 마음속에 지난날 독일군들의 만행에 대한 분노와 증오심과 복수심이 끓어올랐습니다. 더욱이 그들은 사랑하는 언니를 죽인 원수 아닙니까?

그 순간 주님께 기도했습니다. “주님, 제 감정으로는 도저히 저들을 용서할 수가 없어요! 저를 용서하시고 이 사람을 용서할 수 있도록 도와주시옵소서!” 그러나 미소를 지으려고 애썼지만 얼굴은 더욱 더 굳어져만 갔습니다. 더욱이 손을 내밀어 그의 악수를 받아주어야 하는데 몸이 굳어져서 도저히 손을 내밀 수가 없었습니다. 그래서 또 다시 마음속으로 기도했습니다. “주님, 저는 이 잔인한 인간을 도저히 용서할 수가 없어요! 주님의 용서의 사랑을 제게 부어 주시옵소서!” 하고 짧은 마음의 기도를 드리는 순간 놀라운 기적이 일어났습니다. “내가 너를 사랑함과 같이 그를 사랑하라. 내가 너를 용서함과 같이 그를 용서하라. 내가 너와 화해함과 같이 그와 화해하라"는 주님의 음성이 그녀의 마음속에 들려오는데 코리의 가슴에 주체할 수 없는 주님의 사랑이 임하면서 두 눈에서 뜨거운 눈물이 흘러내렸습니다. 그리고 손을 내밀어 그 독일군 간수의 악수를 받아주고 사랑으로 끌어안고 한없는 화해의 눈물을 흘렸습니다. 그리고 지난날 수용소 생활 가운데 그토록 가슴에 응어리졌던 증오심과 복수심의 상처가 눈 녹듯이 녹으면서 사랑의 용서의 미소가 피어올랐습니다.

그때 코리는 자신의 지난날의 어떠한 상처라도 치유할 수 있는 것은 상대방의 회개나 선하게 변화된 삶에 근거를 둔 용서가 아니라 예수님께서도 원수를 사랑하라고 명령하셨듯이 무조건적인 십자가의 사랑의 용서만이 지난날의 어떠한 상처도 치유하고 모든 관계를 회복하고 모두를 행복하게 한다는 놀라운 진리를 깨닫게 되었습니다.

사랑하는 성도 여러분, 우리 주위에도 죽이도록 미운 원수들이 얼마나 많이 있습니까? 그러나 십자가의 사랑으로 어떠한 원수라도 더 이상 분노하거나 미워하지 않고 그들과 화목할 뿐만 아니라 그들이 마음 문을 안 열어도 끝까지 불쌍히 여기고 용서해야 합니다. 그리할 때 우리는 남은 생애 동안 결단코 어떠한 원수도 마음으로라도 살인하려고 하지 않고, 지난날의 상처부터 치유받고 나 자신부터 영적으로 새롭게 변화될 뿐만 아니라 모든 관계가 회복되는 천국의 축복과 행복의 감격 속에 살아가게 될 줄 확실히 믿습니다.

다 함께 복음성가 "그 사랑"을 함께 부르면서 믿음으로 결단하도록 하겠습니다.

아버지 사랑 내가 노래해
아버지 은혜 내가 노래해

그 사랑 변함없으신 거짓 없으신
성실하신 그 사랑
상한 갈대 꺾지 않으시는
꺼져가는 등불 끄지 않는
그 사랑 변함없으신 거짓 없으신
성실하신 그 사랑 사랑
그 사랑 날 위해 죽으신
날 위해 다시 사신 예수 그리스도
다시 오실 그 사랑
죽음도 생명도 천사도
하늘의 어떤 천사도 끊을 수 없는
영원한 그 사랑 예수

저희에게 영원한 사랑을 베풀어 주신 하나님 아버지, 저희는 엄청난 주님의 십자가의 사랑을 체험했으면서도 그 사랑을 행하기는커녕 스스로 상처의 감정을 풀지 못하고 원수처럼 마음으로 죽이려고 할 때가 얼마나 많았습니까? 이제라도 돌이켜 남은 생애 동안 주님의 십자가의 사랑으로 더 이상 분노하거나 미워하지 않게 하여 주시옵소서! 어떠한 원수와도 화목하게 하여 주시옵소서! 무엇보다도 불쌍히 여기며 용서하게 하여 주시옵소서! 그리함으로 더 이상 마음으로라도 살인의 죄를 저지르지 않고, 영적으로 새롭게 변화될 뿐만 아니라 지난날의 상처를 다 치유받고 모든 관계가 화평케 됨으로 날마다 천국의 축복과 행복의 감격 속에 살게 하여 주시옵소서! 믿사옵고 예수님의 이름으로 축복하며 기도하옵나이다. 아멘!

간음하지 말라

출애굽기 20:14

우리가 계속해서 십계명의 말씀의 은혜를 함께 나누고 있는데 인간에 대해서 주신 계명 중 제5계명이 부모 존중이라면 제6계명은 생명 존중이고, 제7계명은 가정 존중의 말씀입니다. 세 번째 말씀인 제7계명의 출애굽기 20장 14절을 다 함께 읽겠습니다.

"간음하지 말라"(출 20:14).

여기 '간음한다'는 단어는 '나아프'(נָאַף)로서 모든 불법적인 성관계를 가리키는 '자나'(זָנָה)와는 달리 결혼한 부부가 아닌 다른 상대와 성관계를 갖는 것을 가리킵니다(레 20:10). 그리하여 '간음하지 말라'는 말씀은 부부의 외도(레 20:10; 신 22:22-29)는 말할 것도 없고 매춘(레 19:29)이나 근친상간(레 20:11-12, 14, 17, 19-21; 신 22:30)이나 동성애(레 18:22, 20:13; 신 23:18)나 동물과의 수간(레 18:23, 20:15-16) 등 부부

관계 외의 모든 성적 범죄를 하지 말라고 명령하셨습니다.

이 구약의 613가지 계명의 핵심인 십계명의 말씀을 예수님께서는 마태복음 5-7장의 산상보훈의 말씀 가운데 보완하시고 강화하셔서 말씀하시는데 특별히 제7계명인 "간음하지 말라"는 말씀을 마태복음 5장 27-32절에 나오는 복음으로 재해석을 해주시는 말씀 가운데 들려오는 하나님의 음성을 이 시간도 다 함께 들을 수 있길 바랍니다.

마음으로라도 음욕을 품지 말아야 함

먼저 마태복음 5장 27-28절 말씀을 다 함께 읽겠습니다.

> "또 간음하지 말라 하였다는 것을 너희가 들었으나 나는 너희에게 이르노니 음욕을 품고 여자를 보는 자마다 마음에 이미 간음하였느니라"(마 5:27-28).

당시 유대인들은 제7계명인 "간음하지 말라"는 말씀을 늘 낭이 들었고 암송하고 있었기 때문에 너무도 잘 알고 있었습니다. 그래서 그들이 간음을 안 하면 그들은 스스로 거룩한 자라고 자위하고 교만하여져서 간음한 자들을 쉽게 정죄하였습니다. 그러나 예수님께서는 보다 더 깊은 영적 도덕성을 요구하셨습니다. 그래서 "살인하지 말라"는 제6계명처럼 '반제 단락'(Antithesis Section)을 사용하여서 "또 간음하지 말라 하였다는 것을 너희가 들었으나 나는 너희에게 이르노니"라고 강조하시면서 "음욕을 품고 여자를 보는 자마다 마음에 이미 간음하였느니라"고 말씀하십니다.

'음욕을 품고 여자를 본다'고 하니까 아름다운 여자를 쳐다보면 다 간음한 것인가 하는 죄책감이 생깁니다. 그러니까 이제부터는 교회에 와서도 아름다운 여자들을 쳐다보아서는 안 될 것 같습니다. 그러나 여기 '음욕을 품고 여자를 본다'는 것은 'βλέπω'(블레포)라는 단어를 사용하는데 '그냥 바라본다'는 의미가 아니라 '주의를 기울여 관찰한다'는 뜻입니다. 그것도 '음욕을 품고'라는 문장 앞에 'πρὸς'(프로스)라는 목적을 나타내는 전치사(to)가 들어간 것은 음욕을 품기 위하여 여자를 응시하는 것을 의미합니다. 아름다운 여자에게 자연스럽게 눈길이 가는 정도가 아니라 성욕의 대상으로 삼고자 여자를 면밀하게 주시하는 것을 의미하는 것입니다. 그리하여 흥분을 하게 되고 간음을 하게 되기 때문에 그러한 사람은 마음에 이미 간음했다고 경고하셨습니다. 그러므로 예수님께서는 우리가 간음하기 이전에 우리의 마음에서부터 음욕을 제거하라고 명령하신 것입니다.

한 수도사가 수도를 하고자 제자를 데리고 수행길에 나섰습니다. 그런데 어두컴컴한 저녁이 되어 시냇물을 건너야 하는데 이 냇물이 지난 밤에 내린 비 때문에 많이 불어나 있었습니다. 건너려니까 그 앞에 아주 아리따운 젊은 여인이 서서 발을 동동 구르고 있었습니다. 남자도 건너기 힘들 만큼 물살이 셌기 때문입니다. 그런데 이 수도사가 가더니 부끄러워하는 여성의 손을 딱 잡고 등에 업은 뒤 아주 힘들게 시냇물을 건넜습니다. 제자가 보고 한편으로는 부럽기도 하고 또 한편으로는 누가 볼까 부끄럽기도 하고 민망했습니다. 그런데 수도사가 거침없이 그 여성을 업고 시냇물을 건넌 후 내려놓고 갈 길을 가자 한참 후 제자가 조심스럽게 수도사에게 물었습니다. "스승님, 남들이 보면 얼마나 큰 오해를 했겠습니까? 젊은 여성을 등에 업다니요. 왜 그러셨습니까?" 하고 묻자 수도사가 껄껄 웃으면서 이렇게 말했다고 합니다. "나는 시내를 건너 여인을 이미 내려놓고 왔는데, 너는 아직도 그 여인을 등에 업고 있느냐?" 지나왔으면 잊어야지 왜 아직도 못 잊고 그러느냐는 것입니다. 그 마음의 문제라는 것입니다.

간음을 한 사람들은 다른 사람의 간음을 보고 자신의 죄를 그 사람에게 전가하여 오히려 더욱 비난하는 투사(Projection)를 하는 경우가 많습니다. 자신은 간음을 안 했다고 스스로 도덕주의의 교만에 빠져서 더욱 혹독하게 남을 정죄할 때가 얼마나 많습니까? 그래서 요한복음 8장에서 서기관들과 바리새인들이 간음 중에 잡힌 여자를 예수님께 데리고 와서 율법에 이러한 여자를 돌로 치라 명하였거니와 선생님은 어떻게 말하겠느냐고 시험할 때에 예수님께서 "너희 중에 죄 없는 자가 먼저 돌로 치라"(요 8:7)고 말씀하시자 양심에 가책을 느낀 어른으로부터 시작해서 젊은이까지 하나씩 다 사라지고 오직 그 여자만 남게 되지 않습니까? 여기 '죄 없는 자' 즉 '음란하지 않은 자', '마음속으로도 단 한 번이라도 간음죄를 저지르지 않은 자'는 없었던 것입니다. 그러자 예수님께서 "나도 너를 정죄하지 아니하노니 가서 다시는 죄를 범하지 말라"(요 8:11)고 하시지 않습니까?

예수님께서는 그 여자에게도 "다시는 죄를 범하지 말라"고 하셨는데 그 비결은 다른 데 있는 것이 아닙니다. 마음에서부터 음욕을 품게 되면 간음을 할 수밖에 없기 때문에 예수님께서는 항상 근원적인 치유를 바라셨던 것입니다. 그래서 우리가 마음속에 음욕을 품지 않기 위해서 근본적인 방법을 디모데전서 4장 4-5절에서 제시해 주십니다. "하나님께서 지으신 모든 것이 선하매 감사함으로 받으면 버릴 것이 없나니 하나님의 말씀과 기도로 거룩하여짐이라"고 강조하였습니다. 우리가 날마다 말씀과 기도로 성령 충만하지 않으면 이 지구상의 어느 누구도 성적 유혹에 있어서 예외가 없습니다. 그래서 우리가 날마다 하나님의 말씀과 기도로 성령 충만함을 구하면서 성령님의 도우심의 힘으로 세상의 음욕을 멀리하게 될 때 비로소 우리는 자연스럽게 거룩해지고, 과거와는 달리 어떠한 성적 유혹도 다 이겨낼 수 있는 것입니다. 그러므로 이제라도 우리의 여생을 말씀과 기도의 성령 충만함을 간구하며 변화된 삶을 살아가야 합니다.

4세기 위대한 신학자인 성 어거스틴(St. Augustine)이 어느 날 거리를 지나던 중 젊은 날 방탕한 삶을 살 때 알았던 여인을 만났습니다. 어거스틴이 자꾸 피하자 계속 좇아오면서 "저예요, 저!"라고 말하자 어거스틴이 대답하기를, "너는 너지만 나는 내가 아니다"라고 대답하고는 자신의 길을 재촉했다고 합니다. 그 여인은 과거의 여인 그대로지만 어거스틴은 과거의 어거스틴이 아니었습니다. 이미 그는 성령님에 사로잡힌 충만한 하나님의 사람으로 변화되어 있었던 것입니다.

그러므로 우리가 이제 남은 생애는 주님 안에서 무언가 영적으로 더욱 충만해지고 성숙해지고 변화된 삶을 살아야 합니다. 그런데 우리 스스로는 마음속의 음욕의 문제를 결코 극복할 수 없으니까 날마다 말씀과 기도로 성령 충만해질 때 비로소 주님이 주시는 힘으로 자연스럽게 거룩해지고, 마음으로라도 음욕을 품지 않고 간음의 유혹을 이겨낼 줄 확실히 믿으시기 바랍니다.

음란한 것은 철저히 끊어야 함

계속해서 마태복음 5장 29-30절 말씀을 다 함께 읽겠습니다.

"만일 네 오른 눈이 너로 실족하게 하거든 빼어 내버리라 네 백체 중 하나가 없어지고 온몸이 지옥에 던져지지 않는 것이 유익하며 또한 만일 네 오른손이 너로 실족하게 하거든 찍어 내버리라 네 백체 중 하나가 없어지고 온몸이 지옥에 던져지지 않는 것이 유익하니라"(마 5:29-30).

우리를 실족하게 한다면 오른 눈이라도 빼어 내버리고, 오른손이라도 찍어 내버리라고 명령하십니다. 왜냐하면 우리의 몸 가운데 오른 눈이나 오른손을 잃고라도 우리 온몸이 지옥에 던져지지 않는 것이 결단코 유익하기 때문입니다. 예수님께서는 그만큼 우리를 음란하게 유혹하는 것은 철지히 끊어 버려야 한다고 강조하셨습니다.

요즘 말세 마지막 때가 되니까 온 세상이 노아의 때처럼 가정이 파괴되는 일들이 너무도 많아지고, 소돔과 고모라 성 때처럼 동성애 등 성적 타락이 너무도 극에 달하고 있습니다. 그래서 우리의 가정이나 학교나 직장이나 군대나 세상 어디나 성적으로 타락해 있습니다.

오래전 한국 성의학연구소 이윤수 박사가 전국 20대에서 60대까지 기혼 남성을 대상으로 한 설문조사에서는 전국 남성의 78%가 이내 외의 여성과 성경험이 있다는 충격적인 조사 결과가 발표되었습니다. 어른들은 말할 것도 없고 우리의 자녀들까지 얼마나 타락한 세상의 성적 유혹 속에 빠져 있는지 모릅니다. 그래서 오죽하면 지난 2020년 1월 4일 소셜 벤처 EVE의 '2019 청소년 성(性)문 조사(Teen Sex Survey)' 보고서에 청소년의 54.7%가 성관계 경험이 있는 것으로 드러났습니다. 이처럼 혼전 성관계는 말할 것도 없고, 우리가 우리 자녀들에 대해서 너무도 몰랐지만 실제로 대학가에서 남녀 학생들의 동거는 이미 흔한 유행이 되어 버렸습니다.

더구나 부부의 성에 만족하지 못하니까 변태 성욕(성도착증)을 추구하게 되는데 요즘 그중의 하나인 이성의 육체나 성행위를 보면서 쾌감을 느끼는 관음증에 빠진 사람들이 급속도로 많아졌습니다. 그래서 지난 주간에도 4년간 공중 여성화장실에 몰래카메라를 설치해 놓고 찍다가 붙잡힌 경찰을 비롯해서 의사, TV 앵커, 개그맨, 회사원들이 얼마나 많이 있었습니까? 또 얼마 전에는 박사방, n번방 등 청소년 성 착취물 유통사건으로 인해서 온 국민에게 요즘 성적 타락의 실상을 보여주어 충격을 안겨 주지 않았습니까? 심지어 정부기관 직원이 한 국회의원에게 국정감사자료를 보냈는데 그 자료 가운데 자신이 평소에 일하면서 보고 모은 포르노 동영상이 함께 저장되어 있어서 징계 절차에 들어갔다고 하지 않습니까?

지난 MBN TV의 목요일 밤 11시 "미쓰백"이라는 프로그램에 과거 여자 아이돌 그룹의 가수들이 나왔습니다. 우리 치유하는교회에도 아이돌 걸그룹 '브레이브걸스'와 '시그니처'에 활동하는 두 자매가 있습니다. 지금까지 260여 아이돌 걸그룹이 있어서 1,300여 명이 나왔는데 성공률은 0.001%라고 합니다. 그래서 1년에 60-70개에 이르는 여자 그룹이 나오지만 그다음 해까지 살아남는 경우가 1%도 안 된다는 것입니다. 그래서 걸그룹을 그만둔 후에 그들이 생활고에 시달리게 되는데 7년 동안 활동한 스텔라의 가영은 그만둘 때 마지막으로 겨우 1,000만 원 정산을 받았다고 합니다. 그런데 그들이 더욱 고통을 겪고 있는 것은 촬영 당일에 원래 알려줬던 의상 대신 노출이 심한 의상이나 심지어 수영복까지 입으라고 하고, 심지어는 기획사 대표가 강압적으로 스타킹이 흘러내리지 않도록 매는 가터벨트(Garter Belt)를 보이도록 매고 나가라고 하는데 그들이 나가서 노래 부르고 춤을 추는데 사람들이 다리와 속살만 쳐다보는 게 너무도 싫었다는 것입니다. 더욱 충격적인 것은 지금까지도 핸드폰으로 자신의 성기를 사진 찍어 보내거나 스폰서가 되겠다고 하면서 성관계를 요구하는 남자들이 있다고 합니다. 이렇게 우리 사회의 또 하나의 타락한 단면을 여실히 증명해 보이고 있습니다. 그리하여 나인뮤지스의 세라는 그만둔 후에도 대인공포증과 공황장애로 너무도 고통 가운데 숨도 제대로 못 쉬고 날마다 한없이 눈물을 흘리며 살아가고 있다고 고백했습니다.

지난 주간에도 요즘 TV에서 한창 인기를 끌고 있는 한 UDT(해군특수전 전단) 출신의 한 연예인이 성추행 전과자로 드러났습니다만 또 그것을 폭로한 연예기자도 불륜설이 제기되었습니다. 이처럼 성범죄를 일삼은 지방 자치단체장을 비롯한 공무원들과 정치인들로부터 시작해서 기업 회장, 경찰, 검사, 판사, 의사, 심지어 목회자들에 이르기까지 사회 곳곳에 얼마나 성적 타락이 깊이 뿌리내려 있습니까?

더욱 가관인 것은 우리 자녀들이 학교나 직장이나 군대에서까지 엄청난 동성애의 유혹과 강요를 받고 있습니다. 더욱 충격적인 것은 지난 화요일 뉴스앤조이에서 감리교 감독과 감독회장 후보자 23명을 설문조사를 했는데 그 가운데 절반을 조금 넘는 14명의 목사만이 "동성애 옹호 목회자를 처벌하는 교단법을 수호할 것"이라는 답상을 보냈다고 합니다. 이렇게 교계 지도자들부터 동성애에 미온적이니 동성애가 교회 안에 급속도로 파고들어서 무너져가고 있는 유럽이나 미국 교회의 전철을 밟아 이제는 우리 가운데에도 동성애 목사도 나오고, 동성애 장로도 나오고, 동성애 권사도 나오고, 동성애 집사도 나올 판입니다.

여러분, 우리가 그토록 차별금지법을 반대하는 결정적인 이유가 바로 이 동성애 때문입니다. 차별을 금지한다는 것이 얼마나 좋아 보입니까? 그러나 실제로는 동성애를 차별하지 말라는 것인데 우리가 동성애자를 사랑하지 않거나 치유하지 않거나 차별하고자 하는 게 결코 아닙니다. 그런데 이러한 죄악을 치유하지 않고 허용해 놓으면 하나님께서 천지를 창조하신 후 남자와 여자를 만드시고 "이러므로 남자가 부모를 떠나 그의 아내와 합하여 둘이 한 몸을 이룰지로다"(창 2:24)고 하신 하나님의 창조의 섭리와 질서가 완전히 파괴됩니다. 그래서 결국 우리의 아들들이 남자들과 결혼하고, 우리의 딸들이 여자들과 결혼하게 되면서 하나님의 말씀을 거슬러 순리대로 하지 않고 역리를 행함으로 AIDS(후천성면역결핍증) 등 상당한 보응을 면치 못하고(롬 1:26-27), 우리 인류는 출산의 문이 닫히고 이 땅 위에 더 이상 생존할 수 없고 멸망의 길로 접어들고 말 것입니다.

이것은 말세 마지막 때 하나님의 심판의 결정적인 증거로서 이것만은 우리가 막아야 합니다. 그렇지 않으면 인간은 성정체성 장애인 동성애에 만족하지 않고 사회에 끊임없이 물의를 일으키는 갖가지 변태 성욕적인 성도착증과 동물들과의 수간에 이르기까지 하나님의 심판을 결코 면치 못할 것입니다.

그렇다면 왜 이러한 성적인 유혹에 빠져듭니까? 부부 사이의 금슬이 점점 식고 부부 사이에 틈이 생길 때 그 사이에 사탄이 곧바로 역사하고 맙니다. 그래서 우리의 힘으로는 이겨낼 수가 없는 것입니다.

그러므로 우리가 우리를 음란하게 유혹하는 어떠한 죄악이라도 이겨낼 수 있는 또 하나의 결정적인 방법을 고린도전서 6장 18절에서 "음행을 피하라 사람이 범하는 죄마다 몸 밖에 있거니와 음행하는 자는 자기 몸에 죄를 범하느니라"고 증거합니다. 우리가 음행의 유혹을 이길 수 있는 방법은 다른 길이 없고 피하는 길밖에 없다는 것입니다. 그러므로 우리를 유혹하는 상대가 있으면 피해 버리시기 바랍니다. 우리를 유혹하는 시간이 있어도 피해 버리시기 바랍니다. 우리를 유혹하는 장소가 있어도 피해 버리시기 바랍니다. 우리를 유혹하는 어떠한 대상이 있어도 피해 버리시기 바랍니다. 피하는 길만이 우리가 이러한 음행을 이겨낼 수 있는 가장 지혜롭고 강력하고 효과적으로 이겨내는 방법이라는 것입니다. 그러므로 우리가 음행을 철저히 피하고 끊어 버릴 때 우리가 더 이상 간음하지 않는 것은 말할 것도 없고 우리가 영적으로 살아나고 더욱더 은혜롭고 행복하고 축복되게 쓰임 받게 될 줄 확실히 믿습니다.

이혼을 함부로 하지 말아야 함

마지막으로 마태복음 5장 31-32절 말씀을 다 함께 읽겠습니다.

> "또 일렀으되 누구든지 아내를 버리려거든 이혼 증서를 줄 것이라 하였으나 나는 너희에게 이르노니 누구든지 음행한 이유 없이 아내를 버리면 이는 그로 간음하게 함이요 또 누구든지 버림받은 여자에게 장가드는 자도 간음함이니라"(마 5:31-32).

당시 유대인들은 아내를 버리려고 할 때 신명기 24장 1절의 "사람이 아내를 맞이하여 데려온 후에 그에게 수치되는 일이 있음을 발견하고 그를 기뻐하지 아니하면 이혼 증서를 써서 그의 손에 주고 그를 자기 집에서 내보낼 것이요"라는 말씀을 따라 행했습니다. 여기 '수치되는 일'이란 율법의 격식을 강조하는 바리새인 중의 보수적인 랍비 샴마이(Shammai)파는 간음한 일 외에는 이혼할 수가 없다고 했고, 진보적인 랍비 힐렐(Hillel)파는 일상생활의 사소한 일도 이혼의 사유로 삼았습니다. 다시 말하면 다른 여자보다 못생겼다거나 말이 많다거나 밥을 태우거나 심지어 자기 마음에 안 든다는 등 갖가지 이유를 내세워 아내들을 버렸습니다.

그러자 예수님께서는 그때 수없이 가정에서 쫓겨나서 불행과 고통 가운데 살아가는 아내들을 보호하기 위하여 누구든지 음행한 이유 없이 아내를 버리면 그녀를 '간음의 희생자'(the victim of adultery)로 만들고, 또 누구든지 버림받은 여자에게 장가드는 자도 간음을 범한 것이라고 경고하셨던 것입니다. 예수님께서는 이처럼 이혼을 함부로 하는 타락한 세대를 책망하고 바로 세우고자 하셨습니다.

그런데 요즘 우리 사회는 말세 마지막 때를 맞이해서 '가정의 위기'의 시대를 살아가고 있습니다. 그러니까 '신혼 이혼'뿐만 아니라 '황혼 이혼'까지 급증하고 있고, '졸혼'이라는 신조어까지 나올 정도입니다. 더구나 IMF 이후로 경제적으로 어려워질 때 이혼이 급증한 적이 있었는데 코로나19로 IMF 때보다 비교할 수 없을 정도로 경제적으로 더 어려워지니까 가정의 갖가지 불행과 고통이 더욱 극심해져 가고 있습니다. 그래서 이제는 이혼이 하나의 유행병처럼 우리 사회에 너무도 급속도로 퍼져 나가고 있는 불행한 현실입니다.

물론 들어보면 이혼할 만한 사정들이야 다들 있습니다. 그러나 우리의 결혼의 가장 근본적인 문제는 독일의 문호 괴테(Johann Wolfgang von Goethe)가 지적했듯이 우리의 결혼의 첫 단추가 잘못 끼워진 데서부터 시작됩니다. 다시 말하면 그 사람의 신앙이나 인간됨이나 가능성보다는 가문, 외모, 학력, 경제력 등 외적인 조건만 우선시하고, 결혼 전의 달콤한 속삭임이나 속임수에 넘어가서 평생을 불행과 고통 가운데 살아가는 사람들이 얼마나 많습니까?

지난 주간 한 누리꾼이 "주작 같은 파혼설"이라는 제목의 게시물을 인터넷 자유게시판에 올렸습니다. "신랑 어머니의 그 행동 때문에 내 친구가 결혼식 도중에 파혼했습니다"라는 내용으로 인터넷에 큰 화제를 모은 파혼 이야기로, 한 여성이 친구인 신부의 결혼식을 축하하려고 갔다가 직접 본 믿기지 않은 일화를 소개했습니다.

> 내 친구는 부모님 건물에서 공예 작품을 만드는 공방을 운영하던 친구였는데 수강생으로 만난 중학교 교사랑 결혼식을 올렸습니다.
> 이 친구가 외동딸인 데다 부모님 두 분 다 사업하시는 분들이라 집안이 넉넉한데 시부모가 신부의 직업이 공방 주인이라는 게 마음에 안 들었나 봅니다.
> 신랑, 신부가 부모님께 쓴 편지를 읽고 나서 부모님들이 편지를 읽는데 시어머니 될 분이 읽는 편지에 예식장 분위기 장난 아니게 싸해졌어요.
> 다는 기억이 안 나는데 "변변찮은 직업도 없는 널 교사인 내 아들이 원해 이 결혼을 승낙하는 거니까 남편이 하는 말에 무조건 '네~' 하고 남편을 부모처럼, 하늘처럼 섬기며 살았으면 좋겠다"는 내용이었어요.
> 그다음엔 친구 어머니가 편지를 낭독해야 했는데 신부 어머니가 마이크를 잡고 "부족하지 않게 키운 딸이지만 부족하다 하시니 조금 더 가르쳐서 보내야겠다"며 "이 결혼은 없던 걸로 하자"고 파혼을 선언하고요, 친구 아버지는 친구 손 잡고 나오시고, 어머니는 "축의금 봉투 찾아가시고, 귀한 시간 내주셨으니 오신 분들 식사 꼭 하고 가시라"고 고상하게 말씀

하셨고요.

신부 측 손님들이 예식장 빠져나가면서 욕 한마디씩 하고 나가고, 신랑 쪽도 친척들하고 사이가 별로였는지 하객들이 쌍욕을 하고 나갔어요.

신부를 쫓아간 신랑이 무슨 소리를 듣고 온 건지 울고불고 난리가 났는데 끝까지 자기가 무슨 잘못을 했는지 이해를 못 하던 신랑 어머니는 신부 짐 챙기느라 마지막까지 남아 있던 신부 친구들한테 화풀이를 하였다고 해요.

그러니까 울던 신랑이 "걔가 얼마나 좋은 사람인지 아냐?"며 화를 냈어요. 자기는 돈으로 따지고 학력으로 따져도 걔 발끝에도 못 미친다며 울었는데 신랑 어머니는 "더 좋은 여자 얼마든지 만날 수 있다"며 소리를 질렀어요.

내 친구 얼마 전 다른 사람이랑 결혼했는데 시부모님이 참 좋은 분들이라고 해요. 식장에서 결혼식 도중 파혼한 거 다 아시는데도 너무 잘 해주셔서 행복하다고 해요.

별의별 결혼식을 다녀봤지만 그녀의 결혼식이 최고였다는 것입니다.

여러분, 세상에 아무리 화려한 조건을 갖춰도 부족한 종이 결혼식 주례 때마다 늘 강조합니다만 믿음과 소망과 사랑이 없으면 진정으로 행복할 수가 없습니다. 저렇게 살기도 전부터 파혼할 정도이니 결혼한 다음에는 얼마나 이혼할 일들이 많이 생기겠습니까? 그래도 우리가 이혼이나 졸혼을 안 하고 참고 사는 것은 말라기 2장 16절에 "이스라엘의 하나님 여호와가 이르노니 나는 이혼하는 것과 옷으로 학대를 가리는 자를 미워하노라 만군의 여호와의 말이니라 그러므로 너희 심령을 삼가 지켜 거짓을 행하지 말지니라"고 권면하시기 때문입니다.

우리 가운데에는 평생을 불행과 고통 가운데 피눈물을 흘리며 살아가는 성도들이 얼마나 많이 있습니까? 그런데 성경은 배우자가 불신자일 때 이혼의 사유가 된다고 말씀합니다(고전 7:15). 예수님께서는 배우자가 외도를 한다면 이혼의 사유가 됨을 밝히고 계십니다(마 19:9). 더구나 경제적으로도 무능력하고 가정을 돌보지 않고 유기를 하고 폭력까지 행한다면 하나님께서 다 심판하실 일이지만 그런 인간하고 어떻게 살겠습니까? 그럼에도 불구하고 대부분의 여집사님들이나 권사님들이 주님만 바라보면서 하나님의 말씀을 붙잡고 눈물로 기도하면서 "우리가 살면 얼마나 더 살겠소? 참고 산 김에 조금만 더 참고 삽시다" 하고 호소하면서 끝까지 인내하며 이겨내고 있습니다. 그리할 때 결국에는 고린도전서 7장 14절에 나오는 "믿지 아니하는 남편이 아내로 말미암아 거룩하게 되고 믿지 아니하는 아내가 남편으로 말미암아 거룩하게 되나니 그렇지 아니하면 너희 자녀도 깨끗하지 못하니라 그러나 이제 거룩하니라"는 약속의 말씀대로 놀라운 주님의 은혜와 축복과 행복의 승리를 거두는 가정들이 모두 다 될 것입니다.

지난 주간 인터넷에 "신혼 시절의 추억"이라는 재미있는 글이 올라와 있었습니다. 할아버지가 막 잠이 들려는데 신혼 시절의 추억에 빠진 할머니가 넋두리처럼 말했습니다. "영감, 우리 신혼 시절이 참 좋았당게! 아, 그때는 농사일 마치고 잠 좀 잘라고 하면 영감이 내 손을 꼬옥 잡아 줌서 '그냥 잘겨? 아따 밤이 길당게' 함서 날 그렇게도 밤새도록 못 살게 허더만! 늙은게 에이 낙이 없당게! 낙이…!" 그러자 마음 약한 할아버지가 정말 마음이 내키지 않았지만 손을 빼서 잠시 할머니 손을 잡아 주는 시늉만 하고 다시 잠을 청했는데 또 몇 분이 지나자 할머니가 말했습니다. "아 그때는 손을 잡음서 먼 주둥아리에 꿀을 발라놨는가 엄청 쪽쪽쪽 뽀뽀도 잘 해주더마잉? 에이 늙은게 낙이 없당게! 낙이…!" 그 말을 듣자 할아버지가 짜증이 났지만 할 수 없이 할머니 볼에 아주 짧게 뽀뽀를 해주었습니다. "워뗘? 된겨? 아따 가죽이 거칠구먼!" 그리고는 할아버지가 또 잠이 들려고 하는데 할머니가 또 궁시렁댔습니다. "아, 그때는 뭘 혀도 잘근잘근 잘도 씹더만 이제 나이든게 낙이 없어! 낙이 한 개도 없당게…!" 그러자 할아버지가 이번엔 엄청 화가 나서 이불을 걷어차며 자리에서 벌떡 일어나자 할머니가 "아니, 영감? 갑자기 자다 말고 워디 가는겨?" 하니까 한참을 째려보던 할아버지가 그러더랍니다. "틀니 끼러 가는겨!"

여러분, 100% 내 마음에 드는 사람이 세상 어디에 있습니까? 나 자신도 그렇지 못하고, 내가 낳은 자식도 내 마음에 안 들 때가 있을 뿐만 아니라 이 지구상에 내 마음에 꼭 드는 사람은 존재하지 않습니다. 그러므로 내 마음에 다 만족하지 못해도 사랑으로 포용하고 인내하면서 알콩달콩 살다 보면 결혼한 지 10년, 20년, 30년, 40년, 50년이 금방 지나가고, 우리 인생도 종말이 점점 가까이 다가오게 됩니다. 그런데도 우리는 이 짧은 인생 가운데 우리 가정의 삶이 너무도 불행하고 고통스러우니까 남은 생애라도 자신이 꿈꾸는 육신의 행복을 좇아 나아가고 싶은 강렬한 충동을 느낄 때가 얼마나 많습니까?

그래서 미국 클린턴 대통령의 영부인이었고 상원의원, 국무장관, 대통령 후보로까지 나섰던 힐러리 클린턴(Hillary Rodham Clinton) 여사가 그녀의 회고록 《살아 있는 역사》(Living History)에서 이런 이야기를 했습니다. 그녀는 예일 대 로스쿨 재학 시절 클린턴 대통령의 세 번에 걸친 청혼 끝에 결혼을 승낙해서 45년 전인 1975년 남편의 고향인 아칸소 주에서 결혼식을 했습니다. 그런데 1992년 클린턴 대통령이 아칸소 주지사로 재직 당시 나이트클럽 가수인 제니퍼 플라워스와 12년 동안 불륜의 관계를 맺었다는 주장이 나와 한 번의 큰 위기를 겪었습니다. 그리고 대통령 재직 시절 1995년부터 97년까지 2년간 백악관 인턴 모니카 르윈스키 등과 부적절한 관계를 맺었다는 스캔들이 터져서 탄핵의 위기에 직면하기도 했습니다. 그런데 힐러리 여사는 자신의 회고록에서 남편의 끊임없는 외도에도 이혼하지 않은 이유로 "부부라는 관계를 유지할 수 있을지, 아니 유지해야 할지가 불확실한 때가 있었는데 그런 날엔 가장 중요하게 여기는 질문을 자신에게 했다. '아직도 그를 사랑하는가?' 이에 대한 답은 늘 긍정이었다"라고 썼습니다. 그래서 지금까지 인내하며 가정을 지키며 살아올 수 있었다는 것입니다.

우리도 지금은 마음이 너무도 아프고 눈물만 나고 앞이 캄캄해도 말로 다할 수 없는 이혼의 절체절명의 위기 속에서도 끝까지 십자가의 주님만 바라보고 끝까지 인내해야 합니다. 그리할 때 우리는 결단코 이혼을 함부로 하지 않고, 우리의 여생이 진정으로 주님 안에서 행복하고 복되고 크게 영광 돌리는 해피엔딩(Happy Ending)을 꼭 맞이하게 될 줄 확실히 믿으시기 바랍니다.

캐나다 퀘벡 출신의 배우이며 전 세계를 사로잡았던 세계 최고의 3대 디바(Diva) 중 한 명인 셀린 디온(Celine Dion)이라는 세계적인 가수가 있습니다. 그런데 그녀의 화려한 성공 뒤에는 비극적 운명을 이겨낸 사랑의 위대한 힘이 있었습니다.

그녀의 남편 르네 앙젤릴(Rene Angelil)은 시리아인 부친과 캐나다인 모친 사이에서 몬트리올에서 태어나서 1972년까지 그룹 가수 활동을 하다가 퀘벡에서 가수들의 매니저 일을 하기 시작했습니다. 그런데 그가 젊은 날 육신적으로 화려하게 결혼해서 행복을 찾았지만 세상 가운데서는 결코 행복을 누릴 수가 없었습니다. 그래서 결국 첫 번째 결혼에 실패하고 불행의 큰 상처를 받고 고통의 눈물을 흘리며 혼자 외롭게 살아가고 있었습니다. 그러던 1980년 어느 날, 셀린 디온이 열두 살 때 그녀의 어머니가 우편으로 보낸 노래 테이프를 듣고 그녀를 스카웃해서 매니저가 되었고, 두 사람은 의기투합하여 15년 동안 피눈물 나는 훈련 끝에 수많은 감동적인 노래들로 전 세계 음악 팬들의 마음을 사로잡았습니다.

이렇게 함께 음악의 길을 가는 가운데 결국 두 사람의 운명적인 만남은 사랑으로 변해서 53세의 르네 앙젤릴과 27세의 셀린 디온은 26살의 나이차를 극복하고 1995년 몬트리올 노트르담 교회에서 행복한 결혼식을 올리고 주님 안에서 새로운 행복의 꿈을 꾸기 시작합니다. 그들은 다른 가수들과는 달리 세계 어디로 순회공연을 가든지 항상 함께하는 사랑의 모습을 보임으로 그들이 노래한 내용을 전 세계 팬들에게 몸소 보여주면서 큰 감동을 안겨 주었습니다. 그리하여 “The Power of Love”, “Because You Loved Me”, 그리고 “My Heart Will Go On”(영화 “타이타닉” 주제곡) 등 한 번쯤은 다 들어보았을 그녀의 사랑의 노래들이 세계적으로 큰 히트를 하게 됩니다. 그래서 현재까지 2억 장이 훨씬 넘는 레코드 판매와 전 세계 공연을 통해 2조 원에 이르는 매출을 기록하여 가장 높은 수익률을 거둔 아티스트로 인정을 받고 세계적인 팝가수로서 큰 성공을 거두게 되었습니다.

이러한 성공 가운데 시험이 찾아와서 남편 앙젤릴이 잠시 신앙을 떠나 세상의 도박에 빠졌지만 헌신적인 아내의 사랑으로 결국 회복이 되고 삼 남매를 기르며 행복의 절정에 이르렀습니다. 그러나 그들의 행복이 그렇게 길지만은 않아서 생각지도 못했던 큰 불행이 닥쳐옵니다. 남편 앙젤릴이 2013년 후두암에 걸려 고통스런 투병생활을 시작하게 되었고, 후두암 수술을 받았지만 2년 뒤 2015년 생존할 수 있는 시간이 몇 달밖에 남지 않았다는 시한부 선고를 받게 됩니다. 아내 디온은 지난날 무명 시절 그 가난하고 어려웠던 자신을 받아주고 일생을 다 쏟아서 성공의 뒷바라지를 해준 남편의 사랑을 결코 잊을 수가 없었습니다. 그래서 자신이 계속해서 유명세를 타고 수많은 돈과 명예를 거머쥘 수 있는 스케줄까지 다 포기하고 가수활동을 무기한 중단하고 남편의 곁을 지키며 마지막 순간까지 사랑의 정성을 다 쏟아 남편의 병간호에만 매진하며 남편의 기적적인 회복을 위해 간절히 기도했습니다. 그러나 사랑하는 남편 앙젤릴은 1년 뒤인 2016년 사랑하는 아내 디온의 품에 안겨 행복하게 하늘나라로 떠나갔습니다.

사랑하는 남편은 더 이상 이 땅 위에 존재하지 않지만 디온은 홀로 남아 그토록 사랑했던 남편의 헌신적인 사랑을 결코 잊지 못했습니다. 그래서 50대 초반의 젊은 나이에 세상의 갖가지 유혹 속에서도 지난날의 그 행복했던 사랑을 추억하면서 죽음이 그들을 갈라놓았을지라도 그들의 사랑만큼은 갈라놓을 수 없었기에 지금도 그들의 일생을 담은 것과 같은 영화 "타이타닉"의 주제곡이었던 "My Heart Will Go On"(나의 마음은 계속될 거예요)을 노래하고 있습니다.

Every night in my dreams
매일 밤 내 꿈속에서

I see you. I feel you.

당신을 보고 느껴요

That is how I know you go on.

내가 당신을 계속 기억하는 방법인 거죠

Far across the distance

우리 둘 사이가 멀고

And spaces between us

거리가 있더라도

You have come to show you go on

계속해서 와 줘요

Near, far, wherever you are

가깝든 멀든 당신이 있는 곳에

I believe that the heart does go on

내 마음도 같이 계속해서 있을 거예요

Once more you open the door

다시 한 번 더 문을 열면

And you're here in my heart

당신은 내 마음속에 있어요

and my heart will go on and on

그리고 나의 마음은 계속될 거예요

Love can touch us one time

사랑은 한 번에 우리에게 와서

And last for a lifetime

영원히 지속될 거예요

And never let go till we're gone

그리고 절대 떠나지 않아요
Love was when I loved you
사랑은 내가 당신을 사랑했을 때부터였어요
One true time I hold you
내가 당신을 잡았을 때 말이에요
In my life we'll always go on
내 인생에서 우린 평생 함께해요
Near, far, wherever you are
가깝든 멀든 당신이 있는 곳에
I believe that the heart does go on
내 마음도 같이 계속해서 있을 거예요
Once more you open the door
다시 한 번 더 문을 열면
And you're here in my heart
당신은 내 마음속에 있어요
and my heart will go on and on
그리고 나의 마음은 계속될 거예요
You're here, there's nothing I fear,
당신이 여기에만 있어 준다면 난 두려울 게 없어요
And I know that my heart will go on
그리고 난 내 마음이 영원할 것이란 걸 알아요
We'll stay forever this way
우린 영원히 함께할 거예요
You are safe in my heart
당신은 내 마음속에 계속 있을 거고

and my heart will go on and on

내 마음은 계속 계속될 거예요

사랑하는 성도 여러분, 우리의 인생이 얼마나 빨리 지나갑니까? 우리가 사랑하며 행복하게 살아도 너무 짧은 인생입니다. 그런데 우리는 잠시 잠깐 사는 너무도 짧은 인생 가운데에도 그 영원한 행복을 다 잃어버리고 살아가다가 뒤늦게 가슴을 치며 후회할 때가 얼마나 많습니까? 우리의 얼마 남지 않은 짧은 여생이라도 이제는 성령충만함으로 마음으로라도 음욕을 품지 말고, 음란한 것은 철저히 피하고 끊어 버리고, 주님만 바라보며 끝까지 인내하며 이혼을 함부로 하지 않고 살아가야 합니다. 그리할 때 우리는 더 이상 세상과 더불어 간음하지 않고, 그리함으로 우리 주님께서는 기필코 우리에게 천국과 같이 행복한 가정을 회복시켜 주시고, 자손 대대로 천국의 축복과 행복의 감격이 넘치는 복된 여생으로 영광 돌리게 하실 될 줄 확실히 믿습니다.

다 함께 결단의 찬송으로 "영원한 사랑"을 함께 부르며 믿음으로 결단하도록 하겠습니다.

눈으로 사랑을 그리지 말아요

입술로 사랑을 말하지 말아요

영원한 사랑을 바라는 사람은

사랑의 진리를 알지요

참사랑은 가난함도 부요함도 없어요

괴로움도 즐거움도 주와 함께 나눠요

나의 가장 귀한 것 그것을 주는 거예요

우리 가정의 주인이 되시는 하나님 아버지, 모두 다 천국과 같이 행복하고 축복되게 살기를 원하셨지만 저희의 죄악으로 인해 불행과 고통 가운데 살 때가 얼마나 많았습니까? 이제 여생이라도 성령 충만함으로 마음으로라도 음욕을 품지 말게 하여 주시옵소서! 음란한 것은 철저히 피하고 끊어 버리게 하여 주시옵소서! 주님만 바라보며 끝까지 인내함으로 이혼을 함부로 하지 않게 하여 주시옵소서! 그리하여 더 이상 세상과 간음하지 않고 언젠가는 천국과 같이 행복한 가정을 다 회복시켜 주셔서 자손 대대로 천국의 축복과 행복의 감격에 살게 하여 주실 줄 믿사옵고, 예수님의 이름으로 간절히 축복하며 기도하옵나이다. 아멘!

도둑질하지 말라

출애굽기 20:15

우리가 말세 마지막 때 어떻게 살아야 할 것인가를 위해 십계명의 말씀을 계속해서 나누고 있습니다. 사람들에 대해서 어떻게 살아갈 것인가에 대해 제5계명은 부모 존중, 제6계명은 생명 존중, 제7계명은 가정 존중, 제8계명은 물질 존중에 대해서 말씀하시는데 제8계명인 출애굽기 20장 15절 말씀을 다 함께 읽겠습니다.

"도둑질하지 말라"(출 20:15).

여기 '도둑질한다'는 단어가 히브리어로 'גָּנַב'(가나브)란 단어로 기록되어 있습니다. 그 단어의 뜻은 '몰래 가져가다'(신 24:7), '속이다'(창 31:27)는 다양한 뜻을 가지고 있는데 한마디로 말하면 어떻게 해서든지 남에게 손해를 끼치는 일을 해서는 안 된다는 의미입니다. 그렇다면 우리가 어떻게 도둑질하지 않고 살 수 있는가, 구약성경의 십계명을 신약성경의 복음으로 재해석해 주시는 말씀 가운데 이 시간도 들려주시는 하나님의 음성을 다 함께 들을 수 있길 바랍니다.

하나님의 것부터 도둑질하지 말아야 함

먼저 말라기 3장 8절 말씀을 다 함께 읽겠습니다.

> "사람이 어찌 하나님의 것을 도둑질하겠느냐 그러나 너희는 나의 것을 도둑질하고도 말하기를 우리가 어떻게 주의 것을 도둑질하였나이까 하는도다 이는 곧 십일조와 봉헌물이라"(말 3:8).

우리가 하나님의 것을 도둑질하고도 "우리가 어떻게 주님의 것을 도둑질하였나이까?" 한다고 한 절에 세 번씩이나 하나님의 것을 도둑질한 것을 경고하셨습니다. 그러나 우리가 하나님의 것을 도둑질한 것은 다름 아닌 십일조와 헌금으로, 우리가 하나님의 것을 도둑질함으로 저주를 받아서 결국 하나님의 복을 다 잃어버렸다고 무섭게 경고하고 있습니다. 그래서 우리가 하나님의 것을 도둑질하다가 갖가지 일이 터져서 돈이 새어 나가고, 병원에다 갖다 바치고, 세무서에다 갖다 바치고, 법원에다 갖다 바치고, 심지어는 자식들에게다 빠져나가 버립니다. 그래서 돈은 돈대로 들고 고통은 고통대로 당하니 이보다 불행한 일이 어디에 있습니까?

여러분, 온 세상을 창조하시고, 주관하시고, 소유하고 계시는 하나님 아버지께서 돈이 없으셔서 우리의 십일조와 헌금을 요구하시겠습니까? 우리가 하나님의 것을 더 이상 도둑질하지 않고 온전한 십일조와 헌금을 드림으로 인해서 그 십일조 헌금으로 주님의 일도 힘

있게 이루어 나가시지만 무엇보다 하나님께서 우리에게 복을 주시기 위해서입니다.

그래서 말라기 3장 10절에 계속해서 이 하나님의 엄청난 축복을 약속하십니다. "만군의 여호와가 이르노라 너희의 온전한 십일조를 창고에 들여 나의 집에 양식이 있게 하고 그것으로 나를 시험하여 내가 하늘 문을 열고 너희에게 복을 쌓을 곳이 없도록 붓지 아니하나 보라"고 말씀하십니다.

여러분, 구약성경에서 하나님께서 말씀하시는 것을 강조하실 때에 "나는 너희에게 이르노니"라고 말씀하시고, 더욱 강조하실 때는 "나 여호와는 너희에게 이르노니"라고 말씀하십니다. 그런데 가장 강조하실 때는 "만군의 여호와가 이르노라"고 말씀하십니다. 그래서 구약성경의 마지막 책인 말라기에서는 더욱 간절한 심정으로 "만군의 여호와가 이르노라"는 말씀을 열아홉 번이나 반복하여 강조하면서 우리를 일깨워 주시려 하셨던 것입니다.

우리가 아무리 애쓰고 수고해도 하나님께서 복을 주시지 않으면 복되게 살 수 없습니다. 그렇기 때문에 지금까지 우리가 그동안 하나님의 진정한 복을 누리지 못하고 살아왔다면 이제부터라도 하나님 앞에 온전한 십일조를 드려서 성경에서 유일하게 "하나님을 시험해 보라"고 하신 말씀이 여기에 나와 있는 것처럼 하나님을 시험해 보시기 바랍니다. 우리가 온전한 십일조를 드리는 그 순간부터 하나님께서는 하늘 문을 여시고 우리에게 복을 쌓을 곳이 없도록 부어 주실 줄 분명히 믿으시기 바랍니다.

그런데 여호와의 증인과 같은 이단들이나 성경에 대해 무지한 자들은 십일조 헌금은 구약의 율법이니까 지금은 안 지켜도 된다고 합니다. 여러분, 우리가 구원받기 위해서 율법을 지키는 것은 아니지만 구원받은 하나님의 자녀가 되었기 때문에 하나님의 말씀인 율법을 지키는 것은 너무도 당연한 일입니다. 그런데 십일조는 이미 율법 이전, 적어도 율법이 주어지기 600여 년 전에 믿음의 조상 아브라함이 예수님을 상징하는 의의 왕 멜기세덱에게 첫 번째 십일조 헌금을 바친 데서부터 시작되었습니다. 그 후 믿음의 조상들인 이삭, 야곱, 모세, 사무엘, 히스기야, 느헤미야, 아모스, 말라기 등 구약성경을 통해 신약시대에 이르기까지 계속되어 왔습니다.

우리의 가장 심각한 문제는 십일조를 바친다고 하면서 수입이 적을 때는 온전한 십일조를 곧잘 드리다가도 아파트나 건물을 팔거나 퇴직금이나 큰 목돈이 생겼을 때는 거의 다 하나님의 것을 도둑질하고 마는 것입니다. 그래 놓고도 겉으로 신앙생활을 잘하는 것처럼 큰소리를 치는 사람은 다 현대판 서기관들과 바리새인들입니다. 그래서 마태복음 23장에서 예수님께서 이러한 외식하는 자들을 향해 "화 있을진저 외식하는 서기관들과 바리새인들이여" 하고 일곱 번이나 경고하시면서 "맹인 된 인도자여 하루살이는 걸러내고 낙타는 삼키는도다"(마 23:24)라고 책망하셨습니다.

그리고 결론적으로 마태복음 23장 23절에 "화 있을진저 외식하는 서기관들과 바리새인들이여 너희가 박하와 회향과 근채의 십일조는 드리되 율법의 더 중한 바 정의와 긍휼과 믿음은 버렸도다 그러나 이것도 행하고 저것도 버리지 말아야 할지니라"고 명령하셨습니다. 다시 말하면, 이것(the latter, 후자)도 행하라는 것은 후자에 나오는 율법의 더 중한 바 정의와 긍휼과 믿음으로 행하지만 저것(the former, 전자)도 버리지 말라고 하신 것은 전자에 나오는 박하와 회향과 근채의 십일조도 버리지 말고 온전한 십일조를 드리라고 예수님께서도 강조하신 것입니다.

주님께서 "…두 주인을 섬길 수 없나니…너희는 하나님과 재물을 겸하여 섬길 수 없느니라"(눅 16:13)고 분명히 경고하셨듯이, 우리가 이 땅 위에 살면 얼마나 산다고 '맘몬'(Mammon)이란 물질의 신을 섬기며 하나님의 것을 도둑질해 가면서 부자가 될 수 있을 것 같습니까? 더욱이 그렇게 하나님의 것을 도둑질해 가면서 인간적인 수단과 방법을 가리지 않고 살아서 부자가 된들 무슨 의미가 있겠습니까? 결국에는 다 하나님의 심판 받을 일들이 아닙니까? 그러한 여생도, 자손도 결코 하나님의 온전하신 복을 누릴 수가 없습니다.

'Jesus to The World Mission'(세계 선교에 이르는 예수님)이란 선교회의 대표로서 성령사역을 펼치고 있는 독일의 복음전도자인 안드리아스 휴브너(Andreas Huebner)가 쓴 《기독교인이 부자 되는 비결》(Prosperity, God's Will for Your Life)이란 책에 이런 내용이 나옵니다. 가난이 사탄의 선물이라면 부요는 하나님의 선물이라고 하면서, 하나님께서 복을 주시지 않아서 우리가 못 받는 것이 아니고 우리가 복을 받을 그릇을 준비하지 못함으로 인해서 하나님의 복을 온전히 누리지 못하는데 성경이 바로 그 축복에 대한 보증서라는 것입니다.

우리가 하나님의 선교를 위해서 이 축복의 부요를 누려야 하기 때문에 안드리아스 휴브너 선교사님은 성경에 근거해서 확신을 가지고 복음적이고 강력하고 직설적으로 우리가 부자가 되는 방법을 제시하고 있습니다. 그것은 가장 먼저 우리가 하나님의 살아 계심을 확실히 믿고, 그분만 경외하고, 하나님의 말씀을 묵상하고 그대로 지켜 나가고, 믿음으로 하나님의 축복을 간절히 간구하면서 온전한 십일조부터 철저히 시작하고, 삶의 순간마다 나누고 베푸는 삶을 살아가면서, 하나님의 축복이 지연되더라도 결단코 하나님의 축복을 포기하지 말라고 합니다. 그리할 때 누가복음 6장 38절의 말씀처럼

"주라 그리하면 너희에게 줄 것이니 곧 후히 되어 누르고 흔들어 넘치도록 하여 너희에게 안겨 주리라 너희가 헤아리는 그 헤아림으로 너희도 헤아림을 도로 받을 것이니라"는 하나님의 기적적인 축복이 그대로 이루어진다는 것입니다.

그러므로 이제라도 더 이상 하나님의 것을 도둑질함으로 하나님의 복을 잃어버리지 마시고, 하나님께서 분명히 살아 계시고 말씀이 약속대로 우리에게 복 주시는 이심을 확실히 믿는다면 지난날 하나님의 것을 도둑질했던 것부터 다 토해내고 온전한 십일조 생활부터 새롭게 시작해 나가시기 바랍니다. 그리할 때 하나님께서 하늘 문을 여시고 복을 쌓을 곳이 없도록 여러분의 여생과 자손들에게까지도 부어 주실 줄 확실히 믿습니다.

사람의 것을 도둑질해서는 안 됨

계속해서 출애굽기 22장 1, 4절 말씀을 다 함께 읽겠습니다.

> "사람이 소나 양을 도둑질하여 잡거나 팔면 그는 소 한 마리에 소 다섯 마리로 갚고 양 한 마리에 양 네 마리로 갚을지니라…도둑질한 것이 살아 그의 손에 있으면 소나 나귀나 양을 막론하고 갑절을 배상할지니라"(출 22:1, 4).

구약의 율법에서는 우리가 남의 물건을 도둑질해서 죽였거나 팔았으면 소는 5배, 양은 4배로 갚으라고 합니다. 그러나 도둑질한 것이 살아 있으면 2배로 배상하라고 엄격하게 명령하셨습니다.

그래서 누가복음 19장에서 여리고 세무서장이었던 삭개오가 예수님을 자신의 집에 영접한 후에 누가복음 19장 8절에서 뭐라고 합니까? "삭개오가 서서 주께 여짜오되 주여 보시옵소서 내 소유의 절반을 가난한 자들에게 주겠사오며 만일 누구의 것을 속여 빼앗은 일이 있으면 네 갑절이나 갚겠나이다"라고 합니다. 삭개오는 자기 재산의 절반을 가난한 사람들에게 나눠 주었을 뿐만 아니라 남의 것을 속여 빼앗은 일이 있으면 4배나 갚겠다고 했습니다. 한마디로 말하면 삭개오가 예수님을 영접하기 전에는 물질이 삶의 최우선이었지만 예수님을 모시고 나니까 물질이 더 이상 중요한 의미가 없었던 것입니다. 그리하였을 때 예수님께서 "오늘 구원이 이 집에 이르렀으니 이 사람도 아브라함의 자손임이로다"(눅 19:9)라고 칭찬하시면서 그가 비로소 하나님의 자녀 된 증거를 얻을 수 있었습니다.

우리도 믿음으로 구원받고 하나님의 자녀가 되었다면 이제는 하나님의 자녀가 된 삶의 증거를 보여주어야 할 때입니다. 그런데 우리는 어떠합니까?

지난 2020년 10월 7일 온라인 커뮤니티 '보배드림'에서는 "시계를 분실하였습니다"라는 제목의 글이 올라왔습니다. 해당 글에 따르면, 한 중년 신사가 최근 한 고속도로 휴게소에서 자신의 클러치 백을 화장실 선반 위에 두고 나왔다가 클러치 백을 두고 온 사실을 알게 되어 급히 다시 돌아가 가방을 찾았습니다. 그런데 클러치 백 안에 있던 지갑과 현금은 그래도 있었는데 시계만 사라졌습니다. 그는 "현재 경찰서에서 수사가 진행 중이며 롤렉스 서비스센터에 분실등록을 했다"고 하면서 "훔쳐 간 사람이 혹시나 내 글을 볼 수도 있을까 하는 마음에 커뮤니티에 글을 올리게 됐다"면서, "내게도 잃어버린 실수가 있으니 고소나 어떠한 책임도 묻지 않겠다"는 글을 올렸습니다.

그는 해당 글과 함께 도난당한 시계 사진을 함께 공개했는데 사진 속 시계는 롤렉스 요트마스터2 금장시계로서 현재 온라인 몰에서 4,600만 원에서 6천만 원에 판매되고 있는 제품이었습니다. 그러면서 그는 "저에겐 굉장히 소중한 시계이니 시계를 찾는 데 결정적인 제보를 해주시는 분께도 사례를 하겠다"고 하면서, 시계를 돌려주는 대가로 사례비 3천만 원을 제시했는데 해당 게시글을 접한 누리꾼들의 반응은 폭발적이었습니다. "도둑놈한테 사례비가 엄청나다", "원 가격의 반 이상을 주고서라도 찾고 싶다는 시계 사연이 궁금해진다", "뜻깊은 애장품인가 봄"이라는 등의 반응이 쏟아져 나왔고, 반면 일각에서는 "미끼 아니냐"라며 그의 사례금에 의문을 품는 목소리도 있었습니다.

이에 그는 높은 관심에 너무 감사드린다며 "사례비에 대해 저도 많이 고민하고 책정했다"라며, "장물로 넘기시는 위험 부담을 안고 정리하시는 것보단 저에게 돌려주시고 그 금액을 받아 가셨으면 좋겠다는 마음으로 3천만 원을 말씀드린 거다"라고 말해 다시 한 번 누리꾼들의 이목을 집중시켰습니다. 그러나 절도범은 끝까지 거절했는데 결국 경찰이 CCTV를 확인하고 용의자를 추적하던 끝에 훔쳐간 사람이 점점 몰리게 되자 지난 주간 자수를 해서 이제는 사례비 3천만 원도 못 받고 오히려 형사처벌의 위기에 빠졌다니 이 얼마나 어리석은 일입니까? 진작 돌려주었으면 형사처벌도 안 받고 오히려 3천만 원을 벌 수 있는 절호의 기회였는데 말입니다. 그런데 왜 저는 평생 고속도로 화장실에 가도 그런 가방을 못 보는지 모르겠습니다.

심지어 지난 주간 국회의 국방부 국정감사에서 드러났습니다만 한 군인 부인은 남편이 죽은 지 25년 10개월이 지났는데도 사망신고를 의도적으로 하지 않아서 3억 5,000여 만 원에 달하는 연금을 타

냈다는데 정부로부터 그토록 오랜 세월 국민이 피땀 흘려 낸 혈세를 도둑질한, 양심이 없는 간 큰 여자였습니다.

더욱 심한 경우는 남의 돈을 빌려 놓고 떼어먹는 일입니다. 이웃이나 교인들의 돈까지 떼어먹는 일들이 얼마나 많이 있습니까? 심지어 주의 종의 돈까지 떼어먹는 세상입니다. 부족한 종이 노량진교회에서 심방전도사를 하면서 한 푼이라도 모아서 유학을 준비하고 있었는데 한 권사님이 참으로 힘들다고 금방 갚겠다고 저의 집사람에게 사정을 해서 50만 원을 빌려갔습니다. 지금으로부터 30여 년 전이니까 적어도 지금의 500만 원에 해당하는 액수인데 저희가 떠나기 전까지 갚는다, 갚는다 하면서 갚지 않았습니다. 그래도 떠나는 주일에는 저희 앞에 나타나서 "미안하다"는 말이라도 할 줄 알았는데 그나마 끝까지 나타나지도 않았습니다. 저희는 유학을 가면서 노량진교회를 떠났는데 다 구제하고 용서했다고 생각하니까 지금은 괜찮습니다만 그렇게 주의 종의 돈을 떼어먹고 그 권사님이 하나님의 복을 누릴 수 있었겠습니까? 그 뒤로 그 권사님이 복 받았다는 소식을 듣지를 못했는데 세상에 주의 종이 무슨 돈이 있다고 벼룩의 간을 빼 먹는 일이지 그러면 되겠습니까? 그래가지고 어떻게 하나님의 복을 받을 수 있겠습니까?

그런데 참으로 감동적인 기사가 2013년 3월 19일 미국 뉴욕 데일리뉴스에 나왔습니다. 당시 미시간 서부지역 경찰서와 현지 방송국에 "Confidential"(기밀)이라는 타이틀로 편지가 전달되었는데 발신자의 이름과 주소는 적혀 있지 않았습니다. 편지 발신인은 "30년 전 마트에서 돈을 훔친 뒤 오랫동안 죄책감을 갖고 살아왔다"며, "당시 훔친 돈의 주인을 찾으면 그런 짓을 한 내가 바보였다고 말해 달라! 정말 죄송하다!"고 썼습니다. 도둑이 훔친 돈은 800달러였지만 이자를 쳐서 400달러를 더 넣어서 1,200달러를 보내온 것입니다.

경찰서에서는 30년 전 도둑을 맞은 마트 주인을 수소문했고, 당시 마트의 주인을 찾아냈는데 실제로 그는 1980년대 초 그가 운영하던 마트에서 돈을 도난당한 것으로 알려졌습니다. 물가 상승률을 감안해 피해액을 환산하면 현재 도둑이 갚아야 하는 돈은 800달러(약 96만 원)가 아닌 1,800달러(약 216만 원)여서 도둑이 보낸 돈과 이자는 원금을 갚기에는 모자라는 것으로 알려졌지만 경찰당국은 "편지와 함께 돈을 보낸 사람이 전문털이범은 아닌 것으로 보인다"면서, "사건에 대한 공소시효가 이미 지나 처벌은 불가능하다"고 밝히면서 "지난날의 잘못을 잊지 않고 갚으려는 마음에 감사하다"고 했습니다.

여러분, 30년이 지난 일이니까 그냥 지나칠 수가 있었겠지만 얼마나 신앙의 양심적이고 용기 있고 의리 있고 하나님의 말씀대로 순종하는 믿음의 사람입니까? 그러나 도둑질한 것을 갚아야 한다는 것을 잘 알면서도 결단하지 못하고 용기를 내지 못하고 평생을 도둑으로 살다가 인생을 끝낸 사람들이 얼마나 많습니까? 그러나 하나님께서는 우리가 남의 것을 도둑질한 것을 다 알고 계시기 때문에 우리가 돌이키지 않으면 그것이 하나님의 복을 가로막는 또 하나의 결정적인 축복의 장애물이 되어서 우리가 진정으로 하나님의 복을 온전히 누리지 못합니다.

그러므로 로마서 13장 8절에 "피차 사랑의 빚 외에는 아무에게든지 아무 빚도 지지 말라"고 강력하게 말씀합니다. 우리가 구제할 마음 없이 말씀대로 안 하고 돈을 빌려주었다가는 돈 잃고, 친구 잃고, 신앙까지 다 잃고 맙니다. 그러므로 이제라도 사람의 것을 도둑질한 것이 있었다면 이자를 계산해서라도 갚아야 하지만 정 어려우면 원금이라도 갚아 줄 수 있길 바랍니다. 그리할 때 하나님께서 다 기억하시고 우리의 여생과 자손들에게까지도 차고 넘치도록 갚아 주실 줄 확실히 믿습니다.

구제의 손길까지 펼쳐야 함

마지막으로 에베소서 4장 28절 말씀을 다 함께 읽겠습니다.

> "도둑질하는 자는 다시 도둑질하지 말고 돌이켜 가난한 자에게 구제할 수 있도록 자기 손으로 수고하여 선한 일을 하라"(엡 4:28).

우리가 주목해야 할 것은 구약의 율법은 "도둑질하지 말라"고 명령하십니다. "도둑질한 것을 갚으라"는 것이 소극적인 계명이라면 신약의 복음은 우리가 옛사람을 벗어버리고 새사람을 입었을 때 도둑질한 것을 돌이켜 가난한 자에게 구제의 손길을 펼침으로써 비로소 진정으로 도둑질하지 않는 것이라는 적극적인 계명을 강조하고 있습니다. 왜냐하면 우리는 어차피 빈손으로 왔다가 빈손으로 떠나가는 인생인데 지금까지 하나님 아버지께서 우리에게 얼마나 많은 사랑을 베풀어 주셨고, 얼마나 많은 은혜를 베풀어 주셨고, 얼마나 많은 축복을 베풀어 주셨고, 얼마나 많은 행복을 부어 주셨습니까?

그렇다면 우리가 복음의 빚진 자로서 사도행전 2장에 나오는 초대교회 성도들의 본을 받아야 합니다. 그들은 사도들의 가르침을 받아서 서로 사랑으로 교제하면서 성전에서나 집에서나 음식을 나누며 기쁨과 순전한 마음으로 떡을 떼었을 뿐만 아니라 심지어 모든 물건을 서로 통용하고 재산과 소유를 팔아 각 사람의 필요를 따라 나눠 주었습니다(행 2:42-46). 그러한 신앙의 아름다운 전통이 우리나라의 초대교회에서도 똑같은 일이 일어나서 평소에도 물질 아까워하지 않고 헌금하고 구제하였을 뿐만 아니라 성전을 지을 때는 다 논 팔고 밭 팔고 집까지 팔아서 지었습니다.

그런데 요즘은 어떠합니까? 옛날 우리 어렸을 때에 비하면 하나님의 축복으로 엄청나게 잘 먹고 잘살고 더욱이 목사, 장로, 권사, 집사까지 되었다고 하면서도 하나님께 헌금하는 것이나 구제하는 데는 얼마나 인색합니까? 없어서 못 바치는 것은 주님도 다 이해하십니다. 그런데 하나님께서 바치고 나누고 베풀며 살라고 그 많은 복을 주셨는데 자신과 자손들을 위해서만 다 쓰고 '주님께서 쓰시겠다!'고 요청하시는데도 다 거절해 버립니다. 여러분, 거기서 하나님의 복은 멈추고 마는 것입니다. 더구나 그렇게 쌓아놓고 하나도 못 쓰고 있다가 갑자기 세상 떠나버리면 여러분의 가족이나 교인들이 여러분을 어떻게 기억하겠습니까? 사랑으로 바치고 베풀고 섬기다가 떠나간 헌신의 사람으로 기억할까요, 아니면 돈만 벌고 모으고 쌓아놓고 살다가 한 푼도 제대로 못 쓰고 떠나갔다고 할까요? 많은 돈이 더 이상 하나님의 축복이 아니라 하나님의 심판의 올무와 덫이 되고 맙니다.

더 나아가 머지않아 하나님의 심판대 앞에 섰을 때 "악하고 게으른 종아 나는 심지 않은 데서 거두고 헤치지(흩지) 않은 데서 모으는 줄로 네가 알았느냐…이 무익한 종을 바깥 어두운 데로 내쫓으라 거기서 슬피 울며 이를 갈리라"(마 25:26, 30)고 심판하실 때 어떻게 되겠습니까? 하나님께서 우리를 축복하신 뜻을 깨닫지 못하고 하나님의 은혜를 잊어버리고 하나님의 사명을 감당하지 못한 어리석은 부자들은 머지않아 어느 날 갑자기 세상 떠났을 때 성경에 나와 있는 이러한 경고가 그대로 그들 앞에 펼쳐질 것입니다.

우리는 지금 IMF 때보다 비교할 수 없이 더 어렵다는 코로나19의 위기의 때를 살아가고 있습니다. 우리 교인들이 장사가 1/10도 안 되고, 일거리가 없고, 실직까지 당하는 이들이 얼마나 많습니까? 그래서 당장 끼니 걱정을 하고, 먹고 살아갈 앞날이 캄캄하고, 죽고 싶은 심정까지 든다고 합니다. 오죽하면 요즘 조회수 800만 회 가까이 유튜브 한국 인기 뮤직비디오 1위를 차지하며 국민들의 최고의 인기를 구가하고 있는 트로트 황제 나훈아 씨의 "테스형"이라는 노래까지 나왔겠습니까? 저는 처음에는 왜 한국 사람 이름이 아니고 하필이면 "아! 테스형, 아! 테스형"인가 했는데 알고 보니까 그 테스형이 그리스 철학자 소크라테스를 보고 테스형이라고 한 것이라도 합니다. 그 가사 내용을 보면 오늘의 코로나19의 각박한 현실을 너무도 가슴속 깊이 느낄 수 있습니다.

> 어쩌다가 한바탕 턱 빠지게 웃는다
> 그리고는 아픔을 그 웃음에 묻는다
> 그저 와준 오늘이 고맙기는 하여도
> 죽어도 오고 마는 또 내일이 두렵다
> 아! 테스형 세상이 왜 이래 왜 이렇게 힘들어
> 아! 테스형 소크라테스형 사랑은 또 왜 이래
> 너 자신을 알라며 툭 내뱉고 간 말을
> 내가 어찌 알겠소 모르겠소 테스형
> 울 아버지 산소에 제비꽃이 피었다
> 들국화도 수줍어 샛노랗게 웃는다
> 그저 피는 꽃들이 예쁘기는 하여도

자주 오지 못하는 날 꾸짖는 것만 같다
아 테스형 아프다 세상이 눈물 많은 나에게
아 테스형 소크라테스형 세월은 또 왜 저래
먼저 가본 저 세상 어떤가요 테스형
가보니까 천국은 있던가요 테스형
아 테스형 아 테스형 아 테스형 아 테스형
아 테스형 아 테스형 아 테스형 아 테스형

그런데 우리가 가난과 굶주림에 시달리고 있는 형제나 이웃의 아픔을 무관심하게 지나치고 외면하고 아무런 도움도 주지 않는다면 우리가 어떻게 하나님의 사랑을 체험한 자라고 할 수 있고, 형제의 사랑을 가진 자라고 할 수 있고, 감히 하나님의 자녀라고 할 수 있겠습니까? 마태복음 19장에 나오는 부자 청년 관리가 "무슨 선한 일을 하여야 영생을 얻으리이까?" 하고 예수님께 물으니까 "네가 영생에 들어가려면 계명들을 지키라"고 하시니까 자신은 십계명을 다 지켰다고 큰소리를 칩니다. 그러자 예수님께서 한 가지 부족한 것이 있다고 하시면서 "네 소유를 팔아 가난한 자들에게 나눠 주라"고 하실 때에 자신이 재물이 많으므로 근심하며 돌아간 부자 청년과 우리가 다를 바가 뭐가 있겠습니까?

그래서 매일 새벽마다 코로나19로 고통당하는 사랑하는 양 떼들을 위해서 간절히 기도하는 가운데 요한복음 6장에 나오는 벳새다 광야에서 예수님께서 말씀을 전하시다가 해가 저물어서 양식을 구할 수가 없어 모두 다 굶주리고 있을 때가 떠올랐습니다.

예수님의 제자인 빌립은 "이 수많은 사람들에게 조금씩 나눠 줘도 이백 데나리온의 떡도 부족할 것"이라고 계산이나 하고 있었습니다. 그런데 한 어린아이가 도시락으로 가져온 보리 떡 다섯 개와 물고기 두 마리를 예수님께 바칩니다. 그러자 베드로의 동생인 안드레까지도 "그 보리 떡 다섯 개와 물고기 두 마리를 가지고 이 수많은 사람들 중 누구 입에 붙이겠습니까?" 하고 우습게 받아들였지만 예수님께서 감사기도를 드리시고 나서 제자들에게 나눠 주라고 하실 때에 놀라운 기적이 일어났습니다. 남자 어른들만 오천 명이었으니까 여자와 어린이를 포함하면 약 이만 명에 이르는 사람들이 배불리 먹고 남은 조각만 열두 바구니에 가득 차게 거두었습니다. 이 얼마나 놀라운 오병이어(五餠二漁)의 기적입니까?

이 말씀이 뜨겁게 감동이 되어서 우리도 이 어린아이의 헌신의 믿음을 본받아 다 함께 구제의 손길을 펼칠 때에 이 기적의 축복을 뜨겁게 체험하게 될 것입니다. 내년까지 계속될 코로나19의 위기가 끝날 때까지 우리가 오병이어 사랑의 헌금을 함께 나누게 될 때에 우리는 어떠한 고난도 기필코 모두 다 함께 이겨낼 줄 확실히 믿습니다.

미국 중부 캔자스 주의 한 시골에 사는 채프먼 자비량 선교사 내외는 한센병에 걸려 고생하는 가난한 사람들을 위한 의료활동을 하고 있었습니다. 어느 날 10명의 한센병 환자를 돕기 위해 당시 유명한 W. M. 탄넬 목사님을 초청하여 특별모금 집회를 열었지만 당일 모금 결과는 저조했습니다. 실망한 채프먼 선교사님 내외분의 모습을 본 아들 윌버는 탄넬 목사님에게 받은 3달러의 용돈을 한센병 환자를 위해 쓰기로 마음먹고 편지를 보냈습니다. "사랑하는 목사님, 목사님이 주신 용돈으로 새끼 돼지를 샀어요. 이 돼지를 팔아 한센병 환자 가족들을 돕고 싶어요! 저도 앞으로는 누군가를 도우며 살고 싶어요…!" 윌버는 돈을 조금 더 모아 정말로 새끼 돼지를 사서 길렀고, 키운 돼지를 팔아 한센병 환자들을 돕고 남은 돈으로는 다시 새끼 돼지를 사서 키웠는데 이러한 윌버의 모습을 본 친구들도 똑같이 새끼 돼지를 사서 키워 한센병 환자를 돕기 시작했습니다. 이 모습은 신문기사에 실려 점점 전국으로 퍼져 나갔고, 윌버를 돕기 위해 직접 돼지를 키우지 못하는 사람들이 돼지 모양의 저금통에 돈을 모아 보내주기 시작했는데 그 돼지 저금통이 유럽 그리고 우리나라에까지 전해지게 된 것입니다.

그러므로 우리도 오늘부터 이 거룩한 '오병이어의 사랑의 나눔'운동을 통해서 조그마한 사랑의 정성이라도 함께 모아서 코로나19로 인해 가장 어려운 때를 살아가고 있는 형제나 이웃들에게 이르기까지 주님의 사랑의 손길을 펼치길 원합니다. 마태복음 6장 19-21절에 "너희를 위하여 보물을 땅에 쌓아 두지 말라 거기는 좀과 동록이 해하며 도둑이 구멍을 뚫고 도둑질하느니라 오직 너희를 위하여 보물을 하늘에 쌓아 두라 거기는 좀이나 동록이 해하지 못하며 도둑이 구멍을 뚫지도 못하고 도둑질도 못하느니라 네 보물 있는 그곳에는 네 마음도 있느니라"고 분명히 약속하시지 않습니까? 아무리 작은 정성이라도, 실현 가능성이 없어 보인다 하더라도 이 시간도 성령님께서 들려주시는 음성을 따라 사랑의 구제의 손길을 펼쳐야 합니다. 그리할 때 우리의 보물을 하늘에 쌓아 둘 뿐만 아니라 주님께서 이 땅 위에서도 기적적인 복으로 역사하시고, 우리의 여생과 자녀 손들에 이르기까지 다 갚아 주실 줄 확실히 믿으시기 바랍니다.

오늘 우리는 지난 20년 동안에 서른한 번째로 유정인 목사님을 전주 신일교회의 담임목사님으로 파송합니다. 유 목사님은 원래 저기 남쪽 전남 완도군에 속한 아주 작은 섬 '넙도'에서 태어나 일곱 살 때까지 자랐는데 아버지가 믿었던 가까운 지인으로부터 당한 경제적인 피해와 사업의 실패로 인한 극심한 스트레스로 원인 모를 병으로 죽어가는 고통을 겪으셨습니다. 온 가족들은 그렇게 고통 가운데 계신 아버지를 살리기 위해 여러 병원을 돌아다녔지만 결국 고칠 수 없어 포기하기에 이르렀습니다. 그때까지 그의 가정은 누구도 예수를 믿지 않는 불신가정이었는데 주변의 권유로 당시 최자실 목사님이 인도하시던 오산리 금식기도원의 집회에 참석하신 후 기적적으로 병에서 놓임을 받고 건강을 회복하는 은혜를 체험하게 되었습니다. 그때 회심하신 아버지는 주일예배뿐만 아니라 수요 밤예배와 금요 철야기도회와 매일 새벽기도회까지 열심히 참석하시며 신앙생활을 시작하게 되었고, 이를 계기로 할머니부터 어머니와 유 목사님과 여동생까지 모두 다 교회에 출석하게 되었다고 합니다.

그렇게 하나님의 은혜로 변화되어 새롭게 삶을 시작한 가정은 고향 섬마을에서의 생활을 정리하고 경기도 성남으로 이사를 가게 되었는데 신앙생활을 하며 잠시나마 누렸던 그의 가정의 행복은 그리 오래가지 않았습니다. 새롭게 삶을 시작하고자 꿈을 품고 상경했던 아버지는 일자리를 알아보시기 위해 잠시 외출하셨다가 교통사고로 인해 34세의 젊은 나이에 갑작스럽게 하늘나라로 떠나셔서 유 목사님의 가정의 고난의 세월이 시작되었습니다. 그러니 타향에서 어디 의지할 데가 있고, 누가 도와줄 사람이 있었겠습니까? 다시 고향으로 내려왔는데 쌀통에 쌀이 없어 이 집 저 집 꾸러 다녀야만 해서 유 목사님은 어린 시절 가난과 서러움의 세월을 보내야만 했습니다. 더구나 20대 후반의 젊은 나이에 홀로 되신 어머니는 재혼하라는 권유와 설득도 심했고, 주위의 시험과 유혹도 많았지만 목사님과 여동생을 위해 끝까지 가정을 지키셨습니다. 어릴 적 기억 속에 어머니의 모습은 가족의 생계를 위해 이런저런 장사를 안 하신 것이 없을 정도였고, 여자의 몸으로는 도저히 혼자 감당할 수 없는 김 양식을 위해 물이 새는 낡은 배의 노를 저어야 하는 피눈물 나는 고생을 하시면서도 자식들 잘되기만을 날마다 눈물로 기도하며 사셨습니다.

그러나 살아 계신 하나님께서는 외롭게 신앙생활을 하시는 유 목사님의 가정을 가난과 불행 속에만 버려두지 않으셨습니다. 고향 섬에 처음으로 교회가 개척이 되어(현재의 교회 명칭 '넙도교회') 목사님이 섬 목회를 위해 들어오시게 되었는데 부임하신 목사님 가정이 머물 사택이 없었습니다. 그때 어머니는 주변 친척들과 이웃들의 반대와 강한 만류에도 불구하고 목사님 가정이 안방을 사용하시도록 하고, 유 목사님 가정은 대문 옆에 있는 자그마한 문간방으로 옮겨 살았습니다. 마을 중앙에 정기적으로 제사를 올리는 신당과 제단이 있을 정도로 우상숭배에 사로잡혀 있던 섬마을 사람들의 따가운 눈총에도 아랑곳하지 않고 정성을 다해 목사님 가정을 섬겼을 뿐만 아니라 처음으로 교회를 건축할 때에도 가난한 살림이라 많은 물질은 헌금하지 못했지만 모래와 벽돌을 나르고 몸으로 헌신하며 교회를 섬겼습니다. 한 번은 교회에 종이 없어 "누가 헌신하겠습니까?"라는 목사님의 말씀에 순종하여 정말 먹고 살기도 어려운 형편이었지만 과부가 드린 두 렙돈처럼 당시 수십만 원이 드는 종을 헌물하기 위해 몇 달 동안 일해서 모은 물질로 교회에 종을 바치기도 하셨습니다.

이처럼 어머니께서는 평생을 그 어려움 속에서도 주님께서 쓰시겠다 하면 언제든지 바치고 나누고 베풀며 살아오신 것입니다. 이러한 가운데 유 목사님의 가정은 주님의 많은 은혜를 받고 위로를 받으며 절망 가운데서 다시 일어설 수 있는 힘과 소망을 얻게 되었습니다.

넙도에 부임하신 목사님 가정과 교회는 그 작은 시골 섬에서도 가장 가난하고 불행했던 유 목사님 가정에 보내신 하나님의 은혜의 선물이요, 축복의 통로였던 것입니다.

그리하여 가정과 교회를 위해 한 알의 밀알과 같이 헌신하신 어머니의 수고가 결단코 헛되지 않아서 하나님의 응답의 은혜와 축복의 열매로 유 목사님은 결국 고등학교 2학년 때 강권하시는 하나님의 사랑에 감사하고 감격하면서 목회자로 부르심을 받게 되었습니다. 그의 여동생도 지난 10년간 멕시코 선교사로 사역하다 지금은 광주 늘푸른교회 목사님의 사모로 교회와 선교단체를 위해 봉사하고 있다고 합니다. 유 목사님은 비록 아버지를 일찍 여의고 수많은 상처를 받으면서 외롭고 힘들게 자라났지만 하나님 아버지의 사랑의 감동과 치유의 역사가 얼마나 놀라운지 온유하고 겸손한 예수님의 성품을 닮았고, 더구나 신앙은 말할 것도 없어서 이름도 없이 빛도 없이, 말도 없이 변함없는 믿음과 사랑의 본을 보여주신 참으로 신실한 목사님이 된 것입니다.

그래서 목사님은 자기 가정을 향하신 하나님의 놀라운 사랑과 은혜를 생각할 때 가슴이 뜨거워지고 그 감격에 눈물이 멈추질 않는다고 합니다. 정말 절망할 수밖에 없는 삶의 불행의 고통 속에서 그를 주의 종으로 불러 주신 것만 해도 너무도 감사한데 괴로운 인생길 속에서 때마다 피할 길을 열어 주시고 보호해 주시고 돌보아 주시고 우리 치유하는교회의 교육전도사로부터 시작해서 전임전도사, 부목사에 이르기까지 지난 16년 동안의 연단 속에 이제는 정금 같은 믿음으로 나아와서 전주를 대표하는 전주에서 가장 크고 가장 모범적인 전주 신일교회로 인도해 주신 하나님의 크신 사랑과 은혜와 축복이 너무도 크고 놀라울 뿐이라고 고백했습니다.

사랑하는 성도 여러분, 우리가 주님을 위해서나 고통당하는 이웃을 위해서 헌신하고 봉사하고 구제한 것을 살아 계신 주님께서 다 기억하시고 다 응답해 주시고 우리의 평생토록 다 갚아 주십니다. 그러므로 우리가 더 이상 하나님의 것부터 도둑질하지 말고 다 토해내고, 사람의 것도 도둑질하지 말고 다 갚고, 오히려 구제의 손길까지 펼칠 때 만복의 근원 되시는 살아 계신 하나님 아버지께서 여러분의 여생과 자손 대대로 천 배나 만 배나 차고 넘치도록 채워 주시고 부어 주시고 갚아 주실 줄 확실히 믿습니다.

다 함께 "주가 일하시네"를 함께 부르며 믿음으로 결단하도록 하겠습니다.

1. 날이 저물어 갈 때 빈 들에서 걸을 때
그때가 하나님의 때
내 힘으로 안 될 때 빈손으로 걸을 때
내가 고백해 여호와 이레
2. 우리 모인 이곳에 주님 함께 계시네
누리네 아버지 은혜
적은 떡과 물고기 내 모든 걸 드릴 때
모두 고백해 여호와 이레
후렴) 주가 일하시네 주가 일하시네
주께 아끼지 않는 자에게
주가 일하시네 주가 일하시네
신뢰하며 걷는 자에게

복의 근원 되시는 하나님 아버지, 지난날 저희가 다 복되게 살길 원하지만 하나님의 말씀대로 행하지 못함으로 인해 하나님의 복을 잃어버리며 살 때가 얼마나 많았습니까? 이제라도 남은 생애를 하나님의 것부터 도둑질하지 말고 다 토해내게 하여 주시옵소서! 사람의 것도 도둑질하지 말고 다 갚게 하여 주시옵소서! 오히려 코로나19로 인해 비교할 수 없을 정도로 어렵게 살아가는 형제나 이웃을 위해 사랑의 구제의 손길까지 펼치게 하여 주시옵소서! 그리함으로 살아 계신 하나님 아버지께서 저희의 여생과 자녀 손에 이르기까지 천 배나 만 배나 채워 주시고 부어 주시고 갚아 주실 줄 확실히 믿사옵고, 예수님의 이름으로 간절히 축복하며 기도하옵나이다. 아멘!

거짓 증거하지 말라

출애굽기 20:16

우리가 계속해서 십계명의 말씀을 나누는데 제1-4계명의 하나님께 대해 지켜야 할 말씀에 이어 제5-10계명은 사람들에 대해 지켜야 할 말씀입니다. 제5계명이 부모 존중이라면 제6계명은 생명 존중이고, 제7계명은 가정 존중이고, 제8계명은 물질 존중이고, 제9계명은 언어 존중에 대해서 말씀합니다. 제9계명인 출애굽기 20장 16절 말씀을 다 함께 읽겠습니다.

"네 이웃에 대하여 거짓 증거하지 말라"(출 20:16).

여기 '거짓 증거'란 히브리어로 'עֵד שָׁקֶר'(에드 솨케르)라고 해서 공개된 자리에서 사실을 감추거나 축소하거나 변조하거나 과장하는, 진실을 떠난 모든 말과 행동을 의미합니다. "거짓 증거하지 말라"는 구약성경의 율법을 신약성경의 복음으로 보다 더 구체적으로 재해석해 주시는 말씀이 예수님의 산상보훈에 이어서 에베소서 4장 21-32

절에 집중적으로 나옵니다. 여기 열두 구절의 말씀 가운데 우리의 언어생활이 우리의 생명을 좌우할 정도로 너무도 중요하기 때문에 직접적으로는 네 구절, 즉 1/3이나 집중해서 말씀하고 간접적으로는 일곱 구절, 즉 절반 이상을 할애해서 말씀합니다. 그렇다면 오늘 말씀 가운데 들려주시는 하나님의 음성을 이 시간도 다 함께 들을 수 있길 바랍니다.

거짓말을 버려야 함

먼저 에베소서 4장 25절 말씀을 다 함께 읽겠습니다.

> "그런즉 거짓을 버리고 각각 그 이웃과 더불어 참된 것을 말하라 이는 우리가 서로 지체가 됨이라"(엡 4:25).

이 말씀 이전인 에베소서 4장 22-24절에 "너희는 유혹의 욕심을 따라 썩어져 가는 구습을 따르는 옛사람을 벗어 버리고 오직 너희의 심령이 새롭게 되어 하나님을 따라 의와 진리의 거룩함으로 지으심을 받은 새사람을 입으라"고 하였습니다. 그리고 그 후에 우리가 옛사람을 벗어 버리고 새사람을 입은 첫 번째 증거로 왜 가장 먼저 거짓을 버리라고 말씀하셨는가 하면, 우리의 대적인 사탄 마귀는 거짓말쟁이요 거짓의 아비이기 때문입니다(요 8:44).

사탄이 최초의 인간인 아담과 하와를 유혹하여 타락하게 하여 에덴동산에서 쫓겨나게 할 때에 사용한 가장 강력한 무기가 바로 이 거짓말입니다. 그래서 사탄은 아담과 하와에게 "너희가 그것(선악을 알게 하는 나무의 열매)을 먹는 날에는 너희 눈이 밝아져 하나님과 같이 되어 선악을 알 줄 하나님이 아심이니라"(창 3:5)고 아주 교묘하고 교활하게 거짓말로 유혹하였습니다. 그래서 결국 아담과 하와가 그 거짓말에 넘어가서 영원히 축복되고 행복하게 살 수 있는 에덴동산에서 쫓겨나 오늘의 우리가 이렇게 불행과 고통 가운데 평생을 살게 되었습니다.

하나님께서는 우리가 옛사람을 벗어버리고 새사람을 입었을 때 가장 먼저 거짓을 버리라고 경고하고 계십니다. 우리가 거짓말을 하게 되면 우리 자신이 평생을 불행과 고통 가운데 살 뿐만 아니라 한 지체된 형제나 이웃과의 관계까지도 다 무너뜨리고 맙니다. 그래서 말세 마지막 때 사탄이 우리의 사랑의 관계를 깨뜨리는 데 가장 많이 사용하는 가장 강력한 무기인 바로 이 거짓말을 버리라고 가장 먼저 강조하신 것입니다.

지난달 15일부터 16일까지 강원도 평창에서 명년도 목회계획을 위한 당회원수련회가 열렸습니다. 평창 인근을 둘러보고 마지막 돌아오는 날 강원도가 낳은 우리나라를 대표하는 문인 중 한 분인 이효석 문학관에 들렀다가 점심때 봉평 메밀막국수 집에 들렀는데 메밀막국수를 각자 시키고 단체로 수육을 시켰습니다. 그런데 메밀만두가 더 먹고 싶어서 우리 테이블만 메밀만두를 추가로 시키면서 다른 테이블에 미안해서 얼떨결에 제가 "주인자 목사님이 메밀만두를 너무 좋아해서요!"라고 말하고 말았습니다. 그 말을 해놓고 다들 웃고 넘겼지만 제 마음속에 뜨끔한 생각이 들었습니다. 세상에, 치유하는 교회 담임목사가 그냥 메밀만두를 시키면 주문을 받으시던 권영순 장로님이 그것 안 시켜줄까 봐서 메밀만두에 눈이 어두워 그런 거짓말을 했는지 말해 놓고도 얼마나 후회가 되었는지 모릅니다. 제가 그 순간 거짓말을 하는 것을 보면서 이렇게 순간적으로 거짓말이 튀어나오는 것이 바로 인간 마음속의 죄의 본성이라는 것을 다시 한 번 깨닫지 않을 수 없었습니다.

그러므로 우리는 항상 깨어 있어야 하고, 성령님으로 충만함을 간구해야 합니다. 그리하여 우리가 순간적인 감정이나 이러한 더러운 말은 우리의 입 밖에도 내지 말고 이해관계나 인간관계에 의한 하얀 거짓말이고 빨간 거짓말이고 간에 거짓말은 다 버려야 한다는 것입니다.

어느 교회학교 어린이가 엄마에게 물었습니다. “엄마, 도둑질하는 것과 거짓말하는 것 중 어느 것이 더 나쁜 거예요?” 그러자 엄마가 “그야 물론 도둑질이 더 나쁘지”라고 대답해 주었는데 믿음이 좋은 이 아이의 생각은 달랐습니다. “아니에요. 엄마, 거짓말이 더 나빠요! 왜냐하면 도둑질한 것은 돌려줄 수 있지만 거짓말한 것은 다시 돌려줄 수가 없잖아요?”

그렇습니다. 도둑질은 돌려주고 사과하면 되지만 거짓말은 한 번 퍼지면 되돌릴 수 없는 상처의 고통과 불행을 안겨줍니다. 그런데도 우리는 삶의 순간마다 얼마나 거짓말을 많이 하면서 살아갑니까? 무엇보다도 거짓말을 통해 자기의 욕심을 추구하고 자신의 허물을 감추는 데 사용합니다. 더 나아가 상대방을 비방하고 험담하고 상대방에 대한 선한 이미지를 다 무너뜨리고 편견을 갖게 하고, 모든 것을 부정적으로 보게 하고, 그 결과 관계를 다 무너뜨리고 깨뜨려서 우리가 힘을 합해 주의 일을 할 수 없도록 가로막는 사탄의 계략에 다 이용당하고 맙니다.

한 여자 교인이 미국 시카고가 낳은 세계적인 부흥사 드와이트 무디(Dwight L. Moody) 목사님을 찾아와 물었습니다. “나는 아무리 거짓말을 하지 않으려고 해도 거짓말이 튀어나오는데 별도리가 없잖아요?” 그러자 무디 목사님이 이렇게 대답했답니다. “그렇습니까? 그렇다면 제가 꼭 하라는 대로 하십시오. 이미 거짓말을 하신 것은 어쩔 수 없지만 그다음에라도 ‘사실 거짓말이었어요’(It was a lie!)라고 꼭 말하십시오!”

그렇습니다! 이제라도 우리가 했던 지난날의 거짓말을 인정하고 상대방에게 사과하고 용서를 구해야 합니다. 미국의 유명한 작가요 만화가인 클래런스 데이(Clarence S. Day Jr.)는 그가 쓴 “세 가지 황금문”(Three Golden Gates)이란 제목의 글에서 이같이 밝히고 있습니다. 앞으로는 우리가 말 한 마디를 할지라도 그 말을 하기 전에 황금과 같이 소중한 세 가지 문을 통과해야 한다는 것입니다. “첫째, 그것은 내가 하고자 하는 말이 참말인가? 둘째, 그것이 필요한 말인가? 셋째, 그것이 친절한 것인가?”를 꼭 질문하고 나서 이 세 가지 문을 다 통과하면 그때 입을 열어 말하라는 것입니다.

그런데도 우리는 사실 확인도 없이 상황도 살피지 않고 상대방에게 어떠한 상처를 줄지 생각지도 않고 말이라고 함부로 내뱉습니다. 그래서 결과적으로 우리의 가정에서나 직장에서나 심지어 교회에서까지 모두를 불행과 고통 속으로 몰고 가는 사탄의 도구로 쓰임 받고 말 때가 얼마나 많습니까? 심지어 우리가 험담하고 비방하는 거짓말을 듣고 사실을 확인하지도 않고 또 퍼뜨린다면 그것 역시 똑같이 험담하고 비방하는 거짓말을 하는 것이고, 디 나아가 상대방을 죽이고 매장시키는 것과 같습니다. 그래서 4세기 기독교를 대표하는 신학자였던 성 어거스틴(St. Augustine)은 “거짓말로 남을 중상모략하는 것은 혀로 행하는 살인행위와 같다”고 경고했습니다.

살아 계신 하나님께서 이러한 거짓말을 무섭게 심판하십니다. 우리의 삶 가운데 주님의 풍성한 은혜와 넘치는 행복과 부족함이 없는 축복을 다 거둬 가셔서 그런 사람들은 일생을 불행과 고통 가운데 살 뿐만 아니라 머지않아 세상을 떠난 다음에는 어떻게 되겠습니까? 그래서 요한계시록 21장 8절에 "그러나 두려워하는 자들과 믿지 아니하는 자들과 흉악한 자들과 살인자들과 음행하는 자들과 점술가들과 우상숭배자들과 거짓말하는 모든 자들은 불과 유황으로 타는 못에 던져지리니 이것이 둘째 사망이라"고 무서운 지옥의 심판을 엄히 경고하시는 것입니다.

그러므로 우리의 남은 인생 성령님에 사로잡혀 옛사람을 벗어버리고 새사람을 입음으로 더 이상 거짓말을 하지 않음으로써 가장 먼저 자신을 속이지 않고, 또한 남을 해하지도 않고, 더 나아가 모든 관계가 화평케 되고, 영원히 행복하게 살게 될 줄 분명히 믿으시기 바랍니다.

분노의 말을 하지 말아야 함

계속해서 에베소서 4장 26-27절 말씀을 다 함께 읽겠습니다.

> "분을 내어도 죄를 짓지 말며 해가 지도록 분을 품지 말고 마귀에게 틈을 주지 말라"(엡 4:26-27).

우리가 옛사람을 벗어 버리고 새사람을 입었다고 할지라도 우리가 인간이기 때문에 분을 낼 수는 있지만 그 분노로 인해 상대방에게 상처를 주는 죄를 지어서는 안 된다는 것입니다. 더욱이 해가 지도록 그 분을 품지 말고 해가 지기 전에 빨리 풀어버리라고 합니다. 왜냐하면 이 분노의 감정을 풀지 않고 계속 이어나갈 때에 마귀는 더욱 크고 심각한 문제를 일으켜서 우리가 결국에는 마귀에게 다 이용당하고 만다는 것입니다. 그 대표적인 예를 인류 최초의 살인자인 가인에게서 찾아볼 수 있습니다. 그가 분노를 못 푸니까 동생 아벨을 살인하는 큰 죄를 저지르고 말았지 않습니까? 그러므로 우리는 분노했다가도 한시라도 빨리 분노의 마음부터 풀어버려야 합니다.

특별히 말세 마지막 때 우리는 '분노조절장애의 시대'를 살아가고 있습니다. 그래서 조금만 자존심을 건들고 상처가 되고 손해가 되고 자기 말을 안 듣고 자기 뜻대로 안 되면 금방 화를 내고 신경질을 부리고 분노를 터뜨리고 맙니다. 이처럼 사람이 흥분되면 이성을 잃어버리고 신앙도 안 보이고 완전히 자신의 감정에 사로잡혀서 모든 말이나 행동이 터져 나옵니다. 그래서 요즘 흔히 운전하다가도 분노하고, 주차를 하면서 시비가 붙고, 층간 소음문제로도 분쟁이 일어나고, 길을 지나가다가도 시비가 붙어서 살인까지 저지르는 너무도 살벌한 현실입니다. 그런데 그렇게 분노하는 순간부터 사탄이 역사하고, 분노의 말이나 행동으로 다 터져 나와서 지금까지 받은 은혜를 다 쏟아붓고 축복도 다 잃어버리고 행복도 다 사라지고 결국 스스로 무덤을 파고 맙니다.

지난 주일 새벽에 삼성그룹 이건희 전 회장이 별세했습니다. 〈국민일보〉는 "'초일류 삼성' 남기고…재계 큰 별 지다"라는 기사 제목을 달았습니다. 시난날 삼싱그룹이 우리나라 경제 발전을 위해서 얼마나 많은 공헌을 하였고, 또 얼마나 고용을 창출하고, 국민들에게 유익을 가져왔습니까? 외국에 나가서도 보면 'Samsung'이라고 하는 팻말을 볼 때마다 국민의 자긍심까지 높아집니다. 그럼에도 불구하고 인터넷에 돌아가신 분이 과거에 노조의 조직을 방해하고, 삼성전자에서 직업병으로 암으로 죽어가는 근로자들을 제대로 보상해 주지 않고, 용인 에버랜드를 개발할 때 가난한 농민들의 땅을 헐값에 구입해 내쫓고, 아버지 때부터 밀수와 탈세를 거듭해 왔던 과거의 허물을 들추며 흠집을 낸다면 어떻게 되겠습니까? 우리가 그런 분들을 흠집을 안 내도 국민들도 알 사람은 다 알고 역사와 하나님께서 다 심판하실 일입니다.

그런데도 우리는 주위 사람들이 돌아가신 후까지도 물귀신처럼 물고 늘어지니까 과거에는 우리나라에도 위인들이 세종대왕도 있었고, 이순신 장군도 있었고, 안창호 선생도 있었고, 유관순 열사도 있었지만 해방 이후 지금은 우리나라 역대 대통령도, 장관도, 국회의원도, 지방자치단체장도, 기업 총수도, 대학 총장도, 교수도, 목사도, 장로도 우리나라에는 존경할 만한 위인들이 거의 없습니다. 적어도 우리나라 대통령이 되면 대통령이든지 그 자녀들이든지 교도소를 꼭 가야 하는 것 같습니다. 본인도 문제가 있겠지만 우리는 남이 잘되는 것을 보지를 못해서 어떻게 해서든지 파헤쳐서 끌어내리고 집어넣으려고 합니다.

그러면 그렇게 남을 비난하는 우리 자신은 어떻습니까? 다들 자기가 세상에서 제일 똑똑합니다. 그런데 그렇게 비난하면 자신은 도덕적으로 깨끗하게 보이고 의롭고 수준이 높은 것 같지만 그러한 사람들의 결정적인 문제는 자신의 삶이 전혀 받쳐주지 못하다는 것입니다. 그것이 지난날 우리 신앙생활의 한계입니다. 그래서 그 얇은 지식, 그 짧은 경험, 그 낮은 신앙, 그 좁은 소갈머리를 가지고 과거를 모두 다 부정하고 비판하고 비난하고 정죄하니 이 땅에 무슨 위인이 나올 수 있겠습니까?

그런데 부족한 종이 미국에서 유학생활을 하면서 보니까 미국의 역대 대통령들 가운데 인종차별을 심하게 한 사람들도 있고, 엄청나게 횡령한 사람들도 있고, 자주 불륜을 저지른 사람들도 있고, 별의별 불의한 사람들이 많았어도 그들은 기독교 신앙에 뿌리를 내리고 있어서 그런지 돌아가신 다음에도 주님의 사랑으로 모든 허물을 다 덮어 주고 공로만 기억했습니다. 그러니까 미국에는 역대 대통령들도, 장관들도, 국회의원들도, 기업 총수들도, 총장들도, 교수들도, 다 위인들로 기억되어서 아름답고 복된 나라의 전통을 이어가는 것 같았습니다. 이처럼 위인은 태어나는 것이 아니라 만들어지는 것입니다.

유교의 겉과 속이 다른 썩어가는 외식 문화에 젖어 살면서 하늘을 찌르는 교만에 빠져서 죄악된 본성에 근거한 자신의 상처받은 분노의 감정을 서슴없이 말이나 행동이나 심지어 숨어서 살인적인 악성댓글을 다는 우리와는 근본적인 차이가 있는 것입니다. 그리하여 사탄의 도구로 쓰임 받는 악플러들에 의해 얼마나 많은 무고한 생명들이 이 땅에서 죽어갔습니까?

저는 지금까지 목회를 하면서 교인 수 신경 안 씁니다. 수가 얼마나 많이 모이느냐가 뭐가 그렇게 중요합니까? 단 한 사람이라도 구원의 확신을 가지고 치유의 은혜를 체험하고 복음으로 변화된 삶을 살면서 날마다 천국의 축복과 행복의 감격을 누리고, 주님의 복음의 통로로 쓰임 받는 하나님 나라의 진정한 헌신자가 되느냐 하는 것이 더 중요합니다. 그것은 인터넷 홈페이지 조회 수도 마찬가지입니다. 몇 명이 홈페이지에 들어왔느냐가 중요한 것이 아니라 그들 중 단 한 명이라도 동영상을 통해서라도 치유의 은혜를 체험하느냐는 것이 더 중요합니다. 그래서 지난 주간에 방송실장에게 하나님의 말씀을 받는 데 조회 수를 따지거나 '좋아요', '싫어요'는 아무 필요가 없으니까 우리 교회 홈페이지는 그런 것 다 없애라고 했습니다. 우리가 서로 사랑하고 위로하고 격려하고 칭찬하며 살아도 다 못하고 떠나가야 하는 세상인데, 살면 얼마나 산다고 교회 홈페이지까지 자신의 분노의 감정이나 터뜨리는 사탄의 놀이터로 만들면 되겠습니까?

그래서 세계적인 영성 신학자인 리처드 포스터(Richard Foster) 박사님이 그의 명저인 《영적 성장을 위한 제자 훈련》(The Celebration of Discipline)에서 영성훈련으로 내면훈련, 외면훈련, 공동체 훈련을 주장하였습니다. 우리의 마음속에 분노가 생기면 그 가운데 외면훈련에 속한 침묵훈련에 들어가야 합니다. 그래서 마음속 깊은 쓴 뿌리에서 나는 독설이 터져 나와 더 이상 남을 해하지 못하도록 해야 한다는 것입니다.

대신에 우리의 분노의 감정을 주님의 십자가 앞에 다 내려놓고 치유받아야 합니다. 그리할 때 우리의 말이나 글이나 행동이 주님의 십자가의 사랑으로 충만하게 되는 것입니다. 우리가 더 이상 분노하지 않고 날마다 천국의 행복의 감격 속에 살기 위해서는 에베소서 4장 31-32절 말씀대로 치유받으면 다 그렇게 살 수 있습니다.

> "너희는 모든 악독과 노함과 분냄과 떠드는 것과 비방하는 것을 모든 악의와 함께 버리고 서로 친절하게 하며 불쌍히 여기며 서로 용서하기를 하나님이 그리스도 안에서 너희를 용서하심과 같이 하라."

분노가 터지려는 순간에 마음속으로 "주여! 주여!" 하고 두 번만 외쳐 보십시오. 그때 주님을 찾게 되고, 주님 앞에 내 상처의 감정을 쏟아붓게 되고, 성령님의 도우심과 치유를 간구해서 그 순간 우리의 분노의 상처의 감정들이 주님으로부터 치유를 받게 됩니다. 그리할 때 우리는 조금 전까지의 분노의 마음이 평안해지고, 분노의 말을 자연스럽게 버리게 되고, 모든 관계가 화평해짐으로써 우리의 남은 생애가 진정으로 주님 안에서 천국의 행복의 감격 속에 모두 다 살아가게 될 줄 확실히 믿습니다.

선한 말을 하여야 함

마지막으로 에베소서 4장 29절 말씀을 다 함께 읽겠습니다.

> "무릇 더러운 말은 너희 입 밖에도 내지 말고 오직 덕을 세우는 데 소용되는 대로 선한 말을 하여 듣는 자들에게 은혜를 끼치게 하라"(엡 4:29).

우리가 옛사람을 벗어 버리고 새사람을 입었다면 더러운 말은 입 밖에도 내지 말라는 것입니다. 여기 나오는 '더러운 말'이란 헬라어로 'σαπρὸς'(사프로스)라고 해서 '썩은', '부패해서 사용하기에 부적절한', '쓸데없는 말'을 뜻하는데, 이러한 더러운 말은 남을 시기하고 질투하고 험담하고 비방하고 상처 주고 시험에 빠뜨려서 결국 공격해서 죽이려는 말들을 의미합니다.

동네 슈퍼에 말을 아주 잘하는 앵무새가 있었는데 동네 아줌마가 들어가자 이렇게 말했습니나. "와, 아줌마 진짜 못생겼다." 아줌마는 불쾌했지만 꾹 참았는데 다음 날에도 또 말했습니다. "와, 아줌마 다시 봐도 진짜 못생겼다." 화가 난 아줌마가 가게 주인에게 "새 교육 좀 잘 시키라"고 야단을 쳐서 주인이 앵무새에게 "함부로 말하지 말라"고 단단히 교육을 했습니다. 그다음 날 아줌마가 가게를 갔는데 앵무새가 이렇게 말해서 또 화가 났습니다. "아줌마, 내가 말 안 해도 알지?" 그러니 그 아줌마가 얼마나 열이 받쳤겠습니까?

같은 말을 해도 왜 칭찬 한마디 못하고 남의 흠을 그렇게 잡아내서 상처를 주고 고통스럽게 만듭니까? 그러므로 이러한 더러운 말은 우리의 입 밖에도 내지 말고 오직 덕을 세우는 데 소통되는 대로 선한 말을 하라는 것입니다. 여기 '선한 말'이란 헬라어로 'ἀγαθός'(아가도스)라고 해서 '착한', '좋은 말'이란 뜻도 있지만 '적절한', '쓸 만한 말'이란 뜻을 의미합니다. 그래서 말세 마지막 때 우리에게 가장 절실한 이 선한 말은 서로 사랑하고 위로하고 격려하고 칭찬하는 말을 의미합니다.

세계적인 경영 컨설턴트인 켄 블랜차드(Kenneth H. Blanchard)가 쓴 《칭찬은 고래도 춤추게 한다》(Whale Done!; The Power of Positive Relationships)라는 베스트셀러가 있습니다. 이 책은 긍정적인 인간관계의 중요성을 우리에게 깨우쳐 주면서 칭찬의 진정한 의미와 칭찬하는 법을 가르쳐 줍니다.

저자는 어느 날 플로리다 주에 있는 해상 수족관에서 3톤이 넘는 거대한 몸집의 범고래가 환상적인 점프를 통해 멋진 쇼를 펼치는 것을 보게 되었는데 어떻게 해서 몸집이 큰 범고래로 하여금 그렇게 멋진 쇼를 펼쳐 보일 수 있게 하는가에 대한 의문을 갖게 됩니다. 그런데 그 해답은 일명 '고래 반응'(Whale Done Response)이라고 불리는 훈련법에 있었습니다. '고래 반응'이란 범고래가 쇼를 멋지게 해낼 때마다 즉각적으로 칭찬해 주고 먹이를 주는 것입니다. 실수를 했을 때에도 질책하는 대신 관심을 다른 방향으로 유도하며 중간중간에 계속해서 격려하는 것이 핵심이었습니다. 이처럼 고래도 칭찬을 하면 춤을 추는데 하물며 사람은 어떠하겠습니까? 그런데도 우리는 일상생활 가운데 얼마나 이웃의 마음에 상처를 주고 힘들게 하는 더러운 말들을 많이 합니까?

어느 주일에 한 부부가 교회 가기 전에 심한 말다툼을 하고 남편은 교회에 갈 기분이 안 난다고 골프채를 들고 초장교회(?)로 가버렸습니다. 초장교회가 어딘 줄 아시죠? 푸른 풀밭의 골프장을 말합니다. 그런데 라운딩을 시작하자마자 땅을 너무 세게 치는 바람에 갈비뼈에 금이 가고 말았다고 합니다. 갈비뼈에 금이 가는 방법도 가지가지입니다. 그 소식을 들은 아내가 대뜸 이렇게 말했습니다. “거봐요! 주일날 교회 안 가고 골프장에 가니까 벌 받은 거예요!” 아마도 대부분의 신앙의 아내들이 보이는 반응이 이럴 것 같습니다. 언뜻 들으면 평소의 깊은 신앙심에서 나온 말 같지만 그런 말을 듣고 회개할 남편은 이 땅 위에 아무도 없습니다.

그때 진짜 지혜로운 아내라면 이렇게 말했을 것입니다. “여보! 얼마나 많이 아팠어요? 내가 당신 마음을 아프게 해서 이렇게 됐네요. 미안해요!” 그렇게 따뜻하게 위로하면 남편도 아내의 사랑에 감동을 받고 좋은 말로 화답할 것입니다. “당신이 무슨 잘못이요? 내가 주일에 교회에 안 가서 그렇지!” 뭐라고 지적하지 않아도 이미 남편은 스스로 다 깨닫고 은혜 받은 것입니다.

그것은 우리 자녀들과의 관계에서도 마찬가지입니다. 요즘처럼 취직이 어려운 때 자녀가 어느 직장에라도 취직이 되었다면 “와! 우리 아들(딸) 대단하다! 그 어려운 취직을 했니? 모든 것이 하나님의 은혜다!”라고 칭찬해 주어야 합니다. 그런데 엄마가 “엄마가 그렇게 잔소리해서 된 줄 알아!”라고 하고, 또 아버지가 “내가 얘기한 것 틀린 적 없지? 지금부터가 진짜 시작이야! 이놈아! 앞으로 긴장의 끈을 놓치지 말고 정신 똑바로 차리고 잘해!” 그러면 수고하고 무거운 짐 진 자식에게 또다시 무거운 인생의 짐을 지워 주는 것입니다.

더 심한 경우는 사랑하는 자녀들에게 입에 담지 못할 저주를 쏟아 버립니다. "이 망할 놈아!", "이 썩어빠질 놈아!" 가장 심한 경우는 "이 죽일 놈아!", "저 오살할 놈아!" 하고 소리칩니다. 여러분, 자식이 꼭 망하고 썩어빠지고 죽어야 속이 풀리겠습니까? 우리가 자녀들에게 축복한 그대로 응답이 되는 것입니다. 그래서 전에 KBS TV 개그콘서트에 나오던 개그맨 김상태의 어머니 권사님은 속이 들끓어도 "이 복 받을 놈아!", "복 받아서 부모 아파트 사줄 놈아!", "부모 차 사줄 놈아!", "부모 용돈 펑펑 줄 놈아!"라고 했다고 합니다. 그랬더니 그 믿음대로 되었다는 것입니다.

어제 오후 TV를 보는데 "나는 졌습니다"라는 청년을 격려하는 광고가 나왔습니다.

> 나는 헤어졌습니다. 나는 빚을 졌습니다. 나는 또 떨어졌습니다.
> 무거운 짐을 지고 가는 청년들에게 우리는 가능성을 가졌습니다.
> 희망을 가졌습니다. 꿈을 가졌습니다.
> 대한민국 청년들이 힘을 잃지 않도록 채널A가 청년 고통을 응원합니다!

이 얼마나 다음 세대에 희망과 꿈을 안겨주는 가슴 뭉클한 광고입니까?

또 직장에서도 급한 때에 직원에게 연락이 안 되면 "왜 이렇게 전화를 안 받아? 핸드폰은 왜 들고 다녀?" 그럽니다. 저는 그럴 때 우리 부목사님들에게 "전쟁터에서 무전 연락 못 받으면 다 죽어!" 그럽니다. 그런데 그렇게 말하는 대신 "오늘 무슨 일 터진 줄 알았다! 큰 일 안 생겨서 다행이다!"라고 말해 봅시다. 이렇게 우리가 선하게 말하다 보면 우리의 삶이 얼마나 천국과 같이 행복해지겠습니까?

그런데 이 땅 위에서 주님께서 가장 기뻐 받으시고 가장 선한 말이 무엇인지 아십니까? 예수님의 복음을 전하는 것입니다. 그러므로 해피데이축제를 2주 앞두고 우리는 온 천하보다 귀한 영혼을 살리는 전도 축제를 연례행사로 그치게 두어서는 안 됩니다. 오히려 성령님으로 충만하여져서 우리의 삶부터 변화되어서 사랑으로 섬기다가 지옥 불못을 향해 떨어져 죽어가는 우리의 사랑하는 가족과 친척과 친구와 이웃에게 주님의 복음을 전해야 합니다. 많은 말이 필요 없습니다. "예수님을 믿으니까 너무 좋아요! 치유하는교회에 나가니까 너무 좋아요! 우리 교회 목사님, 장로님, 권사님, 집사님, 성도님도 너무 좋아요! 내 평생의 소원인데 한 번만 우리 치유하는교회에 함께 가봅시다!" 하고 강권해서 모시고 오십시오.

그래서 디모데후서 4장 2절의 "너는 말씀을 전파하라 때를 얻든지 못 얻든지 항상 힘쓰라 범사에 오래 참음과 가르침으로 경책하며 경계하며 권하라"는 말씀처럼 이제부터 우리가 더러운 말은 우리 입 밖에도 내지 말고, 오직 덕을 세우는 데 소용되는 대로 하나님의 말씀을 전하고 선한 말을 해야 합니다. 그리할 때 듣는 자들에게 은혜를 끼침으로 수많은 영혼들을 구원하고 치유하고 양육하며 제자 삼는 의미 있고 보람되고 복된 여생을 살아가게 될 줄 확실히 믿으시기 바랍니다.

지난 2020년 4월 18일 전북 부안 상서중학교 2학년 여학생이 "수학을 맡아 가르치는 송경진 담임선생님이 짝꿍의 허벅지를 만지고 나한테 폭언을 해서 야간자율학습을 빠지고 집에 돌아왔다"고 부모님께 거짓말을 했습니다. 그러자 그 여학생의 부모가 허벅지를 만졌다는 여학생의 집에 연락을 해서 그다음 날인 4월 19일 학부모들이 교장선생님을 만나서 "선생님이 아이들을 만지고 폭언을 했다"고 하자 인성인권부장인 체육선생에게 경위를 조사하도록 했습니다. 송 교사가 7명의 여학생들의 허벅지와 어깨 등을 주물렀다는 여학생들의 증언이 있어서 학교 측은 곧바로 송 교사를 경찰에 신고했습니다. 그리하여 4월 21일 송 교사가 성추행 혐의로 경찰과 전라북도 학생인권센터의 조사를 받았는데 성추행 사건이 확대되자 피해 학생들은 갑자기 태도를 바꾸어 "선생님은 죄가 없다"며 조사를 받지 않겠다고 했습니다.

경찰은 이를 토대로 내사 종결하고 부안 교육지원청에 고지했는데 24일 부안 교육지원청은 경찰의 내사 종결에도 불구하고 "2차 피해가 우려된다"며 송 교사를 직위해제하고 전북 교원연수원으로 대기발령 조치했습니다. '성추행 혐의'가 있는 송 교사를 학생과 학부모, 학교로부터 사실상 격리 조치한 것입니다.

첫 신고가 접수된 지 열흘 만인 29일, 피해 학생들은 뒤늦게 송 교사의 무고함을 호소하는 자필 탄원서를 교육청에 접수했습니다. 학생들은 탄원서에서 "선생님과 야간자율학습 시간에 불거진 서운함이 이렇게 하면 빨리 해결될 줄 알았다"며, "선생님은 아무런 잘못이 없다"고 밝혔습니다. 한 여학생은 "다리 떨면 복 떨어진다고 무릎을 친 것을 주물렀다고 적었다"며, "허벅지를 만진 것은 절대 아니다"라고 밝혔고, 다른 여학생도 "수업에 집중하라고 어깨를 토닥인 것을 주물렀다는 표현을 해서 죄송하다"고 적었습니다. 또 다른 여학생도 선생님에게 보낸 핸드폰 문자에 처음 성추행을 당했다고 체육교사에게 진술한 배경이 적혀 있었습니다. "저희들 모두 이렇게 될 줄 몰랐어요. 체육 쌤이 교무실로 2학년 여학생을 데리고 가서 모두 적으라 하셔서, 잘했다고 칭찬해 주는 것도, 다리 떨면 복 떨어진다고 하신 것도 모두 만졌다고 적었어요. 그렇게 적으면 자습시간에 잘못해서 화나신 거 모두 풀어 주실 거라 생각했어요. 저희를 위해 항상 신경 써주시고 잘 해주시는 선생님이었는데 정말 속상합니다. 선생님, 교육감님께 탄원서도 썼어요. 힘내세요! 그리고 빨리 학교에 돌아오세요! 선생님을 생각하면 잠이 안 오네요! 선생님께 카톡 하고 나면 잠이 올 것 같아 늦은 시간에 보냅니다."

이처럼 피해학생들은 처음 체육교사에게 신고할 때의 진술을 번복했고, 표현이 과장되었다는 것을 인정했고, 피해학생과 학부모 등 25명도 전라북도 교육청에 송 교사의 오해를 풀어 달라는 탄원서를 제출했는데도 송 교사에 대한 조사는 계속되었습니다.

전라북도 학생인권센터는 송 교사를 여러 차례 불러 성추행 혐의에 대해 추궁했고, 5월 2일에는 약 3시간에 걸쳐 1차 문답 조사를 벌였습니다. 그 후 몇 차례 더 조사가 진행됐고, 7월 18일 송 교사의 혐의가 인정된다는 결정통지문을 발송했습니다. 센터는 송 교사의 성희롱과 성적 자기결정권 침해, 인격권 침해 등이 인정된다며 신분상 제재 처분을 권고해서 사실상 송 교사의 '성추행 혐의'를 유죄로 본 것입니다. 이후 전북 지역 지상파 방송에 이 내용을 토대로 한 뉴스가 보도되었습니다.

결국 송 교사는 성추행 신고가 접수된 지 약 4개월 만에 마지막 교육청 감사를 앞두고 수치와 모멸을 견디지 못해서 극단적인 선택을 했습니다. 지난 8월 5일 오후 2시 30분쯤 전북 김제시 백구면의 자택에서 시신이 발견되었는데 차고에 목을 매 숨져 있는 것을 부인이 발견하고 경찰에 신고한 것입니다. 유족 측은 경찰의 내사 종결과 학생의 진술 번복 내용의 탄원 후에도 조사가 강행되었다며, 이것이 송 교사를 죽음으로 내몰았다고 주장했습니다. 유족은 "고인은 말로 표현할 수 없는 치욕과 수치심으로 괴로워했고, 식사도 제대로 못하고, 수면상태가 불안정해 신경정신과의 안정제 처방을 받아 복용해야 했다"고 전했습니다.

송 교사가 사망한 후 유족들은 포털사이트 등에 전라북도 학생인권센터의 강압적인 조사와 고인의 억울한 죽음을 호소하며, "고인은 성추행 혐의가 없고 무고로 밝혀졌는데도 학생인권센터가 강압적이고 무리하게 조사하면서 성추행범으로 몰아갔다"고 반발했습니다. 그러나 송 교사는 그만이 아는 진실을 가슴에 안고 명예를 지키기 위해 목숨까지 던지고 말았습니다. 송 교사가 남긴 유서에는 "사랑하는 가족들과 모두에게 미안하다! 모든 것 다 내가 안고 가겠다!"고 적혀 있었습니다.

그는 30여 년의 교사 생활을 하는 가운데에도 도시학교에 근무하지 못하고 그것도 전교생이 19명인 조그마한 시골 중학교에서 여러 가지 열악한 여건 속에서도 사명감 하나 가지고 교직생활의 마지막을 불태우기 위해 열심히 가르쳐 왔는데 지난날의 모든 땀과 눈물이 한순간에 물거품이 되고 말았습니다. 더군다나 그토록 믿었던 7명의 여학생들이나 동료 교사들에게서 인간으로서 가장 참기 어려운 배신감을 느꼈을 때 그가 56세의 아직도 젊은 나이에 이 세상을 마지막으로 떠나가면서 얼마나 서럽고 억울하고 원통하고, 얼마나 가슴이 찢어지듯이 아프고, 얼마나 한없이 눈물만 나고 절망의 고통 속에서 얼마나 앞이 캄캄했겠습니까? 여학생들의 거짓 증거로부터 시작하여 선정적 보도를 일삼는 언론, 전라북도 교육청의 무리한 징계와 피의사실 공표, 학생 인권조례의 폐해, 학생인권센터의 가혹

한 해석 등이 결국 마지막까지 사명감에 불타올랐던 한 교사와 유가족에게 평생의 불행과 고통을 안겨주고 만 것입니다.

사랑하는 성도 여러분, 지난날 우리의 치유받지 못한 죄악된 마음과 편협한 신앙과 상처투성이의 감정을 안고 무심코 내뱉은 수많은 거짓 증거를 통해 얼마나 많은 사람들의 가슴에 깊은 상처를 주었습니까? 그래서 상처받고 견디기 어려운 불행과 고통 속에서 몸부림치다가 스스로 목숨을 끊는 분들이 이 땅 위에 얼마나 많습니까? 이제 우리의 얼마 남지 않은 여생이라도 사탄의 속임수에 의한 거짓말부터 버리고, 분노의 말도 더 이상 하지 말고, 더러운 말은 입 밖에도 내지 말고 선한 말만 하며 살아가야 합니다. 그리할 때 진정으로 우리의 삶이 행복하고 축복되고, 모든 관계가 회복되고, 복음의 통로로 귀하게 쓰임 받으며 하나님 아버지께 큰 영광을 돌리게 될 줄 확실히 믿습니다.

다 함께 결단의 찬송 "신실하게 진실하게"를 함께 부르며 믿음으로 결단하도록 하겠습니다.

1. 신실하게 진실하게 거룩하게 살게 하소서
신실하게 진실하게 거룩하게 살게 하소서
하나님 나의 마음 만져 주소서
하나님 나의 영혼 새롭게 하소서

2. 신실하게 진실하게 거룩하게 살게 하소서
신실하게 진실하게 거룩하게 살게 하소서
하나님 나의 기도 들어주소서
하나님 주의 길로 인도하소서

참으로 신실하신 하나님 아버지, 저희가 지난날 수많은 거짓 증거를 함으로 인해서 주위 사람들에게 얼마나 많은 상처를 주고 고통과 불행 속에 살게 했습니까? 그러나 이제라도 사탄의 속임수에 의한 어떠한 거짓말도 다 버리게 하여 주시옵소서! 분노의 말은 더 이상 하지 않게 하여 주시옵소서! 더 나아가 더러운 말은 입 밖에 내지 않고 선한 말만 하게 하여 주시옵소서! 그리함으로 남은 생을 주님 안에서 진정으로 행복하고 축복되고 모든 관계가 화평하고 복음의 통로로 쓰임 받으며 하나님 아버지께 큰 영광을 돌리게 하여 주실 줄 믿사옵고, 예수님의 이름으로 간절히 축복하며 기도하옵나이다. 아멘!

네 이웃의 집을 탐내지 말라

출애굽기 20:17

우리가 십계명의 말씀을 나눈 지 열 주일이 되었습니다. 제1-4계명이 하나님께 대해 지켜야 하는 말씀이라면 제5-10계명은 사람들에 대해서 지켜야 할 말씀인데, 제5계명은 부모 존중에 대해서, 제6계명은 생명 존중에 대해서, 제7계명은 가정 존중에 대해서, 제8계명은 물질 존중에 대해서, 제9계명은 언어 존중에 대해서 말씀하고, 오늘 마지막 제10계명은 이웃 존중에 대해서 말씀합니다. 이웃 존중에 대한 제10계명의 말씀인 출애굽기 20장 17절 말씀을 다 함께 읽겠습니다.

> "네 이웃의 집을 탐내지 말라 네 이웃의 아내나 그의 남종이나 그의 여종이나 그의 소나 그의 나귀나 무릇 네 이웃의 소유를 탐내지 말라"(출 20:17).

여기 본문에 나오는 '집'이란 히브리어로 'בַּיִת'(베트)라고 하는데 단

순히 거주지로서의 '집'(레 25:29)만을 의미하는 것이 아니라 이웃의 가진 모든 소유를 '집'이라는 상징으로 표현한 것입니다. 그래서 여기 '이웃의 집'이란 이웃의 아내나 그의 남종이나 여종이나 그의 소나 나귀 등 이웃의 모든 소유를 말합니다. 그렇다면 "네 이웃의 집을 탐내지 말라"는 구약의 율법을 신약의 복음으로 재해석하고 완성시키는 말씀이 어디에 있는가 기도하는 가운데 골로새서 3장 1-17절 말씀 가운데서 찾게 되었습니다.

우리가 그리스도와 함께 다시 살리심을 받았으면 위의 것을 찾고 땅의 것을 생각지 말라고 명령하면서 골로새서 3장 5절을 통해 들려주시는 말씀 가운데 우리가 어떻게 이웃의 집을 탐내지 않고 살 것인가, 이 시간도 하나님의 음성을 다 함께 들을 수 있길 바랍니다.

음란과 악한 정욕에 대해서 죽어져야 함

먼저 골로새서 3장 5절 상반절 말씀을 다 함께 읽겠습니다.

> "그러므로 땅에 있는 지체를 죽이라 곧 음란과…악한 정욕과…"(골 3:5상).

우리가 하늘의 것을 찾고 땅의 것을 생각지 않기 위해서는 땅에 있는 지체를 죽여야 하는데 가장 먼저 음란과 악한 정욕을 죽여야 한다는 것입니다. 여기 '음란'이란 헬라어로 'πορνείαν'(포르네이안)이라고 해서 '성적 부도덕'(sexual immorality)을 의미하고, '악한 정욕'은 헬라어로 'ἐπιθυμίαν κακήν'(에피튀미안 카켄)이라고 해서 '악한 욕망'(evil desires)을 의미합니다. 다시 말하면 출애굽기 20장 17절 상반절 제10계명의 맨 처음에 나오는 "…네 이웃의 아내(남편)…"를 탐내는 것입니다. 구약성경이 남성 위주의 가부장적 문화 속에서 기록되었기 때문에 아내만 언급하고 있지만 그 내면에는 '네 이웃의 아내나 남편이나' 다 내포되어 있습니다.

지금 말세 마지막 때 온 세상이 지금으로부터 4,500년 전 노아의 때처럼 장가들고 시집가는 것을 경고하셨습니다(마 24:37-38). 그것은 장가들고 시집가는 것이 나쁜 것이 아니라 장가들고 시집가고 이혼하고 재혼하면서 우리의 가정이 무너질 것을 예언하신 것입니다. 그리함으로 노아의 때 대홍수의 심판이 있었는데, 또한 말세 마지막 때는 지금으로부터 3,900년 전 롯의 때 동성애가 난무했던 것처럼 성적 타락에서 그치지 않고 변태성욕이라는 성도착증뿐만 아니라 동성애라는 성정체성 장애에 이를 정도로 극도로 타락해 버렸습니다. 그리함으로 롯의 때 유황불의 심판이 임했던 것처럼 말세 마지막 때 지옥불의 심판이 점점 임박해 오고 있는 현실입니다.

여러분, 왜 말세 마지막 때 많은 사람들이 성적인 타락에 빠져드는지 아십니까? 어린 시절의 사랑의 상처와 결핍이 우리 인생을 공허하게 만듭니다. 부모님이나 남편이나 아내나 자식들로부터 채워지지 않는 사랑은 하나님의 사랑만이 우리를 치유하고 회복시킬 수 있는데 많은 사람들은 인생의 공허함을 세상의 물질이나 명예나 향락으로 채우려고 하기에 그 가운데 특별히 성적인 타락에 빠져드는 것입니다. 그리하여 수단과 방법을 가리지 않고 성적인 만족을 구하지만 우리가 세상 가운데서는 참된 만족과 행복을 결코 누릴 수가 없습니다. 그래서 점점 성중독증에 빠져들고 마는 것입니다.

최근에 한 원로목사님에게서 이런 재미있는 글을 전해 받았습니다. 각국의 국민성이 다 달라서 남편이 바람을 피우면 아내들의 반응이 다르다고 합니다. 미국 아내들은 변호사를 찾아가고, 영국 아내들은 모른 척하고, 프랑스 아내들은 남편의 정부를 죽이고, 이탈리아 아내들은 남편을 죽이고, 스페인 아내들은 둘 다 죽이고, 독일 아내들은 혼자서 자살하고, 중국 아내들은 같이 맞바람을 피우고, 일본 아내들은 정부를 만나 사정을 하고, 한국 아내들은 유모차 끌고 광화문에 간다는 것입니다. 우스갯소리이긴 하지만 배신의 상처와 스트레스를 엄청 받아서 광화문에 나가서 사람들이 "○○○를 끌어내려라! 죽여라!" 하고 단체로 외칠 때 "그놈 새끼도 끌어내려서 죽여라!" 하고 소리치고 나면 풀린다니 얼마나 가슴이 아프면 그러겠습니까?

그런데 우리가 극도의 성적 타락의 말세 마지막 때의 이러한 정욕에 대해서 이겨낼 수 있는 방법은 다른 길이 없습니다. 디모데후서 2장 22절에 "또한 너는 청년의 정욕을 피하고 주를 깨끗한 마음으로 부르는 자들과 함께 의와 믿음과 사랑과 화평을 따르라"고 분명히 증거하지 않습니까? 정욕의 유혹은 무조건 피해 버리고, 주를 깨끗한 마음으로 부르는 성도들과 함께 의와 믿음과 사랑과 화평을 따르기 위해서 열심히 주님 앞에 나아와야 합니다.

가장 먼저 예배의 자리에 나아와야 하고, 기도의 자리에 나아와야 하고, 성경공부의 자리에 나아와야 하고, 찬양의 자리에 나아와야 하고, 교제의 자리에 나아와야 하고, 봉사의 자리에 나아와야 하고, 전도의 자리에 나아가야 하고, 해외선교의 현장에까지 나아가야 합니다. 이러한 은혜의 자리에 나아가게 될 때 놀랍게도 우리만 시간을 내고 물질을 쏟고 육신적으로 고생하고 손해 보는 것 같지만 오히려 우리가 영적인 큰 은혜를 받고, 큰 능력을 얻고, 큰 축복을 누리고, 큰 행복의 감격 속에 승리하며 일어서게 되는 것입니다.

그래서 우리가 가정예배, 야외예배, 감사예배, 특별예배, 사실 엄밀하게 말하면 수요 밤예배, 금요 심야기도회, 새벽기도회까지도 비공식예배(Informal worship)로서 우리가 언제 어디서나 드릴 수 있습니다. 그러나 적어도 공식예배(Formal worship service)인 주일예배만은 코로나19의 어떠한 환난과 핍박 속에서 하나님께서 명하신 대로 하나님께서 택하신 곳인 성전에 나아와 예배를 드리고, 추수감사주일 축제와 같은 특별절기예배에 믿음의 정성을 다 쏟아야 합니다.

그리할 때 우리가 성령님의 은혜를 뜨겁게 체험하고, 성령님의 능력을 받을 수 있습니다. 우리의 힘으로는 음란과 악한 정욕을 결단코 이겨낼 수 없지만 성령님께서 주시는 능력으로 말미암아 능히 이겨내고, 육신 세상에서 얻을 수 있는 쾌락과 비교할 수 없는 천국의 축복과 행복의 감격을 누리며 살아가게 될 줄 분명히 믿으시기 바랍니다.

부정과 사욕에 대해서 죽어져야 함

계속해서 골로새서 3장 5절 중반절 말씀을 다 함께 읽겠습니다.

> "…부정과 사욕과…"(골 3:5중).

여기 나오는 '부정'이란 헬라어로 'ἀκαθαρσίαν'(아카타르시안)이라고 해서 '깨끗하지 못하고 순수하지 못함'(impurity)을 의미하고, 그다음의 '사욕'은 헬라어로 'πάθος'(파토스)라고 해서 '욕망'(lust)을 의미합니다. 그래서 '부정과 사욕'이란 한마디로 '불순한 욕망'을 의미하는데 출애굽기 20장 17절 중반절의 제10계명의 중간에 나오는 "…그의 남종이나 그의 여종…"을 탐내는 것인데 주위 사람들까지도 탐내고 동원하여 자신의 목적하는 바를 이루기 위한 불순한 욕망을 말하는 것입니다.

여러분, 우리가 왜 자꾸 세상의 이러한 불순한 욕망에 목을 매는 줄 아십니까? 역시 인생의 공허함을 세상의 명예로 채우려고 하기 때문입니다. 세상의 불순한 욕망을 가지고 자꾸 편을 가르고 자기 세력을 만들려고 하고 세를 과시하려고 합니다. 그러나 이 모든 것이 결국은 하나님께서 다 허물어 버리실 인간 바벨탑을 쌓는 헛고생을 하고 있는 것입니다. 오히려 지난날에 쌓아 놓은 명예조차도 다 허물어뜨리고 파멸에 이르고 맙니다.

그런데도 말세 마지막 때 우리 주위에서도 흔히 볼 수 있는 일들은 가정에서도 가족들을 자기편으로 만들어서 자기의 목적하는 바를 이루고자 하고, 직장에서도 동료들을 자기 편으로 만들어서 자기의 목적하는 바를 이루고자 하고, 심지어 교회 안에서도 그것이 불의한 일일수록 사탄의 조종을 받아 교인들을 자기편으로 끌어모아서 세력화하고 대적하며 나아옵니다. 그러나 우리가 하나님의 말씀대로 살지 않고, 하나님의 편에 서지 않고, 하나님의 뜻을 따르지 않으면 한때는 힘을 쓰는 것 같고, 큰소리를 치는 것 같고, 자신들의 뜻대로 되는 것 같지만 결국에는 다 무력화되고 다 흩어지고 다 망하고 맙니다.

우리는 지난 2020년 11월 3일(화)에 있었던 미국 대통령 선거를 보면서도 그러한 영적 교훈을 얻었습니다. 이번 선거는 미국 대선 역사상 가장 많은 1억 3,980만 명이 투표해서 투표율이 68%에 이를 정도로 120년 만에 최고 높은 수치를 기록한 것으로 나타났습니다. 당선이 확실시되던 민주당의 조 바이든(Joe Biden) 후보가 초반에 예상

밖으로 고전하고 도널드 트럼프(Donald Trump) 대통령이 여론조사에 밀리면서도 막판 대역전의 괴력을 발휘하는 결정적인 이유가 뭘까 하고 생각해 보았습니다.

지난번 대선에서 언행은 신실하지만 그래도 이슬람교를 수용하고 동성애를 인정하는 비성경적인 신앙을 가진 민주당 힐러리 클린턴(Hilrary Clinton) 후보보다는 하나님께서 보실 때 트럼프 대통령의 독불장군 언행에 망나니처럼 문제가 많지만 유일신 하나님을 철저히 인정하고 믿으려는 복음주의 신앙을 따르니까 도널드 트럼프 대통령의 손을 들어주신 것이 아닌가 하는 생각이 들었습니다.

그런데 지난 4년 동안 우리는 남의 나라 대통령이지만 트럼프 대통령에 대해서 너무 큰 실망을 하였습니다. 그는 대통령이 된 후에 교만에 빠져서 법과 상식을 무시하고 동맹관계에 있는 우방 국가들을 다 외면하고, 우리나라에 대해서도 미군 철수로 위협하면서 방위비 분담금 인상을 요구하고, 김정은 위원장과 사랑의 밀월관계라고 하면서 북한의 신형 핵미사일 개발만 허락한 셈입니다. 더욱이 코로나19가 미국에 급속도로 확산되어서 하루에 확진자가 20만 명이나 나올 정도로 세계에서 가장 많은 1,000만 명에 이르는 확진자와 25만 명에 이르는 엄청난 사망자를 낳으면서도 자신 때문에 많은 사람들이 살아났다는 궤변을 쏟아놓고 있습니다. 그의 모든 말과 정책은 자신의 이익과 명예를 위한 한낱 구호에 불과하고 아무런 모범도, 감동도 줄 수가 없었습니다.

더구나 마지막 대선 결과를 놓고도 그가 불리하니까 근거 없는 주장과 허위 비방을 일삼으며 끝까지 민주주의의 기본 원칙도 지키지 않고 소송전으로 대선 불복을 하려는 모습을 보면서 오죽하면 미국의 메이저 방송사들이 더 이상 대통령의 백악관 기자회견 도중에 중계를 하지 않고 증거가 없는 거짓말이라고 하지 않았습니까? 그가 마지막으로 퇴장하는 모습까지도 얼마나 구차하고 비참한 모습입니까?

막판에 대역전으로 바이든 후보가 대통령에 당선되어 가는 것을 보면서 자신이 복음주의 신앙을 가졌다고 아무리 큰소리를 쳐도 삶이 받쳐주지 않으면 다 무너진다는 것을 다시 한 번 깨달았습니다. 그래서 살아 계신 하나님께서 인간의 입술뿐인 신앙보다도 내면의 신실한 신앙과 삶을 우선시하시고, 인간의 자기주장보다도 하나님께서 기뻐하시는 일을 더욱 우선시하시고, 인간의 영화를 구하기보다도 하나님의 영광을 드러내는 일을 기뻐 받으신 것입니다.

그러므로 이제라도 우리가 더 이상 육신적이고 세상적이고 인간적인 불순한 욕망이나 계략부터 다 버려야 합니다. 오히려 무엇보다 온 천하보다 귀한 영혼에 대한 깊은 관심과 불타는 사랑을 가지고, 지옥 불못을 향해 떨어져 죽어가고 있는 우리의 사랑하는 가족, 친척, 친구, 이웃들부터 지옥 불못에서 살려내기 위해 사랑으로 섬기고 감동시키고 강권하여서 주님의 전으로 인도해서 그들의 영혼을 구원하고, 상처받은 마음부터 치유하고, 그들을 주님의 제자로 양육해야 합니다. 그리하여 마지막 때 사명을 충성스럽게 감당하여서 하나님께 복되게 쓰임 받고 큰 영광 돌려드려야 하는 것입니다.

그러므로 다른 길이 없습니다. 우리의 불순한 욕망에 대해서 철저히 다 죽어져야 합니다. 그래서 갈라디아서 2장 20절에 "내가 그리스도와 함께 십자가에 못 박혔나니 그런즉 이제는 내가 사는 것이 아니요 오직 내 안에 그리스도께서 사시는 것이라 이제 내가 육체 가운데 사는 것은 나를 사랑하사 나를 위하여 자기 자신을 버리신 하나님의 아들을 믿는 믿음 안에서 사는 것이라"고 분명히 증거하시지 않습니까?

우리는 날마다 순간마다 깨어서 주님을 바라보면서 "주여! 주여!" 하고 부르짖으면서 우리의 성격과 기질과 혈기에 대해서 성령님의 도우심을 구하면서 "내 몸에서 그리스도만 존귀히 되길 원합니다" 하고 우리가 주님의 십자가에서 죽어져야 합니다. 그리하면 내 뜻이 아닌 하나님의 뜻을 자연스럽게 따르게 되고, 내 주장이 아닌 하나님의 말씀에 놀랍게 순종하게 되고, 내 이익이 아닌 하나님의 영광을 위해서 복되게 살아가게 됩니다.

그것도 성령님이 충만할 때만 그러고, 은혜가 충만할 때만 그러고, 모든 것이 내 뜻대로 될 때만 그러고, 모든 것이 내게 이익이 될 때만 그러는 것이 아니라 가정에서나 직장에서나 세상 어디서든지 날마다 순간마다 그리해야 합니다.

그래서 바울 사도는 고린도전서 15장 31절에서 "형제들아 내가 그리스도 예수 우리 주 안에서 가진 바 너희에 대한 나의 자랑을 두고 단언하노니 나는 날마다 죽노라"고 담대히 외쳤던 것입니다. 바울 사도는 이렇게 날마다 순간마다 죽어짐으로 수많은 주의 종들과 성도들의 감동적인 모범이 되고, 기독교 역사상 가장 위대한 사도가 되어서 영원히 하나님의 나라에 빛나는 영적인 스타가 된 것입니다.

우리도 바울 사도의 순교적 신앙을 따라 주님의 십자가에서 날마다 죽어져야 합니다. 그리할 때 주님의 십자가에서 죽어진 우리를 주님께서 친히 복되게 하시고, 귀하게 쓰시고, 크게 높여주시고, 놀랍게 영광 거두어 주십니다.

그러므로 이제는 우리가 불순한 욕망에 대해서 날마다 순간마다 철저히 죽어질 때 우리가 진정으로 주님께서 기뻐 받으시는 복된 여생을 살아가게 될 줄 확실히 믿습니다.

탐심에 대해서도 죽어져야 함

마지막으로 골로새서 3장 5절 하반절 말씀을 다 함께 읽겠습니다.

"…탐심이니 탐심은 우상숭배니라"(골 3:5하).

여기 나오는 '탐심'이란 헬라어로 'πλεονεξίαν'(플레오넥시안)이라고 해서 문자 그대로 '탐욕'(greed)을 의미합니다. 그것은 출애굽기 20장 17절 하반절 제10계명의 마지막에 나오는 "…그의 소나 그의 나귀…" 등 이웃의 모든 소유를 말합니다. 그러므로 우리가 이러한 모든 이웃의 소유에 대해서 하나님보다 더 사랑하는 것이 우리의 우상이니까, 말세 마지막 때 그러한 우상숭배의 탐심을 더 이상 가지지 말라는 것입니다.

우리의 인간의 공허함이 세상의 정욕이나 명예욕으로도 만족이 안 되니까 마지막으로 물질욕에 빠져들게 됩니다. 그리하여 그 물질을 붙잡고 위로를 받으며 행복을 얻으려고 합니다. 그러나 우리는 어차피 빈손으로 왔다가 빈손으로 떠나갈 인생인데 지금까지 먹고 입고 쓰고 즐겁게 살았으면 되었지 그 이상 바랄 게 뭐가 있겠습니까? 더구나 "주님께서 쓰시겠다!"고 하실 때 미련 없이 내어놓고 바치고 나누고 베풀면서 하나님께 쓰임 받을 수 있다는 것이 얼마나 큰 기쁨이고 감격이고 축복이고 행복입니까? 그런데도 우리의 탐심 때문에 그저 물질을 끝까지 움켜쥐고 있다가 하나님께서 가장 기뻐하시는 일을 하나도 못하고 어느 날 갑자기 떠나버리면 이보다 더 불행하고 불쌍한 인간이 어디에 있겠습니까?

그래서 감리교 창시자 존 웨슬리(John Wesley) 목사님은 "우리의 지갑이 열리기 전에는 진정한 회개는 없다"고 강조하였습니다. 사실 우리가 돈을 아무리 많이 벌고 가지고 있어도 쓴 것만이 내 것이지, 쓰지 못하고 떠나면 다 남의 것입니다. 그러므로 살아생전에 하나님께서 주신 축복을 바치고 나누고 베풀면서 살아갈 때 진정으로 의미 있고 보람되고 행복하게 살아가게 됩니다.

한 집사님이 기차여행을 떠났는데 마침 옆자리에도 교회 집사님이 앉아서 서로 가정 이야기도 하고 교회 이야기도 나누면서 잘 가는데 마침 점심시간이 되었습니다. 한 집사님이 싸 온 김밥 도시락이 1인분밖에 안 되어서 옆자리 집사님이 잠들기만 기다렸습니다. 이윽고 피곤에 지쳤는지 코 고는 소리가 들리자 얼른 도시락을 꺼내서 허겁지겁 먹어치우고 있는데 김밥의 고소한 참기름 냄새가 옆 집사님의 코끝을 찔렀습니다. 잠에서 깨어난 집사님이 살며시 실눈으로 보니까 조금 전까지만 해도 그렇게 사랑으로 대화하던 집사님이 자기가 잠든 사이를 못 참고 혼자 김밥을 먹어치우느라고 정신이 없는 것입니다. 아니, 김밥 좀 나눠 먹으면 자신도 감사해서 뭐라도 사줄 것 아닙니까? 김밥이 뭐 그리 아깝다고 정신없이 혼자 먹어치우는 것을 보고 괘씸한 생각이 들었습니다. 그래서 잠든 척하면서 잠꼬대 비슷하게 "네 이웃을 네 자신같이 사랑할지니라!"고 말했더니 옆에서 혼자 정신없이 김밥을 먹어치우던 집사님이 그 소리를 듣고 가슴이 뜨끔했습니다. 정신없이 먹던 김밥이 목에 탁 걸리는 느낌이어서 김밥을 먹다 말고 잠꼬대하는 집사님을 향해서 대뜸 내뱉는 말이 "네 이웃의 것을 탐내지 말지니라!" 그랬다고 합니다. 김밥을 혼자 빨리 먹어치우는 집사나 그것을 빼앗아 먹으려는 집사나 그 집사에 그 집사 아닙니까? 여기에 무슨 형제의 사랑이 있고, 그래 가지고 무슨 하나님의 축복을 누릴 수가 있겠습니까?

이러한 우리는 누가복음 12장에 나오는 어리석은 부자와 다를 바가 아무것도 없습니다. 풍성한 추수를 하고 곡식을 쌓아 둘 곳이 없어서 곳간을 헐고 더 크게 짓고 모든 곡식과 물건을 거기에 쌓아두고 자기 자신에게 말합니다. "내 영혼아, 여러 해 쓸 물건을 많이 쌓아두었으니 평안히 쉬고 먹고 마시고 즐거워하자." 하지만 하나님께서 뭐라고 답하십니까? "어리석은 자여, 오늘 밤에 네 영혼을 도로 찾으리니 그러면 네 준비한 것이 누구의 것이 되겠느냐?"고 책망하시면서 누가복음 12장 15절에 "삼가 모든 탐심을 물리치라 사람의 생명이 그 소유의 넉넉한 데 있지 아니하니라"고 분명히 경고하시지 않습니까?

그런데도 지난날 우리의 마음속에 탐심이 생겨서 언젠가는 다 버리고 떠나야 할 그 물질이 그토록 아까워서 헌금도 못하고 구제도 못하고 봉사도 못하고 선교도 못했다면 이 얼마나 어리석은 탐심입니까? 그 탐심을 미련 없이 다 물리쳐야 한다는 것입니다. 사람의 생명이 그 소유의 넉넉한 데 있지 않고, 사람의 성공이 그 물질의 넉넉한 데 있지 않고, 사람의 행복이 그 쌓아둔 것의 넉넉한 데 있지 않기 때문입니다. 오히려 바치고 나누고 베풀며 살아보십시오. 그 기쁨이 얼마나 크고, 그 감격이 얼마나 놀랍고, 그 축복이 얼마나 새롭고, 그 행복이 얼마나 큰지 모릅니다. 그것은 탐심을 물리친 자들만이 체험하는 놀라운 영적인 비밀이고, 복음의 비밀이고, 신앙 체험의 비밀입니다.

미국의 케빈 제다이(Kevin L. Zadai) 목사님이 쓴 《초자연적 재정》(Supernatural Finances)이란 책이 최근에 출판되었습니다. 제다이 목사님은 1992년 서른한 살 때 병원에서 수술을 받던 도중 숨을 거두었는데 그가 죽음 후에 천국에서 예수님을 대면하는 영적으로 깊은 체험을 하게 된 것입니다. 그리고 그가 다시 살아나기까지 45분 동안 주님께서 그에게 영적인 진리를 계시해 주시고 초자연적인 사역에 대한 소명을 주셔서 그가 결국 하나님의 종으로 부르심을 받고, 자신이 체험한 초자연적 세계를 체험하도록 돕는 사역을 하고 있는데 특별히 축복과 번영을 위한 하늘나라의 청사진으로서 이 《초자연적 재정》이란 책을 썼습니다.

그 내용은 성경에 이미 하나님께서 다 명령하신 것이지만, 우리가 코로나19의 이 경제의 위기 속에서 초자연적인 재정의 축복을 회복하기 위해서는 늘 강조하였던 내용입니다. 첫째, 온전한 십일조를 드리라(말 3:10). 둘째, 하나님을 경외함으로 구제하라(행 10:2). 셋째, 하나님의 말씀대로 심고 거두라(갈 6:7-8). 넷째, 주고받는 법칙을 잊지 말라(눅 6:38). 다섯째, 되갚을 수 없는 사람에게도 베풀라(눅 12:33-34). 여섯째, 성령님 안에서 간구하라(롬 8:26-28). 위의 내용을 한마디로 요약하면 우리의 물질을 아까워하지 말고, 복의 근원 되시는 하나님께 바치고, 고통당하는 이웃을 위해 나누고 베풀면서 하나님의 축복의 약속의 말씀들을 그대로 지켜 행하면 이 땅의 복뿐만 아니라 하늘의 상을 기필코 얻게 된다는 것이었습니다.

특별히 우리는 다음 주일 해피데이축제를 앞두고 있는데 우리가 전도해야 할 사랑하는 가족이나 친척이나 친구나 이웃들에게 식사대접을 하고 선물도 하고 물질의 구제도 하면서 우리의 사랑의 정성을 다할 때에 그 물질이 얼마나 소중하게 쓰임 받은 것입니까? 우리의 몇만 원, 몇십만 원을 통해 온 천하보다 귀한 영혼을 살려낸다면 그 몇만 원, 몇십만 원이 세상의 몇억 원, 몇십억 원보다도 귀하게 쓰임 받은 복된 일입니다.

그런데 목회를 하면서 보면 돈을 몇억, 몇십억, 몇백억 가졌다고 거룩한 주의 일 하는 것이 결코 아닙니다! 항상 십일조헌금이나 사랑의 구제헌금을 하는 성도님들의 명단을 보면 비록 가진 것도 없고 경제적인 여유도 없고 모아놓은 것 없는데도 하나님께 대해서 부요하고 믿음에 부요하고 영적으로 부요하기 때문에 그들은 헌금하고 구제하고 봉사하고 선교합니다. 그런데 놀라운 사실은 이 모든 물질의 헌신에 대해서 주님께서는 우리의 여생이 복되고 우리의 자손들이 잘될 뿐만 아니라 하늘의 상과 면류관이 예비되어 있다고 말씀하십니다. 그러므로 우리가 아무리 코로나19로 인해 다 어렵고 힘들어도 모든 탐심을 물리치고 주님께서 쓰시겠다 하면 언제든지 기쁨으로 바치고 나누고 베풂으로써 이 땅에 사는 동안 선한 청지기의 사명을 잘 감당해서 여생도 복되고 자손도 잘되고 영원히 주님의 상급이 이어지게 될 줄 확실히 믿으시기 바랍니다.

지금으로부터 30년 전인 1990년 9월, 김포국제공항 출국장에서 당시 28세였던 백영심 간호사는 평신도 선교사로서 아프리카 케냐로 의료선교를 떠났습니다. 돌아올 날이 정해져 있지 않아서 부모님은 사랑하는 딸을 잃는다는 마음에 공항 바닥에 두 다리를 쭉 뻗고 주저앉아 엉엉 울었습니다.

원래 백 선교사님은 제주 조천읍 함덕리에서 2남 4녀 중 셋째 딸로 태어나서 대학까지 제주도에서 마쳤습니다. 원래 백 선교사님은 큰언니 권유로 간호대학에 입학했지만 "나는 왜 사는가?", "무엇 때문에 간호 공부를 하는가?"와 같은 물음이 계속되어서 방황을 많이 했었다고 합니다. 그러다 대학교 1학년 여름방학 때 여수에 있는 애양원(한국 최초의 한센병자 치료병원)을 방문했는데 거기서 한센병 환자들이 일그러진 얼굴과 손가락, 발가락이 뜯겨져 나간 손목으로 박수를 치며 눈물로 찬양하고, 그 절망적인 고통과 불행 속에서도 주님만이 위로가 되고 소망이 되셔서 '아멘' '아멘' 하면서 하나님의 말씀을 받고 하나님의 기적의 치유의 응답만을 간구하며 눈물로 부르짖는 그들의 통곡의 기도 소리를 들으면서 거기서 완전히 깨어지고 말았다고 합니다.

그곳에 사는 한센병자들은 손과 발이 문드러지고 얼굴이 일그러지고 그토록 믿고 의지했던 사랑하는 가족들로부터도 버림당하고 세상에 소망이 없이 너무도 외롭고 힘들게 살아가는 사람들인데 천국에 사는 사람들처럼 감사하고 서로 사랑하며 위로하며 그렇게 평안해 보였습니다. 그분들을 보면서 그녀에게 사는 이유는 사랑이고, 그 사랑을 실천하는 도구가 간호학이라는 인생의 새로운 사명과 비전과 목표가 생겨났습니다. 그래서 간호학을 공부해서 사랑을 실천하는 삶을 살고 가장 어렵고 힘든 곳에서 쓰임 받았으면 좋겠다고 마음먹었습니다.

그런데 졸업 후 대학 병원에서 6년간 일했는데 스스로 성장할 수 있는 시간이었지만 한편으로는 급여나 생활 안정면에서 안주해 버릴 것 같아서 겁이 났다고 합니다. 그러던 중 서울의 다니던 교회에서 아프리카 케냐에 간호사가 필요하다는 말을 듣고 "제가 가겠습니다" 하고 자원했습니다. 가족들은 가지 않기를 바랐고, 그때 또 하필이면 안 들어오던 선도 많이 들어왔는데 결혼해서 평범하게 아기 낳고 살면 하고 싶은 일을 못할 것 같아서 둘 중 하나를 선택해야 한다고 생각했습니다. 자신을 절실히 요구하는 곳에서, 더 열악하고 힘든 곳에서 도움이 되었으면 좋겠다고 생각했는데 그게 아프리카였고, 한국의 대학병원은 그녀가 없어도 일할 사람이 많아서 케냐로 떠나기로 결심을 했습니다. 그러니 자식을 육지로 내놓는 일만 해도 조마조마했는데 그 귀한 셋째 딸이 결혼도 하지 않은 채 이 지구상의 가장 오지인 아프리카로 혼자 떠나간다니 부모 입장에서는 얼마나 가슴이 무너질 일입니까?

백 선교사님을 아프리카로 파송했던 교회에서조차도 그가 몇 년 내로 금방 돌아올 줄로 생각해서 처음엔 정식 선교사 후원 대신 교회 청년들이 모아준 300달러(약 36만 원)와 병원 퇴직금을 가지고 떠났습니다. 그런데 백 선교사는 아프리카에서 30년 동안 아프리카 현지 사람들이 부르는 애칭인 'Sister Baek'(백 자매님)으로 살았는데 그렇게 그녀의 인생은 아프리카 오지에서 이름도 없이 사라지는 줄 알았습니다.

아프리카 케냐로 가서 4년 일했는데 케냐만 해도 동부 아프리카 중심 나라이고, 수도인 나이로비에서는 국제회의도 많이 열리고 대형 병원도 있었습니다. 그러나 당시 세계보건기구(WHO)에 의하면, 말라위는 의료진이 인구 대비 가장 부족한 나라라고 해서 1995년 아프리카 중에서 최빈국이라는 말라위로 옮겨 갔습니다. 말라위에 가서 보니까 초기라면 간단하게 치료할 수 있는 병을 오래 내버려둬서 위험해진 경우가 너무도 많았습니다. 조기 치료와 추후 관리까지 할 수 있는 진료소가 필요하다는 생각을 했지만 그러려면 돈이 필요한데 1997년 당시 한국은 IMF 외환 위기로 많이 어려웠습니다. 지인들이 도와줬지만 자신의 생활비부터 줄여야 해서 바나나 하나, 커피 한 잔으로 하루를 버티는 날이 많았다고 합니다. 내가 가진 건 몸 하나, 젊다는 게 전부여서 그거라도 바쳐야겠다는 심정이었습니다.

한 번은 새벽에 아이 엄마가 뇌성 말라리아 아이를 품고 진료소에 찾아왔는데 이미 혼수상태여서 아이가 손도 못 써보고 백 선교사님 품에서 죽었습니다. 아이를 땅에 묻고 돌아오면서 "주님, 의료 시설이라도 뒷받침된다면 이 아이들을 살릴 수 있지 않겠습니까? 병원을 세우게 해주시옵소서!" 하는 간절한 기도가 터져 나왔습니다.

그렇게 병원 설립을 위해서 간절히 기도하면서도 꿈으로만 간직하나 싶었는데 어느 날 이동진료를 가는 길에 한국에서 전화가 한 통이 걸려왔습니다. 이름도, 얼굴도 모르는 분인데 "뭐가 필요하냐?"고 묻는데 백 선교사님은 1,000불(120만 원)로 살림을 하는 사람인데, 이분은 도와주시겠다는 규모가 다르더랍니다. 자꾸 필요한 걸 말해보라고 해서 병원이 필요하다고 했습니다. 그런데 병원이 1-2억 원 들어서 세울 수 있는 게 아니지 않습니까?

당시 백 선교사님에게 전화한 사람은 해운회사인 대양상선 회장인 정유근 장로님이었는데 정 회장은 유엔세계식량계획(WFP)과 함께 아프리카 기아 국가를 위한 원조식량 운송을 하고 있었습니다. 가난과 기근으로 고통받는 국가를 직접 도울 방안을 찾던 정 회장은 유엔세계식량계획을 통해 백 선교사님을 소개받았고, 그해 10월 아프리카에 'Miracle for Africa'(아프리카를 위한 기적) 선교재단을 세워 병원 건립을 시작했습니다. 정 회장이 재단이사장, 백 선교사님이 이사를 맡아서 감격스럽게도 2년 5개월 만에 200병상 규모의 최신식 장비를 갖춘 '대양누가병원'이 말라위 수도 릴롱궤에 세워졌습니다.

기공식에 말라위 대통령도 왔는데 병원 기공식 날, 대통령이 오신다고 태극기를 가져오라고 해서 급하게 태극기 100개를 구했는데, 말라위 대통령이 달리는 길 양쪽으로 태극기가 펄럭거리는데 너무도 감격스러워 고향에 두고 온 부모님 생각에 눈물이 그렇게 나고 한국인으로서 자부심도 느껴졌다고 합니다. 병원이 준공된 날 감사예배를 드리면서 '이제는 아프리카 사람들을 살려낼 수 있겠다'는 마음에 그렇게 감격의 눈물이 흘러내렸습니다. 그리고는 그렇게 지은 병원에서 아무런 직책도 맡지 않았고, 병원에서 제일 좋은 방을 쓰라고 했지만 제일 좋은 방은 현지인 병원장 주고, 주요 직책도 다 현지인들한테 맡겼습니다. 이 병원은 자신의 것이 아니라 하나님의 것이고, 이 말라위 사람들을 위한 것이라고 생각한 것입니다.

이처럼 이름도 없이 빛도 없이 섬겼던 그녀의 공로가 결국에는 다 드러나고 인정을 받게 되었습니다. 2008년 이명박 전 대통령이 도산 안창호 선생의 막내아들인 안필영 씨 등을 포함해 세계 각국에서 한국인의 위상을 드높인 재외동포 42명을 '건국 60주년 재외동포 명예위원'으로 위촉했는데 그때 백 선교사님도 여기 포함되면서 처음 언론에 이름이 알려졌습니다.

당시 짐바브웨·말라위 겸임 대사가 대양누가병원 기공식에 참석하면서 그가 일했던 진료소에도 방문했는데 그 이후 한국에서 명예위원이 되었다는 연락이 왔습니다. "저 너무 바빠서 못 갈 것 같습니다" 했더니 "그게 얼마나 치열한 경쟁을 뚫고 된 건데 무슨 말이냐?" 고 해서 너무 거절하면 교만하다고 할 것 같아서 알겠다고 했습니다. 그때 비행기 좌석을 비즈니스석으로 예약해 주었는데 '나랏돈이고 나는 몸도 작은데 비즈니스석을 탈 필요가 없다'고 생각해서 이코노미석으로 자진해서 바꾸고 차액을 돌려받아서 그것으로 현지의 의료선교에 필요한 약품을 샀다고 합니다.

백 선교사님이 아프리카에 온 지 15년 정도 되었을 때인 2005년 그들에게 아무런 변화가 없다는 생각에 한때 회의감에 빠졌고, 이대로라면 100년을 여기서 살아도 그대로일 것 같았습니다. 그래서 교육만이 이들을 변화시킬 수 있다고 생각했고, 'Miracle for Africa'(아프리카를 위한 기적) 선교재단을 통해 2000년에 대양누가병원에 이어 2010년에는 대양간호대학을, 그 후 의과대학, 농과대학에 이어 2012

년에는 정보통신기술대학을 세웠습니다.

백 선교사님은 2012년 이태석 신부상 1회 때 수상을 권유받았지만 사양했는데 2회 때는 간호대학이 막 문을 열었는데 구급차도 필요하고 간호대학 통학버스도 필요한데 가만 보니 상금이랑 필요한 금액이 맞아떨어져서 받겠다고 했습니다. 2013년에는 나이팅게일 기장을 받았고, 2015년에 받은 삼성그룹이 제정한 호암상 상금 3억 원도 현지에 도서관을 짓는 데 썼다고 합니다. 그리고 금년 8월 성천상까지 받았습니다. 성천상은 JW중외제약의 창업자인 고 성천 이기석 회장님의 생명 존중의 정신을 기려 음지에서 헌신적인 의료봉사활동을 통해 의료복지 증진에 기여하면서 사회적인 귀감이 되는 참 의료인을 발굴하기 위해 제정된 상인데, 그 상금 1억 원도 현지 중·고등학교를 짓는 데 쓸 예정이라고 했습니다.

이처럼 백 선교사님은 국내외에서 굵직한 사회봉사, 의료인상을 두루 받았지만 언론 인터뷰는 손에 꼽을 정도입니다. 지난 8월 17일 성천상 수상을 위해 서울에 온 백 선교사님은 "저는 인터뷰할 만한 사람이 아닌데요" 하고 사양했고 상을 사양한 적도 많고, 인터뷰를 거절당한 기자도 많다고 합니다. 백 선교사님은 웃으면서 "다른 사람들이 다 각자 주어진 길을 가는 것처럼 저도 제 길을 가는 것뿐이지요. 언론에 나올 만한 일이 아니라고 생각했어요. 지금도 어쩌다 보니 제 일이 조금 알려졌습니다. 하지만 '오른손이 하는 일을 왼손이 모르게 하라'는 성경말씀이 있는데 저는 이 말씀을 '내가 한 일을 잊어버리는 것'이라고 생각하며 살았어요. 선교사로 조용히 숨어서 일하는 사람이 되고 싶어서 주변에 개인 정보도 잘 드러내지 않았어요" 하고 겸손히 대답했습니다. 또한 백 선교사님의 앞으로 목표는 평생 현역으로 살고 싶은 것인데 이제 병원은 현지인들이 자리를 잡아서 잘 해나가고 있기 때문에 그녀는 새로운 지역을 찾아나서려고 한다는 것입니다.

그녀는 살아가는 데 돈이 필요한 건 맞지만 '돈이 제일이다'라고는 말하고 싶지 않다고 했습니다. 그리고 주위에서 '노후에 어떻게 할 거냐?'고 걱정들을 하는데 아프리카는 고구마도 많고 호박도 많고 농산물은 매우 저렴하기 때문에 자기 몸 하나 입에 풀칠하고 살 수 있다는 배짱이 있었습니다. 이번에 성천상 시상식에 오면서 그녀가 입은 옷도 국제 구호품 시장에서 1달러 주고 산 셔츠와 면바지였습니다. 그녀는 필요한 건 오히려 남에게 나눠 줘야 할 만큼 넘치도록 받고 있다면서 한 번 사는 인생, 가장 최선의 삶을 살 수 있는 게 어떤 것인가 돌이켜보니까 지금까지 나누고 베풀고 섬기며 살아온 삶이 가장 행복한 삶이었다고 감격의 고백을 했습니다.

사랑하는 성도 여러분, 한 연약한 여인인 백 선교사님은 이름도 없이, 빛도 없이, 말도 없이 이렇게 의미 있고 보람되고 복된 여생을 살아왔습니다. 그런데 우리는 아직도 땅에 있는 지체를 죽이지 못하고 온갖 탐욕에 사로잡혀서 살다가 인생을 끝내 버린다면 이보다 불행하고 불쌍한 인생이 어디에 있습니까? 그러므로 이제라도 남은 여생 음란과 악한 정욕에 대해서 죽어지고, 부정과 사욕에 대해서도 죽어지고, 탐심에 대해서도 죽어질 때 우리가 하늘의 것을 찾고 땅의 것을 생각지 않으며, 진정으로 자손 대대로 영원히 복되게 살면서 주님께 큰 영광 돌리게 될 줄 확실히 믿습니다.

다 함께 결단의 찬송 복음성가 "행복"을 함께 부르며 믿음으로 결단하도록 하겠습니다.

화려하지 않아도 정결하게 사는 삶

가진 것이 적어도 감사하며 사는 삶
내게 주신 작은 힘 나눠 주며 사는 삶
이것이 나의 삶에 행복이라오
눈물 날 일 많지만 기도할 수 있는 것
억울한 일 많으나 주를 위해 참는 것
비록 짧은 작은 삶 주 뜻대로 사는 것
이것이 나의 삶에 행복이라오
이것이 행복 행복이라오
세상은 알 수 없는 하나님 선물
이것이 행복 행복이라오
하나님의 자녀로 살아가는 것
이것이 행복이라오

저희에게 영원한 복을 주시는 하나님 아버지, 주님께서는 저희가 진정으로 주님 안에서 복된 삶을 살길 원하시지만 저희가 하늘의 것을 찾고 땅의 것을 생각지 않는다고 하면서도 땅에 있는 지체를 죽이지 못했던 것을 통회 자복하옵나니 용서하여 주시옵소서! 이제 얼마 남지 않은 여생이라도 날마다 순간마다 음란과 악한 정욕에 대해서 죽어지게 하여 주시옵소서! 부정과 사욕에 대해서도 죽어지게 하여 주시옵소서! 탐심에 대해서도 죽어지게 하여 주시옵소서! 그리함으로 자손 대대로 영원히 복되게 살며 주님께 큰 영광 돌리게 될 줄 확실히 믿사옵고, 예수님의 이름으로 간절히 축복하며 기도하옵나이다. 아멘!

주 여호와께 보일지니라

출애굽기 23:14-17

우리는 지난 주일 추수감사주일로서 해피데이축제를 하나님의 은혜 가운데 잘 마쳤습니다. 그런데 오늘 본문 가운데에도 이스라엘 백성들이 매년 세 번에 걸쳐 주 여호와께 보여드려야 할 세 절기가 나옵니다. 그렇다면 우리가 이 세 절기를 통해서 영적으로 무엇을 우리 주 여호와께 보여드려야 하는지, 이 시간도 들려주시는 하나님의 영적인 음성을 다 함께 들을 수 있길 바랍니다.

믿음의 역사를 보여야 함

먼저 본문 15절 말씀을 다 함께 읽겠습니다.

"너는 무교병의 절기를 지키라 내가 네게 명령한 대로 아빕월의 정한 때에 이레 동안 무교병을 먹을지니 이는 그 달에 네가 애굽에서 나왔음이라 빈손으로 내 앞에 나오지 말지니라"(출 23:15).

가장 먼저 이스라엘 백성들은 무교병의 절기를 지켜야 했습니다. 이 무교병의 절기인 무교절은 4월 말경인 봄의 절기인데 일반적으로 무교절을 유월절과 동일시합니다만(눅 22:1) 엄밀하게 말하면 이는 구별되어야 합니다.

'유월절'(Passover)은 출애굽 때 애굽의 장자의 죽음에서 죽음의 신이 이스라엘 백성들의 가정들을 넘어간 데서 유래되어서, 이스라엘 백성들이 구원을 받고 애굽에서 해방된 날을 기념하여서 지키는 날로서 히브리 달력으로는 1월인 아빕월(출 12:2, 13:4), 바벨론 달력으로는 니산월(느 2:1; 에 3:7) 14일 밤에 지켰습니다. 그리고 '무교절'(the Festival of Unleavened Bread)은 유월절에 누룩 없는 떡을 먹었다고 해서 붙여진 이름인데 유월절 다음 날 15일부터 21일까지 7일간 지켰습니다(레 23:5-6; 민 28:16-17). 중요한 사실은 이스라엘 백성들이 죄악 세상인 애굽에서 해방된 구원의 감격 속에서 유월절과 무교절을 지켰기 때문에 빈손으로 주님 앞에 나오지 말고 감사의 예물을 가지고 나아오라고 명령하셨던 것입니다(신 16:16-17).

지난날 우리도 죄악 세상에서 영원히 멸망당할 수밖에 없었는데 세상 죄를 지고 가는 유월절 어린 양(요 1:29)이 되시는 예수님께서 십자가에서 우리의 모든 죄악과 상처와 질병을 대신 지심을 믿음으로 말미암아 구원을 받았습니다. 그렇다면 우리가 십자가의 구원의 은혜에 감격하면서 우리 안에 새롭게 시작된 믿음의 역사를 보여줄 수 있어야 합니다.

그래서 데살로니가전서 1장 2절과 3절 상반절에 "우리가 너희 모두로 말미암아 항상 하나님께 감사하며 기도할 때에 너희를 기억함은 너희의 믿음의 역사와…"라고 증거합니다. 바울 사도는 데살로니가 교회를 위해서 항상 감사하며 기도할 때에 그들의 믿음의 역사를 기억했는데 여기서 우리가 주목해야 할 것은 우리에게 믿음이 있다면 우리의 믿음에는 역사가 따른다는 것입니다. 말로만 떠들며 어떠한 역사도, 어떠한 열매도 없는 믿음은 행함이 없는 믿음처럼 죽은 것이라고 합니다.

믿음장인 히브리서 11장 1-2절에 "믿음은 바라는 것들의 실상이요 보이지 않는 것들의 증거니 선진들이 이로써 증거를 얻었느니라"고 말씀합니다. 우리의 믿음에는 반드시 역사가 따르는데 우리가 현재에 믿음을 가지면 미래에 바라는 것들의 실상이 나타나고, 과거에 보이지 않는 것들의 증거를 분명히 얻게 된다는 것입니다. 그래서 히브리서 11장 믿음장을 보면 믿음의 선진들인 최초의 순교자 아벨로부터 시작해서 죽음을 보지 않고 하늘나라로 옮겨간 에녹, 심판의 방주를 예비했던 노아, 믿음의 조상 아브라함과 사라, 그의 후손들인 이삭, 야곱, 요셉, 이스라엘 백성들을 출애굽 시킨 모세, 여리고성 정탐꾼을 영접한 기생 라합, 위대한 사사들인 기드온, 바락, 삼손, 입다, 그리고 이스라엘 왕국을 이끌어간 다윗, 사무엘과 이스라엘 백성들을 영적으로 이끌어간 선지자들과 순교자들이 믿음의 역사를 일으킨 증거들이 다 나옵니다.

그런데 우리는 어떠합니까? 우리가 언제 구원의 감격을 느꼈고, 우리가 언제 기도의 응답을 받았고, 우리가 언제 기적의 역사를 체험해 보았습니까? 우리가 구원의 믿음을 가졌다고 하면서도 우리의 삶 가운데 믿음의 역사가 일어나지 않고 구원과 치유와 양육의 열매를 보일 수 없다면 그것은 행함이 없는 죽은 믿음이나 다를 바가 없습니다. 그래서 더 이상의 주님의 풍성한 은혜와 축복과 행복을 누리지도 못하고 이대로 살다가 인생을 끝내고 마는 것입니다.

그렇다면 우리가 어떻게 믿음의 역사를 일으켜 나갈 수 있습니까? 진리는 지극히 단순합니다. 마태복음 17장 21절에 "기도와 금식이 아니면 이런 유가 나가지 아니하느니라"고 분명히 증거하고 있듯이 우리가 어렵고 힘들고 앞이 캄캄할수록 만민이 기도하는 집인 주의 전에 나아와서 우리가 하나님의 축복의 약속의 말씀을 '아멘'의 믿음으로 확실히 믿고 살아 계신 하나님께 부르짖으며 기도하고, 기도해도 안 되면 금식하면서 매달릴 수 있길 바랍니다.

지난 추수감사주일 해피데이축제를 위해 특별새벽기도회를 갖는 가운데 들은 이야기입니다. 다른 교회에 다니시는 장로님이 3년 전에 우리 치유하는교회에 치유의 은혜가 넘친다는 소문을 듣고 새벽기도회에 나오셨다가 안수기도를 받으러 오셨습니다. 오른쪽 머리가 오랫동안 계속해서 너무도 통증이 심하다고 하시면서 안수기도를 부탁하시는데 제가 무슨 능력이 있습니까? 예수님께서 십자가에서 우리의 죄악과 상처와 질병을 대신 담당해 주셨다는 믿음으로 간절히 안수기도를 해드렸는데 그날 이후로 깨끗이 나아 버렸다는 것입니다. 그래서 장로님만 새벽기도회에 빠짐없이 나오실 뿐만 아니라 아드님 안수집사님 내외까지 우리 치유하는교회로 인도해서 지금 2부 예배 시온찬양대에서 충성을 다하고 있습니다.

그뿐만이 아니고 치유의 역사가 매주 계속해서 일어나고 있습니다. 지난주 월요일 치유상담연구원에 강의를 마치고 나오는데 한 권사님이 따라나오면서 그런 말을 했습니다. 3주 전에 강의를 마치고 나오는데 그 권사님이 오랫동안 불면증에 시달렸다면서 교수님의 안수기도를 받으면 나을 것 같아서 달려왔다고 지하주차장까지 따라나왔습니다. 제 마음속에 믿음이 대단하신 권사님이라는 생각이 들어서 더욱더 부담이 되었습니다. 그러나 늘 말씀드리지만 저는 아무런 능력이 없지만 주님의 십자가의 치유의 능력만 믿고 간절히 기도해 드렸는데 그 뒤로 잠을 잘 자게 되었다고 너무도 감사하다는 것입니다.

그런데 우리는 지금 그 어떠한 질병보다도 코로나19와의 영적 전쟁을 하고 있습니다. 지금까지 코로나19의 공격으로 인해 선교사님 한 명, 협동전도사님 한 명, 집사님 한 명, 청년 한 명, 새벽기도회에 나오신 타 교회 집사님 한 명에 이르기까지 외부에서 감염된 총 5분을 통해 우리를 공격해 왔습니다. 그러나 우리는 어떠한 방어능력도 없어서 새벽이나 밤이나 간절히 기도할 수밖에 없었는데 하나님의 은혜로 지난 11개월 동안 교회 안에 더 이상 감염되지 않도록 다 막아 주셨습니다. 지금까지 우리 교우들이 40여 명이 2차에 걸쳐서 검사를 받았지만 다 음성 판정을 받으며 고군분투하며 지금까지 이겨내 왔습니다.

사실 저 자신도 지난 11개월 동안 코로나19와의 영적 싸움의 최선봉에 서서 맞서 싸우면서 교회나 노회나 총회나 연합기관의 수많은 사람들을 만나다 보니까 고열이 나고 기침이 나고 온몸이 근육통에 시달릴 때가 5-6차례 있었습니다. 그러나 그때마다 "주님, 제가 여기서 쓰러지면 저는 쉬면서 치료받으면 되지만 하나님의 교회와 이 강단과 이 양 떼들은 누가 지킵니까?" 하고 간절히 기도하다가 잠들면 밤 사이에 하나님께서 기적적으로 치료해 주셔서 그다음 날 일어나 새벽기도회에 나가 부르짖으면서 지난 11개월을 이겨내 왔습니다.

그러므로 우리의 인생의 어떠한 고난과 위기 속에서도 우리가 믿음으로 기도하고 금식할 때 하나님께서 분명히 살아 계셔서 우리를 뜨겁게 사랑하시고, 우리의 작은 신음에도 귀 기울여 주시고, 우리의 믿음대로 기적의 응답의 역사를 이뤄 주시기 때문에 응답의 때까지 끝까지 인내하며 부르짖을 수 있길 바랍니다. 그리할 때 우리의 삶 가운데 유월절의 구원의 감격 속에 믿음의 역사가 계속해서 불일 듯 일어나서, 하나님과 수많은 증인들 앞에 믿음의 기적의 증거들을 확실하게 보여줄 수 있을 줄 분명히 믿으시기 바랍니다.

사랑의 수고를 보여야 함

계속해서 본문 16절 상반절 말씀을 다 함께 읽겠습니다.

> "맥추절을 지키라 이는 네가 수고하여 밭에 뿌린 것의 첫 열매를 거둠이니라…"(출 23:16상).

여기 나오는 '맥추절'(the Festival of Harvest)은 낫으로 수고하여 보리를 거두어들이는 절기로서 6월의 여름 절기입니다. 유월절로부터 7주가 지나서 지켜진다고 해서 '칠칠절'이라고도 하고(출 34:22; 민 28:26; 신 16:9-11), 7주가 지나고 50일째 되는 날 지킨다고 해서 '오순절'이라고도 합니다(레 23:15-16). 그런데 이 맥추절이 더욱 뜻이 깊은 것은 바로 이날이 구약시대에는 모세가 율법을 부여받은 날이고, 신약시대에 와서는 성령님이 이 땅 위에 강림하신 '성령강림절'이어서 맥추절의 의미가 더욱 깊어졌습니다(행 2:1). 중요한 사실은 이스라엘 백성들의 사랑의 수고에 대한 하나님의 놀라운 응답의 열매라는 것입니다.

우리가 신앙생활을 하면서 믿음의 역사를 일으키는 것도 중요하지만 더 나아가 우리가 주님의 십자가의 사랑을 진정으로 체험했다면 그 사랑의 수고도 하지 않으면 안 됩니다. 그래서 데살로니가전서 1장 3절 중반절에 "…사랑의 수고와…"를 끊임없이 기억할 것을 강조한 것입니다. 그런데 우리는 우리를 위해서 십자가에서 죽기까지 사랑해 주신 주님을 위해 헌신이나 봉사나 충성을 하지 않으려고 합니다. 심지어는 우리에게 사랑으로 섬기라고 맡겨 주신 사랑하는 가족들을 위해서조차도 손 하나 까딱 안 하려고 합니다.

지난 주일 해피데이축제에 복화술연구소 안재우 소장님이 와서 "하나님의 손"이라는 주제로 너무도 은혜로운 시간을 가졌는데 거기 나오는 깡 여사가 하는 말이 남자들은 다 '애'(Baby) 아니면 '개'(Dog)라고 했습니다. 왜 '애' 아니면 '개'냐고 물으니까 "뭐 해달라! 뭐 해달라! 뭐 해달라! 뭐 해달라!" 하면서 매일 시도 때도 없이 애처럼 무얼 해달라고 애걸복걸하다가 무엇이 조금 자기 뜻대로 안 되면 술에 취해가지고 '앙!', '앙!' 하면서 개처럼 달려드니까 남자는 '애' 아니면 '개'라는 것입니다. 얼마나 부끄러운 가장의 모습입니까?

미국의 유명한 상담치유자인 게리 채프먼(Gary Chapman) 목사님은 그의 베스트셀러인 《5가지 사랑의 언어》(The Five Love Language) 시리즈를 펴냈습니다. 그 시리즈의 공통 내용은 우리가 행해야 할 사랑의 수고에 대해서 구체적으로 5가지를 제시하고 있는데 첫째로 인정(칭찬)하는 말, 둘째로 (사랑으로) 함께하는 시간, 셋째로 선물(물질), 넷째로 봉사(섬김), 다섯째로 (사랑의) 스킨십을 강조하고 있습니다. 이 5가지 사랑을 끊임없이 우리의 삶 가운데 행하면 모두 다 사랑하게 되고, 행복하게 되고, 감동하게 되고, 변화하게 되고, 천국을 회복하게 된다는 것입니다.

그런데 우리는 가정에서부터 손 하나 까딱 안 하고 사랑의 수고를 하지 않으니까 죽어가는 영혼에 대해서는 더욱더 관심도 없고, 사랑도 없고 수고도 하지 않으려고 합니다. 그러니까 지난 추수감사주일 해피데이축제를 해도 아무런 관심도 없이 지나쳐 버리는 것을 보십시오. 이 코로나19의 심각한 상황 속에서도 300명에 가까운 새신자들은 나와서 함께 복화술 깡 여사의 절규 가운데 놀라운 치유의 은혜를 나눌 수가 있었지만 헌 신자들은 코로나19가 두려워서 추수감사주일 예배조차도 못 나온다면 무슨 믿음을 가졌다고 할 수 있겠습니까? 그들의 믿음은 이미 영적으로 잠들고 병들며 죽어가고 있어서 하나님의 그 놀라운 은혜와 축복과 행복을 다 잃어버리고 마는 것입니다.

그렇다면 왜 우리가 사랑해야 하는 주님에 대해서는 말할 것도 없고, 사랑하는 가족이나 이웃을 위해서 수고해야 합니까? 가장 먼저는 그들은 하나님께서 우리에게 맡겨 주신 온 천하보다 귀한 영혼들이고, 우리가 그들을 사랑으로 섬겨야 우리가 진정으로 행복할 수 있고, 더 나아가 우리의 사랑의 수고가 주님 앞에서 결단코 헛되지 않기 때문입니다.

코로나19의 이 위기의 때에도 우리 치유하는교회가 예배 출석이나 헌금생활까지도 결단코 흔들리지 않고, 국내외 봉사와 선교까지도 힘 있게 계속할 수 있는 것은 다른 비결이 없습니다. 우리가 하나님께서 기뻐하시는 예배를 드리는 것을 가장 소중하게 여기고, 우리의 교회 내의 모든 지출은 20-30%까지 줄여가면서도 우리와 비교할 수 없이 어렵고 힘들게 살아가는 선교지들과 봉사기관들을 후원하기 때문입니다. 그 결과 잠언 11장 25절의 "구제를 좋아하는 자는 풍족하여질 것이요 남을 윤택하게 하는 자는 자기도 윤택하여지리라"는 하나님의 말씀의 약속대로 하나님께서 오히려 우리 치유하는교회에 큰 복을 내려주셔서 코로나19의 어려운 경제 위기 속에서도 계속해서 힘 있게 하나님의 나라를 위해서 귀하게 섬기며 복되게 쓰임받게 해주시는 것입니다.

그래서 고린도전서 15장 58절에 "그러므로 내 사랑하는 형제들아 견실하며 흔들리지 말고 항상 주의 일에 더욱 힘쓰는 자들이 되라 이는 너희 수고가 주 안에서 헛되지 않은 줄 앎이라"고 분명히 증거하지 않습니까? 그러므로 우리가 맥추절의 사랑의 수고를 잊지 않고, 하나님께서 우리에게 허락하신 몸과 마음과 시간과 재능과 물질과 생명까지 아낌없이 드려지고 보여질 때 하나님께서 우리를 통해서 영광 거두실 뿐만 아니라 우리의 사랑의 수고가 결단코 헛되지 않아서, 이 땅의 복과 하늘의 상으로 우리의 여생과 자손 대대로 다 갚아 주실 줄 확실히 믿습니다.

소망의 인내를 보여야 함

마지막으로 본문 16절 하반절 말씀을 다 함께 읽겠습니다.

> "…수장절을 지키라 이는 네가 수고하여 이룬 것을 연말에 밭에서부터 거두어 저장함이니라"(출 23:16하).

여기 나오는 '수장절'(the Festival of Ingathering)은 곡식을 추수하고 포도의 즙을 짜서 저장한 후 드려지는 큰 기쁨의 절기(신 16:13)인데 바벨론 달력으로 티쉬리월(7월) 15일, 양력으로 10월의 가을의 절기입니다. 이때 그들은 그들의 조상이 출애굽하고 광야에서 40년 동안 초막생활을 했던 것을 기념하면서 광야에 초막을 짓고 7일간 기거하였기 때문에 '초막절'이라고도 부릅니다(레 23:34, 42; 느 8:14-17; 요 7:2).

이처럼 이스라엘 백성들은 연말의 추수를 위해서 소망 가운데 인내했습니다. 그래서 데살로니가전서 1장 3절 하반절에서도 "…우리 주 예수 그리스도에 대한 소망의 인내를 우리 하나님 아버지 앞에서 끊임없이 기억함이니"라고 소망의 인내를 강조한 것입니다. 이처럼 우리도 광야 인생을 다 마치고 마지막 추수의 때를 기다리며 소망 가운데 인내해야 합니다. 우리가 아무리 많이 배우고 높은 지위에 오르고 많은 돈을 벌고 신앙이 깊어도 세월 앞에는 어느 누구도 장사가 없고, 인생의 종말은 누구에게나 꼭 한 번씩 어느 날 갑자기 찾아옵니다.

지난 추수감사주일에 장로회신학대학원에 다닐 때 헬라어와 신약신학을 가르쳐 주셨던 사랑하고 존경하는 빅칭환 명예학장님께서 하늘나라로 부르심을 받았다는 소식을 전해 들었습니다. 그분은 신학대학원에 다닐 때 저희에게 신앙도, 영성도 중요하지만 성품과 행실이 바로 되어야 예수님의 복음을 바로 전할 수 있다고 늘 강조하셨습니다. 몇 년 전 미국 장로교회의 동남부지역 노회들이 모이는 동남부 대회(Synod) 연합성회를 인도하러 플로리다 주에 갔다가 뵈었는데 제자는 스승님 앞에서 설교를 하고, 대스승 목사님은 그 말씀을 받고서 큰 은혜를 받았다고 격려해 주셨습니다. 성회가 끝난 후 밤늦게까지 제자 목사들에게 귀한 가르침을 또다시 전해 주신 게 엊그제 같습니다. 금년 4월에 또다시 미주 동남부 대회 연합성회의 초청을 받았는데 이번에 갔더라면 생전에 한 번 더 뵈올 수 있었을 텐데 코로나19로 인해 못 가게 되어서 결국 이 땅에서 다시 뵈옵지 못하고, 지난 추수감사주일 새벽에 만 96세를 일기로 하늘나라로 떠나가셨다는 소식을 전해들을 수밖에 없었습니다.

여러분, 이것이 바로 우리의 인생입니다. 어느 누구도 예외가 없습니다. 우리가 아직도 살아 있으니까, 젊으니까, 건강하니까 세상에 빠지고 육신에 젖어서 죽음을 다 잊어버리고 이 땅에 천년만년 살 것처럼 착각에 빠져서 주님이 주신 사명에 충성도 못하고 살다가 어느 날 갑자기 떠나가 버립니다. 그러나 가장 성령 충만한 영성을 가진 사람은 오늘이 마지막 날이듯이 천국의 소망 가운데 늘 깨어 살아가는 사람입니다.

여러분, 오늘이 마지막이라고 생각한다면 우리의 신앙이 얼마나 신실해지고, 얼마나 철저히 하나님의 말씀대로 순종하고 늘 깨어서 기도하며 주님과 교제하고, 가진 것 아까워하지 않고 주님의 사랑을 실천하고, 원수 맺었던 것도 다 풀어버리고, 얼마나 감사하면서 천국의 행복의 감격 속에 살겠습니까? 바로 우리의 신앙생활이 이처럼 종말론적인 천국의 소망 가운데 살아가야 합니다. 그리할 때 우리는 인생의 어떠한 어려움 속에서도 천국의 소망 가운데 다 인내하면서 승리하면서 행복하고 축복되게 살아갈 것입니다.

그래서 바울 사도는 로마서 5장 3-4절에서 "다만 이뿐 아니라 우리가 환난 중에도 즐거워하나니 이는 환난은 인내를, 인내는 연단을, 연단은 소망을 이루는 줄 앎이로다"라고 말씀했습니다. 여러분, 우리 생애에 상상도 못했던 코로나19로 인해 전 세계적인 환난 가운데 있는데 우리가 어떠한 환난 속에서도 즐거워해야 할 이유는 환난 중에 인내하면 연단을 받게 되고, 연단을 끝까지 견디게 되면 결국에는 하나님의 소망을 이루게 될 날이 꼭 다가오기 때문이라는 것입니다.

우리의 소망이 이 땅에서도 이루어지지만 머지않아 우리가 영원한 천국에 이를 때에 그 소망은 완성이 됩니다. 그러므로 우리가 인생의 어떠한 환난 속에서 수장절의 소망의 인내를 끊임없이 기억하며 보여줄 때 이 땅에 사는 동안에도 천국의 축복과 행복의 감격 속에 살 뿐만 아니라 이 세상 떠날 때도 영원한 천국의 상과 면류관을 모두 다 누리게 될 줄 확실히 믿으시기 바랍니다.

저는 미국 유학을 다녀와서 연세대 연합신학대학원에서 몇 해 강사로 가르친 적은 있습니다만 연세대학교를 나오지도 않았고 연세대 의대 부설 세브란스병원과 아무 연관도 없습니다만 우리 치유하는 교회가 세브란스병원과 자매결연을 맺고 돕는 이유가 있습니다. 그것은 세브란스병원을 통해 큰 감동과 은혜를 받고 있기 때문입니다.

원래 연세의료원의 전신인 '광혜원'(널리 은혜를 베푸는 집)은 구한말인 1885년 4월 10일 호러스 알렌(Horace N. Allen) 선교사님이 가난한 병자들을 치료하고 조선의 젊은이들에게 시앙의학을 가르치면서 우리나라 최초의 병원이 시작되었습니다. 그 후 1893년 올리버 애비슨(Olver R. Avison) 선교사님이 취임하여 선교병원으로서 이름을 바꾸어 '제중원'(민중을 구제하는 집)의 의료 정체성을 강화하고, 선교병원으로서 치유의 복음을 전하는 데 주력했습니다.

그런네 병원올 무료로 운영하다 보니까 재정적인 한계에 이르게 되었을 때 1904년 크리스천 실업가였던 미국 북장로교회의 루이스 세브란스(Louis H. Severancce)가 거액의 선교헌금을 함으로써 현대식 시설을 갖춘 병원을 짓고 '세브란스 기념병원'이라고 이름을 바꾸어 확대 발전을 시켰습니다. 그런데 세브란스가 이렇게 생면부지의 나라인 조선에 대해서 관심을 갖게 된 것은 미국에서 올리버 애비슨 선교사님의 조선 의료선교에 대한 보고를 들으면서 은혜를 받았기 때문입니다. 그래서 조선 땅에 최초의 현대식 병원을 세우도록 당시 4만 5천 달러, 지금의 원화로 환산하면 수백억 원에 이르는 거액의 돈을 헌금한 것입니다.

사실 세브란스는 부요한 환경에서 태어나고 여유가 많은 가정에서 자라난 게 결코 아니었습니다. 그는 1838년 미국 오하이오 주 클리블랜드시에서 태어났는데 출생 한 달 전에 아버지가 갑작스럽게 하늘나라로 떠나가셔서 어린 시절 아버지가 없는 서러움이 너무도 컸고, 아버지가 없이 살아가려고 하니 앞이 캄캄하고 너무도 힘이 들었습니다. 그래서 외할아버지 댁에 보내져서 외롭고 힘든 유년 시절을 보내야 했고, 너무도 어려운 집안 사정으로 인해 고등학교를 졸업하고도 남들이 다 가는 대학에 진학하지도 못하고 18세에 은행에 취직해서 돈을 벌어야 했습니다.

그런데 하나님의 은혜로 록펠러를 만나 스탠더드 석유회사의 회계 담당자로 근무하다가 나중에는 록펠러의 동업자가 되어 많은 돈을 벌기 시작했습니다. 그래서 스물네 살에 기반을 닦아 결혼을 했지만 결혼 12년 만에 아내를 잃어버리는 슬픔을 겪고 맙니다. 자녀들을 20년간 홀로 기르다가 56세에 함께 주의 일을 하며 해로코자 재혼을 하였지만 역시 1년도 채 되지 않아 두 번째 아내마저 하늘나라로 떠나가 버렸습니다. 그래서 그는 평생을 홀로 외롭고 힘든 삶을 살았고, 아버지로부터 시작해서 두 아내를 잃는 계속되는 슬픔 속에서 오직 천국의 소망 가운데 자신보다 더 가난하고 병들고 외롭고 힘들게 살아가는 사람들에 대해 깊은 사랑의 관심을 가지고 평생토록 선교와 구제 사업에 믿음의 헌신을 하게 된 것입니다.

그는 62세가 되던 1900년 이후에는 약 50만 달러에 이르는, 지금의 수백억 원에 이르는 엄청난 헌금을 당시 미국과 비교할 수 없이 어렵게 살아가는 해외선교와 구제사업에 쏟아부었습니다. 그는 평소에 늘 "물질의 주관자는 하나님이십니다. 제 돈이 아니라 하나님의 돈입니다. 이 모든 축복은 하나님이 주신 선물입니다. 받는 당신보다 주는 나의 기쁨이 더 큽니다"라고 말했습니다.

세브란스는 그렇게 13년 동안 선교와 구제에 헌신하다가 1913년 75세를 일기로 하늘나라로 떠나가셨습니다. 그런데 그가 세상을 떠난 후에도 선교헌금이 계속해서 세브란스병원으로 보내졌습니다. 그래서 그가 하늘나라로 떠나간 후에도 1934년까지 20년 동안 12만 4,500달러라는 거액의 선교헌금을 누가 보냈는지 알아보았더니 루이스 세브란스가 임종을 하면서 자신은 하늘나라로 떠나가지만 그의 아들 존 세브란스에게 너무도 불쌍한 조선의 세브란스병원을 위해 아버지의 뒤를 이어 계속해서 도와주라고 유언을 남겼던 것입니다. 그래서 존 세브란스가 대를 이어서 선교헌금을 보내주었고, 존 세브란스가 죽기 전에 자신이 남긴 유산으로 J. L. 세브란스 펀드(기금)를 만들어서 세브란스병원에 계속해서 선교헌금을 보내라고 유언을 남겨서 존 세브란스가 하늘나라로 떠나간 이후 지난 2000년까지 보내온 후원 금액을 합산해 보니까 지난 45년 동안 총 80만 달러가 입금이 되어 있더랍니다. 지금까지 세브란스 가문이 3대에 걸쳐서 수천억 원의 돈을 선교헌금으로 보내주어서 저렇게 최첨단 현대식 의료시설을 갖춘 신촌 세브란스병원이 지어져서 저나 여러분이나 얼마나 많은 우리 교우들이 그 혜택을 지금까지도 받고 있습니까?

세브란스는 동양의 조그마한 나라인 조선에 대해 알고 있는 것이 아무것도 없었고, 아는 사람이 있는 것도 아니었습니다. 다만 그는 한 선교사님의 선교보고에 은혜를 받고 조선의 죽어가는 영혼들에 대한 불타는 사랑이 있었고, 언젠가는 벌어놓은 재산도 다 놓고 주님 앞에 서야 한다는 천국의 소망으로 불타올랐기 때문에 그렇게 자손 대대로 수백억 원의 선교헌금을 보내는 믿음의 헌신이 있어서 지금까지 이 땅 위에 치유의 복음이 전해지는 놀라운 하나님 나라의 복음의 역사를 이룰 수 있었던 것입니다.

사랑하는 성도 여러분, 우리는 지난날 우리가 그토록 문맹과 가난과 질병과 절망 가운데 죽어가고 있을 때 이렇게 우리보다 앞서 주님께 대한 믿음의 역사와 사랑의 수고와 소망의 인내를 체험했던 루이스 세브란스 가문을 비롯한 미국이나 캐나다나 영국이나 독일이나 호주의 선교사님들과 후원하는 교회 성도님들 때문에 이 땅 위에 수많은 교회와 학교와 병원과 고아원과 양로원과 장애인 복지시설과 한센병자 치료시설에 이르기까지 예수님의 사랑이 나누어지고 복음이 전해진 것입니다. 그래서 우리나라가 이렇게 예수님을 믿고 개화가 되고, 근대화가 되고, 민주화가 되고, 복지화가 되고, 세계화가 되는 큰 축복을 누리게 되었습니다.

그렇다면 이제는 우리가 더 이상 하나님의 은혜에 배은망덕하지 않고 복음의 빚진 자로서 아시아, 남미, 아프리카 등지의 가난하여 굶주리고 병들어 죽어가는 그들에게 선교후원을 하면서 믿음의 역사와 소망의 수고와 사랑의 인내의 치유의 복음을 전해야 할 것 아닙니까? 그런데 코로나19의 어려움이 있다고 우리의 예배의 신앙조차 못 지키고 우리 여생과 자손들만 먹고 살기 위해 재산이나 물려주는 일에 급급하다 어느 날 갑자기 하나님의 심판대 앞에 서는 분들을 볼 때마다 얼마나 의미 없고 불쌍하고 불행한 인생인지 안타까운 마음이 듭니다. 우리가 적어도 믿음의 목사, 장로, 권사, 집사가 되었다면 이제는 남은 생애라도 믿음의 역사와 사랑의 수고와 소망의 인내를 주님과 모든 사람들 앞에 보일 수 있어야 합니다. 그리할 때 우리는 진정으로 유월절과 맥추절과 수장절에 주 여호와께 보이는 복된 여생을 자손 대대로 살아가며, 하나님 아버지께 큰 영광을 돌려드리게 될 줄 확실히 믿습니다.

이 시간 다 함께 "나의 찬미"라는 복음성가를 함께 부르며 믿음으로 결단하도록 하겠습니다.

어찌하여야 그 크신 은혜 갚으리
무슨 말로써 그 사랑 참 감사하리요
하늘의 천군 천사라도 나의 마음 모르리라
나 이제 새 소망이 있음은 주님의 은혜라
하나님께 영광 하나님께 영광
하나님께 영광 날 사랑하신 주
그 피로 날 구하사 죄에서 건지셨네
하나님께 영광 날 사랑하신 주
바치리라 모두 나의 일생을 주님께
세상 영광 명예도 갈보리로 돌려보내리
그 피로 날 구하사 죄에서 건지셨네
하나님께 영광 날 사랑하신 주

은혜 한량없으신 하나님 아버지, 계속되는 코로나19의 이 어려운 위기 속에서도 지금까지 우리는 하나님의 은혜 가운데 살아왔으면서도 배은망덕하게도 그 은혜를 잊고 보답하지 못하며 살 때가 얼마나 많았습니까? 믿음의 역사와 사랑의 수고와 소망의 인내 가운데 진정으로 유월절과 맥추절과 수장절을 주 여호와께 보이는 복된 여생을 자손 대대로 살아가며 주님께 영광을 돌리게 하여 주시옵소서! 믿사옵고 예수님의 이름으로 간절히 축복하며 기도하옵나이다. 아멘!

이렇게 성막을 만들라

출애굽기 26:1-15

오늘부터 예수님께서 이 땅에 오신 성탄을 축하하며 다시 오시는 재림을 대비하는 구주강림절(대강절, 대림절)이 시작됩니다. 우리가 주님의 초림을 기념하며 재림을 대비하는 구주강림절을 시작하면서 코로나19 이후 우리의 신앙생활에 치명상을 입히는 예배가 무너지고 교회가 타격을 받고 있는 현실 가운데 성막을 만들라고 명령하고 계십니다. 코로나19의 확산으로 인한 언택트(Untact) 시대에 비대면(On-line) 예배를 드려야 한다고 주장하는데 그것은 다 비성경적이고, 인본주의적이고 세속적인 신앙에서 나오는 편의주의식 신앙입니다.

우리가 율법서인 신명기에서만 봐도 하나님께서 우리에게 예배를 드릴 때 택하신 곳에서 드리라고 열일곱 번이나 강조하셨습니다(신 12:5, 21, 26, 14:23, 24, 25, 15:20, 16:2, 6, 7, 11, 15, 16, 17:10, 18:6, 26:2, 31:11). 그리고 이스라엘 백성들이 죄악 세상 애굽에서 출애굽 할 때에 성막을 만들라고 명령하셨고, 이스라엘 백성들이 우상숭배를 함으로 포로생활이 시작되었을 때 회막을 중심으로 모이도록 하셨습니다. 그리고 왕정시대가 시작되면서부터 성전을 짓도록 하셨고, 신약시대에 예수님의 피 값으로 사신 교회를 허락해 주셨습니다. 또한 말세의 마지막 때가 가까울수록 곳곳에 큰 지진과 기근과 전염병이 발생하게 될 텐데(눅 21:11), 그러한 교회생활이 어려운 때일수록 "모이기를 폐하는 어떤 사람들의 습관과 같이 하지 말고 오직 권하여 그 날이 가까움을 볼수록 더욱 그리하자"(히 10:25)고 강권하였습니다.

그렇다면 우리가 신약시대의 교회의 그림자인 하나님의 성막을 어떻게 만들어 나갈 것인가, 이 시간도 들려주시는 하나님의 음성을 다 함께 들을 수 있길 바랍니다.

하나님을 철저히 경외해야 함

먼저 본문 1절 말씀을 다 함께 읽겠습니다.

> "너는 성막을 만들되 가늘게 꼰 베실과 청색 자색 홍색 실로 그룹을 정교하게 수놓은 열 폭의 휘장을 만들지니"(출 26:1).

'성막'이란 히브리어로 'הַמִּשְׁכָּן'(함미쉬칸)이라고 해서 원래는 '거처'(the dwelling)라는 의미인데 '하나님께서 임재하셔서 거하시는 곳'이라는 뜻입니다. 이를 영어로 'Tabernacle'(이동식 예배소)라고 하는데 이는 이스라엘 백성이 광야 40년 동안과 그 이후 가나안 정착에 이르기까지 많은 이동이 따랐기 때문이었습니다.

이러한 성막을 만들 때 가늘게 꼰 베실과 청색, 자색, 홍색 실로 그룹을 정교하게 수놓으라고 하셨는데, 여기 '그룹'이라는 것은 '모임'

(group)을 의미하는 것이 아니라 히브리어로 'כְּרֻבִים'(케루빔)으로서 '천사들'이란 뜻입니다. 이것은 실제 천사가 아닌 '천사의 모형'을 가리키는데 휘장은 성막 본체를 덮는 네 개의 천막 가운데 제일 안쪽을 덮었기 때문에 성소를 출입하는 제사장들의 눈에 띄었을 것입니다. 그리하여 아름다운 색실로 수놓아진 천사의 모습을 보면서 성막을 드나드는 제사장들로 하여금 하나님께 대한 신앙의 경외심을 더하게 하고자 했습니다. 그래서 가장 먼저 성막을 정교하게 수놓은 천사 모양의 열 폭의 휘장으로 만들라고 하신 것은 하나님을 경외하는 신앙을 철저하게 가지도록 명령하신 것입니다.

그런데 말세 마지막 때의 우리의 교회생활은 어떠합니까? 외로우니까 그저 사람들 만나 교제하거나 자신의 명예나 얻기 위한 취미생활이 되어서도 안 되고, 복이나 받길 원하는 기복주의 신앙으로 해서도 안 되고, 교회에 안 나가면 하나님의 벌을 받을 것 같아서 교회를 왔다 갔다 하는 종교생활이 되어서도 안 됩니다. 무엇보다 살아 계신 주님을 만나고, 주님의 십자가의 사랑에 감사하여서 믿음으로 구원의 확신과 감격을 안고, 하나님의 축복의 말씀을 확실히 믿고 이 말씀에 근거해서 영적 분별력을 가지고, 기도와 금식으로 성령 충만한 가운데 마지막 때 복음 선교의 사명에 충성을 다하면서 하나님 아버지께만 영광 돌리는 하나님을 경외하는 교회생활을 해야 하는 것입니다.

부족한 종이 43년 전에 소명을 받고 처음 신학을 야간으로 성서침례신학교를 다녔습니다. 그런데 성서침례신학교는 극보수인 근본주의 신학을 가르쳐서 로마 가톨릭 교회는 이단이고 교황은 적그리스도라고 가르쳤습니다. 제가 고등학교 때 세계사 시간에 기독교는 구교인 가톨릭 교회와 신교인 개신교회로 나뉘었다고 배웠는데 가톨릭 교회를 이단이라고 가르치니까 의문이 생겨서 하루는 명동성당에 가서 구내서점에 들러서 오경환 신부님이 쓰신 《그리스도의 가르침》이란 가톨릭 교리서를 구해서 밤새워 읽어 보았습니다. 그런데 그 책에 보니까 그리스도는 우리의 유일한 구세주이시며, 우리의 구원은 하나님의 은혜에 의한 예수 그리스도를 믿음으로써만 이루어진다고 분명한 복음을 전하고 있었습니다(pp. 61, 97 13째-15째줄). 또한 우리는 가톨릭 교회가 마리아 숭배와 교황숭배의 우상숭배의 죄를 범하고 있다고 배웠는데 그 책 가운데 보니까 마리아와 교황은 하나님을 숭배하는 것처럼 숭배하는 대상이 아니라 공경하는 대상이라고 분명히 밝히고 있었습니다(pp. 106-107). 그때 저는 우리가 가톨릭 교회에 대해서 너무도 무지하였다는 것을 깊이 깨닫게 되었습니다.

이처럼 가톨릭 교회와 개신교회는 다 함께 예수님을 구주로 믿는 정통 기독교회에 속하지만 큰 차이가 있다면 가톨릭 교회는 행함을 강조하고, 개신교회는 믿음을 강조했습니다. 그래서 저는 가톨릭 교회를 이단교회로 받아들이지 않습니다. 이단이라는 것은 한자 異(다를 이)端(끝 단)을 쓰는데 구원론이 다른 집단을 이단이라고 하는 것입니다. 예수님의 십자가의 대속의 은혜를 믿음으로 구원받는다는 복음 외에 다른 교리나 경전을 만들어 가르치거나 요한계시록에 나오는 144,000이라는 수를 내세워 자신들의 집단에 들어와야 구원받는다고 가르치는 집단들이 다 이단들입니다.

그리고 구원론은 같지만 비성경적인 요소를 가르치는 교회를 사이비라고 합니다. 그런데 말세 마지막 때 가톨릭 교회가 변질되어서 종교다원주의(모든 종교에 구원이 있다)에 빠져 있고, 개신교회 내에서까지도 WCC(세계교회협의회)에 가입된 비성경적인 교회들의 영향을 받아 이런 비성경적인 교리를 가르치는 사이비 교회가 얼마나 많은

지 모릅니다. 그래서 저는 개인적으로 비복음적인 요소를 행하고 있는 WCC(세계교회협의회)보다도 복음적인 WEA(세계복음주의연맹)이나 WRF(세계개혁주의협의회)와 교제해야 한다고 믿습니다.

우리는 모든 영적 판단의 기준을 성경에 의해서 분별해야지, 제대로 알지도 못하면서 인간이 만든 교리나 주위 사람들의 말들에 좌우되는 혼란에 빠져서는 안 됩니다. 엄밀한 의미에서 구원은 하나님과 자신의 개인적인 신앙의 문제이기 때문에 어느 누구도 판단하거나 정죄할 수 없는 것입니다. 다만 주위 사람들의 삶의 열매를 보고 우리는 그들을 영적으로 분별할 뿐입니다. 그렇기 때문에 주일에 예배를 드리러 가고 모든 삶의 모범이 되는 가톨릭 신자인 조 바이든 차기 미 대통령과 복음주의자라고 자처하면서도 대통령 선거에 낙선되었다고 주일에 예배는 안 드리고 골프 치러 가고 온갖 거짓으로 자기중심적인 궤변만 늘어놓는 도널드 트럼프 현 대통령을 보면서 누가 더 영적인 신앙을 가졌다고 할 수 있겠습니까? 우리가 보수, 정통을 외치면서 복음주의자라고 자처하면서도 진정으로 감사하지 못하고 사랑하지 못하고 충성하지 못하는 삶을 살고 있다면 예수님께서 그토록 책망하셨던 위선과 독선에 가득한 외식하는 서기관들과 바리새인들과 다를 바가 뭐가 있습니까? 그러므로 우리가 남들에 대해서 비판하기보다도 우리 자신부터 철저히 하나님을 경외하는 복음적인 삶을 살아가야 합니다. 엄밀하게 말하면 우리가 어느 교회에 속해 있느냐가 중요한 것이 아니라, 우리가 성경에 대해서 어떠한 믿음을 가지고 있고, 성령의 인도하심을 얼마나 따르며 순종하며 살아가고 있느냐가 우리의 신앙의 표준이 됩니다.

그러므로 이 두려운 코로나19의 위기의 시대에 비대면 예배를 본다고 하면서 하나님과 대면하지 않으면 그것은 진정한 신자가 아닌 것입니다. 어렵고 힘들수록 하나님과 대면하는 예배를 드리고 언제 어디서나 하나님과 대면하는 신앙생활을 해야 하고, 특별히 하나님의 임재와 살아 계신 역사를 체험하는 예배를 통해 더욱더 하나님과 대면을 함으로써 영육 간에 새 힘을 얻고 하나님께서 주시는 복으로 살아가야 합니다.

여러분, 시대는 변하고 인간이 만든 신학도 변하고 예배 형태도 변할 수 있지만 하나님의 진리는 결단코 변치 않고 복음도 변치 않고 우리의 신앙도 변치 않아야 합니다. 하나님께서는 분명히 살아 계시기 때문에 그들의 일생을 통해 선악 간에 다 심판하시고, 죽음 후에 영원히 심판하실 것입니다. 그러므로 우리가 하나님의 살아 계심을 확실히 믿고 더욱더 두렵고 떨림으로 하나님을 경외하는 신앙으로 교회생활을 해야 합니다.

그래서 지혜서인 잠언 1장 7절에 "여호와를 경외하는 것이 지식의 근본이거늘 미련한 자는 지혜와 훈계를 멸시하느니라"고 경고합니다. 여기 나오는 '경외한다'는 단어가 히브리어로 'יִרְאַת'(이르아트)로서 '두려워하며 떨림(fear)으로 섬긴다'는 의미가 있습니다. 하나님이 살아 계심을 믿고, 그분이 복의 근원 되심도 믿고, 그분이 인간의 생사화복을 주관하심을 믿고 두렵고 떨림으로 섬겨야 하고, 이렇게 여호와를 두렵고 떨림으로 섬기는 믿음이 지식의 근본인데, 미련한 자는 하나님을 경외하는 지혜와 훈계를 멸시한다는 것입니다. 그러니 잠언 3장 13-15절에 "지혜를 얻은 자와 명철을 얻은 자는 복이 있나니 이는 지혜를 얻는 것이 은을 얻는 것보다 낫고 그 이익이 정금보다 나음이니라 지혜는 진주보다 귀하니 네가 사모하는 모든 것으로도 이에 비교할 수 없도다"라고 분명히 강조합니다.

지난 주일 오후에 목민교회 은퇴 및 임직예식의 축사 순서를 맡고 저녁에는 전주의 존경하는 선배 목사님의 부친 장로님의 상가에 조문을 가다가 증경총회장이신 목민교회 김동엽 원로목사님과 전화통화를 하면서 참으로 은혜로운 말씀을 전해 들을 수가 있었습니다.

김 목사님이 쓰신 《목민교회 이야기》라는 책에도 잘 나와 있지만 우리 치유하는교회가 48년 전에 양천구 신정동에 성일교회를 개척하였는데 5년이 지나 30-40명이 모이고 있을 무렵 증경총회장이신 김동엽 원로목사님이 부임하셔서 오늘의 목민교회로 크게 부흥시키셨습니다.

개척교회 당시 목회에 큰 힘이 되어 주셨던 김승태 장로님이 계셨는데 김 장로님은 원래 김 목사님이 부목사님으로 계셨던 동안교회 차석 장로님이셨습니다. 그런데 당시 1,000명 가까이 모이던 동안교회가 영적으로 충만하지 않고 더 이상 부흥도 안 되고 선교도 안 하고 성전 건축도 안 하고 침체되어 가고 있었습니다. 그런데 김 장로님은 살아 계신 하나님을 두렵고 떨림으로 경외하는 심령을 가지고 있어서 김 목사님이 동안교회에 부목사님으로 계실 때부터 은혜를 많이 받고 "목사님의 목회에 장애만 안 된다면 오고 싶다"고 하시더랍니다.

그래서 100여 명 모일 때 당시 개척교회였던 목민교회에 오셨는데, 당시에는 자가용도 없을 때니까 이문동에서 신정동까지 버스를 두 번씩이나 갈아타시면서 2시간씩 걸려 예배드리러 오셔서 주일 온종일 예배드리고 헌신하시고 봉사하시고, 헌금생활까지도 온 성도들의 모범이 되어 주셨습니다. 그래서 김 목사님은 담대히 말씀을 선포하시고, 김 장로님은 모든 교회생활의 모범을 보여주시니까 당시 집사님들이나 새로운 교인들까지도 다 그 김 장로님을 따라 신앙생활을 했습니다. 그렇게 장로님의 모든 교회생활의 모범을 따라 교회가 뜨겁게 부흥했습니다.

김 장로님이 대표 기도할 때나 목사님이나 교인들과 교제할 때마다 늘 하시는 말씀이 장로님에게 두 가지 기도제목이 있었습니다. 첫째는 성전을 건축하여 봉헌하는 것이고, 둘째는 목사님을 총회장으로 세워 섬김과 나눔의 목민목회를 전하는 거였는데, 결국 교회가 뜨겁게 부흥하여 성전 건축을 다 이루시고 김 목사님을 총회장으로 뒷받침할 만한 교회로 크게 부흥시키시고 그의 사명을 다 마치시고 하늘나라로 떠나가셨습니다. 김 목사님께서는 "그때 김 장로님이 안 계셨더라면 오늘의 나도, 뜨겁게 부흥한 목민교회도 존재할 수 없었을 것"이라고 하면서, 비록 40여 년의 세월이 지났고 이미 하늘나라로 떠나가셨지만 김 장로님을 평생도록 잊을 수가 없다고 고백하시는데 큰 은혜를 받지 않을 수 없었습니다.

우리도 교회생활을 할 때 가장 먼저 하나님의 살아 계심을 확실히 믿고 두렵고 떨림으로 섬기면서 예배드리고 헌신하고 봉사하고 충성을 다하지 않을 수가 없습니다. 우리가 남은 생을 하나님을 철저히 경외하는 믿음으로 살아갈 때 우리의 교회생활을 진정으로 은혜롭고 축복되고 행복하게 이루게 될 줄 확실히 믿으시기 바랍니다.

사랑으로 하나 되어 교제해야 함

계속해서 본문 3절 말씀을 다 함께 읽겠습니다.

> "그 휘장 다섯 폭을 서로 연결하며 다른 다섯 폭도 서로 연결하고"(출 26:3).

휘장의 매 폭의 길이를 28규빗(12.6m), 너비는 4규빗(1.8m)로 각 폭의 장단을 같게 하고, 그 휘장의 다섯 폭을 서로 연결하고 다른 다섯 폭도 서로 연결했습니다. 그래서 모든 휘장을 서로 '연결하였다'는 단어가 본문 가운데에만 해도 여섯 번이나 기록되어 있습니다. 다시 말하면, 성막은 서로 연결되어 하나 된 사랑의 공동체를 이루어야 함을 보여줍니다.

우리의 교회생활도 마찬가지입니다. 다 다른 환경에서 자라나고 다 다른 성격이나 행동이나 신앙의 체험을 가지고 있어도 주의 종들이나 장로님들이나 권사님들이나 집사님들이나 성도님들이나 청년들이나 어린 학생들까지도 서로 십자가의 사랑으로 다 연결되어 있어야 합니다. 그래야 주님 안에서 한마음 한뜻으로 사랑으로 교제하고 하나 된 힘으로 복음도 전하고, 영육 간에 치유도 하고, 주님의 제자로 양육도 하고, 땅 끝까지 이르러 복음도 전할 수 있기 때문입니다.

그런데 사탄은 우리 사이를 어떻게 해서든지 갈라놓기 위해서 오해도 하게 하고 험담도 하게 하고 온갖 거짓으로 비방도 하게 해서 어떻게 해서든지 주님 안에서 하나 된 우리 사이를 갈라놓으려고 합니다. 더욱이 코로나19로 인해 사회적 거리두기를 시행하면서 주님과 우리 사이의 거리두기를 하게 하려고 합니다. 그러나 우리는 주님과 성도들 간에나, 주의 종과 성도들 간에나, 성도들 간에도 영적 거리두기를 해서는 결코 안 됩니다. 오히려 더욱 가까이 친밀하게 교제하고 기도하고 합심 합력하면서 이 코로나19의 환난의 때를 이겨내야 합니다.

그래서 말세의 마지막 때 우리는 에베소서 4장 2-3절 말씀을 결단코 잊어서는 안 됩니다.

"모든 겸손과 온유로 하고 오래 참음으로 사랑 가운데서 서로 용납하고 평안의 매는 줄로 성령이 하나 되게 하신 것을 힘써 지키라."

우리가 흔히 기도하는 가운데 잘못 기도하기 쉬운 것이 몇 가지가 있습니다. '하나님'께 기도해야 하는데 '예수님' 하고 기도하는 경우가 있는데 엄밀한 의미에서 예수님은 기도의 대상이 아니라 죄 많은 인간과 거룩하신 하나님을 연결시켜 주는 중보자가 되십니다. 그리고 '주일'을 '안식일'이라고 하는데 정확히 말하면 안식일은 금요일 해 질 때부터 토요일 해 질 때까지이므로 안식일이 아니라 영적 안식일인 주일을 거룩히 지켜야 하는 것입니다. 또한 주님께서 세상 끝날까지, 아니 영원히 항상 함께하신다고 분명히 약속하셨는데도(마 28:20; 히 13:5) 계속해서 "함께하여 주시옵소서!" 하고 기도합니다. 우리 하나님께서 우리와 일생토록 함께하신다고 분명히 약속해 주시는데 하나님께 기도할 때마다 "하나님, 저와 일생토록 함께해 주시옵소서!" 하고 사정을 한다면 하나님이 어떻게 생각하시겠습니까? "왜 나를 그렇게 못 믿을까?" 하고 실망하시지 않겠습니까?

또한 주님은 축복[빌 축(祝), 복 복(福)]을 비는 분이 아니라 축복을 내려주시는 분이시므로 "축복하여 주시옵소서!" 하고 기도해선 안 되고 "축복을 내려 주시옵소서!" 하고 기도해야 합니다. 또한 예수님께서 십자가의 고난을 앞두시고 "우리와 같이 그들도 하나가 되게 하옵소서"(요 17:11) 하고 기도하셨는데 예수님께서는 우리가 십자가의 은혜를 믿음으로 말미암아 주님 안에서 모두 다 하나가 되는 길을 열어 주셨기 때문에 우리가 더 이상 "하나 되게 해주시옵소서!" 하고 기도할 필요가 없습니다. 오히려 "하나 됨을 지켜 나가게 해주시옵소서!"라고 기도해야 합니다.

그런데도 왜 주님 안에서 하나 된 우리가 하나 됨을 지켜 나가지 못하고, 말세의 마지막 때 교회마다 사탄에게 속아서 정작 해야 할 주의 일은 하나도 하지 못하고 오히려 평생토록 불화와 분쟁의 소모전만 하다가 일생을 끝내는지 아십니까? 다 자기가 다 된 줄로 착각하고 교만에 빠져서, 자기는 하나님의 의를 내세우고 교회를 바로잡고 목사님을 위해서 그런다고 하면서 사탄의 도구로 이용당하기 때문입니다. 그러므로 우리는 목사가 되고 장로가 되고 권사가 되고 집사가 되어도 우리는 항상 주님 없이는 마른 막대기와 같고, 썩어가는 구더기만도 못한 죄 많은 인생임을 고백하면서 예수님을 닮아 겸손해야 하고 온유해야 합니다. 또한 오래 참고 기다리는 사랑 가운데서 서로를 용납하고, 사탄이 아무리 우리 사이를 갈라놓으려고 끊임없이 역사해도 이를 영적으로 잘 분별하고 대적하면서, 주님의 평안의 매는 줄로 성령님께서 하나 되게 하신 것을 힘써 지켜 나가야 하는 것입니다.

지난 주일 목민교회 김동엽 목사님을 통해서 이번에 은퇴하신 오광언 안수집사님에 대해서도 감동적인 이야기를 전해 들을 수 있었습니다. 오 집사님은 1980년 5월에 등록해서 40년째 교회생활을 했는데 몸이 아파서 걷지를 못해 20년째 휠체어 신세를 졌고, 신장 투석을 하며 집에 누워 계신 지는 13년째 되었습니다. 그런데 부인 권사님이 차를 사서 남편을 싣고 매일 마곡에서 새벽기도를 나왔다고 합니다. 그런데 그렇게 고통스러운 불편한 몸을 이끌고 새벽부터 믿음으로 빠짐없이 나오시는 오 집사님도 훌륭하지만 그 부인 권사님이 더 놀라운 신앙을 가지고 있었습니다. 건강이 안 좋은 장애 남편을 밤낮으로 수발하는 고통 속에서도 결코 불평하거나 원망하지 않고 항상 뵐 때마다 웃는 얼굴을 하고 다니시는데 그게 목사님이나 교인들에게 그렇게도 큰 위로가 되고 힘이 되고 감동이 되었습니다. 그래서 가정도 평안하고 교회생활도 행복하게 했는데 그것이 어떻게 가능한가 알아보았습니다. 그랬더니 그 몸의 고통을 통해서 주님의 십자가의 은혜를 더욱 가슴속 깊이 느끼니까 겸손하고 온유하지 않을 수가 없고, 그 남편을 고통 중에도 그렇게 사랑으로 섬기다가 보니까 삶이 더욱 감사하고 행복하고 축복되고 형통할 수밖에 없어서 그렇게 40년을 충성을 다하다가 지난 주일에 명예롭게 은퇴할 수 있었다는 것입니다.

그렇습니다. 우리가 날마다 순간마다 깨어서 기도하면서 사탄의 역사를 물리치고 주님 안에서 사랑으로 하나 됨을 지켜 나가야 합니다. 그런데 요즘 매일 밤 수험생 자녀들을 위한 다니엘 기도회를 하는데 정작 자식들의 장래를 위해서 간절히 금식하며 기도해야 할 100여 명 되는 수험생 부모들은 많이 안 보이고, 수험생 기도회를 주관하는 애꿎은 사이 요안나 여전도회 회장이나 임원들만 진 빠지게 나와 고생하고 있습니다. 주의 종들과 사모들과 교구 권사들과 목자들만 나와서 기도를 하고 있으니 주객이 전도되어도 완전히 뒤바뀐 느낌입니다.

그러므로 이제부터는 남 탓할 것 아무것도 없습니다. 나 자신부터 깨어 기도하고 성령 충만해져서 날마다 순간마다 주님의 십자가에서 죽어지고, 예수님의 겸손과 온유를 배워서 사랑으로 섬기며 살아가야 합니다. 그리할 때 우리는 주님 안에서 서로 십자가의 사랑으로 연결되어 교제하는 하나 됨을 지켜 나감으로써 더욱더 화평하고 은혜롭고 축복되고 행복한 교회생활을 평생토록 이뤄 나가게 될 줄 확실히 믿습니다.

십자가를 함께 지고 나아가야 함

마지막으로 본문 15절 말씀을 다 함께 읽겠습니다.

"너는 조각목으로 성막을 위하여 널판을 만들어 세우되"(출 26:15).

이렇게 성막의 휘장을 다 만든 다음에 골격(뼈대)을 만드는 데 조각목을 사용한 것을 주목해야 합니다. 여기 나오는 '조각목'은 히브리어로 'שִׁטִּים'(쉿팀)이라고 하고, 주로 시내 반도에 많이 서식했는데 쉽게 말하면 가시나무입니다. 가볍지만 내구성이 강하여서 광야의 낮의 뜨거운 열기와 밤의 찬바람도 잘 견뎌내어서 이 조각목으로 성막의 골격뿐만 아니라 법궤, 분향단, 진설병단, 번제단까지도 모두 만들었습니다. 조각목은 영적으로 예수님의 십자가의 고난을 상징하는 것으로, 우리도 교회생활을 할 때 주님과 함께 고난의 십자가를 지고 나아가야 할 것을 영적으로 보여주신 것입니다.

그런데 우리의 교회생활은 어떠합니까? 복되고 형통할 때는 신앙생활을 잘합니다. 그런데 육신적으로 병이 들거나 경제적으로 어려워지거나 마음에 큰 상처를 받거나 낙심되고 시험 드는 일이 생기고 코로나19로 온 세상이 두려움에 빠지고 고난의 세월이 오래 계속되니까 언제 신앙생활을 했느냐는 듯이 교회에 안 나옵니다. 그러나 코로나19로 어렵고 힘들수록 주님 앞에 나아와 예배드리고 기도해야 하나님께서 코로나19를 물리쳐 주시고, 또 경제적 위기도 오병이어 사랑의 나눔을 통해 함께 이겨내야 합니다.

그런데 교회에는 안 나오면서 세상 사람들 만나러 다니고 에어로빅 학원이나 나가다 보니까 지난 수요일에는 우리 화곡동에 있는 에어로빅 학원에서 아줌마들 52명이나 한꺼번에 확진자가 나왔습니다. 그리고 확진자 가족 가운데 10명, 또 그 접촉자 11명 등 그날 하루 동안 강서구에서 확진자가 70여 명이나 나오고 말았습니다. 코로나19가 급속도로 퍼져나가는 때에 그냥 집에 있든지 집에서 에어로빅하지 뭐 하러 에어로빅 한다고 학원에 갔다가 그렇게 많이 걸립니까? 그런데 거기서도 기적이 일어났습니다. 모든 예배에 빠지지 않고 새벽기도회까지 나오는 우리 치유하는교회 부목사님 사모님과 장로님 따님만 안 걸린 것입니다.

여러분, 우리는 주님의 십자가 사랑이 강권해서 교회생활을 시작했고, 지금까지 살아온 것만 해도 주님의 은혜가 아닐 수 없고, 앞으로 살아나갈 모든 여생도 주님의 손에 달려 있습니다. 그렇기 때문에 우리는 더 이상 '위드 코로나'(With Corona, 코로나와 함께)가 아니라 '위드 예수 그리스도'(With Jesus Christ, 예수 그리스도와 함께), '위드 성령님'(With the Holy Spirit, 성령님과 함께), '위드 십자가'(With the Cross, 십자가와 함께)가 되어야 합니다. 그래서 우리가 이 땅에 사는 동안에도 마태복음 16장 24절 "이에 예수께서 제자들에게 이르시되 누구든지 나를 따라오려거든 자기를 부인하고 자기 십자가를 지고 나를 따를 것이니라"는 말씀을 늘 기억하며 살아야 합니다. 우리가 주님 뒤를 따른다는 것은 자기를 부인하고 자기의 십자가를 지고 주님을 따라 나아가면 언젠가는 부활의 영광을 누릴 날이 꼭 다가오게 되는 것입니다.

지난 주일에 김동엽 원로목사님의 말씀을 듣는 가운데 가장 큰 감동을 준 분은 이번에 은퇴하신 황인복 안수집사님이었습니다. 황 집사님은 지금으로부터 38여 년 전인 1982년에 한 은행의 대리로 있었는데 얼마나 물질의 축복을 받았는지 백몇십 명 되는 교인들이 다 세 들어 살았는데 그 황 집사님만 아파트에 사셨다고 합니다. 그런데 집사님이 친척의 보증을 잘못 서는 바람에 아파트 넘어가고, 은행 월급까지 차압이 들어와서 결국 은행까지 본의 아니게 퇴직하여 직장까지 잃고 오갈 데가 없었습니다. 그랬더니 잠실 쪽에 사시는 형님이 시영아파트 방 한 칸을 내주어서 거기서 기거하면서 당시 잠실에서 버스를 갈아타고 2시간씩이나 걸려 교회에 한 주일도 빠짐없이 나오셨습니다.

그래서 집사님을 위로해 드리려고 심방을 갔더니 누추한 좁은 아파트 방 한 칸에 온 가족이 살아가는데 살림도 다 팔아넘기고 방 안에 사과 궤짝 하나 있어서 거기에다가 성경, 찬송가를 얹어 놓고 예배를 드렸습니다. 그렇게 전 교인 가운데 가장 잘살다가 갑자기 가장 가난해져 버려서 목사님이 눈물 없이는 예배를 드릴 수가 없었고, 또 새벽기도 때 기도하면서도 눈물만 나왔습니다. 지켜보는 목사님도 그런 심정인데 집사님 본인은 오죽했겠습니까? 그래서 예배를 다 마친 다음에 목사님이 그 집사님을 위로하기 위해 "생활도 어려운데 2시간씩 걸려 버스를 타고 오느라고 그동안 수고 많으셨다"고 하면서 "생활도 어렵고 멀리 오기도 힘든데 가까운 교회 나가면 어떻겠느냐?"고 권면했더니 황 집사님이 정색을 하면서 그러더랍니다. "목사님, 저에 대해서는 더 이상 신경 쓰지 마세요! 제가 돈을 잃어버렸지 신앙을 잃어버린 것이 아닙니다. 저는 아무리 어렵고 힘들어도 목민교회 계속해서 나갈 겁니다!"

그래서 함께 붙잡고 그렇게 울면서 예배를 드리면서 오히려 어렵고 힘들었던 목회에 목사님이 위로를 받으시고 집으로 돌아오시면서도 그렇게 하염없이 눈물이 쏟아졌다고 합니다.

이처럼 황 집사님은 자신에게 주어진 어떠한 십자가라도 기쁨으로 지겠다는 믿음의 사람이었습니다. 그런데 그 후 이러한 집사님의 믿음에 하나님께서 은혜를 베풀어 주시고 기적적으로 축복을 베풀어 주셨습니다. 다시 다른 은행에 입사하여 평사원에서부터 올라가기 시작하더니 전에는 대리였는데 지점장까지 되고, 전에는 20평 아파트에 살았는데 32평 아파트 구입하고, 그 후로도 지난 36년간을 한 주일도 빠짐없이 잠실에서 신정동까지 와서 항상 2층 맨 앞자리에 앉아서 예배를 드리고 충성을 다하시다가 지난 주일에 안수집사를 은퇴하셨습니다.

이렇게 충성스러운 장로님, 안수집사님, 권사님, 집사님들이 계셨기 때문에 김 목사님도 38년 목민교회 성역을 은혜 가운데 잘 마칠 수 있었을 뿐만 아니라 총회장님까지 되셔서 우리 교단과 한국교회와 세계 열방을 위하여 크게 쓰임 받을 수 있으셨다는 것입니다.

우리가 어렵고 힘들 때일수록 주님의 몸 된 교회를 지키고 주님의 십자가를 함께 지고 묵묵히 맡겨진 사명에 충성을 다해야 합니다. 그리할 때 살아 계신 하나님 아버지께서 다 기억하시고 우리의 여생과 자녀 손들에 이르기까지 이 땅의 복과 하늘의 상으로 천 배나 만 배나 차고 넘치도록 다 갚아 주실 줄 확실히 믿으시기 바랍니다.

오늘의 목민교회를 이루는 데는 증경총회장이신 김동엽 원로목사님의 노고를 결코 잊을 수가 없습니다. 1980년 30-40명 모일 때 노회 상회비도 못 내던 가난한 성일교회에 부임하셔서 얼마나 많은 땀을 흘리셨으면 38년에 이르는 동안 2,000여 명이 모이는 섬김과 나눔의 은혜롭고 복된 목민목회를 이룰 수 있었겠습니까? 얼마나 많은 눈물을 흘리면서 엎드려서 기도하고 심방하셨으면 재작년 은퇴하신 후에는 양쪽 다리를 끌고 다니실 정도의 관절염으로 고통을 겪으시겠습니까? 평생 충성스러운 목회를 하며 원로목사가 안 돼 보신 분들은 그 희생과 수고를 결코 모를 것입니다.

지난 주일 목민교회 은퇴 및 임직예식에 가서 축사를 했는데 그전에 권면을 하신 전 노회장 목사님이 "목사의 꽃은 위임목사다"라고 하시기에 그다음에 제가 나가서 이렇게 축사를 했습니다. "다 옳으신 귀한 은혜의 말씀을 하셨습니다만 한 가지 수정할 말이 있습니다. 목사의 꽃은 원로목사입니다." 한 교회를 담임한 위임목사는 많이 있지만 한 교회를 20년 이상 목회한 원로목사는 드물기 때문입니다. 그만큼 피눈물을 흘리며 모든 것을 다 쏟아 목회한 결과 오늘의 은혜롭고 행복한 목민교회로 부흥할 수 있었던 것입니다.

사랑하는 성도 여러분, 우리가 한 교회에서 평생 신앙생활을 한다는 것이 결코 쉬운 일이 아닙니다. 그러나 돌이켜보면 우리 치유하는교회도 이렇게 신실하시고 일생을 이름도 없이 빛도 없이 말도 없이 헌신, 봉사, 충성을 다하신 장로님들이나 권사님들이나 집사님들이나 성도님들이나 주의 종들이 얼마나 많이 있습니까? 바로 그분들의 땀과 눈물과 물질의 희생 때문에 오늘의 이 은혜롭고 축복되고 행복한 치유하는교회를 이루게 된 것입니다.

우리가 평생토록 교회생활을 해나갈 때 하나님만 철저히 경외하고 사랑으로 하나 되어 교제하면서 십자가를 함께 지고 나아갈 때 우리 인생의 어떠한 고난도 이겨내고, 부활의 영광 가운데 최후의 승리를 거두면서, 주님의 성탄을 맞이하며 주님의 재림을 예비하는 아름답고 복된 성도님들과 주의 종들이 모두 다 될 줄 확실히 믿습니다.

이 시간 우리 다 함께 "주 날 인도하시네"를 함께 부르면서 믿음으로 결단하도록 하겠습니다.

1. 여호와는 나의 목자시니 내가 부족함 없으리
   그가 푸른 초장에 누이시니 내 영혼 평안해

오 내 주여 오 내 주여

2. 내가 어려운 일 당할 때에 주를 떠나 방황할 때
주님께서 동행하시네 영원히 주를 따르리
오 내 주여 오 내 주여

3. 주의 선함과 인자하심 정녕 나를 따르리니
내 주 되신 여호와 전에 영원히 거하리로다
오 내 주여 오 내 주여

후렴) 이 험한 세상 지낼 때 주께서 인도해 주시니
어디서나 언제든지 주님의 품 안에서
이 험한 세상 지낼 때 주께서 인도해 주시니
나 모든 것 다 이기며 내 주 따라 살리라

저희에게 영광스럽고 복된 교회를 허락하신 하나님 아버지, 저희에게 치유하는교회를 허락해 주시고 지난 52년 동안 천국의 소망 가운데 이렇게 은혜롭고 축복되고 행복한 신앙생활을 하게 해주심을 진심으로 감사하옵나이다. 이제 여생도 어떠한 사탄의 시험과 유혹 속에서도 하나님만 철저히 경외하게 하여 주시옵소서! 어렵고 힘들수록 사랑으로 하나 되어 교제케 하여 주시옵소서! 코로나19의 이 힘든 위기 속에서도 십자가를 함께 지고 나아가게 하여 주시옵소서! 그리함으로 우리의 인생의 어떠한 고난도 다 이겨내고 부활의 영광 가운데 최후의 승리를 거두게 하여 주시옵소서! 더 나아가 주님의 성탄을 맞이하며 주님의 재림을 예비하는 복된 성도들과 주의 종들이 모두 다 될 줄 확실히 믿사옵고, 예수님의 이름으로 간절히 축복하며 기도하옵나이다. 아멘!

누가 성막을 만들 것인가

출애굽기 31:1-11

지난 주일에는 '이렇게 성막을 만들라'고 말씀하셨는데 오늘 본문 말씀 가운데에는 그렇다면 '누가 성막을 만들 것인가'에 대해 말씀하십니다. 코로나19로 인해 예배 신앙이 무너지고 하나님의 교회가 흔들리고 있는 오늘의 위기의 현실 속에서 누가 교회의 모형인 성막을 만들며 일으켜 세울 것인가, 이 시간도 들려주시는 하나님의 음성을 다 함께 들을 수 있길 바랍니다.

성령님으로 충만한 자가 되어야 함

먼저 본문 2-3절 상반절 말씀을 다 함께 읽겠습니다.

> "내가 유다 지파 훌의 손자요 우리의 아들인 브살렐을 지명하여 부르고 하나님의 영을 그에게 충만하게 하여…"(출 31:2-3상).

하나님께서 성막을 만들 총책임자로 유다 지파 훌의 손자요, 우리의 아들인 브살렐을 지명하여 부르시고, 가장 먼저 하나님의 영으로 충만하게 하셨습니다. 주님의 일은 절대 인간의 지식이나 경험이나 관록으로 하는 것이 아니라 믿음으로 하는 것이기 때문에 성막을 만드는 데도 가장 먼저 성령님으로 충만함이 절실했던 것입니다.

신약시대 초대교회에서 구제의 문제가 생겼을 때 사도들은 오로지 말씀과 기도 사역에 힘쓰게 하고 교회의 행정과 재정을 뒷받침하기 위해서 일곱 일꾼[원어 성경에는 집사(빌 1:1; 딤전 3:8, 12: διάκονος 디아코노스)라는 기록이 없음]을 세울 때도 사도행전 6장 3절 상반절을 보면 "형제들아 너희 가운데서 성령(과 지혜가) 충만하여…"라고 하였습니다.

다시 말하면, 성령님이 충만한 사람들이 교회의 목사, 장로, 권사, 집사가 되어야 합니다. 그런데 인간적인 지식이나 경험이나 육신의 감정이나 혈기나 세상적인 능력이나 관록이 뛰어난 사람들이 되면 결국 자신을 의지하기 때문에 주님의 일을 하면서도 더 이상의 은혜를 받지 못하고, 하나님의 복을 누리지도 못하고, 하나님의 나라를 위해서 귀하게 쓰임 받지 못합니다. 그뿐만 아니라 다들 자신은 하나님의 교회를 위해서 일한다고 하지만 평생토록 하나님의 교회에 걸림돌만 되다가 결국에는 자신의 일생만 망하는 것이 아니라 자손들의 앞날까지도 다 가로막고 하나님의 영광을 가리다가 어느 날 갑자기 세상을 떠난 사람들이 이 땅 위에 얼마나 많이 있습니까? 그런 사람들은 차라리 직분을 안 맡고 교회생활을 하는 것이 자신에게 훨씬 더 은혜롭고 축복되고 행복했을 것입니다.

그러므로 우리가 하나님의 교회의 직분을 맡고 주님의 일을 하길 원하기 전에 가장 먼저 성령님의 충만함부터 구해야 합니다. 우리가 성령님으로 충만하면 하나님의 뜻을 바로 깨닫게 되고, 하나님의 복을 풍성히 누리면서 하나님의 영광을 크게 드러내게 됩니다.

몇 년 전에 부흥성회를 인도했던 캐나다에서 가장 큰 한인교회인 토론토 영락교회 송민호 목사님에게서 최근 한 권의 책을 선물로 받았습니다. 그 책은 송 목사님이 쓴 《세상이 이기지 못한 사람들》이란 책인데 그의 신앙과 선교적 목회에 결정적인 영향을 준 열 분의 하나님의 종들을 소개하고 있습니다.

그 가운데 가장 먼저 중국선교의 아버지인 허드슨 테일러(Hudson Taylor) 선교사님의 일생을 소개했는데 그의 선교의 역사는 평신도 사역자였던 아버지 제임스 테일러(James Taylor)로부터 시작됩니다. 그가 아들을 주시면 중국선교에 바치겠다고 서원기도를 드렸는데 아들 허드슨 테일러가 열일곱 살 때 아버지의 서재에서 신앙서적을 읽다가 "그리스도께서 다 이루셨음"이라는 문구를 보면서 구원의 확신을 갖고 하나님께서 자신을 부르심을 깨닫게 되었습니다. 그래서 스물한 살 때 칼 귀츨라프(Karl Gutzlaff) 선교사님이 세운 '중국복음화협회'의 파송을 받고 6개월간의 위험한 항해 끝에 1854년 3월 1일 중국 상하이에 도착했습니다. 먼저 선배 되는 윌리엄 번스 선교사와 함께 7개월간 중국 내륙지방을 헤집고 다녔고, 동료 파커 선교사의 갑작스런 별세로 병원까지 맡아 혼신의 힘을 다 쏟아 일했습니다.

그러다가 너무 계속된 과로로 인해 건강을 잃고 6년 뒤인 1860년 영국으로 귀국하여서 6년 동안 영육 간의 회복의 시간을 가졌습니다. 그 기다림의 연단 속에서 1865년 브라이튼 해변을 거닐다가 하나님과의 뜨거운 체험을 갖게 되고, 중국내지선교회(China Inland Mission)를 설립하기로 결심하고 마가복음 11장 22절의 "하나님을 믿으라"(Have faith in God)는 말씀을 근거로 해서 "하나님의 일을 하나님의 방법으로 할 때 결코 하나님의 공급은 중단되지 않는다"는 '믿음 선교'를 주창하게 되었습니다. 그래서 쌀이 떨어졌을 때 기도하면 누가 쌀가마니를 가져다 놓고, 돈이 떨어지면 누가 수표를 보내주는 기적이 일어났습니다. 그는 평생 5만 번 이상의 기도 응답을 받으며 3,000명이 넘는 고아들을 돌보았던 영국의 브리스톨 고아원의 조지 뮬러(George Muller) 목사님과 깊은 교제를 하면서 진정한 믿음이 무엇인지를 배웠습니다. 또한 1884년부터 1885년까지 시카고가 낳은 세계적인 부흥사 드와이트 무디(Dwight Moody) 목사님과 영국 전역을 돌면서 선교부흥운동의 큰 도전을 받았습니다.

이때 영국의 명문 케임브리지 대학교에서 중국선교를 호소할 때 영국 최초의 크리켓 선수인 찰스 스터드(Charles Studd) 등 케임브리지 7인(Cambridge Seven)의 선교사를 낳았습니다. 그리고 1888년 북미 선교여행 중 미국과 캐나다에서 총 42명의 중국 선교사 헌신자가 나와서 동역하게 되었는데 그중 한 사람이 우리나라의 성경 번역에 큰 공로를 세우고 연동교회를 설립하신 제임스 게일(James Gale) 선교사님입니다.

이처럼 160여 년 전 성령 충만함을 간구하며 뜨거운 성령님의 은혜를 체험하고 선교에 열정을 쏟으셨던 허드슨 테일러 선교사님으로 인해 수많은 선교 헌신자가 나왔고, 오늘의 14억 중국 인구 중 1억 명에 이르는 기적적인 부흥의 선교의 기반을 닦게 되었던 것입니다.

그렇다면 우리도 어떻게 성령님으로 충만할 수 있을까요? 디모데전서 4장 4-5절에 "하나님께서 지으신 모든 것이 선하매 감사함으로 받으면 버릴 것이 없나니 하나님의 말씀과 기도로 거룩하여짐이라"고 분명히 증거하지 않습니까? 다른 길이 없습니다. 날마다 하나님의 말씀을 묵상하면서 주님과 우리 사이를 가로막는 죄악을 철저히 통회 자복하고, 오직 성령님의 충만함을 간구할 수 있길 바랍니다. 그리하면 틀림없이 성령님의 충만함을 받고 우리의 생각하는 것이나 말하는 것이나 행하는 모든 것이 성령님께 사로잡혀서 하나님의 뜻을 이루고, 하나님의 복음의 통로로 쓰임 받고, 하나님의 영광만 드러내게 되는 것입니다.

더욱이 코로나19로 인해 온 세상이 환난을 맞이한 때 우리는 성령님으로 충만하지 않으면 이 모든 환난을 이겨낼 힘이 없습니다. 왜냐하면 성령님께서 우리를 지켜 주셔야 하고 복을 내려 주셔야 하고 앞길을 열어 주셔야 하기 때문입니다. 그래서 우리는 살아 계신 하나님만 믿고 바라보고 의지하면서 간절히 부르짖지 않을 수 없습니다.

그런데 코로나19의 현실은 우리의 신앙을 점점 흔들리게 하고, 세상의 소리에 귀를 기울이게 하고, 인간적인 방법을 따라가게 하고 있습니다. 그러므로 코로나19의 위기 속에서 우리 믿는 자들부터 철저히 통회 자복할 수 있길 바랍니다. 지난주 수요일 한 존경하는 원로목사님에게서 이런 기도문을 카톡으로 받았는데 가슴에 뜨겁게 와 닿았습니다.

> 하나님! 우리가 얼마나 서로 거짓말과 막말들을 했으면 주둥이를 마스크로 다 틀어막고 살라 하십니까?
> 하나님! 우리가 얼마나 서로 다투고 싸우며 시기하고 사랑을 안 했으면 서로를 다 거리 두어 살라 하십니까?
> 하나님! 우리가 얼마나 죄를 짓고 손으로 나쁜 짓을 했으면 어디 가나 소독제와 물로 다 씻게 하십니까?
> 하나님! 우리가 얼마나 화를 내게 했으면 1년 가까이 그 흉한 얼굴을 사람들에게도 보이지 말고 살라 하십니까?

하나님! 우리가 얼마나 주님 없이 예배를 드렸으면 성도끼리 얼굴도 못 보게 듣지도 보지도 못한 비대면 예배를 다 드리게 하십니까?
하나님! 우리가 얼마나 그동안 주님을 실망시켜 드렸으면 이 나라를 하나님이 없는 공산사회주의로 가도록 내버려 두시나이까?
하나님! 우리가 얼마나 주님의 교회를 좌파, 우파, 대파, 쪽파, 양파로 나누었으면 세상에서 혐오하는 집단으로 만들어 가시나이까?
전지전능한 하나님께 간절히 비옵니다!
이제 제발 그만 노를 푸시고 이 백성과 교회를 긍휼히 여기사 회개케 하시고 회복시켜 주소서…!

얼마나 가슴 아프고 피눈물 나고 뼈 있는 기도입니까? 그러나 우리가 하나님의 말씀에 근거하여서 믿음으로 간구하면 오늘날에도 하나님의 기적은 일어나는 것입니다.

지난 주간 코로나19가 교회 밑 에어로빅 학원에서 터졌는데 지난 주일에 우리 교회 부목사님 사모님이 거기 가서 운동했다는 것입니다. 그 사모님이 임신 때 당뇨가 생겨서 매일 운동을 하지 않으면 안 되기 때문에 그 에어로빅 학원을 찾아가 운동을 했습니다. 그런데 요즘 코로나19가 계속 확산되어서 그렇게 기도했다고 합니다. "사자 굴에 던져진 다니엘을 지켜 주셨던 것처럼 저도 지켜 주실 줄 믿습니다!" 그런데 지난 수요일까지 218명의 확진자가 생겼는데 하나님 아버지께서 기적적으로 그 사모님을 지켜 주셨습니다. 그래서 앞으로 사모님 이름을 '여다니엘'로 바꾸라고 했습니다.

여러분, 하나님께서 살아 계시기 때문에 약속의 말씀을 그대로 믿고 기도하면 오늘날에도 분명히 하나님의 기적은 일어납니다. 그런데 우리가 성령님의 충만을 받기 위하여 혼자 구하면 성령님의 불을 붙이기도 힘들고, 그 불이 오래 가기도 힘듭니다. 그러므로 매일 새벽기도회에 만민이 기도하는 집인 성전에 나와서 우리 치유하는교회의 영적 그루터기인 새벽의 성도들과 주의 종들과 함께 부르짖으면서 주님과의 처음 사랑부터 회복하고 성령님의 충만함을 간구해야 합니다. 그렇게 날마다 성령님의 충만함을 받고 교회의 일을 하게 될 때에 우리를 통해서 주님의 일을 힘 있게 하고, 주님의 뜻을 이 땅에 이루고, 주님의 영광을 크게 드러내게 될 줄 확실히 믿으시기 바랍니다.

지혜와 지식이 충만한 자가 되어야 함

계속해서 본문 3절 하반절에서 5절 말씀을 다 함께 읽겠습니다.

> "…지혜와 총명과 지식과 여러 가지 재주로 정교한 일을 연구하여 금과 은과 놋으로 만들게 하며 보석을 깎아 물리며 여러 가지 기술로 나무를 새겨 만들게 하리라"(출 31:3하-5).

하나님께서는 성막 건축의 총책임자인 브살렐에게 성령님의 충만함만 부어 주신 게 아닙니다. 그 성막 건축을 감당할 만한 지혜(wisdom, 이론)와 총명(understanding)과 지식(knowledge, 실제)과 여러 가지 재주(skill)까지 부어 주셔서 그 성막을 만드는 정교한 일을 연구하여서 금과 은과 놋으로 만들게 하고, 보석을 깎아 물리면서 여러 가지 기술로 나무를 새겨 만들게 하셨습니다. 다시 말하면, 브살렐은 성막을 만들 수 있는 모든 이론과 실제의 하나님의 지혜와 지식까지도 받았던 것입니다.

그래서 초대교회의 일곱 일꾼을 세울 때에도 사도행전 6장 3절 중반절에 "…지혜가 충만하여…"라고 하였습니다. 우리가 교회 일을 할 때에 자신의 이성이나 지식이나 경험이나 감정으로 하려고 하면 틀림없이 인본주의나 세속주의나 공로주의나 파벌주의의 늪에 빠지고 맙니다. 그래서 주님의 일은 결코 인간의 능력으로 하는 것이 아닙니다. 믿음으로 하는 것이고, 하나님께서 주시는 지혜와 지식으로 하는 것이고, 성령님께서 주시는 능력으로 하는 것이기 때문에 우리가 가장 먼저 교회 일을 이뤄 나갈 때 하나님의 지혜를 구해야 합니다.

그래시 야고보서 1장 5절에 "너희 중에 누구든지 지혜가 부족하거든 모든 사람에게 후히 주시고 꾸짖지 아니하시는 하나님께 구하라 그리하면 주시리라"고 분명히 약속하시지 않습니까?

부족한 종이 미국 유학을 가서 영어로 석사, 박사과정을 공부할 때 한국말로 석사, 박사과정을 공부하기도 힘든데 영어로 공부하려니 얼마나 힘이 들었겠습니까? 저도 영어 때문에 고생을 많이 했지만 영어도 저 때문에 고생 많이 해서 피차 고생을 했습니다. 그런데 그때마다 이 말씀의 약속대로 매 순간 하나님께 지혜를 구함으로써 그 기도의 응답으로 하나님께서 주신 지혜로 그 어려운 석사, 박사과정을 잘 마쳤기 때문에 체험의 확신을 가지고 이 말씀을 우리 자녀 손들에게 꼭 전해 주어야 할 말씀으로 권면을 드립니다.

그런데 우리가 교회 일을 할 때에도 하나님의 뜻이 어디 있는지도 모르고 감당할 힘도 없고 앞이 캄캄할 때에 하나님의 지혜를 구하면 하나님께서 지혜의 원리로 깨닫게 해주시고, 지식의 실제도 깨닫게 해주시고, 일을 추진할 수 있는 능력도 부어 주시고, 나아갈 앞길도 열어 주셔서 능히 감당하고도 남음이 있게 해주십니다. 그래서 우리가 일생을 살아가는 데도, 주님의 일을 할 때에도 하나님의 지혜와 지식이 없이는 불가능한 것입니다.

송민호 목사님이 쓴 《세상이 이기지 못한 사람들》 가운데 우리나라 선교와 관련하여 잊을 수 없는 마포삼열(Samuel A. Moffett) 선교사님 이야기가 나옵니다. 마포삼열 선교사님은 매 선교사역 때 하나님의 지혜를 간절히 간구하여서 한국에서 선교하셨던 약 1,500명의 선교사님들 가운데 손으로 꼽을 정도로 하나님의 지혜와 지식이 특출하여 선교의 이론과 실제, 즉 신학과 목회에 깊이가 있는 선교사님이었습니다.

그는 1890년 조선에 오셔서 누구보다도 먼저 당시 조선의 예루살렘이었던 평양의 중요성을 인식하시고 1901년 평양으로 가셔서 대한예수교장로회신학교(평양신학교)를 자신의 사랑방에서 시작하셨고, 1907년 이 땅에 최초의 성령운동을 일으켰던 평양 장대현교회를 설립하셨습니다. 당시 구한말 근대화 과정의 조선은 교육과 의료 전반에 선교사님들의 도움이 절실했지만 마포삼열 선교사님은 신학교 사역과 목회자 양성을 통한 민족복음화가 선교사의 최대의 사명이자 관심사가 되어야 한다고 강조하셨습니다. 그래서 첫째, 둘째 아들까지 당시 열악한 의료 상황 속에서 조선 땅의 풍토병을 이겨내지 못하고 하늘나라로 먼저 떠나보내는 참으로 가슴 아프고 눈물 나는 슬픔 속에서도 결코 낙심하거나 포기하지 않으시고, 1924년까지 23년 동안 평양신학교 교장으로 계시면서 최초의 7인의 한국인 목사님(서경조, 한석진, 송인서, 양전백, 방기창, 길선주, 이기풍)과 김익두, 함태영, 김선두, 남궁혁, 주기철, 채필근 등 후에 한국교회를 이끌어가신 800여 명의 목사님을 배출했습니다.

그러나 일제의 신사참배에 반대하다가 일본 총독부의 암살 위협을 받게 되어 1936년 "곧 돌아오리라"는 약속을 남기고 급히 조선 땅을 떠나셨지만 결국 조선총독부의 반대로 돌아오지 못하고 3년 후인 1939년 캘리포니아의 조그만 마을인 몬로비아에서 서쪽의 조선을 바라보며 위해서 기도하다가 외롭게 하늘나라로 떠나가셨습니다.

그러나 셋째 아들인 마삼락(Samuel H. Moffett) 선교사님이 아버지 마포삼열 선교사님의 뒤를 이어서 장로회신학대학원에 오셔서 가르치셔서 장로회신학대학원에서나 프린스턴 신학대학원에서 안식년을 보내실 때도 뵌 적이 있었습니다. 또한 넷째 아들인 마포화열(Samuel F. Moffett) 선교사님도 대구동산병원장으로 일했습니다.

결국 마포삼열 선교사님의 간절한 소원대로 그가 조선을 떠나가신 지 70년 만에 장로회신학대학교 개교 105주년을 맞이하던 2006년에 그의 유해가 루시아 사모님의 유해와 함께 꿈에도 그리던 제2의 고향인 대한민국의 장신대 교정에 안장되었습니다. 그는 26세 때 조선에 오셔서 일제의 핍박으로 인해 72세에 미국으로 돌아가실 때까지 장장 46년 동안 일생을 하나님께서 주시는 지혜와 지식으로 조선의 신학교와 교회를 위해서 일생을 희생하셨습니다.

지난 주간에 초등학교 동창에게서 "내 인생의 봄날은 언제나 지금이다"라는 제목의 카톡 메시지가 왔습니다.

10대는 철이 없다.
20대는 답이 없다.
30대는 집이 없다.
40대는 돈이 없다.
50대는 일이 없다.

60대는 낙이 없다.

70대는 이가 없다.

80대는 처가 없다.

90대는 시간이 없다.

100대는 다 필요 없다.

그러고 나서 나오는 말이 "내 인생의 봄날은 언제나 지금이다"였는데, 하나님의 지혜와 지식을 따라 살면 내 인생의 봄날은 언제나 지금인 것입니다.

지난 주일에 코로나19 방역단계가 2.0인 가운데에도 92세 되신 이봉기 은퇴 권사님이 예배드리러 나오셨는데 주의 종들이나 젊은 교인들에게 얼마나 큰 도전과 격려와 감동이 되었는지 모릅니다. 그렇게 코로나19의 위험 속에서도 평생을 성전에 나아와 예배드리고 새벽제단을 쌓으면서 기도드리며 성령님으로 충만한 가운데 하나님의 지혜와 지식을 얻으면서 사시니까 연세에 비해 10년 이상은 건강하시고, 그 여생과 자손들까지도 다 믿음의 복을 받았습니다. 그래서 따님 가운데 장로회신학대학교 교수가 나오고, 사위 가운데 해병대 부사령관까지 나와서 하나님의 나라를 위해 크게 영광을 돌리지 않습니까?

그렇습니다. 우리가 날마다 하나님께서 주시는 지혜와 지식으로 살아갈 때 평생토록 봄날의 천국의 축복과 행복의 감격이 넘치는 것입니다. 그러므로 지난날 우리 신앙의 선조들이 그러했듯이 주님의 일을 하다가 막힐 때마다 저는 부목사님들에게 그런 말을 합니다. 우리의 목회나 신앙생활이 우리의 부귀나 명예나 향락을 위한 것이 결코 아니고, 주님의 복음을 위한 것이고 주님의 교회를 위한 것이고 주님의 영광을 위한 것이라면 무얼 두려워하느냐고 말합니다.

군대에서도 "안 되면 되게 하라!"고 말하는데 빌립보서 4장 13절에 "내게 능력 주시는 자 안에서 내가 모든 것을 할 수 있느니라"고 분명히 증거하지 않습니까? 이 말씀을 확실히 믿는다면 안 된다, 못한다, 희망이 없다고 결코 포기하지 말고, 살아 계신 하나님께 지혜를 간구하면 하나님으로부터 지혜를 얻고, 지식을 얻고, 재능도 얻고, 능력을 받아서 하나님께서 기뻐하시는 교회의 일꾼들로 귀하고 복되게 쓰임 받게 될 줄 확실히 믿습니다.

합심 합력하여 동역하는 자가 되어야 함

마지막으로 본문 6절 말씀을 다 함께 읽겠습니다.

> "내가 또 단 지파 아히사막의 아들 오홀리압을 세워 그와 함께하게 하며 지혜로운 마음이 있는 모든 자에게 내가 지혜를 주어 그들이 내가 네게 명령한 것을 다 만들게 할지니"(출 31:6).

하나님께서는 성전 건축의 총책임자인 브살렐을 세우셨지만 주님의 일이란 것이 결코 혼자서는 할 수 없기 때문에 단 지파 아히사막의 아들 오홀리압이라는 조수를 세우시고 그에게도 지혜를 주셔서 브살렐과 함께 성막을 건축하게 하십니다. 그래서 많은 사람들과 합심 합력하여 성막과 속죄소와 각 성구들과 성유(anointing oil)와 성향(fragrant incense)까지 만듭니다. 심지어 대제사장과 제사장의 성의까지 다 짓도록 하는데 다시 말하면 브살렐과 오홀리압으로 하여금 합심 합력하여 동역하도록 하신 것입니다.

그래서 초대교회에서도 사도들만으로 일할 수만은 없었기 때문에 사도행전 6장 3절 하반절에 "칭찬받는 사람 일곱을 택하라"고 하였습니다. 그러면 여기 나오는 '칭찬받는 사람'이란 어떤 사람일까요?

우리가 자녀를 길러 보아도 알지만 자식들이 아무리 부모님을 자주 찾아뵙고 많은 용돈을 갖다 드리고 정성을 다해 효도해도 자식들이 찾아올 때마다 서로 인상을 찌푸리고 말다툼을 하고 치고받고 싸우면 부모의 심정이 어떠하겠습니까? "너희들에게 효도 안 받아도 좋으니까 다음부터는 오지 마라! 이렇게 싸우려면 제발 다시는 오지 말아라!" 하실 것입니다. 우리의 교회생활도 마찬가지입니다. 아무리 자신이 옳다고 하고 자기 의를 내세우고 교회를 바로잡는다고 큰소리를 쳐도 하나님 아버지께서도 똑같은 심정이실 것입니다. "네가 교회에 안 나와도 하나님의 교회 아무런 문제 없이 잘되니까 싸우려면 교회 나오지 말고 차라리 집에서 혼자 신앙생활을 해라! 너만 바로 하면 다 잘된다! 다 잘돼!" 그러시지 않겠습니까?

주님의 일을 하는데도 무슨 일이든 자기 뜻대로만 다 하려는 독불장군은 필요 없습니다. 그렇다면 교회에서 가장 칭찬받는 사람은 어떤 사람이겠습니까? 예수님처럼 온유하고 겸손하고 늘 변함없이 충성을 다하면서 사랑으로 합심 합력하며 동역하는 사람을 주님께서 가장 기뻐하시고, 교인들도 그런 사람을 다들 제일 좋아하고, 또 주의 종들도 그런 사람을 다들 칭찬하지 않습니까? 그렇지 않고 신앙과 삶은 하나도 모범도 안 되고 감동도 안 되고 열매도 없으면서도 자기가 최고인 것처럼 맨날 입만 열면 남의 험담이나 하고 시비나 걸고 큰소리나 치는 사람들은 다 싫어합니다.

우리가 사탄에게 더 이상 속지 말고 분명히 깨달아야 할 것은 세상 정치판에는 여당과 야당이 있지만 주님의 일에는 여야가 없다는 것입니다. 하나님의 편 아니면 사탄 편만 있을 뿐입니다. 그러므로 우리가 이 모든 일을 영적으로 깊이 깨닫고 잘 분별하고 강하고 담대하게 대적하면서 끝까지 이겨내야 합니다. 그때부터 하나님의 은혜를 받게 되고 축복의 문이 열리고 행복의 감격이 넘쳐나게 될 것입니다.

그런데 왜 다른 사람들은 다 그렇게 은혜를 받고 천국의 축복을 누리고 행복의 감격 속에서 교회생활을 하는데 자신만 그 천국의 축복과 행복의 감격을 누리지 못할까요? 정말 '그것이 알고 싶다'입니다. 그러므로 이제는 그 헛된 교만에 가득 찬 자아부터 깨어지고 부서지고 죽어져야 합니다. 그러기 전까지는 여러분의 교회생활이 절대 은혜롭지 못하고 축복되지 못하고 행복할 수가 없습니다.

내가 주님의 십자가에서 주님과 함께 죽어지고 나면 그때 비로소 찬송가 288장의 가사처럼 비로소 천국의 교회생활이 열리는 것입니다. 그리하여 그때부터 우리는 진정으로 주님의 일에 합심 협력을 하고 사랑으로 동역하면서 일생토록 진정으로 축복되고 행복하게 쓰임 받게 됩니다.

> 세상과 나는 간 곳 없고
> 구속한 주만 보이도다
> 이것이 나의 간증이요
> 이것이 나의 찬송일세
> 나 사는 동안 끊임없이
> 구주를 찬송하리로다

송민호 목사님이 쓰신 《세상이 이기지 못한 사람들》이란 책 가운데서 우리가 결코 지나칠 수 없는 아주 귀한 선교사님 한 분을 만나게 되는데 그가 바로 서서평(Elisabeth J. Shepping) 선교사님입니다.

1880년 독일 라인 강가의 조그만 도시인 코블렌츠에서 태어난 서서평 선교사님은 그를 키워 주시던 할머니가 돌아가시자 아홉 살의 어린 나이에 재혼한 엄마 주소 한 장 달랑 손에 쥔 채 대서양을 건너 미국 땅을 밟게 됩니다. 낯선 뉴욕에서 간호전문학교를 나와 간호사가 된 서서평 선교사님은 브루클린에 있는 유대인 병원에서 일하면서 가난하고 소외된 자들에 대해 관심을 갖게 됩니다. 그리고 시간만 나면 유대인 결핵환자 요양소와 이탈리아인 이민자 수용소에서 봉사했고, 간호학뿐만 아니라 신학과 교육학을 공부하면서 의료선교를 준비했습니다. 결국 1912년 서른두 살의 젊은 독신 선교사로 하나님의 부르심을 받아 조선 땅에 오게 됩니다.

서서평 선교사님은 서울을 떠나 주로 오지인 전주, 군산, 광주, 순천, 제주에 이르기까지 이 땅의 가난하고 병들고 소외된 자들을 찾아 의술을 베풀고 복음을 전하고 이일학교(한일장신대 전신)를 세워 여성들에게 성경과 간호학을 가르쳤습니다. 또한 자신의 소유를 다 쏟아 가난한 자들과 함께 나누고 베풀며 사셨는데 어떤 때는 거지들을 20-30명씩 목욕탕에 데리고 가서 씻기고 옷을 사 입히고 식당으로 데리고 가서 음식을 대접했다고 합니다. 심지어 여자 고아 13명을 자신의 딸로 입양하였고, 한 어머니가 아들을 낳다가 죽고 아버지가 한센병자여서 아들을 키울 수가 없어서 다음 날 아침에 강에 갖다가 버리려고 했는데 가까스로 설득을 해서 이 한센병자 아들도 입양하여 고아를 14명이나 길렀고, 과부 38명과 한 집에서 살았다고 합니다. 그렇게 조선의 모든 여성들과 고아들과 과부들이 그녀의 사랑의 동역자들이었던 것입니다.

1934년 서서평 선교사님은 22년의 그녀의 선교사역을 다 마치셨는지 54세의 젊은 나이에 그동안의 과로와 영양실조로 쓰러지셔서 4

개월여의 투병 끝에 광주에서 하나님의 부르심을 받게 됩니다. 그런데 그녀가 떠난 남루한 방에 남은 것이라곤 낡은 옷가지 몇 벌과 반쪽이 된 담요와 동전 일곱 냥과 강냉이 두 홉(360ml)뿐이었다고 합니다. 그래서 서서평 선교사님이 하늘나라로 떠나가시자 장례식은 최초의 광주시민사회장으로 치러졌고, 천여 명의 여성들과 고아와 과부들이 "어머니! 어머니!" 하고 부르면서 통곡하며 장례행렬의 뒤를 따랐다고 합니다. 그녀의 일생은 한마디로 조선의 여성들과 고아와 과부들의 전도와 치유와 구제를 위해 부르심을 받고, 평생을 그들과 함께 웃고 함께 울며 동역하시면서 한 알의 밀이 되셨던 것입니다. 누가 그녀를 실패하고 불행하고 고통스런 일생을 살았다고 할 수 있겠습니까? 그녀는 주님 안에서 그 누구보다도 크게 성공하고 축복되고 행복한 일생을 사셨습니다.

여러분 같으면 지금 고향 산천 부모 형제를 떠나 아프리카나 남미나 동남아시아 오지에 가서 일생을 그렇게 희생하라고 하면 하실 수 있겠습니까? 우리는 세월이 흘렀어도 우리 민족을 위해 일생을 희생하신 선교사님들과 그들을 후원해 준 교회를 꿈에도 잊어선 안 됩니다. 그리고 오히려 복음의 빚진 자로서 그 빚을 갚는 삶을 살아갈 때 우리의 여생이 진정으로 합심 합력하며 사랑으로 동역하면서 자손 대대로 하나님의 축복과 행복이 넘치게 쓰임 받게 되는 것입니다. 그래서 고린도전서 3장 5, 9절에 "그런즉 아볼로는 무엇이며 바울은 무엇이냐 그들은 주께서 각각 주신 대로 너희로 하여금 믿게 한 사역자들이니라…우리는 하나님의 동역자들이요 너희는 하나님의 밭이요 하나님의 집이니라"고 분명히 증거하지 않습니까?

여러분, 우리가 강서구청장과 동역해도 목에 힘이 들어가고, 서울시장과 동역하면 목에 깁스를 해버리고, 대통령과 동역하면 목에 철근 콘크리트를 깔아 버릴 텐데, 우리는 이들과 비교할 수 없는 만왕의 왕이요, 만주의 주이신 하나님의 동역자들이 되었다는 게 얼마나 자랑스럽고 영광스럽고 복된 일입니까? 그러므로 이제 여생은 모두 다 하나님의 일에 합심 합력하여 사랑으로 동역함으로 우리의 교회생활이 진정으로 복되고 귀하게 쓰임 받고 크게 영광 돌리게 될 줄 확실히 믿으시기 바랍니다.

토론토 영락교회 송민호 목사님은 원래 불신가정에서 자라났습니다. 아버지는 자동차 정비 일을 하셨는데 어느 날 어떤 서양 사람이 운전하던 고급 외제차 한 대가 아버지의 정비소에 와서 정비를 부탁하고 다음 날 찾아가겠다고 했습니다. 그 서양 사람이 그 차 안에 지갑을 놓고 가서 아버지는 그 지갑을 잘 가지고 있다가 다음 날 그 사람에게 전해 주었더니 갑자기 그 사람이 아버지에게 "당신 이민 가고 싶은 생각 없습니까?"라고 질문을 했습니다. "당신은 참 정직한 사람인 것 같은데 캐나다로 이민을 가고 싶으면 말씀하세요"라고 했는데 알고 보니 그 사람은 당시 캐나다 대사관의 1등 서기관으로 이민업무를 담당하는 사람이었습니다.

그날 아버지가 퇴근하신 후 아버지, 어머니, 형, 송 목사님 이렇게 네 식구가 모여서 캐나다 이민 여부를 놓고 가족회의를 하였습니다. 아버지와 형은 이민을 찬성하고, 어머니와 송 목사님은 반대를 하였는데 아버지는 민주적으로 하겠다며 "우리는 이민 간다!"고 선언하시고 말더랍니다. 그리하여 모든 일이 급속도로 진행되어 그 서양 사람의 차가 아버지의 정비소에 들어온 이후 한 달 만에 송 목사님 가족은 캐나다 밴쿠버 땅을 밟게 되었다고 합니다.

1970년대 당시에는 이렇게 급속도로 이민이 진행된 것은 정말 기적적인 일이었는데 그때 송 목사님은 중 3이고, 형은 고 1이었습니다. 그런데 캐나다에 도착한 지 한 달 후에 아버지가 또 가족회의를 하자고 하시더니 열다섯 살, 열여섯 살이면 충분히 독립할 만하니 가족의 생계에 더할 일을 해서 돈을 벌어오라고 말씀하시더랍니다. 그래서 송 목사님과 형은 아침 일찍부터 신문을 돌리는 일을 하게 되었습니다. 처음에는 석간신문을 돌리다가 나중에는 조간신문을 돌리게 되었는데 중고차를 사서 매일 새벽 2시 45분에 일어나서 700부의 신문을 돌리기 시작했는데 운전석만 빼놓고는 차에 신문이 가득 찼습니다.

그런데 어느 날 새벽 신문배달 중 적막한 가운데 갑자기 머릿속에 "내가 왜 사나? 사람들은 왜 살까? 사람들은 죽으면 어디로 가는가?" 등등의 질문들이 떠오르기 시작하더랍니다. 그러던 중 밴쿠버의 명문대학 밴쿠버 대학교(UBC)에 진학하였고, 어느 날 우연히 전도지를 받게 되었는데 대학생선교회(CCC)의 전도지를 받아든 그는 전도지에 적힌 연락처로 전화를 해서 랏(Lat)이라는 이름의 전도자를 만나게 되었고, 사영리 전도를 받게 된 그 자리에서 바로 예수님을 영접하는 기도까지 하게 되었습니다. 기도 후에 전도자 랏이 자리에서 일어나 돌아가려 하는데 그는 이 전도자를 붙잡고 일주일에 한 번씩 만나서 제자훈련을 시켜 달라고 했습니다.

그 후 1년간 매주 수요일 오후 랏을 만나 양육을 받는 가운데 주의 종으로 소명을 받게 되었는데 랏과 만나 대화하는 중 어느 날 랏이 "너의 문제는 네가 죄인이라는 것을 모르는 것이다"라고 도전을 주는 메시지를 주었습니다. 그래서 "그렇다면 내가 어떻게 죄인이라는 것을 알 수 있는가?"라는 질문에 랏은 그것은 하나님이 깨닫게 해주셔야 한다는 답을 주어서 송 목사님은 그날 집에 가면서 하나님께 이런 기도를 드렸다고 합니다. "하나님 아버지, 제가 죄인임을 깨닫게 해주세요. 40일의 여유를 드리겠습니다!"

그러던 어느 날 엄마와 심히 다투고 맘이 상해 있는 가운데 갑자기 어떤 음성이 들려왔습니다. "민호야! 네가 죄인인 것을 깨닫게 해달라고 했지? 네가 죄인이라는 것을 알고 싶으면 거울을 보고 네 얼굴을 한번 쳐다봐라!" 그때 그는 이 음성이 양심의 소리인 것으로 생각하고 그냥 무시했는데 일주일 뒤 형과 싸우고 난 뒤 또 같은 음성이 들려왔는데 그때 비로소 하나님께 40일의 여유를 준다며 기도했던 그 기억이 떠올랐습니다. 이러한 하나님의 음성을 듣고 난 후 교회에 가서 찬양대의 305장 찬송 "나 같은 죄인 살리신"을 들었습니다.

1. 나 같은 죄인 살리신 주 은혜 놀라워
 잃었던 생명 찾았고 광명을 얻었네
2. 큰 죄악에서 건지신 주 은혜 고마워
 나 처음 믿은 그 시간 귀하고 귀하다
3. 이제껏 내가 산 것도 주님의 은혜라
 또 나를 장차 본향에 인도해 주시리
4. 거기서 우리 영원히 주님의 은혜로
 해처럼 밝게 살면서 주 찬양하리라

그런데 그가 죄인이라는 감동이 가슴에 뜨겁게 휘몰아치면서 눈물이 그렇게 쏟아지더랍니다. 그 이후부터 매일 성경책을 읽기 시작했는데 하나님의 말씀이 꿀송이 같다는 말씀이 실제로 이루어지는 체험을 하게 되었습니다. 그 후 한 달 정도 후에 신비로운 체험을 하게 되었는데 방에 누워 있는데 정신이 맑은 상태에서 온몸에 수만 볼트의 전류가 흐르는 듯한 성령 충만한 체험을 뜨겁게 하면서 눈물로 간절히 기도하는 가운데 하나님의 부르심을 듣게 되었다고 합니다. "이제 너는 나의 종의 일을 하여라!” 그 불가항력적인 부르심에 응답하여 이전에 공학을 전공하던 그가 인문학으로 수업의 내용을 바꾸게 되었습니다.

그리고 대학교 2학년(스물한 살) 여름방학 때 밴쿠버에서 토론토 복음화를 위해 그 먼 거리를 전도하러 갔는데 갑자기 집에서 연락이 와서 집을 가보니 아버지가 간암으로 3개월 시한부 판정을 받으셨다는 것이었습니다. 아버지는 42세에 캐나다에 이민을 오셔서 6년 동안 뼈 빠지게 고생만 하시다가 마지막 한 달을 남겨 놓고 이상한 일이 벌어졌습니다. 갑자기 아버지가 “카세트 플레이어를 가져와라” 하시더니 찬송가 279장 “인애하신 구세주여” 찬양을 틀었습니다.

> 인애하신 구세주여 내가 비오니
> 죄인 오라 하실 때에 날 부르소서
> 주여 주여 내가 비오니
> 죄인 오라 하실 때에 날 부르소서…

이 찬양을 들으면서 펑펑 눈물을 흘리면서 회개하셨습니다. 그리고 어린 시절 함경북도 청진에서 할머니의 등에 업혀 새벽기도를 하면서 “너는 꼭 예수를 잘 믿어야 한다. 너는 꼭 예수 믿는 여자와 결혼해야 한다” 이런 어머니의 부탁을 잊고 살았던 아버지는 그것이 너무나 한이 맺히셨는지 48세에 회개하며 주님께 돌아와 주님의 품에 평안히 안겨 떠나가셨습니다.

송 목사님은 그 일로 하나님의 소명을 다시 한 번 확신하게 되고, 신학대학원에 진학하고 토론토 영락교회에 가서 영어목회 담당목사를 하면서 선교사로 나가기 위해서 허드슨 테일러 선교사님이 설립하신 OMF(Overseas Missionary Fellowship, 해외선교사친교회)에 가입하게 되었습니다. 그곳은 믿음 선교를 하는 곳인데 '믿음 선교'라는 것은 허드슨 테일러 선교사님처럼 사람들 앞에서 선교를 위한 재정 모금을 위한 (기도)부탁까지도 할 수 없다는 것이었습니다.

그래서 1999년 12년을 부목사로 사역했던 교회에 선교를 위해 사임하겠다고 통보하고 붙잡는 담임목사님께 재정은 걱정하지 말라고 말했지만 재정을 위한 부탁을 할 수 없기에 출국 날은 다가오는데 누구에게도 부탁의 말을 하지 못해서 아무런 재정후원이 들어오지 않았습니다. 그때 형이 가정예배 중에 "빨리 동생을 도와준다고 약속해라!"는 하나님의 음성을 듣고 그해에 직원 보너스로 받게 된 주식을 팔아서 당시에는 큰돈인 매달 500불가량씩 후원을 약속하더랍니다. 그 후 출국 비용을 포함한 모든 비용들이 엘리야에게 까마귀가 물어다 주는 고기들처럼 완전히 채워졌습니다.

그렇게 그는 성령님으로 충만한 가운데 일찍이 허드슨 테일러 선교사님이 주창했던 믿음 선교를 뜨겁게 체험하고, 형의 도움의 손길과 기도에 힘입어서 함께 선교 동역을 하면서 하나님께서 주시는 지혜와 지식으로 시카고에 있는 트리니티 복음주의 신학대학원에서 선교학(Intercultural studies) 전공의 철학박사 과정 공부까지 하면서 필리핀 케손 시에 있는 현지 신학교에서 선교학 교수로 강의도 하고, 현지 교회와 연결되어 현지인 동역을 5년째 열심히 잘하고 있었습니다.

그런데 2004년 갑자기 토론토 영락교회 담임목사님께서 전립선 조직검사 중 바이러스 감염으로 갑작스럽게 천국으로 떠나가시고 말았습니다. 그는 그때 한참 선교의 열매를 맺고 있을 때였기에 토론토에 돌아가 담임목회를 한다는 것은 꿈도 꾸지 않았지만 청빙위원회에서는 부목사였던 그를 담임목사로 택하고 불러 주어서 지금까지 은혜롭게 토론토 영락교회의 담임목사로 사역하면서 캐나다 최대의 한인교회로 뜨겁게 부흥시키며 큰 영광을 돌리고 있습니다. 그뿐만 아니라 북미지역의 선교와 목회 세미나의 강사와 토론토의 유명한 복음주의 신학대학원인 틴데일 신학대학원의 겸임교수로 강의를 하면서, 말세 마지막 때 선교적 교회의 이론과 실제를 목회현장에서 구현하며 수많은 열매를 맺고 있습니다.

사랑하는 성도 여러분, 우리가 이렇게 한번 왔다가 떠나가는 일생을 아무런 보람도 없이 살다가 어느 날 갑자기 떠나가 버린다면 우리의 일생이 무슨 의미가 있겠습니까? 그러나 이제 내일 일조차 모르는 얼마 남지 않은 여생이라도 주님의 일꾼으로 하나님의 부르심을 받아서 가장 먼저 성령님으로 충만한 자가 되고, 하나님의 지혜와 지식이 충만한 자가 되고, 합심 합력하여 동역하는 자가 된다면 주님의 교회의 기둥 같은 일꾼으로 쓰임 받으면서 여생도 복되고 자손도 잘되고 하나님께서도 크게 기뻐 받아주실 줄 확실히 믿습니다.

다 함께 결단의 찬송으로 "주의 은혜라"를 다 함께 부르며 믿음으로 결단하도록 하겠습니다.

내 평생 살아온 길 뒤돌아보니
짧은 내 인생길 오직 주의 은혜라
주의 은혜라 주의 은혜라
내 평생 살아온 길
주의 은혜라 주의 은혜라
다함이 없는 사랑
달려갈 길 모두 마친 후
주 얼굴 볼 때
나는 공로 전혀 없도다

오직 주의 은혜라
주의 은혜라 주의 은혜라
내 평생 살아온 길
주의 은혜라 주의 은혜라
다함이 없는 사랑
주의 은혜라 주의 은혜라
내 평생 살아온 길
주의 은혜라 주의 은혜라
다함이 없는 사랑
달려갈 길 모두 마친 후
주 얼굴 볼 때
나는 공로 전혀 없도다
오직 주의 은혜라
나는 공로 전혀 없도다
오직 주의 은혜라

하나님의 교회로 저희를 불러 주신 하나님 아버지, 저희에게 영광스럽고 복된 교회를 허락하시고 지금까지 귀하게 사용해 주심을 진심으로 감사드립니다. 이제 남은 생애 동안 오직 성령님으로 충만한 자가 되게 하여 주시옵소서! 지혜와 지식이 충만한 자가 되게 하여 주시옵소서! 합심 합력하여 동역하는 자가 되게 하여 주시옵소서! 그리함으로 하나님의 교회의 맡겨진 사명에 충성을 다하며 귀한 일꾼으로 쓰임 받으며 영광 돌리는 복된 여생과 그 자손들 모두 다 삼아 주시옵소서! 믿사옵고 예수님의 이름으로 간절히 축복하며 기도하옵나이다. 아멘!

개혁의 장애물

출애굽기 32:1-10

우리가 지난날의 잘못되었던 우리의 신앙을 개혁해 나갈 때 꼭 장애물이 따르는데 그 장애물을 영적으로 잘 분별하고 대처하는 것은 우리가 개혁을 힘 있게 이루어 나가는 데 있어서 영적으로 너무도 소중하고 복된 일입니다. 그런데 이스라엘 백성들이 출애굽한 후에 약속의 땅 가나안으로 나아가는데 이러한 장애물을 극복하지 못함으로 인해 큰 시험을 당하게 되는데 그 결정적인 사건이 금송아지 우상을 만든 일이었습니다. 그로 인해 그들이 어떠한 고통을 겪었는가를 보면서 우리가 어떻게 개혁의 장애물을 제거하며 개혁신앙을 힘 있게 실천할 수 있는지, 이 시간도 들려주시는 하나님의 음성을 함께 들을 수 있길 바랍니다.

응답의 때를 기다려야 함

먼저 본문 1절 상반절 말씀을 다 함께 읽겠습니다.

"백성이 모세가 산에서 내려옴이 더딤을 보고 모여 백성이 아론에게 이르러 말하되 일어나라 우리를 위하여 우리를 인도할 신을 만들라…"(출 32:1상).

이스라엘 백성들이 애굽에서 해방되어서 홍해를 지나 시내 산에 이르렀을 때에 이스라엘 백성들의 영적 지도자인 모세는 하나님의 부르심을 받고 시내 산으로 올라가서 40일 동안 금식을 하면서 십계명 등 율법을 받으러 갔는데 이스라엘 백성들은 그때를 참고 기다리질 못했습니다.

여러분, 시내 산에 올라가 40일 동안 금식하고 있는 모세가 힘들었겠습니까, 산 아래에 있는 이스라엘 백성들이 힘들었겠습니까? 금식을 해보신 분들은 아시겠지만 40일 금식기도를 하며 하나님의 계명을 받고 있는 모세만큼 그 시간이 길게 느껴질 수 있었겠습니까? 그런데도 모세가 시내 산에 올라간 후 소식이 끊기고 40일의 시간이 지나자 모세가 더디 옴으로 인해 그들이 인내하며 기다리지 못한 것이 개혁의 첫 번째 장애물이 되고 말았습니다.

우리의 신앙생활 가운데 가장 약하기 쉬운 것이 인내하는 것입니다. 우리가 인내하고 기다리지 못함으로 인해 부부 사이에도 불만을 많이 터뜨리면서 얼마나 갈등과 불화를 겪게 됩니까? "당신 하는 짓이 다 그 모양이고, 제대로 하는 게 뭐가 있어? 더 이상 기대할 것이 없다"고 단념해 버립니다. 어디서 많이 듣던 소리 아닙니까? 또 사랑하는 자녀들에 대해서도 좀 더 참고 기다리지 못하고 "성적이 왜 그 모양이냐?"고 합니다. 그것도 "누굴 닮아 그 모양 그 꼴이냐?"며 남편을 간접 비난합니다. "그래 가지고 뭐가 되려고 그러느냐?", "결혼은 언제 하려고 그러느냐?", "앞으로 어떻게 살아갈 거냐?"고 하면서 상처와 스트레스를 줍니다.

성적이 좋지 않은 아들에게 엄마가 소리쳤습니다. "아니, 넌 도대체 누굴 닮아서 그렇게 공부를 못하니? 제발 공부 좀 열심히 해라!" 그러자 아들이 미안한 기색도 없이 당당하게 그러는 겁니다. "엄마, 엄마는 에디슨도 몰라요? 에디슨은 공부를 못했어도 훌륭한 발명가가 되었잖아요? 공부가 인생의 전부가 아니란 말이에요." 그러자 더 열받은 엄마가 소리치더랍니다. "야! 임마, 에디슨은 영어라도 잘했잖아." 이런다고 애가 열심히 공부할 줄 아십니까? 에디슨은 영어를 잘해서 세계적인 발명왕이 된 게 아닙니다. 에디슨의 어머니는 에디슨이 공부 못한 것을 탓하지 않고 그의 타고난 재능을 살려서 연구하는 데 몰두할 수 있도록 인내하며 기다렸기 때문에 세계적인 발명왕을 탄생시킬 수 있었던 것입니다.

여러분, 교육심리 연구통계를 보면 인내하지 못한 부모의 자녀들일수록 집중력이 더 떨어지고, 능률도 떨어지고, 성적도 떨어진다고 합니다. 그러나 자녀들을 인정하고 칭찬하고 격려하고 끝까지 기다려 주는 화목한 가정의 자녀들일수록 자녀들의 성취욕이 높고, 실패도 잘 이겨내서 결과적으로 성적도 더 잘 나온다고 합니다. 우리가 즉시 응답이 없어도 응답의 때까지 기다림의 중요성을 증명해 보여주는 사실들입니다.

그것은 우리의 기도생활도 마찬가지입니다. 왜 하나님께서 당장 기도의 응답을 안 해 주시냐고 불평하고 낙심하고 절망해서는 안 됩니다. 왜냐하면 하나님은 분명히 살아 계시고, 우리를 뜨겁게 사랑하시고, 세상 끝 날까지 항상 함께하시고, 우리의 모든 기도를 다 들어주시고, 항상 우리에게 가장 좋은 것으로 응답하시고, 이 땅에 사는 동안에도 천국의 축복과 행복의 감격 속에 살다가 결국에는 영원한 천국으로 인도하시기 때문입니다.

지난주 목요일 탈북한 전도사님 한 분이 목사안수 추천을 받기 위해 찾아왔습니다. 원래 함경북도가 고향인데 그 고향만 하더라도 공산당에서 추방된 교인들 수백 명이 그 고향 주위에 흩어져 신앙생활을 하고 있다고 했습니다. 그는 공산당에게 밉보여서 재산을 몰수당하고 북한체제에서 더 이상 견딜 수가 없어서 탈북을 해서 중국에서 영하 10여 도의 강추위에 산속에서 추위에 떨며 먹을 것도 없고 사나운 곰을 만나 죽을 고비를 수차례 넘기면서 숨어 지냈습니다. 그러다가 선교사님을 만나 성경공부를 하다가 주의 종으로 소명을 받은 것입니다. 장인 어르신이 목회자가 없는 북한 지하교회의 평신도 사역자인 영수였는데 장인어르신께 그 소식을 전했더니 감격해하시면서 그러셨습니다. 사위를 마음속으로 정해 놓고 딸과 결혼시키기까지 7년을 기도했고, 사위로 얻은 뒤에도 주의 종으로 소명을 받기까지 7년을 기도해서 도합 14년을 사위를 위해서 기도해 왔는데 이제야 하나님께서 응답해 주셨다고 감격의 눈물을 흘리시더랍니다.

여러분, 우리의 기도가 당장 응답을 못 받는 것 같아도 하나님께서 다 들으시고 기억하고 계시다가 하나님의 때에 가장 좋은 것으로 응답해 주십니다. 그래서 늘 위로가 되고 힘이 되는 말씀이 히브리서 6장 14-15절 말씀입니다.

> "이르시되 내가 반드시 너에게 복 주고 복 주며 너를 번성하게 하고 번성하게 하리라 하셨더니 그가 이같이 오래 참아 약속을 받았느니라."

그래서 우리는 어떠한 낙심과 절망 가운데서도 하나님의 응답의 때까지 인내하며 기다려야 합니다. 지난날 신앙의 사람들은 다 이렇게 하나님의 응답의 때까지 인내하며 기다리며 살았습니다.

1517년 종교개혁 때도 마틴 루터의 종교개혁이 분수령을 이루었지만 그것은 하루아침에 일어난 사건이 아니었습니다. 이미 그 100년 전에 체코의 순교자 얀 후스의 개혁운동이 일어났는데 후스는 영국의 개혁자 위클리프의 영향을 받아 그의 사상을 독일의 마틴 루터에게 전해 준 단순한 중개자가 아니었습니다. 이미 100년 그 이전에 일어났던 체코의 종교개혁의 아버지인 밀리치와 마테이의 종교개혁 운동이 후스를 통해서, 그리고 마틴 루터에 이르기까지 200년 만에 열매를 맺었던 것입니다. 그리고 그 후 500년이 지난 지금 말세의 한국 교회, 특별히 우리 치유하는교회를 통해 그 개혁운동이 이어지고 있습니다.

그래서 목회를 하면서도 어떠한 장애물에 부딪히면 "그들이 변화될 때까지 참자!" 하고 기다립니다. 그래도 끝까지 힘들게 하면 "그들이 은퇴할 때까지 참자!" 하고 기다립니다. 은퇴하고도 괴롭히면 "그들이 세상 떠날 때까지만 참자!" 하면서 또다시 기다립니다. 이처럼 교인들의 신앙이 개혁되고 삶이 변화될 때까지 끝까지 인내하면서 기도하면서 기다리다 보니까 오늘의 이렇게 은혜롭고 행복한 교회를 이루게 된 것입니다.

그것은 우리의 오늘날 현실에 있어서도 마찬가지입니나. 지난 주간에도 여러 교인들로부터 나라의 장래를 걱정하는 문자 메시지를 받았습니다만 지난 주간에 우리 치유하는교회 제1호 파송선교사님인 정득수, 이세련 선교사님이 회장으로 있는 중미선교사수련회를 인도하러 갔는데 마지막 폐회예배 시간에 장신대 선교신학 교수셨던 이광순 목사님이 나오셔서 아주 소중한 말씀을 들려주셨습니다.

지금 우리나라가 촛불집회를 지지하느냐 태극기집회를 지지하느냐로 완전히 양분되어 서로 원수가 된 것처럼 대적하고 있는데 모두 다 나라를 사랑한다고 하지만 서로의 관점이 너무도 달라서 극적인 대립을 하고 있지만 중요한 사실은 애국가에도 나와 있는 바와 같이 "하나님이 보우하사 우리나라 만세" 아니냐는 것입니다. 우리가 서로에 대해 비방하고 적대감정을 가질 것이 아니라 지난날 우리의 그 위기의 순간에도 하나님께서 우리나라를 지켜 주셨듯이 앞으로도 하나님께서 지켜 주실 것을 믿고, 이제는 우리의 기도의 골방으로 들어가서 나라의 장래를 위해 기도하며 하나님의 인도하심을 기다리라는 것입니다.

그리할 때 마태복음 6장 6절에 뭐라고 분명히 약속하십니까? "너는 기도할 때에 네 골방에 들어가 문을 닫고 은밀한 중에 계신 네 아버지께(your Father, who is unseen 눈에 보이지 않는 네 아버지께) 기도하라 은밀한 중에 보시는 네 아버지께서(your Father, who sees what is done in secret 은밀히 행해진 것까지도 다 보시는 네 아버지께서) 갚으시리라(will reward you openly 공개적으로 네게 갚으시리라)"고 분명히 약속하시지 않습니까?

그러므로 여러분의 삶 가운데 어떠한 개혁의 장애물이 있어도 하나님의 응답의 때까지 인내하며 기다릴 때 기필코 기적의 응답과 감격의 그날이 머지않아 다가오게 될 줄 확실히 믿으시기 바랍니다.

영적 인도자를 따라야 함

계속해서 본문 1절 하반절부터 2절 말씀을 다 함께 읽겠습니다.

"…이 모세 곧 우리를 애굽 땅에서 인도하여 낸 사람은 어찌되었는지 알지 못함이니라 아론이 그들에게 이르되 너희의 아내와 자녀의 귀에서 금 고리를 빼어 내게로 가져오라"(출 32:1하-2).

이스라엘 백성들의 영적 인도자인 모세가 시내 산에 올라가 40일 동안 금식하며 기도하는 가운데 소식이 없자 이스라엘 백성들이 모세 대신에 형 아론을 찾아갔습니다. 그리고는 "우리를 애굽 땅에서 인도하여 낸 모세는 어찌되었는지 알지 못하기 때문에 일어나서 우리를 위하여 인도할 신을 만들라"고 했습니다.

하나님께서 그들을 멸망의 죄악의 애굽에서 열 가지 재앙의 기적을 체험케 하며 구원해 주시고, 홍해의 기적을 목격하게 하시고, 마라의 쓴 물이 십자가의 치유의 기적을 통해 단물로 변하는 기적도 체험하게 하셨습니다. 또 그들이 광야생활 중 농사를 짓지 못해 양식이 없으니까 아침에는 만나를 내려주시고 저녁에는 메추라기를 내려주시는 기적까지 체험케 하셨으니 그러면서 시내 산에 이르렀으면 끝까지 그들을 기석적으로 인도하도록 세워 주신 영적 인도자를 기다리고 따라야 하지 않습니까? 그런데도 40일 동안 아무런 소식도 없고 안 돌아온다고 인도할 다른 신을 만들라고 한 것이 또 하나의 개혁의 장애물이 되고 말았습니다.

많은 때 우리는 신앙생활을 하는 가운데 자신의 얕은 성경 지식이나 신앙 체험이 남보다 조금 낫다고 생각하는 것이 있으면 영적 교만에 빠져 겸손히 영적 인도자에게서 배우면서 따르지도 않고, 오히려 좀 못마땅한 것이 있으면 우리를 인도하는 주의 종들이나 목자들이나 영적 지도자들에게 불평하고 불만을 쏟아놓고 원망하는 일들이 얼마나 많습니까? 심지어 목회를 하면서도 보면 과거에 교회가 큰 시험 가운데 있을 때 교회를 비우고 부흥성회를 인도하러 가거나 특히 해외 성회를 인도하러 가면 사탄이 그 사이를 못 참고 극렬하게 역사해서 각종 모임을 갖고 주의 종이나 교회를 비방하고 험담하는 말이나 글들을 퍼뜨리는 것을 보았습니다. 그러나 사탄이 아무리 힘을 써도 성령님께서 막아 주시고 영적인 교인들이 다 외면해 버려서 모든 것이 다 무산되고 말았으니 이 얼마나 안타까운 일입니까?

여러분, 여러분을 영적으로 인도하는 주의 종들이나 목자들의 진심이 무엇인지 아십니까? 여러분이 은혜 받고 축복 누리고 행복하게 맡겨진 사명을 감당하면서 주님께 영광 돌리는 것 이상 바랄 것이 아무것도 없습니다. 그래서 우리가 하나님께서 세워 주신 영적 인도자들에게 순종해야 하는 것입니다.

지난 주간에 중미선교사수련회를 인도하고 멕시코 과달라하라 선교지 답사를 다녀왔는데 가서 보니까 선교지도 한국 교회나 이민 교회나 마찬가지로 영적 전쟁터였습니다. 선교사님들의 최고의 고충은 고향 산천 부모 형제를 떠나서 외롭고 힘들게 살아가면서 가까스로 현지인 목회자들을 키워놓으면 그들이 배신하고 돌아서서 말을 안 듣는 것이라고 합니다. 더욱이 그 영향을 받은 현지 교인들까지도 선교사님을 외면할 때 그들을 위해서 젊음을 바치고 일생을 희생하면서 물심양면으로 모든 것을 다 쏟아부은 선교사님들로서는 선교에 대한 회의마저 느껴지지 않을 수 없었을 것입니다.

이번에 중미선교사수련회를 마치고 지난 주일에는 정득수, 이세련 선교사님이 개척한 과달라하라장로교회에 가서 예배를 드렸습니다. 그런데 정 선교사님 내외분이 10여 년 전에 그 오지에서 고생 끝에 개척해서 100여 명 모이는 교회를 만든 후 총회에서 멕시코시티 한인교회를 맡아 줄 목회자가 없다고 해서 멕시코시티로 옮긴 지 5

년이 지난 사이에 세워 놓은 현지인 목사님이 하늘나라로 떠나고 그 후임자가 왔다가 떠나가고 세 번째 목회자가 왔는데, 정 선교사님 내외분이 그의 목회에 관여한다고 외면했습니다. 그래서 제가 중재에 나서서 "우리는 목회에 관여하거나 여러분을 지배하려고 온 것이 아니라 정 선교사님 내외분이 피땀 흘려 개척한 교회이기 때문에 둘러보고 함께 예배드리러 왔다"고 이해를 구해서 가까스로 교인들에게 인사만 하고 나왔습니다. 그러니 선교사님 내외분이 얼마나 큰 상처를 받았겠습니까? 그래서 제가 그랬습니다. "사람은 용서하고 사랑해 주어야 할 존재이지 절대 믿을 존재가 못 되니까 사람을 믿지 말고 하나님만 믿고 의지하고, 오히려 우리가 그들을 용서하고 사랑으로 끌어안읍시다" 하고 위로하고 씁쓸한 마음으로 예배를 드리고 돌아왔습니다.

이처럼 아무리 사람들이 우리를 배신하고 외면하고 돌아선다 할지라도 우리는 주님만 바라보니까 주님으로부터 위로받고 새 힘을 얻어서 언제 어디서나 뼈를 묻을 각오로 충성을 다합니다. 그리하면 언젠가는 우리의 진심을 이해할 날이 꼭 다가올 것입니다.

저는 목회를 하면서 교인들은 말할 것도 없고 목회자들도 영적으로 훈련을 시켜야 하는데 대부분의 목회자들이 잘 순종하면서 훈련을 받습니다. 그런데 지난 금요 심야기도회에 오셔서 큰 은혜를 끼쳐 주신 목사님은 볼 때마다 너무 안타깝습니다.

그 목사님은 신학대학원 제자인데 우리 교회에 와서 4년 동안 청년부를 맡아 훈련을 잘 받았는데 시내 큰 교회 영상음향 담당목사로 가겠다고 했습니다. 물론 사례는 2배 가까이 우리 교회보다 훨씬 많지만 목사는 설교를 하고 목회를 해야 하니까 안 된다고 했는데도 목회자들이 자기 생각대로 갈 때는 꼭 그럽니다. "형님, 한 번만 용서해 주십시오" 그러고는 가버렸습니다. 그런데 송별예배를 드리고 간 지 5일 만인 그 주 금요일, 교회로 찾아와서 다시 받아줄 수 없겠느냐고 하는데 그럴 수는 없지 않습니까?

그러더니 몇 년 지나 미국 이민목회를 하러 간다고 해서 "이민목회는 아무나 하는 줄 아는가? 하나님의 이민목회 특별 사명을 받고 목숨을 바칠 각오를 하지 않으면 안 되네" 그랬는데도 또 말을 안 듣고 가버렸습니다. 그러더니 얼마나 진 빠지게 고생을 했는지 이번에 와서 또 "그때 형님 말을 꼭 들었어야 했는데…다시 한국에 돌아올 길이 없겠느냐?"고 했습니다. 그럴 때 부르는 노래가 뭔지 아십니까? "때는 늦으리으응~ 때는 늦으리~"입니다.

그래서 히브리서 13장 17절에 "너희를 인도하는 자들에게 순종하고 복종하라 그들은 너희 영혼을 위하여 경성하기를 자신들이 청산할 자인 것같이 하느니라 그들로 하여금 즐거움으로 이것을 하게 하고 근심으로 하게 하지 말라 그렇지 않으면 너희에게 유익이 없느니라"고 분명히 증거하지 않습니까?

우리를 인도하는 자가 삯꾼 목자라면 모르지만 적어도 하나님께서 마지막 때 쓰시는 선한 목자라면 기쁨으로 순종하고, 정 마음에 안 내키면 억지로라도 복종할 수 있길 바랍니다. 그리하여 적어도 악한 이리가 아닌 선한 양이라면 우리가 머지않아 언젠가는 세상을 떠날 텐데 그때 우리를 인도하던 목자들이 찾아와서 마지막 눈물로 애도하며 떠나보낼 수 있는 그런 선한 양들이 모두 다 될 수 있길 바랍니다. 그리할 때 우리는 어떠한 개혁의 장애물도 다 이겨내고, 우리를 영적으로 인도하는 자들과 힘을 합해 더욱 복되게 쓰임 받으며 하나님 아버지께 크게 영광 돌리게 될 줄 확실히 믿습니다.

세상 우상을 버려야 함

마지막으로 본문 4절 말씀을 다 함께 읽겠습니다.

> "아론이 그들의 손에서 금 고리를 받아 부어서 조각칼로 새겨 송아지 형상을 만드니 그들이 말하되 이스라엘아 이는 너희를 애굽 땅에서 인도하여 낸 너희의 신이로다 하는지라"(출 32:4).

아론은 백성들의 성화에 못 이겨서 그들에게 아내와 자녀들의 금 귀고리를 다 빼어 가져오라고 합니다. 그리고 그 금 귀고리를 받아 부어서 조각칼로 새겨서 그때 당시 근동지방의 신들의 95%는 소의 모양이었기 때문에 송아지 형상으로 금송아지 우상을 만들었습니다. 그리고는 "이스라엘아 이는 너희를 애굽 땅에서 인도하여 낸 너희의 신이로다, 내일은 여호와의 축제일(a festival to the Lord)이라" 하면서 그들이 금송아지 앞에 제단을 쌓고 번제와 화목제를 드리고 먹고 마시고 뛰었습니다.

그 결과 모세는 시내 산에서 "이스라엘 백성들이 목이 뻣뻣한 교만한 백성이므로 그들에게 진노하여 진멸하리라"는 하나님의 말씀을 듣게 됩니다. 그러나 모세가 간구함으로 하나님께서 뜻을 돌이키사 화를 면하게 되었지만 모세는 돌아와 그들이 금송아지 우상을 섬기는 것을 보고 십계명 돌판을 그들을 향해 던져 깨뜨리고, 그들이 만든 금송아지를 가져다가 불살라 부수어서 가루를 만들어 물에 뿌려 이스라엘 자손들에게 마시게 합니다. 그리고 레위 자손들에게 우상숭배를 한 형제들과 친구들과 이웃들을 치게 해서 그날에 3,000명가량이 죽임을 당하는 큰 비극을 겪게 됨으로 개혁의 장애물을 무너뜨린 것입니다.

여러분, 오늘날에도 우리 주위에 우리를 현혹하는 우상들이 얼마나 많습니까? 그것이 돈일 수도 있고, 명예일 수도 있고, 세상 향락일 수도 있고, 우리가 사랑하고 믿고 의지하는 사람일 수도 있고, 세상의 그 어떤 것 등 눈에 보이거나 보이지 않는 우상들이 우리 주위에 너무도 많이 있습니다.

요즘 현대인들의 또 하나의 우상은 핸드폰입니다. 핸드폰만 만지고 바라보며 삽니다. 가정에서도 핸드폰만 끌어안고 사니까 자녀들까지도 부모가 무슨 말을 해도 핸드폰을 하고 있고, 함께 식사를 하면서도 핸드폰만 하고 있습니다.

아내의 반대에도 불구하고 비싼 최신형 핸드폰을 산 남편이 핸드폰 자랑에 정신이 없었습니다. 아내가 가계부 정리하는 것을 보고는 "그거 핸드폰에 하면 되는데 디지털시대에 그렇게 아날로그 구식으로 하고 있어?" 하고 놀리고, 요리책을 보고 있으면 "그거보다 훨씬 더 많은 요리비법을 핸드폰에서 다 볼 수 있는데…" 하면서 핸드폰 하나만 있으면 뭐든지 다할 수 있다며 아내의 약을 올렸습니다. 그런데 마침 남편이 화장실에 가서 큰일을 보고 나서 닦으려고 보니까 화장지가 떨어져서 아내에게 화장지 좀 갖다 달라고 했는데, 잠시 후에 아내가 문 밑으로 뭘 밀어 넣은 줄 아십니까? 핸드폰으로 화장지 사진을 찍어서 문 밑으로 넣었더랍니다. 화장지 사진으로 닦을 수 있습니까? 핸드폰 하나면 뭐든지 할 수 있다는 남편에게 한 방 먹인 것입니다.

우리 주위에 하나님보다 더 사랑하고 믿고 의지하는 것들이 말세의 마지막 때 우리의 우상이 되고 있습니다. 그러나 그러한 것들은 참된 만족을 주지 못하고 행복도 주지 못하고 결국 우리의 인생에 불행과 고통만 안겨주고 맙니다. 그래서 골로새서 3장 5절에 “그러므로 땅에 있는 지체를 죽이라 곧 음란과 부정과 사욕과 악한 정욕과 탐심이니 탐심은 우상숭배니라”고 경고합니다.

그래서 일찍이 중국 송나라 철학자 장자는 사람의 마음에 대해서 이렇게 말했습니다.

> 질그릇을 내기로 걸고 활을 쏘면 잘 쏠 수 있지만
> 은고리를 내기로 걸고 활을 쏘면 마음이 흔들리고
> 황금을 내기로 걸고 활을 쏘면 눈앞이 가물가물하게 된다.
> 활 쏘는 실력은 똑같지만 연연하는 것이 생기면
> 그것 때문에 속마음이 좁아지는 것이다.

우리가 물질이나 명예나 세상 것들의 노예가 될 때 우리의 마음이 흔들리고, 급기야는 눈앞이 가물가물하게 된다는 것입니다. 이렇게 탐심이 무섭습니다. 그러나 이 모든 탐심을 초월하는 것이 진정한 개혁신앙입니다.

그래서 종교개혁자인 마틴 루터는 우리가 진정한 그리스도인이 되려면 세 가지 회심을 해야 한다고 했는데 첫째는 머리의 회심이요, 둘째는 가슴의 회심이요, 셋째는 지갑의 회심이라고 강조했습니다. 또한 감리교 창시자인 존 웨슬리 목사님도 “우리의 지갑이 회개하기 전에는 진정한 그리스도인이 될 수 없다”고 단언했습니다.

그런데 많은 교인들이 여기서 시험을 받고 무너져 버립니다. 그러나 그럼에도 불구하고 물심양면으로 헌신적인 진정한 그리스도인들이 우리 치유하는교회 안에도 얼마나 많이 있습니까?

이번에 중미선교사수련회에 가서도 간증을 했습니다만 지난번 멕시코 정득수 선교사님이 오셔서 자동차를 10여 년 쓰다 보니까 너무도 낡아서 매연이 너무 많이 나와 멕시코 교통법규에 따라 한 주일에 이틀밖에 운행을 못한다는 말을 했습니다. 그런데 그 말을 듣고 한 권사님이 마침 빚을 갚으려고 1,000만 원 적금을 탔는데 새벽기도 때 성령님의 음성이 "그 적금 탄 돈으로 선교사님을 도우라"고 하시는데 더 이상 거절할 수가 없어서 그 적금 탄 돈 1,000만 원을 가져왔습니다. 그런데 나중에 안 일입니다만 하나밖에 없는 주의 종 아들을 대학원 휴학까지 시켜가면서 그 돈을 가져왔으니 얼마나 가슴이 아팠는지 모릅니다. 그래서 이런 헌신적인 믿음의 교우들이 있기에 하나님의 선교가 힘 있게 이루어진다고 격려해 드렸습니다. 그러나 하나님께서 이런 믿음으로 헌신하는 자들을 결코 그냥 버려두지 않으시고 다 기억하고 계시다가 하늘의 상과 이 땅의 복으로 기필코 갚아 주실 것입니다.

우리 교회에 구청 환경미화원으로 일했던 안수집사님이 있습니다. 그런데 지난 2010년 6월 29일 도로에서 폐지를 수거하던 중 지나가던 대형 활어차에 치여 생명이 위독한 사고를 당해서 곧바로 후송되어 사고로 손상된 머리와 뇌로 인해 8시간 동안 대수술을 받게 되었습니다. 그래서 사랑하는 가족들과 온 교회가 간절히 기도하지 않을 수 없었는데 그 결과 성공적으로 수술을 마치고 1시간 만에 깨어나는 기적을 체험했습니다. 수술 후 회복 속도가 매우 빨라서 일상생활에 복귀하는 데 조금도 부족함이 없을 정도여서 지난 10여 년간 북한전도위원회 수집사역팀에서 폐지 수거를 전담하며 헌신봉사한 결과라고 감사할 정도였습니다.

그런데 집사님이 사고를 당하기 2년 전인 2008년에 부인 권사님이 한 화재실손보험을 들었는데 사고 보상을 받으려고 하니까 자필 서

명이 안 되었다는 이유로 아무런 통보도 없이 원금 481만 원만 돌려주고 일방적으로 해지해 버리더랍니다. 억울한 마음이 들었지만 그래도 남편의 목숨을 기적적으로 살려 주신 하나님 아버지께 감사드리면서 해지금 전액을 새벽기도회에 감사헌금으로 드렸다고 합니다. 그리고는 잊고 지내다가 재작년 병원에서 우연히 남부지방법원 앞 변호사 사무실에 사무장으로 근무하는 집사님을 만나게 되었는데 그 집사님을 통해 보험사에 해지 사유를 알아보니까 계약자인 권사님이 보험사에 직접 방문해서 자필 서명 후 해지했다는, 있지도 않은 사실을 알게 되었습니다. 그래서 이러한 부당한 사유에 대해 진정서를 금융감독원에 제출했더니 금감원에서 보험사 측에 부당 해지한 보험을 다시 살리고 당시 사고로 인한 장애 보험료 전액을 지불하라는 명령을 내려주어서, 이번에 4,800만 원이라는 거액의 보험금을 수령하게 되었다는 것입니다. 이 일을 도와준 사무장 집사님이 이 일은 기적으로밖에 설명할 수 없다고 하더랍니다.

집사님 내외분은 아무것도 바라지 않고 주님의 은혜에 감사하고 감격하면서 마땅히 주님과 고통당하는 이웃을 위해 이름도 없이 빛도 없이 매 예배 때마다 주차 봉사와 폐지 수거와 주방 봉사에 충성을 다한 것뿐인데 하나님 아버지께서 사고로 인한 집사님 내외분의 노후대책까지도 완벽하게 해결해 주시고, 국민연금과 더불어 장애등급 판정으로 인해 평생 연금까지 받게 해주셨습니다. 이번 보험금을 통해 보너스까지 주셨다면서 모든 것이 하나님의 은혜라고 하면서 갈라디아서 6장 7절의 "스스로 속이지 말라 하나님은 업신여김을 받지 아니하시나니 사람이 무엇으로 심든지 그대로 거두리라"는 약속의 말씀대로 응답하신 주님의 놀라운 기적에 감사와 찬송과 영광을 돌린다는 감동적인 간증이었습니다.

그러므로 우리가 주님 사랑하고 이웃 사랑하는 데 장애가 되는 우상은 그 무엇이든지 담대히 제거해야 합니다. 이처럼 우리가 세상의 어떠한 우상이라도 다 버리고 살아 계신 주님과 이웃을 사랑하며 섬기면서 우리의 모든 것을 쏟아 헌신적 신앙으로 살아갈 때 개혁의 어떠한 장애물도 극복하고 자손 대대로 천 배나 만 배나 믿음의 복을 누리며 귀하게 쓰임 받게 될 줄 분명히 믿으시기 바랍니다.

이번에 중미선교사수련회를 다녀왔습니다만 중미지역은 우리에게 의미가 깊습니다. 우리 선조들이 배고픔에 시달리던 1902년 우리나라 최초로 하와이로 이민을 떠난 지 3년 후인 1905년 1,033명의 멕시코 이민이 시작되었는데 그것은 사실 사기 이민이었습니다. 가서 보니까 40도가 넘는 무더운 날씨에 '애니깽'이라고 하는 거대한 선인장과 가시나무를 캐서 거기서 밧줄을 만드는 섬유재료를 축출하는 피눈물 나는 고된 일과 속에서도 당초 약속한 일당 1원 30전의 1/3도 안 되는 35전을 받고 너무 힘들고 견딜 수 없어 스스로 목숨을 끊거나 맞아 죽는 사람들도 있었습니다. 그런데 막상 4년의 계약기간이 지난 후에 돌아가려고 하니까 1910년 조국은 한일병합이 되어 버려 돌아갈 조국이 없었습니다. 그래서 멕시코와 쿠바 등 중미에 흩어져 살면서 평생을 낯선 이국땅에서 고향에 두고 온 부모 형제를 그리워하면서 조국의 광복만을 기원했습니다. 그래서 농장에서 노예 정도가 아니라 짐승 취급을 받으면서 피눈물을 흘리며 번 그 소중한 돈을 생계비만을 제외하고는 모두 독립자금으로 보내곤 했다고 하니, 이 얼마나 눈물 나는 감동적인 일입니까?

그런데 그러한 중미에 최초로 복음 선교를 하러 떠나신 분이 우상범 선교사님이십니다. 우 선교사님은 원래 황해도 신천이 고향이었습니다. 깡패였다가 회개하고 부흥사로 크게 활동하셨고 증경총회장이신 김익두 목사님이 서부교회 출신으로 그곳에서 목회하고 계셨는데 1950년 10월 14일 새벽기도회를 드리고 있던 중 퇴각하던 공산군들이 예배당에 난입하여 김 목사님을 끌어내고 비참하게 총살하는 순교의 현장을 19세 청년 때 직접 목격했습니다. 그리고 김일성 우상숭배를 하는 공산당 치하에서는 더 이상 안 되겠다는 한계를 느끼고 눈물을 머금고 사랑하는 부모 형제를 떠나 월남을 했습니다. 아무도 의지할 데 없는 낯선 남한 땅에서 외로움과 어려움 속에서 얼마나 고생을 했는지 모릅니다. 그러나 그가 주님의 부르심을 받았기에 신학을 공부하고 새문안교회 전도사로 첫발을 디뎠고, 부목사로 충성을 다하다가 1966년 새문안교회 설립 80주년 기념으로 첫 선교사로서 멕시코로 파송되어 중미선교의 길을 열게 된 것입니다.

타향살이의 서러움은 겪어 본 사람만이 압니다. 그래서 과거 유명 가수였던 고복수 씨가 부른 "타향살이"라는 노래에 "타향살이 몇 해던가 손꼽아 헤어 보니 고향 떠난 십여 년에 청춘만 늙고…"라는 가사가 있지 않습니까? 선교의 길 역시 험난한 고난의 길인데 그나마 아무도 가지 않은 오지에서 선교의 길을 간다는 것은 더욱 험난한 고난의 가시밭길이었습니다. 그러나 그는 자기를 멕시코 땅에 부르신 주님만 바라보면서 멕시코 원주민들을 상대로 교회를 개척하고, 성경학교를 열고 부흥성회를 인도하면서 평생토록 복음을 전했습니다.

그 뒤 은퇴하신 후 LA에 있는 나성한인장로교회의 원로목사 추대를 받았지만 노후와 평안한 안식의 자리까지도 사양하고 영적 아버지인 김익두 목사님의 순교의 신앙을 본받아서 다시 멕시코로 돌아갔습니다. 그리고 평생 남은 사재를 다 털어서 마지막으로 현지에 띠후아나 사랑의 교회를 설립하고 육신이 건강한 동안 마지막 순간까지 47년 동안을 그 머나먼 이국땅에서 피눈물 나는 고생을 하면서도 변함없이 멕시코를 사랑하고 복음 선교에 힘쓰셨습니다. 그러다가 결국 노화와 과로로 인해 뇌졸중으로 쓰러지셔서 투병하시다가 2013년 6월 8일 82세를 일기로 하늘나라로 떠나갔습니다. 그러나 중미선교의 첫 밀알이 된 그의 수고가 결단코 헛되지 않아서 우리 교단에서만 해도 중미에 우리 교회에서 파송한 정득수, 이세련 선교사님을 비롯해서 50여 명의 선교사님들이 고향 산천 부모형제를 떠나 그 외롭고 힘든 환경 속에서도 헌신적으로 선교를 하고 있었습니다.

사랑하는 성도 여러분, 오늘 우리는 세계선교주일을 맞이합니다만 이렇게 머나만 오지에서 일생을 다 바쳐 선교하시다가 하늘나라로 떠나가시는 선교사님들과 이국땅에서 조국을 그리워하며 살다가 하늘나라로 떠나간 신앙의 선조들이 계셨습니다. 그런데 우리가 그들에 대해서 관심조차 갖지 못하고, 기도도 못하고, 물질이 아까워 선교후원조차 못하고 살다가 어느 날 갑자기 세상을 떠나 주님 앞에 서게 된다면 주님께 뭐라고 하시겠습니까?

그러므로 우리의 어떠한 신앙 개혁의 장애물 속에서도 하나님의 응답의 때를 기다리고, 영적 인도자를 따라가면서, 주님보다 더 사랑한 세상 우상을 과감히 버리게 될 때 우리의 모든 개혁의 장애물들을 능히 이겨낼 뿐만 아니라 하나님 아버지께 복되게 쓰임 받으며 크게 영광 돌리게 될 줄 확실히 믿습니다.

다 함께 결단의 찬송으로 "온 맘 다해"를 함께 찬양하며 믿음의 결단을 하도록 하겠습니다.

1. 주님과 함께하는 이 고요한 시간
주님의 보좌 앞에 내 마음을 쏟네

모든 것 아시는 주님께 감출 것 없네
내 맘과 정성 다해 주 바라나이다

2. 나 염려하잖아도 내 쓸 것 아시니
나 오직 주의 얼굴 구하게 하소서
다 이해할 수 없을 때라도 감사하며
날마다 순종하며 주 따르오리다

후렴) 온 맘 다해 사랑합니다
온 맘 다해 주 알기 원하네
내 모든 삶 당신 것이니
주만 섬기리 온 맘 다해

살아 계신 하나님 아버지, 저희가 믿음으로 산다고 하면서도 세상에 빠져 살 때가 얼마나 많이 있었습니까? 이제는 그 어떠한 어려움 속에서도 하나님의 응답의 때를 기다리고, 영적 인도자를 따라가고, 세상 우상을 모두 다 과감히 버리게 하여 주시옵소서. 그리함으로써 어떠한 개혁의 장애물도 이겨내고 최후의 승리의 영광을 거두며 하나님 아버지께 돌리게 될 줄 믿사옵고, 예수님의 이름으로 기도하옵나이다. 아멘!

치유의 말씀

하나님은 역사하십니다 2 _ 출애굽기

1판 1쇄 인쇄 _ 2021년 11월 10일
1판 1쇄 발행 _ 2021년 11월 15일

지은이 _ 김의식
펴낸이 _ 이형규
펴낸곳 _ 쿰란출판사

주소 _ 서울특별시 종로구 이화장길 6
편집부 _ 745-1007, 745-1301~2, 747-1212, 743-1300
영업부 _ 747-1004, FAX 745-8490
본사평생전화번호 _ 0502-756-1004
홈페이지 _ http://www.qumran.co.kr
E-mail _ qrbooks@daum.net / qrbooks@gmail.com
한글인터넷주소 _ 쿰란, 쿰란출판사
페이스북 _ www.facebook.com/qumranpeople
인스타그램 _ www.instagram.com/qrbooks
등록 _ 제1-670호(1988.2.27)

책임교열 _ 김영미 · 이화정

 ISBN 979-11-6143-611-1 94230
979-11-6143-556-5 (세트)

책값은 뒤표지에 있습니다.